Ludwig Schmidt
Studien zur Priesterschrift

Beihefte zur Zeitschrift für die alttestamentliche Wissenschaft

Herausgegeben von
Otto Kaiser

Band 214

Walter de Gruyter · Berlin · New York
1993

Ludwig Schmidt

Studien zur Priesterschrift

Walter de Gruyter · Berlin · New York
1993

⊗ Gedruckt auf säurefreiem Papier,
das die US-ANSI-Norm über Haltbarkeit erfüllt.

Die Deutsche Bibliothek — CIP-Einheitsaufnahme

Schmidt, Ludwig:
Studien zur Priesterschrift / Ludwig Schmidt. — Berlin ; New
York : de Gruyter, 1993
   (Beihefte zur Zeitschrift für die alttestamentliche Wissenschaft ;
   Bd. 214)
   ISBN 3-11-013867-0
NE: Zeitschrift für die alttestamentliche Wissenschaft / Beihefte

ISSN 0934-2575

Printed in Germany
Druck: Arthur Collignon GmbH, Berlin 30
Buchbinderische Verarbeitung: Lüderitz und Bauer, Berlin 61

Vorwort

Die hier vorgelegten Untersuchungen sind ein Beitrag zu der gegenwärtig umstrittenen Frage nach der Entstehung des Pentateuch. In ihnen soll an ausgewählten Beispielen gezeigt werden, daß die priesterliche Schicht ursprünglich eine selbständige Quellenschrift war, in der ältere Darstellungen neu gestaltet wurden. Die erste Studie "Die Priesterschrift in Exodus 1-14" geht auf ein Referat zurück, das ich auf einer Tagung der Fachgruppe Altes Testament der Wissenschaftlichen Gesellschaft für Theologie am 10. Mai 1991 in Hofgeismar vorgetragen habe.

Frau Isolde Weinicke hat das Manuskript sorgfältig geschrieben. Die Herren stud. theol. Janning Hoenen und Ulrich Nötzel haben mich bei den Korrekturen unterstützt. Mein Assistent Dr. Friedrich Fechter hat große Mühe darauf verwandt, den Laserausdruck und das Stellenregister anzufertigen. Ihnen allen möchte ich an dieser Stelle danken. Außerdem danke ich Herrn Professor Dr. Otto Kaiser und dem Verlag Walter de Gruyter für die Aufnahme der Arbeit in die Reihe "Beihefte zur Zeitschrift für die alttestamentliche Wissenschaft".

Erlangen, im Januar 1993   Ludwig Schmidt

Inhaltsverzeichnis

A. Die Priesterschrift in Exodus 14

Quellenschrift oder Redaktion?

I. Die Fragestellung

In der gegenwärtig kontroversen Diskussion über die Entstehung des Pentateuch kommt m.E. der priesterlichen Schicht eine besondere Bedeutung zu. K. Koch hat 1987 in seinem Aufsatz "P - kein Redaktor!" darauf hingewiesen, "daß die Aussonderung einer oder mehrerer 'priesterlicher' Schichten in den Büchern Genesis bis Numeri und die Erkenntnis einer relativen Eigenständigkeit des nicht-priesterlichen jehovistischen (JE) Textbestandes relativ unbestritten geblieben ist"[1]. Dadurch ist aber die priesterliche Schicht, wie auch K. Koch betont, ein guter Ausgangspunkt für die Frage nach der Entstehung des Pentateuch. Wenn die priesterlichen Texte zu einer eigenen Darstellung gehören, die zunächst nicht mit dem übrigen Stoff verbunden war, ist eine Urkundenhypothese für das literarische Werden des Pentateuch als Teilaspekt unverzichtbar[2]. Erst durch eine spätere Redaktion wären ja die priesterliche und die vorpriesterliche Fassung miteinander verbunden worden. Allerdings wird gegenwärtig zunehmend die Auffassung vertreten, daß die priesterlichen Texte als Ergänzung des vorpriesterlichen Bestandes entstanden sind[3]. So steht die Forschung gegenwärtig vor der Alternative, ob die priesterlichen Texte als Quellenschrift oder als Ergänzungsschicht verstanden werden müssen.

Diese Frage läßt sich nur durch eine erneute Analyse der priesterlichen Texte entscheiden. Deshalb soll im folgenden die priesterliche Schicht in Ex 1-14 untersucht werden. Ihre Abgrenzung ist hier zwar in Einzelheiten umstritten.

---

1 K. Koch, 448.

2 Die literarische Entstehung des Pentateuch läßt sich nicht allein mit einer Urkundenhypothese erklären. Auch die Vertreter der neueren Urkundenhypothese, nach denen die drei Quellenschriften des Jahwisten, des Elohisten und der Priesterschrift anzunehmen sind, rechnen außerdem mit zum Teil erheblichen Erweiterungen, vgl. z.B. die Analysen von Ex 3f bei L. Schmidt, Pentateuch, 90-92, und W.H. Schmidt, Exodus, 100ff.

3 So z.B. E. Blum, Studien, 219ff; vgl. auch die von E. Blum, Vätergeschichte, 425f; ders., Studien, 229 Anm. 2, und von M. Vervenne, 73 Anm. 18, genannten neueren Arbeiten.

Im wesentlichen besteht aber Übereinstimmung darüber, welche Stücke mindestens zur priesterlichen Schicht zu rechnen sind[4]. Da sie sich deutlich von der vorpriesterlichen Darstellung abheben, wurde lange Zeit kaum bestritten, daß sie zu einem priesterlichen Werk gehören, das erst redaktionell mit dem übrigen Stoff zusammengearbeitet wurde. Dieses Bild hat sich geändert. Es war zunächst eine prinzipielle Erwägung, die für diesen Bereich gegen eine selbständige Priesterschrift angeführt wurde. In der priesterlichen Schicht wird Mose erstmals in Ex 6,2 erwähnt: "Da redete Gott zu Mose". Hier wird jedoch Mose nicht eingeführt. Mit Recht stellt R. Rendtorff fest: "Er ist ganz plötzlich da und empfängt die Zusage der Herausführung der Israeliten aus Ägypten (Ex 6,2-8)"[5]. Obwohl Mose in der priesterlichen Schicht eine zentrale Rolle zukommt, wird er also in ihr nicht eingeführt. Daraus geht für R. Rendtorff, wie schon zuvor für F.M. Cross[6], eindeutig hervor, daß in Ex 6,2ff die vorpriesterliche Darstellung in Ex 2ff vorausgesetzt ist, in der von der Geburt und Rettung des Mose, seiner Flucht nach Midian und seiner Rückkehr nach Ägypten berichtet wird. Inzwischen haben E. Blum und J.-L. Ska diese grundsätzliche Überlegung durch Analysen ergänzt, mit denen sie nachweisen wollen, daß die priesterlichen Texte tatsächlich nicht zu einem selbständigen Erzählfaden gehören können[7].

Dagegen soll im folgenden gezeigt werden, daß die Argumente, die gegen die Priesterschrift als Quellenschrift in Ex 1-14 angeführt werden, einer Überprüfung nicht standhalten. Die priesterlichen Texte bilden hier vielmehr einen in sich geschlossenen Zusammenhang, der noch weitgehend erhalten ist. Er wird durch die nichtpriesterlichen Stücke erheblich gestört. Durch sie wird auch die Konzeption nicht mehr deutlich, die der priesterliche Verfasser seiner Darstellung zugrundelegte.

II. Die priesterliche Berufung des Mose (Ex 6,2-12; 7,1.2.4-7)

Als erstes Beispiel nenne ich die priesterliche Darstellung der Berufung des Mose in Ex 6,2-12; 7,1.2.4-7, die in neuerer Zeit schon verschiedentlich als

---

4   Vgl. z.B. die Tabellen bei K. Elliger, 174; N. Lohfink, Priesterschrift, 222 Anm. 29; P. Weimar, Struktur, 85 Anm. 18.

5   R. Rendtorff, 130.

6   F.M. Cross, 317f.

7   E. Blum, Studien, 232ff; J.-L. Ska, Place; ders., Remarques, 97ff.

Begründung für die ursprüngliche Selbständigkeit der Priesterschrift herangezogen wurde[8].

Der Abschnitt Ex 6,2-7,7 ist nicht literarisch einheitlich. 6,13-30 wurde später eingefügt. Das ergibt sich schon daraus, daß in 6,30 der Einwand des Mose aus 6,12 wieder aufgenommen wird[9]. Sekundär ist aber auch 7,3. Bereits F. Kohata hat 7,3b P abgesprochen, weil bei P für die ägyptischen Plagen in 7,8ff* nicht der Begriff "Zeichen" (אות) gebraucht wird[10]. Nach 7,9 wird der Pharao von Mose und Aaron ein "Wunderzeichen" (מופת) fordern. Auch in 11,9f ist nur von "Wunderzeichen" die Rede. Diese beiden Verse sind zwar verschiedentlich P abgesprochen worden. Es wird aber im folgenden gezeigt werden, daß sie aus der Priesterschrift stammen[11]. 7,3b unterscheidet sich aber nicht nur durch den Begriff "Zeichen" von der priesterlichen Darstellung, sondern der Halbvers steht hier auch zu früh. Bei P kommt erst in 7,9 die Möglichkeit in den Blick, daß der Pharao von Mose und Aaron ein Wunderzeichen fordern könnte. In 11,9 teilt Jahwe Mose mit, warum der Pharao nicht auf Mose und Aaron hört. Bei P erfährt Mose also erst hier, warum sie den Pharao nicht überzeugen konnten.

Gegen F. Kohata gehört aber auch 7,3a nicht zu P. P verwendet für die Verhärtung des Herzens des Pharao durchgehend die Wurzel חזק (Ex 7,13.22; 8,15; 9,12; 14,4.8). Dagegen steht in 7,3a קשה hi. Zudem käme auch diese Ankündigung bei P zu früh. Hier ist Jahwe erstmals bei der Plage der Geschwüre (9,8-12) in der Verhärtungsnotiz das Subjekt. Dagegen heißt es in den vorangegangenen priesterlichen Plagen: "Da wurde das Herz des Pharao hart" (7,13.22; 8,15)[12]. Durch die unterschiedliche Formulierung der Verhärtungsnotiz will P zeigen, daß eigentlich die Plage der Geschwüre den Pharao hätte überzeugen müssen. Dazu kam es jedoch nicht, weil Jahwe sein Herz verhärtete. Deshalb kann P dann in 11,10 im Rückblick auf die Plagen feststellen, daß Jahwe bei ihnen das Herz des Pharao verhärtete. Nach der Ankündigung in 7,3a ist es aber ein Rätsel, warum Jahwe in den Verhärtungsnotizen der priesterlichen Plagen nicht immer das Subjekt ist. Durch 7,3a wird nicht mehr deutlich, daß sich für P die Plage der Geschwüre von den früheren Wunderzeichen unterschied. Zudem schließt 7,4 glatt an 7,2 an. Daß der Pharao nicht auf Mose und Aaron hören wird (v. 4aα), bezieht sich auf v. 2b, wonach Aaron in Gegenwart des Mose von dem Pharao die Entlassung der Israeliten fordern sollte. V. 3 wurde also später eingefügt. Für den Ergänzer sollte Mose, schon bevor er und Aaron zu dem Pharao gingen, erfahren, warum der Pharao der Entlassungsforderung nicht nachkommen wird. V. 3b ist in Anlehnung an 11,9 gebildet worden. Dagegen gibt es zu der Formulierung in v. 3a in der Plagenerzählung keine direkte Parallele. Möglicherweise be-

---

8   Vgl. L. Schmidt, Pentateuch, 86ff; K. Koch, 462ff; W.H. Schmidt, Plädoyer, 3ff; ders., Exodus, 270ff.

9   Vgl. W.H. Schmidt, Exodus, 296f.

10 F. Kohata, Jahwist, 34-36.

11 Vgl. unten III.

12 So lautete die Verhärtungsnotiz wohl auch in der priesterlichen Froschplage (8,1-3...11aγ.b). Die Endredaktion hat sie in 8,11 durch die Verstockungsnotiz aus J ersetzt, vgl. L. Schmidt, Beobachtungen, 81f.

steht eine Beziehung zu 13,15. Dort heißt es: "und es geschah, als der Pharao (es) schwer-
machte, uns zu entlassen...". Dieser Vers steht in dem m.E. späten Abschnitt 13,11-16.
Zu der priesterlichen Erzählung von der Berufung des Mose gehören somit ursprünglich: Ex 6,2-12; 7,1.2.4-7[13]. Dabei besteht die Botschaft an die Israeliten, mit der
Jahwe in 6,6-8 Mose beauftragt, aus zwei Teilen. Die Erkenntnisaussage in 6,7b mar-
kiert deutlich einen Einschnitt. Es geht in 6,6f darum, daß Jahwe die Israeliten aus
Ägypten befreien will. In 6,8 läßt er dann außerdem ankündigen, daß er die Israeliten zu
dem Land bringen und es ihnen als Besitz geben wird. Damit wird in 6,6-8 zwischen der
Befreiung der Israeliten aus Ägypten und ihrem Weg zu dem Land, der in der Gabe des
Landes sein Ziel erreichen wird, unterschieden. Es handelt sich für P um zwei Heilstaten
Jahwes. Sie sind zwar aufeinander bezogen, da die Landnahme die Befreiung aus Ägypten
voraussetzt. Aber die Errettung aus der ägyptischen Zwangsarbeit ist eine Heilstat von
eigener Bedeutung. Das unterstreicht P durch die Erkenntnisaussage in 6,7b. Ab 6,10 ist
dann nur noch die Befreiung aus Ägypten das Thema. Die Rede, mit der Jahwe den
Einwand des Mose von 6,12 widerlegt, hat ebenfalls zwei Teile. In 7,1.2.4aα werden Mose
und Aaron mit der Entlassungsforderung zu dem Pharao gesandt, und Jahwe sagt voraus,
daß sie keinen Erfolg haben werden. In 7,4aβ.b.5 kündigt Jahwe dann an, daß er sich
selbst gegen die Ägypter wenden und die Israeliten herausführen wird. Damit sagt hier
Jahwe bei P voraus, daß sich die folgenden Ereignisse in Ägypten in zwei Etappen
vollziehen werden: Der Entlassungsforderung von Mose und Aaron wird der Pharao nicht
nachkommen. Aber danach wird Jahwe durch sein machtvolles Eingreifen die Israeliten
aus Ägypten herausführen[14].

Daß diese priesterliche Erzählung nicht als Ergänzung der vorpriesterlichen
Darstellung entstanden ist, wird vor allem mit drei Argumenten begründet:
1. Sie ist in wesentlichen Punkten eine Dublette zu Ex 3f. Das gilt z.B. für
die Botschaft an die Israeliten in 6,6-8. Bereits nach 3,16f sollte Mose den

---

13 Nach F. Kohata, Jahwist, 29ff, ist auch 6,8 später eingefügt worden. Dieser Vers darf
    jedoch P nicht abgesprochen werden, vgl. dazu unten S. 185f.

14 Nach F. Kohata, Jahwist, 303f, ist es nicht textgemäß, "zu einzelnen Aussagen von
    7,3-5 eine Entsprechung in den folgenden Ereignissen zu finden", weil in diesen
    Versen keine Angaben enthalten seien, "die auf ein bestimmtes Ereignis voraus-
    weisen". Auch nach ihr (Jahwist, 331) besteht aber zwischen v. 4aα und v. 4aβ ein
    Einschnitt. Auch wenn der Ablauf der Ereignisse nicht in den Einzelheiten vor-
    ausgesagt wird, wird durch diese Zäsur doch zwischen dem erfolglosen Auftreten von
    Mose und Aaron vor dem Pharao und dem machtvollen Wirken Jahwes, durch das
    er die Israeliten herausführen wird, unterschieden, vgl. J.-L. Ska, Plaies, 24-26, der
    freilich nicht erkannt hat, daß v. 3 sekundär ist. Dagegen sieht P. Weimar, Meerwun-
    dererzählung, 219ff, schon nach v. 2 eine Zäsur. Die Jahwerede in 7,1-5 bestehe aus
    den beiden Teilen v. 1.2 und v. 3-5. Das setzt jedoch voraus, daß v. 3 ursprünglich ist.
    Wahrscheinlich hat aber auch der Ergänzer, der v. 3 einfügte, nach v. 3 keinen
    Einschnitt gesehen. Bei ihm bezieht sich v. 4aα ebenfalls auf die Entlassungsforde-
    rung in v. 2b. Mit dem Anfang von v. 3 "und ich" markiert er keine Zäsur, sondern
    stellt eine Beziehung zu dem betont vorangestellten "du" in v. 2 her.

Ältesten Israels mitteilen, daß sie Jahwe aus dem Elend Ägyptens herausführen will. Trotzdem fehlt in 6,6-8 jeder Rückverweis auf Ex 3. Das wird nur verständlich, wenn hier Mose erstmals beauftragt wird, den Israeliten ihre Befreiung anzukündigen. Dann kann aber Ex 6,2ff ursprünglich nicht in einem Werk gestanden haben, das auch Ex 3f enthielt.

2. In Ex 6,5 sagt Jahwe, daß er das Seufzen der Israeliten gehört und an seine ברית gedacht hat. Das bezieht sich eindeutig auf den priesterlichen Text 2,23aβ-25. Hier heißt es in v. 24 ausdrücklich: "Da hörte Gott ihr Seufzen, und Gott gedachte an seine ברית mit Abraham, mit Isaak und mit Jakob". Daraus geht hervor, daß 6,2ff ursprünglich direkt auf 2,23aβ-25 folgte. Das wird durch 2,25b bestätigt, wo in Anlehnung an LXX zu lesen ist: "Da tat Gott sich kund"[15]. Dazu ist 6,2f die direkte Fortsetzung, denn hier heißt es: "Da redete Gott zu Mose und sagte zu ihm: Ich bin Jahwe. Und ich bin erschienen dem Abraham, dem Isaak und dem Jakob als אל שדי, aber mit meinem Namen Jahwe habe ich mich ihnen nicht kundgetan". Dieser priesterliche Zusammenhang zwischen 2,23aβ-25 und 6,2ff wird durch den Abschnitt 3,1-6,1 unterbrochen.

3. Daß nach 6,2ff Gott erst jetzt dem Mose seinen Namen Jahwe bekanntgibt, widerspricht Ex 3. Hier soll Mose nach v. 16 den Ältesten Israels sagen: "Jahwe, der Gott eurer Väter ist mir erschienen". Das setzt voraus, daß die Ältesten diesen Gottesnamen kennen. Die priesterliche Auffassung läßt sich aber auch nicht mit jenen Stücken der Vätergeschichte vereinbaren, in denen der Gottesname Jahwe den Erzvätern bekannt ist[16]. Dagegen wird in den priesterlichen Texten der Gottesname Jahwe für die Patriarchenzeit konsequent vermieden[17]. Hier offenbart sich Gott den Erzvätern als אל שדי (Gen 17,1;

---

15 Vgl. u.a. W.H. Schmidt, Exodus, 79. Dagegen hält z.B. E. Blum, Studien, 240 Anm. 43, MT für die lectio difficilior. Das ist jedoch schon im Blick auf 6,3 unwahrscheinlich. Zwischen der Aussage in 6,3, daß sich Jahwe den Patriarchen nicht mit seinem Namen Jahwe kundtat, und 2,25b besteht eine deutliche Beziehung.

16 So sagt Jahwe z.B. in Gen 28,13 zu Jakob: "Ich bin Jahwe, der Gott deines Vaters Abraham und der Gott Isaaks...".

17 Die beiden Ausnahmen in Gen 17,1 und 21,1b beruhen auf einem redaktionellen Eingriff in die priesterliche Schicht. N. Lohfink, Priesterschrift, 232 Anm. 42, meint zwar zu Gen 17,1: "es besteht kein Grund, hier eine redaktionelle Änderung zu postulieren". Aber in Gen 17 gebraucht der Verfasser sonst durchgehend Elohim. Nach v. 22 stieg Elohim von Abraham auf. Dann muß ursprünglich in v. 1 auch Elohim dem Abraham erschienen sein, da sich beide Aussagen entsprechen sollen. Das bestätigt der priesterliche Text Gen 35,9-13a. Hier ist nach v. 9 Elohim dem Jakob erschienen und nach v. 13a von ihm aufgestiegen. In Gen 17,1 wurde Elohim redaktionell durch Jahwe ersetzt, um den Vers an 18,1 anzugleichen, wo Jahwe dem

35,11; 48,3). Das entspricht Ex 6,3. Es ist kaum vorstellbar, daß in einer Redaktionsschicht eine Auffassung von der Offenbarung des Gottesnamens vertreten
wird, die den durch sie ergänzten Texten konträr ist, ohne daß sie wenigstens
andeutungsweise mit ihnen ausgeglichen wird[18].

Freilich ist die Tragfähigkeit dieser Argumente bestritten worden. Gegen
eine Quellenschrift P werden außer dem grundsätzlichen Einwand, daß Mose in
einem selbständigen Werk eingeführt werden müsse, vor allem zwei Gründe
angeführt:

1. Die priesterliche Darstellung enthält in 6,2-8 zwei Begriffe, die in dieser
Schicht nur hier vorkommen. Daraus gehe hervor, daß sie für den nichtpriesterlichen Kontext formuliert wurde[19]. In 6,6f steht סבלות = Frondienst. Dieses
Wort ist sonst nur in den nichtpriesterlichen Texten Ex 1,11; 2,11; 5,4f belegt.
Lediglich in 6,6 wird in der priesterlichen Schicht das Verb נצל hi. = heraus-
reißen für den Exodus gebraucht. Es steht aber auch in 3,8 und 5,23. Tatsächlich werden die beiden Begriffe "Frondienst" und "herausreißen" in 6,6f nur
verständlich, wenn dem Verfasser die nichtpriesterliche Darstellung in Ex 1-5
literarisch vorlag. Hätte er sie nur in den Grundlinien gekannt, wie etwa F.
Kohata annimmt[20], dann bleibt z.B. unverständlich, warum er hier neben עבדה
= Arbeit den Ausdruck "Frondienst" gebraucht. Er beschreibt sonst mit dem
Begriff "Arbeit" die Notlage der Israeliten in Ägypten (1,13f[21]; 2,23aβ.b). Daß
dem Verfasser die vorpriesterliche Darstellung vorlag, ergibt sich zudem aus der
Verwandtschaft zwischen 7,1 und 4,16. Er hat mit den Worten Jahwes an Mose
in 7,1 "Siehe, ich setze dich als Elohim für den Pharao, und dein Bruder Aaron
soll dein Prophet sein" 4,16b abgewandelt, wo Jahwe über Aaron zu Mose sagt:
"Er wird dir zum Mund sein, und du wirst ihm zum Elohim sein"[22]. Diese Abwandlung ist nur möglich, wenn der Verfasser 4,16b vor Augen hatte. Zwischen
der priesterlichen Schicht in 6,2ff und der vorpriesterlichen Darstellung beste-

---

Abraham erscheint. In dem priesterlichen Abschnitt 21,1b-5 steht in v. 2 und v. 4
Elohim. Es ist kein Grund zu erkennen, warum der Verfasser dann in v. 1b Jahwe
gebraucht haben sollte. Anscheinend hat hier die Redaktion den Wechsel der
Gottesbezeichnungen zwischen den parallelen Aussagen in v. 1a und v. 1b als zu hart
empfunden und aus diesem Grund in v. 1b Elohim durch Jahwe ersetzt.

18   Das hat vor allem K. Koch, 466, betont.

19   So J.-L. Ska, Place, 545; ders., Remarques, 102f; E. Blum, Studien, 233.

20   F. Kohata, Jahwist, 75.

21   Daß auch 1,13f im wesentlichen aus P stammt, ist allgemein anerkannt, vgl. z.B. W.H.
     Schmidt, Exodus, 15f.

22   So z.B. auch R. Smend, Entstehung, 53; W.H. Schmidt, Exodus, 196.

hen somit eindeutig literarische Beziehungen. Das beweist jedoch nicht, daß es sich bei den priesterlichen Texten um eine Redaktionsschicht handeln muß. Diese Beziehungen können auch damit erklärt werden, daß der Verfasser der Priesterschrift die vorpriesterliche Fassung als literarische Vorlage benutzt hat. Das ist schon verschiedentlich in der Forschung angenommen worden[23].

2. Das zweite Gegenargument lautet: 6,2ff bezieht sich sachlich auf den vorhergehenden Abschnitt 5,1-6,1. Dafür wird vor allem auf die Formulierung "ich bin Jahwe" in 6,2.6.7.8 verwiesen. Sie zeige, daß Jahwe hier auf die Worte des Pharao in 5,2 "Wer ist Jahwe?... Ich kenne Jahwe nicht" und auf die Vorwürfe reagiere, die ihm Mose in 5,22f macht[24]. Für J.-L. Ska ist 6,2-8 geradezu als Antwort auf diese Herausforderungen Jahwes niedergeschrieben worden. Es handle sich bei diesem Abschnitt um "un oracle de réponse", das den Disputationsworten bzw. Streitgesprächen bei Ezechiel nahestehe[25]. Dagegen spricht jedoch, daß in 6,2ff ausdrückliche Rückverweise auf Ex 5 fehlen. So wird z.B. der Pharao in 6,2-8 nicht erwähnt. Dann kann aber Jahwe hier nicht auf dessen Worte in 5,2 antworten. Außerdem kommt bei J.-L. Ska die enge Beziehung zwischen 6,5 und 2,24, die er durchaus sieht[26], nicht zur Geltung. Deshalb betont E. Blum mit Recht, "daß die Gottesrede ihrem Wortlaut nach eben nicht wie eine Antwort oder Reaktion formuliert ist, sondern wie eine 'Erstoffenbarung'"[27].

Trotzdem ist auch nach E. Blum der Abschnitt 6,2ff als Ergänzung der vorpriesterlichen Darstellung entstanden. Seine Diskontinuität zum Kontext sei Ausdruck "eines konkurrierenden Anspruchs gegenüber der übernommenen Überlieferung". Sie solle durch 6,2ff verbindlich interpretiert werden[28]. Hier stellt sich die grundsätzliche Frage, ob eine solche Kompositionstechnik, wie sie E. Blum annimmt, tatsächlich denkbar ist. Daß sie ungewöhnlich wäre, sieht auch E. Blum. Er erklärt sie aber damit, daß die priesterliche Schicht in der Perserzeit entstanden sei, in der die priesterlichen Kreise andere wichtige Gruppen in Juda nicht übergehen konnten. Die priesterliche Komposition

---

23 So z.B. R. Smend, Entstehung, 53; L. Schmidt, Beobachtungen, 79f. Wie in der folgenden Studie gezeigt werden wird, hat P auch in seinen Murrerzählungen vorpriesterliche Erzählungen als literarische Vorlage benutzt.

24 E. Blum, Studien, 233; ähnlich J.-L. Ska, Remarques, 102f.

25 J.-L. Ska, Remarques, 99; vgl. auch ders., Place, 543f.

26 Vgl. J.-.L. Ska, Remarques, 102.

27 E. Blum, Studien, 234.

28 E. Blum, Studien, 235.

repräsentiere einen innerjudäischen Kompromiß zwischen deuteronomisch-deuteronomistisch geprägten und priesterlichen Kreisen. Eben daraus erkläre sich die "einzigartige 'dialogische' Komposition"[29]. Das setzt freilich *voraus*, daß nachgewiesen werden kann, daß es sich bei der priesterlichen Schicht um keine Quellenschrift handelt. Nur in diesem Fall könnte man vielleicht mit einer Kompositionstechnik rechnen, die sonst für das Alte Testament bisher nicht nachgewiesen wurde. Deshalb ist zu prüfen, ob E. Blum die von ihm anerkannte Beziehung zwischen den priesterlichen Texten 2,23aβ-25 und 6,2ff zureichend erklären kann.

Aus ihr ergibt sich für E. Blum, "daß unsere Tradenten bei ihren Textgestaltungen nicht nur den allgemeinen Kontext im Blick hatten, sondern auch und mitunter vielleicht in erster Linie, die konzipierte *priesterliche* Kompositionsschicht"[30]. Wie soll man sich das vorstellen? Dazu führt E. Blum zunächst aus: "Zum konkreten arbeitstechnischen Vorgehen lassen sich dabei - je nach Vorstellungskraft - verschiedene Möglichkeiten denken". Dieser allgemeine Hinweis ist m.E. wenig hilfreich. Nur wenn diese Möglichkeiten konkret benannt werden, läßt sich entscheiden, welche Wahrscheinlichkeit sie beanspruchen können. Im folgenden bietet E. Blum dann aber doch konkrete Überlegungen, die er freilich selbst als "reine Mutmaßungen" bezeichnet[31]. Er hält es für möglich, daß die priesterlichen Texte am Anfang des Buches Exodus "zunächst 'für sich' (freilich unter Kenntnis der zu bearbeitenden Überlieferung) *konzipiert*" und erst danach in die vorpriesterliche Darstellung eingefügt wurden. Das ist lediglich eine Modifikation der Urkundenhypothese, da diese priesterlichen Texte auch nach diesem Modell als eigener Zusammenhang entstanden wären.

Gegen die Auffassung von E. Blum spricht aber, daß dann schon innerhalb der priesterlichen Komposition die eigentliche Absicht dieser Schicht nicht mehr deutlich würde. In ihr beginnt mit der Berufung des Mose in 6,2ff für die Israeliten ein neuer Abschnitt. Wenn jedoch Ex 3 auf 2,23aβ-25 folgt, vollzieht sich die Wende nicht erst in 6,2ff, sondern bereits in Ex 3. Kein Leser wird nun Ex 3 anders verstehen können, als daß Jahwe schon hier Mose die Wende ankündigt. Seine Worte in 3,7 "Ich habe das Elend meines Volkes... gesehen und ihr Geschrei habe ich gehört wegen seiner Antreiber" müssen nun auf 2,24a "da hörte Gott ihr Seufzen" und auf 2,25a "da sah Gott die Israeliten an" bezogen werden. Jetzt ist eben nicht mehr 6,2ff die Konsequenz, die sich aus 2,23aβ-25

---

29   E. Blum, Studien, 358.
30   E. Blum, Studien, 241.
31   E. Blum, Studien, 241f.

ergibt, sondern Ex 3. Aus der Beobachtung, daß 6,2ff eng auf 2,23aβ-25 bezogen ist, ergibt sich somit, daß diese beiden priesterlichen Texte nicht nur als Zusammenhang konzipiert, sondern auch tradiert wurden. Aus ihnen geht hervor, daß sich die priesterliche Darstellung der Berufung des Mose darin markant von der vorpriesterlichen Fassung in Ex 3,1-4,31[32] unterscheidet, daß nach ihr Mose in Ägypten berufen wurde[33] und daß die Israeliten die ihm aufgetragene Botschaft der Befreiung nicht annahmen (6,9).

Die beiden Versionen wurden somit erst von einer späteren Redaktion miteinander verbunden. Für sie mußte 2,23aβ-25 der Berufung des Mose in Ex 3 vorangehen, weil eben bereits hier dem Mose die Wende des Geschicks der Israeliten angekündigt wird. Daß der Redaktor seine beiden Vorlagen der Berufung des Mose nicht zusammengearbeitet hat, ist zum einen dadurch bedingt, daß Mose nach Ex 3f am Gottesberg, nach 6,2ff aber in Ägypten berufen wurde. Zum anderen ließ sich die priesterliche Darstellung in 7,1ff* nicht von ihrer Fortsetzung in 7,8ff trennen. In 7,4 kündigt hier Jahwe dem Mose an, daß der Pharao nicht auf ihn und Aaron hören wird. Darauf wird im folgenden mehrfach Bezug genommen[34]. Daraus ergab sich für die Redaktion, daß sich jene Berufung des Mose, die in der priesterlichen Darstellung berichtet wird, erst ereignet haben konnte, als der Pharao die Fronarbeit der Israeliten verschärft hatte (Ex 5). Für den Redaktor hat Jahwe mit 6,2ff die frühere Berufung des Mose bestätigt und nachdrücklich unterstrichen, daß er entschlossen ist, die Israeliten aus Ägypten zu befreien. Wenn E. Blum meint: "Innerhalb der Quellenhypothese hätte man noch zusätzlich zu fragen, weshalb gerade dieser Abschnitt nicht mit seiner 'Dublette' Ex 3f. verflochten wurde"[35], so läßt sich also diese Frage durchaus beantworten. Verfahren und Absicht der Redaktion können hier erklärt werden[36].

---

32 Sie stammt im wesentlichen von dem Jehowisten. Er hat hier nicht nur die Darstellungen von J und E miteinander verbunden, sondern seine Vorlagen auch erheblich erweitert, vgl. dazu L. Schmidt, Pentateuch, 90-92.

33 Da bei P kein Ort für die Berufung des Mose angegeben wird, ist sie hier in Ägypten erfolgt.

34 7,13.22; 8,11.15; 9,12, vgl. auch 11,9.

35 E. Blum, Studien, 234 Anm. 23.

36 F. Kohata, Endredaktion, 11f, stellt zwar zu Ex 3 und 6 zunächst fest: "Warum R^P hier beide Vorlagen nicht in eine Geschichte umgestaltet hat, bleibt unklar". Sie weist dann aber darauf hin, daß die jetzige Stellung von Ex 6,2ff darauf beruhe, daß "der zweite Teil der priesterschriftlichen Berufungsgeschichte (7,1-7) mit der folgenden Wunderreihe eng verbunden ist". Damit bietet auch sie eine Erklärung für das

Aus der Beobachtung, daß 2,23aβ-25 und 6,2ff ursprünglich einen literarischen Zusammenhang bildeten, ergibt sich somit: Der Verfasser dieser Stücke hat zwar die vorpriesterliche Darstellung in 3,1-6,1 als literarische Vorlage benutzt, dieser Komplex war jedoch in seinem Werk nicht enthalten. Die priesterliche Schilderung der Berufung des Mose wird somit nur verständlich, wenn P eine Quellenschrift war.

III. Die priesterlichen Plagen in Ex 7,8-11,10

Dieses Ergebnis wird durch eine Analyse des Abschnitts 7,8-11,10 bestätigt, der auf die priesterliche Darstellung der Berufung des Mose folgt. Hier werden übereinstimmend jene Stücke zu der priesterlichen Schicht gerechnet, die nach dem Schema aufgebaut sind: Jahwe befiehlt Mose, Aaron zu einer Handlung zu beauftragen - Ausführung und Wettkampf mit den ägyptischen Wahrsagepriestern - Verhärtungsnotiz. Dieses Schema wird in der Plage der Geschwüre (9,8-12) variiert, da hier Jahwe zu Mose und zu Aaron redet, und nun Mose die Plage herbeiführt. Sie ist aber eng mit den anderen priesterlichen Plagen verbunden, weil auch hier Mose und Aaron vor dem Pharao stehen (9,10), die Wahrsagepriester erwähnt werden (9,11) und am Schluß darauf hingewiesen wird, daß der Pharao nicht auf Mose und Aaron hörte (9,12)[37]. Von P stammen somit folgende fünf Plagen: 1. Die Verwandlung des Stabes Aarons in eine große Schlange (7,8-13), 2. die Verwandlung der Wasser Ägyptens in Blut (7,19.20aα[1].21b.22), 3. eine Fassung der Froschplage (8,1-3...11aγ.b), 4. die Mücken (8,12.13*.14a.15), 5. die Geschwüre (9,8-12). Diese Plagen enthalten eine deutliche Steigerung. Die ersten drei Plagen können die ägyptischen Wahrsagepriester nachahmen, die vierte nicht, und von der fünften sind sie selbst betroffen. Damit hat die priesterliche Schicht eine bestimmte Linienführung. Sie ist freilich nur durchsichtig, wenn diese Plagen unmittelbar aufeinander folgen. Ihr Zusammenhang wird jedoch durch die beiden Plagen der Stechfliegen (8,16-28) und der Viehseuche (9,1-7) unterbrochen, in denen die Wahrsagepriester nicht erwähnt werden. Das spricht dafür, daß auch hier die

---

Verfahren der Redaktion.

37 Nach P. Weimar, Meerwundererzählung, 209 Anm. 126, stammt zwar die Plage der Geschwüre wegen der Unterschiede zu den anderen priesterlichen Plagen von R[P]. Aber P hat hier sein Schema bewußt abgewandelt, weil die Geschwüre die vorangegangenen Wunderzeichen überbieten, vgl. L. Schmidt, Beobachtungen, 22f.

priesterliche Schicht erst redaktionell mit einer anderen Plagendarstellung zusammengearbeitet wurde.

Die fünf priesterlichen Plagen sind durch die Feststellung am Ende jeder Plage "und nicht hörte er auf sie, wie Jahwe geredet hatte" (7,13.22; 8,11aγ.b.15; 9,12) auf die priesterliche Fassung der Berufung des Mose bezogen, in der Jahwe dem Mose ankündigt "und nicht wird auf euch der Pharao hören" (7,4aα). Dabei geht es, wie bereits oben erwähnt wurde, um die Entlassungsforderung, die nach 7,2 Mose und Aaron dem Pharao vortragen sollen. Damit wird in diesen Plagen vorausgesetzt, daß Mose und Aaron von dem Pharao die Entlassung der Israeliten gefordert haben. An die priesterliche Berufung des Mose knüpft aber auch schon der Anfang der priesterlichen Plagenerzählung in 7,8f an. Hier heißt es: "Da sagte Jahwe zu Mose[38]: Wenn zu euch der Pharao reden wird: Gebt für euch ein Wunderzeichen...". Das ist nur sinnvoll, wenn zuvor Mose und Aaron mit einem Auftrag zum Pharao gesandt wurden. Es geht darum, daß Mose dem Aaron ein Legitimationswunder befehlen soll, falls der Pharao von ihnen ein solches Wunder fordert. Damit sind die priesterlichen Plagen ein weiteres gewichtiges Argument für eine selbständige Priesterschrift.

Nun hat M. Noth auch Stücke in der Hagel- (9,22.23aα[1].35), der Heuschrecken- (10,12.13aα[1].20) und der Finsternisplage (10,21.22.27) P zugewiesen, da hier ebenfalls von der Verhärtung des Herzens des Pharao (חזק) die Rede ist und "das sonst für P charakteristische Schema der Einleitung der Erzählungsabschnitte" vorkomme[39]. Dem hat sich E. Blum angeschlossen. Für ihn ergibt sich aus drei Gründen, daß die entsprechenden Stücke in diesen Plagen zur priesterlichen Schicht gehören: Sie seien sprachlich eng mit den anderen priesterlichen Plagen verwandt. Ihre Formulierungen hätten "genaue Parallelen in der priesterlichen Schicht von Ex 14", wie z.B. ein Vergleich der Verhärtungsaussagen in 14,4a.17a mit 10,20.27 belege. Schließlich würden in 9,23 und 10,13 die priesterlichen Elemente in gleicher Weise wie in 14,21 mit der vorgegebenen Überlieferung verknüpft[40]. Wenn die priesterliche Schicht aber auch in diesen Plagen vertreten sei, könne es sich bei ihr um keine Quellenschrift

---

38 In 7,8 ist "und zu Aaron" sekundär. Der Ergänzer nahm wegen der Formulierung in v. 9a "wenn zu euch der Pharao reden wird..." irrtümlich an, daß Jahwe hier zu Mose und Aaron gesprochen haben muß. Aus dem Nachsatz in v. 9b "sollst du zu Aaron sagen" geht jedoch hervor, daß Jahwe ursprünglich nur zu Mose geredet hat.

39 M. Noth, Exodus, 52f; so auch mit etwas anderen Abgrenzungen R. Friebe, 45ff. Auch J. Van Seters, 31f, hat sich grundsätzlich M. Noth angeschlossen, hält aber P für eine Ergänzungsschicht.

40 E. Blum, Studien, 249f.

handeln. Dafür nennt E. Blum vor allem folgende Argumente[41]: Durch die priesterlichen Elemente in diesen drei Plagen würde die erzählerische Bewegung der vorangehenden priesterlichen Plagen nicht weitergeführt. Außerdem hätte die Priesterschrift dann mit der Tötung der ägyptischen Erstgeburt insgesamt neun Plagen. Dieser Zahl fehle jedoch jede typologische oder motivische Signifikanz. Folglich sei die vorpriesterliche Plagenerzählung durch die priesterliche Schicht erweitert worden.

Freilich unterscheiden sich nach E. Blum die ersten fünf priesterlichen Plagen von den priesterlichen Stücken in den folgenden Plagen. Die fünf Plagen seien erzählerisch gerundet, und sie hätten durch das Motiv des Wettkampfs mit den Wahrsagepriestern ein eigenes Thema. Dagegen sei die priesterliche Schicht in den folgenden Plagen[42] auf die vorpriesterliche Darstellung bezogen. Diesen Unterschied erklärt E. Blum damit, daß die priesterliche Schicht in den ersten fünf Plagen teilweise eine selbständige Überlieferung aufgenommen habe. Bereits J. Reindl war der Meinung, daß diese Plagen aus einer eigenen "Erzählung vom Wettstreit der Zauberer"[43] stammen. Diese Auffassung hat E. Blum

---

41 E. Blum, Studien, 251.

42 Die Stücke, die hier M. Noth und E. Blum zur priesterlichen Schicht rechnen, werden in der Forschung oft E zugewiesen. Das ist jedoch nicht möglich, vgl. F. Kohata, Jahwist, 105ff; L. Schmidt, Beobachtungen, 23f.35f.45f.

43 J. Reindl, 53f, nennt dafür folgende Gründe: Die Begriffe "Wahrsagepriester" und "Geheimkünste" sind bei P sonst nicht belegt. Außerdem werde die Reihe der priesterlichen Plagen durch 6,28-7,7 und 7,8-13 doppelt eingeleitet. Die erste Einleitung ziele auf die Entlassung der Israeliten. Danach sollten "die 'Zeichen und Wunder' dazu dienen, die Ägypter zur Erkenntnis zu führen, 'daß ich Jahwe bin' (7,5)". Dagegen sei in der zweiten Einleitung von der Entlassung nicht die Rede, und hier fordere der Pharao das Wunder. Diese Argumente können nicht überzeugen. Es wurde bereits darauf hingewiesen, daß sich in diesen fünf Plagen die Feststellung "und nicht hörte er auf sie, wie Jahwe geredet hatte" auf die Entlassungsforderung bezieht. Die in 7,3 erwähnten Zeichen und Wunder zielen nicht auf eine Erkenntnis der Ägypter, da nach v. 4aα der Pharao nicht auf Mose und Aaron hören wird. Zudem ist 7,3 sekundär. Somit besteht zwischen 7,1ff* und 7,8-13 keine Spannung. Daß die Wahrsagepriester von P nur in den fünf Plagen erwähnt werden, ist kein Beweis für eine P vorgegebene Überlieferung. P kann das Motiv des Wettkampfs mit den Wahrsagepriestern auch selbst für die Gestaltung der Plagen geschaffen haben. Dafür spricht die Formulierung in 7,9 "Gebt für euch ein Wunderzeichen". Nur aus der Entlassungsforderung in 7,2 ergibt sich, warum der Pharao von Mose und Aaron ein Beglaubigungszeichen fordert. Nach J. Reindl, 55, ist zwar לכם in 7,9 möglicherweise sekundär. Dann bliebe offen, warum der Pharao ein Wunderzeichen fordert. In einer selbständigen Überlieferung muß dafür ein Grund genannt worden sein. Es gibt aber keinen Anhaltspunkt dafür, daß das Wunderzeichen in 7,8-13 nicht

modifiziert. Nach ihm gehen nur die Verwandlung der Wasser Ägyptens in Blut, die Frösche, die Mücken und die Geschwüre auf eine "vorgeprägte Überlieferung" zurück. In Anlehnung an sie habe die priesterliche Schicht 7,8-13 als Beglaubigungswunder gebildet. Sie habe außerdem die Plage der Finsternis (10,21-23) geschaffen[44].

Tatsächlich können die fünf priesterlichen Plagen und die ihnen entsprechenden Elemente bei Hagel, Heuschrecken und Finsternis nur dann derselben literarischen Schicht zugewiesen werden, wenn die fünf Plagen zumindest teilweise auf eine eigene Überlieferung zurückgehen. Nur so werden die Unterschiede zwischen ihnen und den folgenden Plagen verständlich. Für die Beurteilung der Auffassung von E. Blum ist somit wesentlich, ob sich die von ihm postulierte Überlieferung wahrscheinlich machen läßt. Das ist jedoch nicht der Fall. Schon in dieser Überlieferung wären die Plagen als Wettkampf zwischen Mose/Aaron und den Wahrsagepriestern vor dem Pharao geschildert worden. Wenn dieser Wettkampf vor dem Pharao ausgetragen wird, geht es bei ihm aber darum, ob sich Mose und Aaron vor dem Pharao legitimieren können. Dieses Thema wird in dem Abschnitt 7,8-13, den E. Blum nicht zu dieser Überlieferung rechnet, entfaltet. Wenn der Pharao fordert, daß Mose und Aaron für sich ein Wunderzeichen geben, soll Aaron seinen Stab vor dem Pharao hinwerfen, daß er zu einer großen Schlange werde (v. 9). Nachdem das geschehen ist, ruft der Pharao die Weisen und Zauberer herbei, die im folgenden Wahrsagepriester genannt werden (v. 11a). Er will damit offensichtlich prüfen, ob das Wunder tatsächlich Mose und Aaron beglaubigt. Doch es ist nicht eindeutig, weil es die Wahrsagepriester nachahmen können (v. 11b.12f).

Nur aus diesem Abschnitt wird klar, warum Jahwe die folgenden vier priesterlichen Plagen anordnet. Außerdem wird hier die Situation beschrieben, die sie voraussetzen. Daß etwa Mose und Aaron bei der Verwandlung der Wasser Ägyptens in Blut vor dem Pharao stehen, und warum die Wahrsagepriester ebenfalls anwesend sind, ergibt sich allein aus 7,8-13[45]. Deshalb ist dieses Stück

---

schon ursprünglich Mose und Aaron beglaubigen sollte. Das Thema dieses Abschnitts ist durchgehend ihre Legitimation, wie im folgenden gezeigt werden soll. Die Argumente von J. Reindl halten somit einer Überprüfung nicht stand.

44 E. Blum, Studien, 251ff.

45 E. Blum, Studien, 251 Anm. 79, stellt ebenfalls fest: "Auch bildet 7,19.20aα keinen selbständigen Erzählungsanfang". Er rechnet trotzdem 7,8-13 nicht zu der vorgegebenen Überlieferung, weil der Stab Aarons in 7,12 die Stäbe der Wahrsagepriester verschlingt. Dadurch seien Mose und Aaron schon hier den Wahrsagepriestern überlegen. Da diese jedoch in den folgenden priesterlichen Plagen zunächst mit Mose und

für die folgenden vier priesterlichen Plagen unbedingt notwendig. Sie können nicht ohne 7,8-13 tradiert worden sein. Da dieser Abschnitt jedoch, wie oben gezeigt wurde, 7,1ff voraussetzt, steht hinter den fünf priesterlichen Plagen keine eigene Überlieferung. Sie sind schon ursprünglich Wunderzeichen, die Mose und Aaron vor dem Pharao für die Entlassungsforderung beglaubigen sollten.

Das wird auch an der Plage der Geschwüre in 9,8-12 deutlich. Nach 9,11 konnten die Wahrsagepriester nicht vor Mose auftreten, weil sie von dieser Plage selbst betroffen waren. Damit ist eindeutig erwiesen, daß Mose und Aaron den Wahrsagepriestern überlegen sind. Es ist eigentlich unverständlich, daß der Pharao sogar dieses Wunder nicht gelten läßt. Deshalb heißt es in 9,12 erstmals, daß Jahwe das Herz des Pharao verhärtet hat. Damit verhindert Jahwe, daß der Pharao dieses Beglaubigungszeichen akzeptiert. Die fünf priesterlichen Plagen lassen sich somit von der priesterlichen Berufung des Mose nicht trennen.

Sie sind aber außerdem auf eine Fortsetzung angelegt. Das geht aus den Verhärtungsnotizen hervor. Nach J. Reindl und E. Blum hat Jahwe in der von ihnen angenommenen Überlieferung mit diesen Plagen seine Überlegenheit erwiesen[46]. Dann könnte sie aber nicht mit der Verhärtungsnotiz in 9,12 geendet haben[47]. Danach muß berichtet werden, wie sich Jahwe schließlich auch gegen den Pharao durchgesetzt hat. Es läßt sich aber keine Gestalt der priesterlichen Plagen rekonstruieren, in der die Verhärtungsnotiz fehlte. Sie ist am Ende der Mückenplage in 8,15 notwendig, weil sonst die Plage der Geschwüre (9,8-12) erzählerisch nicht verankert ist. Die Wahrsagepriester haben, als sie die Mücken nicht nachahmen konnten, nach 8,15 gesagt: "Das ist der Finger Gottes". Sie geben sich somit schon hier geschlagen. Deshalb schreibt J. Reindl zu der von ihm postulierten Erzählung von dem Wettkampf mit den Zauberern: "Klimax der Geschichte ist das Bekenntnis der Zauberer, daß in den Wundern

---

Aaron mithalten können, stehe diese Plage "'außerhalb' der anschließenden Klimax" (Studien, 252 Anm. 81). Sie läßt sich aber aus den genannten Gründen nicht von den weiteren priesterlichen Plagen trennen. Anscheinend wollte der Verfasser bereits in seiner ersten Plage darauf hinweisen, daß Mose und Aaron (und damit Jahwe) den Wahrsagepriestern überlegen sind. Weil die Wahrsagepriester die Verwandlung des Stabes nachahmen können, ist jedoch für ihn dieses Wunder noch kein eindeutiger Beweis, obwohl der Stab Aarons ihre Stäbe verschlingt.

46 J. Reindl, 55; E. Blum, Studien, 250f.

47 Da 9,12aβ.b "und nicht hörte er auf sie, wie Jahwe zu Mose geredet hatte" 7,4aα voraussetzt, kann diese Aussage nicht aus der von J. Reindl und E. Blum postulierten Überlieferung stammen.

des Mose der 'Finger Gottes' am Werk ist"[48]. Trotzdem folgt jedoch die Plage
der Geschwüre. Das ist nur durch die Verhärtungsnotiz in 8,15 möglich. Aus ihr
geht hervor, daß der eigentliche Adressat der Wunderzeichen nicht die Wahrsagepriester sind, sondern daß es dabei um den Pharao geht. Von seiner Reaktion muß in der Tat berichtet werden, weil die Wunderzeichen ja vor ihm
ausgeführt werden[49]. Die Verhärtungsnotizen sind somit ein konstitutiver Bestandteil der fünf priesterlichen Plagen. Sie bestätigen, daß diese Plagen weder
ganz noch teilweise auf eine eigene Überlieferung zurückgehen. Vielmehr sind
sie von der priesterlichen Schicht gebildet worden und folgten dort aufeinander.
Da dieser Zusammenhang jetzt durch vorpriesterliche Plagen unterbrochen wird,
hat es sicher eine priesterliche und eine vorpriesterliche Darstellung der Plagen
gegeben, die erst durch eine spätere Redaktion miteinander verbunden wurden[50].

Diese fünf priesterlichen Plagen stammen somit aus einer eigenen Quellenschrift. Ihr Verfasser hat diese Plagen freilich nicht völlig frei geschaffen. Er hat
auch hier wie für die Berufung des Mose die vorpriesterliche Fassung als literarische Vorlage benutzt[51]. Mit der Verwandlung des Stabes Aarons in eine große
Schlange vor dem Pharao (7,8-13) wandelte er das Legitimationswunder vor den
Israeliten ab, zu dem Jahwe in 4,1ff Mose bevollmächtigt hatte. Seine vier
anderen Wunderzeichen sind eine literarische Neugestaltung von Plagen der
vorpriesterlichen Erzählung, die er unter dem Gesichtspunkt vorgenommen hat,
daß die Plagen Mose und Aaron vor dem Pharao legitimieren sollten. Deshalb
haben sie einen anderen Charakter als die vorpriesterlichen Plagen. Mit den
vorpriesterlichen Plagen will Jahwe seiner Entlassungsforderung Nachdruck
verleihen. Deshalb sind sie für die Ägypter lästig oder sie fügen ihnen Schaden
zu. Dagegen werden die Ägypter durch die priesterlichen Wunderzeichen nicht
geschädigt. Sie sind eigentlich keine Plagen, sondern Schauwunder[52].

Das geht schon daraus hervor, daß die Wahrsagepriester sie nachahmen
wollen. Es ist schwer vorstellbar, daß Ägypter bewußt ihr eigenes Volk schädi-
gen. J. Reindl meint zwar, daß die Wahrsagepriester "in ihrem Eifer selbst

---

48 J. Reindl, 55.

49 Da der Pharao in 8,15 und 9,8 erwähnt wird, kann es keine Fassung der priesterli-
    chen Plagen gegeben haben, in der sie nicht vor dem Pharao geschehen sind.

50 So jetzt auch H.-C. Schmitt, Tradition, 204 Anm. 41.

51 Vgl. dazu im einzelnen L. Schmidt, Beobachtungen, 79f.

52 Zu diesem Unterschied zwischen vorpriesterlichen und priesterlichen Plagen vgl. L.
    Schmidt, Beobachtungen, 79.

Schadenswunder" gewirkt haben. Damit würden sie in der Erzählung der Lächerlichkeit preisgegeben[53]. Dagegen spricht jedoch, daß in der priesterlichen Darstellung die von Mose und Aaron herbeigeführten Wunderzeichen anscheinend nur kurze Zeit bestanden. Die Wahrsagepriester können die Wasser Ägyptens nur dann in Blut verwandeln und Frösche herbeibringen, wenn die Verwandlung der Wasser durch Aaron vorbei ist und die von ihm heraufgebrachten Frösche wieder verschwunden sind. Daß in den priesterlichen Plagen eine Notiz über das Ende jeder Plage fehlt, bestätigt, daß es sich um Wunderzeichen handelt, die rasch vorübergingen. Deshalb haben sie keinen Schaden angerichtet. In 9,8-12 werden zwar Menschen und Vieh von Geschwüren befallen. Aber es wird nicht berichtet, daß jemand an den Geschwüren gestorben ist. Wegen der anderen priesterlichen Wunderzeichen wird man deshalb auch in dieser Plage ein Schauwunder sehen müssen, durch das niemand geschädigt wurde. In diesem Punkt unterscheiden sich somit die priesterlichen Plagen inhaltlich deutlich von den vorpriesterlichen. Sie heben sich darin aber auch von den Ergänzungen bei Hagel und Heuschrecken und von der Plage der Finsternis ab, die mit der priesterlichen Schicht verwandt sind, denn auch hier wird die Auffassung vertreten, daß diese Plagen die Ägypter geschädigt haben[54]. So werden z.B. nach 10,12 die Heuschrecken "alles Kraut des Landes" fressen, "alles, was der Hagel übrigließ". Schon wegen dieser inhaltlichen Differenz können diese Stücke nicht von dem Verfasser der priesterlichen Plagen stammen.

Dagegen stimmen 11,9 und 10 mit der priesterlichen Konzeption überein. Diese beiden Verse bilden den Abschluß für die Schilderung der vorläufigen Plagen vor der Tötung der ägyptischen Erstgeburt. Sie lauten: "Da sagte Jahwe zu Mose: Nicht hört[55] auf euch der Pharao, damit zahlreich sind meine Wunderzeichen im Land Ägypten. Mose und Aaron aber hatten alle diese Wunderzeichen vor dem Pharao getan, und Jahwe verhärtete das Herz des Pharao, so daß er die Israeliten nicht aus seinem Land entließ". Diese Verse sind zwar auch von einigen Vertretern einer selbständigen Priesterschrift P abgesprochen und der Endredaktion zugewiesen worden[56]. Aber die Formulierungen beziehen sich deutlich auf die priesterliche Plagendarstellung. Nur in ihr wird am Schluß jeder

---

53 J. Reindl, 55.

54 Vgl. L. Schmidt, Beobachtungen, 83.

55 Hier hat יִשְׁמַע iterativen Sinn. Es beschreibt das wiederholte Verhalten des Pharao, vgl. L. Schmidt, Beobachtungen, 56.

56 Vgl. z.B. die bei L. Schmidt, Beobachtungen, 108 Anm. 219, genannte Literatur.

Plage festgestellt, daß der Pharao nicht auf Mose und Aaron hörte. Daß die Plagen Wunderzeichen waren, die Mose und Aaron vor dem Pharao wirkten, stimmt lediglich für die priesterliche Fassung. Auch die Ergänzungen bei Hagel und Heuschrecken lassen sich damit nur schwer vereinbaren. So befiehlt z.B. Jahwe in 10,12, daß Mose seine Hand über das Land Ägypten ausstrecken soll. Unmittelbar vorher heißt es jedoch in v. 11b: "da vertrieb man sie von dem Angesicht des Pharao". Dann kann Mose den Befehl, den ihm Jahwe in 10,12 erteilt, nicht vor dem Pharao ausgeführt haben. In der Plage der Finsternis wird in 10,21-23 ebenfalls nicht berichtet, daß sich Mose beim Pharao aufhielt, als ihm Jahwe den Befehl zu dieser Plage erteilte, oder als er sie herbeiführte. Mose und Aaron haben also nur in der priesterlichen Darstellung die Plagen vor dem Pharao herbeigeführt.

Dagegen sind nach E. Blum 11,9 und 10 für ihre jetzige Stelle formuliert worden. Er stellt apodiktisch fest: "Keine andere Stelle in der Plagenüberlieferung käme sonst dafür in Frage, auch nicht, wie mitunter behauptet, ein Anschluß an 9,8-12; eine Probe genügt"[57]. Aber liest man 11,9f nach 9,12, so ergibt sich ein glatter Zusammenhang: "Da verhärtete Jahwe das Herz des Pharao, und nicht hörte er auf sie, wie Jahwe zu Mose geredet hatte (9,12). Da sagte Jahwe zu Mose: Nicht hört auf euch der Pharao..." (11,9f). Nach 9,12 hat die priesterliche Schicht ihre Darstellung der Plagen mit 11,9f abgeschlossen. Die Inversion am Anfang von v. 10 "Mose und Aaron aber..." markiert eine Gliederung. Mit v. 10 werden die Schauwunder vor dem Pharao und ihr Ergebnis zusammengefaßt. Damit endet der Abschnitt über die Legitimationswunder für Mose und Aaron vor dem Pharao, der in 7,8 beginnt[58]. Wie es Jahwe in 7,4aα dem Mose angekündigt hatte, hörte der Pharao nicht auf Mose und Aaron. Es wird nun dazu kommen müssen, daß Jahwe selbst seine Hand an Ägypten legt und die Israeliten herausführt, wie er es in 7,4aβ.b.5 vorhergesagt hatte.

Die priesterliche Schicht in 7,8-9,12 und 11,9f bildet somit einen eigenen literarischen Zusammenhang mit einer eigenen Gliederung des Geschehens. Für

---

57 E. Blum, Studien, 254 Anm. 92.

58 Dagegen bildet nach P. Weimar, Struktur, 147, der priesterschriftliche Bestand in Ex 7,8-12,40 bei P einen eigenen Abschnitt. Er überschreibt ihn: "Machttaten vor dem Pharao". Diese Gliederung beruht darauf, daß P. Weimar 11,9f R[P] zuweist. Gegen sie spricht aber nicht nur, daß 11,9f zu P gehört, sondern auch, daß nur in den fünf priesterlichen Plagen Machttaten vor dem Pharao berichtet werden. Darin unterscheiden sich diese Plagen von der Ankündigung der Tötung der Erstgeburt in 12,12. Das bestätigt, daß die Legitimationswunder für Mose und Aaron bei P ein eigener Abschnitt waren.

sie ist charakteristisch, daß die Plagen einerseits auf die priesterliche Berufung
des Mose (6,2ff*) bezogen und andererseits von der Stiftung des Pascha (Ex
12*) und der Errettung am Meer (Ex 14*) deutlich abgesetzt werden. Dadurch
unterscheiden sie sich auch inhaltlich prägnant von dem vor- und dem nachpriesterlichen Verständnis der Plagen. Sie sind bei P ausschließlich Schauwunder, die Mose und Aaron vor dem Pharao beglaubigen sollen. Damit hebt sich
die priesterliche Darstellung deutlich von der Endgestalt der Plagenerzählung
ab. Das zeigt, daß die priesterliche Fassung erst von einer späteren Redaktion
mit der vorpriesterlichen Version zusammengearbeitet wurde. Nur so läßt sich
z.B. erklären, daß das erste priesterliche Wunderzeichen in 7,8-13 jetzt nicht zu
den Plagen gehört[59]. In der Endfassung beginnt die Plagenerzählung mit den
Worten Jahwes an Mose in 7,14: "Verstockt ist das Herz des Pharao, er weigert
sich, das Volk zu entlassen", die aus der vorpriesterlichen Darstellung stammen.
Da mit 11,9f ein Einschnitt markiert wird, konnte die Redaktion diese beiden
Verse nicht an ihrer ursprünglichen Stelle nach 9,12 belassen. Sie mußte zuvor
von den weiteren Plagen und der Ankündigung der Tötung der ägyptischen
Erstgeburt berichten (9,13-11,8). Dabei nahm der Redaktor es in Kauf, daß die
weiteren Plagen nicht von Mose und Aaron *vor* dem Pharao bewirkt werden.
Für ihn war entscheidend, daß auch diese Plagen Demonstrationswunder waren,
mit denen Jahwe seine überlegene Macht erwies.

Von dieser Redaktion stammen, wie F. Kohata und ich gezeigt haben, jene
Erweiterungen bei Hagel und Heuschrecken und die Plage der Finsternis, die
mit der priesterlichen Schicht verwandt sind[60]. So erklärt es sich, daß diese
Stücke zu den priesterlichen Plagen und zur priesterlichen Schicht in Ex 14
sprachliche Beziehungen aufweisen und daß sie kompositorisch in ähnlicher
Weise wie die priesterliche Schicht in Ex 14 mit der vorpriesterlichen Überlieferung verknüpft sind. Diese Beobachtungen beweisen somit gegen E. Blum
nicht, daß diese Texte zur priesterlichen Schicht gehören[61]. Sie kommen auch
zu ihrem Recht, wenn man die Stellen der Endredaktion zuweist. Diese Texte
müssen redaktionell sein, weil aus den dargelegten Gründen die fünf priesterlichen Plagen und 11,9f zu einer Plagenerzählung gehören, die die priesterliche
Berufung des Mose voraussetzt, in der aber die weiteren Plagen des Hagels, der
Heuschrecken und der Finsternis nicht enthalten waren. Die priesterliche

---

59 Vgl. L. Schmidt, Beobachtungen, 2 u.ö.

60 F. Kohata, Jahwist, 99-115; L. Schmidt, Beobachtungen, 23ff u.ö. Von dem End-
    redaktor stammen: 9,14aα.b.15f.22.23aα^1.24aα.35; 10,2.12.13aα^1.14aα.20.21-23.27 (vgl.
    L. Schmidt, Beobachtungen, 35.45.50).

61 E. Blum, Studien, 249f.

Darstellung der Plagen spricht somit ebenfalls dafür, daß mit einer ursprünglich selbständigen Priesterschrift zu rechnen ist.

IV. Die priesterliche Darstellung des Meerwunders (Ex 14*)

In der Forschung besteht weitgehend Übereinstimmung, daß in der Erzählung von dem Meerwunder (Ex 14) mindestens zwei unterschiedliche Darstellungen zusammengearbeitet wurden. Das wird an v. 21 besonders deutlich. Danach hat Jahwe einerseits durch einen starken Ostwind das Meer weggehen lassen und es zum Trockenen gemacht (v. 21aα^2.β). Andererseits spalteten sich die Wasser (v. 21b). Sie können sich aber nicht gespalten haben, wenn das Meer zum Trockenen geworden ist. Hier bestehen über das Ereignis zwei verschiedene Auffassungen, die sich nicht miteinander vereinbaren lassen[62]. Meist wird die Version mit der Spaltung der Wasser zur priesterlichen Schicht gerechnet. Dafür sprechen z.B. die Erkenntnisaussagen in v. 4 und 18, mit denen 7,5 aufgenommen wird, und die Verhärtungsnotizen in v. 4.8 und 17, durch die eine Beziehung zu den priesterlichen Plagen besteht. Beide gehören zu jener Fassung, nach der sich die Wasser gespalten haben. Die neueren Zuweisungen an die priesterliche Schicht unterscheiden sich nur geringfügig; m.E. hat sie M. Noth im wesentlichen zutreffend bestimmt.

M. Noth rechnet in Ex 14 zu P: V. 1-4.8.9aα^2.b.10a.bβ.15-18.21aα^1.b.22.23.26.27aα^1. 28.29[63]. Seine Analyse ist nur geringfügig zu modifizieren. V. 2b stammt nicht von P. In v. 2a ist von den Israeliten in der 3. Pers. die Rede. Dagegen steht in v. 2b "ihr". Daraus geht hervor, daß v. 2b sekundär ist. In v. 9b berichtet P, daß die Israeliten vor Baal-Zefon lagerten. Diese Ortsangabe vermißte ein Späterer in dem Befehl Jahwes von v. 2a und fügte deshalb v. 2b ein. Ein Zusatz ist auch "erhebe deinen Stab und" in v. 16a, wie F. Kohata gezeigt hat[64]. Sie nennt dafür zu Recht drei Gründe: Der Befehl, den Stab zu erheben, schließe den anderen, die Hand auszustrecken, schon mit ein. Zudem spiele der Stab in der Fortsetzung keine Rolle. In v. 26 erhält Mose von Jahwe lediglich die Anweisung, seine Hand über das Meer auszustrecken. Schließlich sei zu beachten, daß der Stab des Mose zuvor nicht erwähnt wird. Tatsächlich kommt der Stab des Mose in der Prie-

62   Das betont auch E. Blum, Studien, 256.

63   M. Noth, Exodus, 83.

64   F. Kohata, Jahwist, 232f.

sterschrift sonst nirgends vor[65]. In v. 16a ist also der Befehl, den Stab zu erheben, eine Ergänzung.

Sie stammt wohl von dem Endredaktor. Er berichtet in 9,23aα[1] und 10,13aα[1], daß Mose die Anweisung Jahwes, seine Hand auszustrecken (9,22; 10,12), so ausführte, daß er seinen Stab ausstreckte. Das Motiv von dem Stab des Mose hat der Endredaktor aus der jehowistischen Plagendarstellung aufgenommen. Nach ihr erhob Mose den Stab und schlug vor den Augen des Pharao und seiner Knechte die Wasser des Nils, worauf sie in Blut verwandelt wurden (Ex 7,20aα[2].β.γ.b)[66]. Hier ist die Verwandlung der Wasser des Nils ein Demonstrationswunder des Mose vor dem Pharao und seinen Knechten. Wie in Ex 7,20 geht es auch in 14,16a um das Erheben des Stabs (רום hi.). Das legt es nahe, daß der Endredaktor die Anweisung, daß Mose seinen Stab erheben soll, in 14,16a einfügte, weil es sich für ihn bei der Spaltung der Wasser um ein Demonstrationswunder handelte, das Mose vor den Israeliten bewirken sollte.

Nicht zu P paßt schließlich der Plural "da holten sie sie ein" in v. 9aα[2]. Diese Schilderung folgte bei P unmittelbar auf v. 8. Dort heißt es jedoch in v. 8aβ: "Da jagte er hinter den Israeliten her". Subjekt ist hier "der Pharao, der König von Ägypten". Dann muß er bei P auch das Subjekt in v. 9aα[2] gewesen sein. Das wird dadurch bestätigt, daß bei P in v. 10a auch nur der Pharao genannt wird. Der Plural des Verbs in v. 9aα[2] geht auf die Redaktion zurück. Sie fügte zwischen v. 8 und v. 9aα[2] v. 9aα[1] aus der vorpriesterlichen Darstellung von der Errettung am Meer ein. Hier sind die Ägypter das Subjekt und das Verb steht im Plural. Der Redaktor setzte deshalb das Verb in v. 9aα[2] in den Plural, um seine beiden Vorlagen miteinander auszugleichen[67]. Bei P lautete v. 9aα[2] somit: "Da holte er sie ein als Lagernde am Meer". Die Analyse von v. 9 ist freilich umstritten. Gelegentlich wird angenommen, daß P in v. 9 überhaupt nicht vertreten ist[68]. Dagegen sprechen aber die Ortsangaben in v. 9b. Aus der Beobachtung, daß v. 2b später nachgetragen wurde, weil der Ergänzer in v. 2a die Angabe "vor Baal-Zefon" in v. 9b vermißte, geht hervor, daß v. 9b bereits bei P stand. Dieser Halbvers setzt aber v. 9aα[2] voraus. Häufig wird freilich v. 9aα ganz der priesterlichen Schicht zugewiesen[69]. Aber v. 9aα[1] "da jagten die Ägypter hinter ihnen her" ist eindeutig eine Dublette zu v. 8aβ. Dann stammt v. 9aα[1] aus der vorpriesterlichen Fassung. Zu ihr gehört auch v. 10bα "Da hoben die Israeliten ihre Augen auf und siehe, Ägypten war aufgebrochen hinter ihnen her...". Diese Aussage wird in der vorpriesterlichen Darstellung durch v. 9aα[1] vorbereitet. In v. 9 stammt also lediglich v. 9aα[2] (mit dem Verb im Singular). b von P.

---

65 Nach F. Kohata, Jahwist, 233 Anm. 629, wird der Stab des Mose von P in der Geschichte von dem Wasser aus dem Felsen erwähnt (Num 20,8f.11). Aber hier sind die Stellen mit dem Stab sekundär (Num 20,8aα[1].9.11a), vgl. unten Murrerzählungen, III.

66 Daß Mose seinen Stab erhob am Anfang von v. 20aα[2] und v. 20aβ.γ.b sind Ergänzungen des Jehowisten, vgl. L. Schmidt, Beobachtungen, 8f.

67 Solche redaktionellen Veränderungen lassen sich auch sonst nachweisen, vgl. die Beispiele aus der Plagenerzählung bei L. Schmidt, Beobachtungen, 80.

68 So z.B. K. Elliger, 174; P. Weimar, Meerwundererzählung, 271.

69 Vgl. z.B. B. Baentsch, 123; F. Kohata, Jahwist, 279; N. Lohfink, Priesterschrift, 222 Anm. 29; H.-C. Schmitt, Geschichtsverständnis, 145 Anm. 31; E. Blum, Studien, 256.

Gelegentlich hat man auch v. 28b P abgesprochen und der vorpriesterlichen Version zugewiesen. Der Halbvers sei dort auf v. 27b gefolgt[70]. Aber v. 28b schließt glatt an v. 28a an und paßt als abschließende Feststellung über das Geschick der Verfolger gut zu der priesterlichen Darstellung. Dieselbe Funktion hat in der vorpriesterlichen Fassung v. 30b.

In Ex 14 gehören somit zu der priesterlichen Schicht: V. 1.2a.3[71].4.8.9aα^2 (mit dem Verb im Singular). b.10a.bβ.15.16* (ohne "erhebe deinen Stab und"). 17.18.21aα^1.b. 22.23.26.27aα^1.28.29.

Diese Erzählung wird durch die beiden Reden Jahwes in v. 1.2a.3.4a und v. 15.16*.17.18 in zwei Teile gegliedert. In seiner ersten Rede gibt Jahwe Mose zunächst eine Anweisung, die er den Israeliten übermitteln soll (v. 2a) und kündigt ihm dann die kommenden Ereignisse an (v. 3.4a). In dem Ausführungsbericht folgt auf die Feststellung, daß die Israeliten den Befehl Jahwes ausgeführt haben (v. 4b), die Schilderung, daß die Ankündigung Jahwes in Erfüllung ging (v. 8.9aα^2.b). Den Abschluß des ersten Teils bildet v. 10a.bβ: Als der Pharao nahe gekommen war, schrien die Israeliten zu Jahwe. Freilich wird hier die Ankündigung von v. 4a nur teilweise erfüllt. Jahwe hat zwar das Herz des Pharao verhärtet, so daß er den Israeliten nachjagte. Aber Jahwe hat sich noch nicht an dem Pharao und seinem Heer verherrlicht und die Ägypter haben noch nicht erfahren, "daß ich Jahwe bin". Weil in dem Ausführungsbericht nur der erste Teil der Ankündigung von v. 4a eintritt, wird in ihm lediglich der Pharao, nicht aber sein Heer oder die Ägypter erwähnt.

Der zweite Teil beginnt mit der Jahwerede in v. 15-18*. Auch hier soll Mose zunächst den Israeliten eine Anweisung Jahwes mitteilen (v. 15b). Darauf befiehlt ihm Jahwe, seine Hand über das Meer auszustrecken und es zu spalten, so daß die Israeliten im Trockenen mitten in das Meer kommen können (v. 16*). Die Anordnungen Jahwes in v. 15b.16* entsprechen v. 2a. Sie sind hier durch einen Befehl an Mose erweitert. Darauf kündigt Jahwe in v. 17.18 wie in v. 4a die kommenden Ereignisse an. Im Unterschied zu v. 4a wird aber Jahwe nach v. 17 nicht das Herz des Pharao, sondern das Herz der Ägypter verhärten. Diese Veränderung hat Konsequenzen für die Formulierungen in dem Ausführungsbericht des zweiten Teils. Nachdem erzählt wurde, daß Mose das Meer spaltete, und die Israeliten im Trockenen mitten in das Meer kamen (v. 21aα^1.b.22), heißt es in v. 23: "Da jagten die Ägypter nach und sie kamen hinter ihnen her...". Anders als im ersten Teil wird im zweiten nicht nur der Pharao erwähnt. Vielmehr werden jetzt die Ägypter (v. 23.26) oder die Streitwagen und die Streitwagenfahrer (v. 28, vgl. schon v. 23.26), deren Aufführung bereits in v. 17f vorbereitet wurde, genannt. In dem zweiten Teil wird nun auch berichtet, daß sich Jahwe an dem Pharao und seinem Heer verherrlicht hat. Das geschah anscheinend dadurch, daß Mose den Befehl ausführte, den ihm Jahwe in v. 26 erteilt hatte. Als Mose seine Hand über das Meer ausstreckte, kehrten die Wasser zurück, und sie bedeckten die Wagen und die Streitwagenfahrer des Heeres des Pharao (v. 27aα^1.28a). Zum Schluß des zweiten Teils wird in v. 28b.29 das Ergebnis der Ereignisse festgehalten: Von dem Heer des Pharao blieb keiner übrig, während die Israeliten im Trockenen mitten durch das Meer gegangen waren...

---

70 So z.B. B. Baentsch, 115.127; P. Weimar, Meerwundererzählung, 59.

71 Auch v. 3 ist verschiedentlich P abgesprochen worden. Im folgenden wird jedoch gezeigt werden, daß dieser Vers bei P fest verankert ist.

Dagegen besteht für H.-C. Schmitt die priesterliche Erzählung in Ex 14 aus drei Teilen. Nach ihm wird die Gliederung durch die drei Jahwereden in v. 1-4a, v. 15-18 und v. 26 markiert[72]. Gegen seine Auffassung spricht jedoch, daß Jahwe in v. 26 Mose nicht ankündigt, daß er sich verherrlichen wird. Diese Ankündigung in v. 17f hat sich aber vor v. 26 noch nicht erfüllt. Daß sie trotzdem in v. 26 nicht wiederholt wird, zeigt, daß hier mit dem Befehl an Mose kein neuer Abschnitt beginnt. Vielmehr wird durch v. 26 ein Einschnitt innerhalb des Ausführungsberichts des zweiten Teils markiert. In v. 23 geschieht, was Jahwe in v. 17a vorhergesagt hatte. Dadurch daß Mose den Befehl Jahwes in v. 26 ausführt, geht anscheinend nun auch die Ankündigung von v. 17.18 in Erfüllung. Die priesterliche Erzählung in Ex 14 weist somit folgende Gliederung auf[73]:

Teil I
> Jahwerede: a)   Befehl an Mose (v.1-2a)
>   b)   Ankündigung (v. 3.4a)
> Ausführungsbericht: a)   Befolgung des Befehls (v. 4b)
>   b)   Erfüllung der Ankündigung (v. 8.9aα^2.b) ohne die angesagte Verherrlichung
>   c)   Ergebnis (v. 10a.bβ).

Teil II
> Jahwerede: a)   Befehl an Mose (v. 15.16*)
>   b)   Ankündigung (v. 17.18)
> Ausführungsbericht: a)   Befolgung des Befehls (v. 21aα^1.b.22)
>   b)   Erfüllung der Ankündigung in zwei Schritten (v. 23 zu v. 17a und v. 26.27aα^1.28a zu v. 17b.18)
>   c)   Ergebnis (v. 28b.29).

Nun enthält der priesterliche Faden in Ex 14 einen fortlaufenden Zusammenhang, der immer wieder durch Stücke aus der vorpriesterlichen Version unterbrochen wird. So schließt z.B. v. 8 direkt an v. 4 an. In der priesterlichen Schicht sollen sich die Ankündigung in v. 4aα^1 und die Ausführung in v. 8a entsprechen. Im gegenwärtigen Text trifft aber der Pharao bereits in v. 5-7 Maßnahmen zur Verfolgung der Israeliten. Dadurch beruht die Entscheidung des Pharao, den Israeliten nachzuziagen, nicht mehr allein darauf, daß Jahwe

---

72   H.-C. Schmitt, Geschichtsverständnis, 145f.

73   Dagegen meint P. Weimar, Meerwundererzählung, 165ff, daß durch die beiden parallelen Aussagen in v. 22 und v. 29 die Gliederung markiert werde. Der erste Teil der priesterlichen Erzählung bestehe aus v. 1-22*, der zweite aus v. 23-29*. Nun kommen aber in v. 23 die Ägypter hinter den Israeliten in das Meer, wie es Jahwe in v. 17a vorhergesagt hatte. V. 23 ist somit die Erfüllungsnotiz zu v. 17a. Schon daraus ergibt sich, daß die Gliederung von P. Weimar der priesterlichen Erzählung nicht gerecht wird. Er berücksichtigt außerdem nicht, daß in v. 8-10* nur der Pharao, ab v. 17 jedoch die Ägypter bzw. die Streitwagen und die Streitwagenfahrer genannt werden.

sein Herz verhärtete, wie es die priesterliche Darstellung beabsichtigte. Auch ihr Befehl Jahwes an Mose in v. 16* läßt erwarten, daß Mose diesen Auftrag sofort nach der Jahwerede von v. 15-18* ausführte. Das wird aber erst in v. 21aα^1 berichtet. Zudem wird in v. 21 jetzt nicht mehr deutlich, daß Mose durch das Ausstrecken seiner Hand bewirkte, daß sich das Meer spaltete, da der priesterliche Zusammenhang von v. 21aα^1 und v. 21b durch v. 21aα^2.β unterbrochen wird. Die Ausführung des Jahwebefehls von v. 26 wird in v. 27aα^1.28 berichtet. Dazwischen steht nun aber v. 27aα^2.β.b aus der vorpriesterlichen Version. Schon diese Beispiele zeigen, daß die priesterliche Schicht in Ex 14 eine selbständige Darstellung von der Errettung am Meer ist, die zunächst ohne die vorpriesterliche Erzählung tradiert wurde.

Das hat freilich M. Vervenne bestritten. Er kommt zu dem Ergebnis, "that the Priestly part of the Sea narrative is not a self-contained unit at all but a pure redactional reworking"[74]. Lese man hier das priesterliche Material für sich, so könne man sich nicht dem Eindruck entziehen, daß das Ende "ineffective" sei, da nicht erzählt werde, daß die Ägypter Jahwe erkannt haben. So stellt M. Vervenne fest: "It is a story that aims high (cf. Ex 14,4), but does not end with a high point"[75]. Dieses Urteil ist m.E. erstaunlich, da in der priesterlichen Schicht mit der Schilderung der Vernichtung der Ägypter in v. 28 eindeutig ein Höhepunkt erreicht wird. Mit ihrem Untergang hat sich für ihren Verfasser Jahwe an dem Pharao und an seinem ganzen Heer verherrlicht, wie er es in v. 4a und v. 17b angekündigt hatte. Auf die Frage, warum am Ende eine Erkenntnisaussage fehlt, wird im folgenden noch einzugehen sein.

Nach M. Vervenne bestätigt allerdings der Abschnitt v. 10-15, daß es sich bei der priesterlichen Schicht um eine redaktionelle Ergänzung der vorpriesterlichen Erzählung handelt[76]. V. 11-12.15 seien nach dem Schema gestaltet: Protest des Volkes - Schreien des Mose zu Jahwe, das in Ex 15,24f und 17,3f vorliege. Das Schreien des Mose werde nicht berichtet, sondern in der Jahwerede (v. 15a) erwähnt. Dieses Schema werde durch v. 13f unterbrochen. Damit bestehe in v. 10-15 eine gewisse Unebenheit der Komposition, die dadurch bedingt sei, daß hier verschiedene Materialien und Schemata redaktionell miteinander verflochten seien. Aber v. 15a stammt sicher nicht von einem Ergänzer, dem v. 13f vorgegeben war. Nachdem Mose in v. 13f die Israeliten aufforderte, sich nicht zu fürchten, und ihnen zusagte, daß Jahwe für sie kämp-

---

74 M. Vervenne, 85.

75 M. Vervenne, 79.

76 M. Vervenne, 86f.

fen wird, könnte ein Ergänzer in v. 15a nicht plötzlich die Auffassung vertreten, daß Mose wegen der Kritik der Israeliten in v. 11f zu Jahwe geschrien hat. V. 13f und v. 15a gehören also zu verschiedenen literarischen Darstellungen, die erst redaktionell miteinander verbunden wurden. Bei einem Redaktor ist verständlich, daß die verschiedenen Aussagen aufeinander folgen, da er seine Vorlagen möglichst weitgehend aufnehmen wollte, bei einem Ergänzer jedoch nicht.

Zudem darf gegen M. Vervenne die Kritik der Israeliten an Mose in v. 11f nicht der priesterlichen Schicht zugewiesen werden. Aus ihr stammt v. 10bβ, wonach die Israeliten zu Jahwe schrien[77]. Davon heben sich ihre Vorwürfe gegen Mose in v. 11f deutlich ab[78]. Daß diese beiden Verse nicht zu P gehören, geht auch daraus hervor, daß hier die Errettung am Meer zu den Überlieferungen von der Wüste gerechnet wird. Die Israeliten blicken auf ihren Aufenthalt in Ägypten zurück und befürchten, in der Wüste zu sterben. Dagegen beginnt bei P die Zeit in der Wüste erst nach der Errettung am Meer. Das zeigt der Befehl Jahwes in v. 2a. Danach sollen die Israeliten umkehren. Wie M. Vervenne selbst feststellt, müssen danach die Israeliten zurückkehren[79]. Das läßt sich mit v. 11f nicht vereinbaren. In dem Abschnitt v. 10-15 sind also die vorpriesterliche Erzählung (v. 10bα.13f) und die priesterliche Darstellung (v. 10a.bβ.15) erst von einem Redaktor miteinander verbunden worden. Von ihm wurde v. 11f eingefügt. Erst er hat das Motiv, daß die Israeliten Mose kritisierten, das ihm in der Wüstenüberlieferung vorgegeben war, in die Erzählung von dem Meerwunder eingetragen. Aus dem priesterlichen Faden in v. 10-15 geht somit gegen M. Vervenne klar hervor, daß die priesterliche Darstellung zunächst ohne die vorpriesterliche Erzählung tradiert wurde.

Auch E. Blum, der die priesterliche Schicht in Ex 14 weitgehend wie M. Noth bestimmt[80], räumt ein, daß "die Geschlossenheit und Eigenständigkeit der

---

77   M. Vervenne, 79, rechnet freilich v. 10bβ zu der vorpriesterlichen Erzählung. Dagegen spricht jedoch, daß sich die Aufforderung des Mose "Fürchtet euch nicht" in v. 13 auf v. 10bα bezieht, wonach sich die Israeliten sehr fürchteten. In der vorpriesterlichen Erzählung folgte also die Moserede in v. 13f direkt auf v. 10bα.

78   So z.B. auch E. Blum, Studien, 257.

79   M. Vervenne, 86. Er ist freilich der Meinung, daß hier die Exposition der Meerwundererzählung in 13,17-22, die er für redaktionell hält, vorausgesetzt wird. Das ist jedoch nicht der Fall, wie im folgenden gezeigt werden wird.

80   Abweichend von M. Noth rechnet E. Blum, Studien, 256f, v. 9 ganz zu P. Nach ihm sind außerdem die Zuweisungen in v. 10 - abgesehen von v. 10bβ - unsicher.

priesterlichen Komponente in Ex 14 eine Erklärung" verlange[81]. Er bestreitet freilich, daß hier zwei Quellenschriften redaktionell miteinander verknüpft wurden. Das sei ausgeschlossen, weil die priesterliche Darstellung in der Berufung des Mose und den Plagen nicht aus einem selbständigen Werk stamme. Die Möglichkeit, daß die priesterliche Schicht zunächst für sich konzipiert wurde, die E. Blum für die priesterliche Berufung des Mose erwogen hat, scheidet nach ihm für Ex 14 wegen v. 15a aus. Vor der Frage Jahwes "Was schreist du zu mir?" müsse berichtet worden sein, daß Mose zu Jahwe schrie. Das spreche dafür, daß die priesterliche Kompositionsschicht in Ex 14 eine Einzelüberlieferung aus priesterlicher Tradition aufnahm und dabei die Schilderung, daß Mose zu Jahwe schrie, ausließ[82]. Es ist jedoch keineswegs sicher, daß die priesterliche Darstellung vor v. 15a eine Lücke aufweist. Die Frage Jahwes kann auch so zu verstehen sein, daß Mose die Klage der Israeliten, von der in v. 10bβ berichtet wird, Jahwe übermittelte[83]. Aber selbst wenn vor v. 15a ein Element der priesterlichen Erzählung ausgefallen sein sollte, ist das kein Beweis, daß in die priesterliche Schicht eine Einzelüberlieferung aufgenommen wurde. Auch eine Redaktion, die die priesterliche Darstellung mit der vorpriesterlichen Erzählung verband, konnte wegen v. 13f nicht berichten, daß Mose zu Jahwe schrie.

Nun trifft *die Voraussetzung* von E. Blum, daß die priesterliche Schicht in der Berufung des Mose und den Plagen nicht aus einer eigenen Quellenschrift stammt, wie oben gezeigt wurde, nicht zu. Dann gehört aber auch der priesterliche Faden in Ex 14 zu der ursprünglich selbständigen Priesterschrift. Die Endgestalt von Ex 14 läßt sich nur so erklären, daß hier eine Redaktion zwei *schriftliche* Vorlagen zusammengearbeitet hat. Das geht bereits aus den Beispielen hervor, die oben für die Eigenständigkeit der Errettung am Meer in der priesterlichen Schicht genannt wurden. Tatsächlich wird die priesterliche Darstellung in Ex 14 erst von 6,2ff* her verständlich. In 14,2a soll Mose den Israeliten befeh-

---

81 E. Blum, Studien, 260.

82 E. Blum, Studien, 260f.

83 So z.B. H.-C. Schmitt, Geschichtsverständnis, 147. Dagegen hat E. Blum, Studien, 260 Anm. 118, eingewandt, daß sonst in der Auszugs-/Wüstenüberlieferung gerade der Unterschied zwischen Mose und dem Volk betont werde, so daß "Mose als Sprecher des Volkes *hier* sich also keineswegs 'von selbst' versteht". Nun schreien jedoch in der priesterlichen Schicht die Israeliten nur in Ex 14,10bβ *zu Jahwe*. Dagegen wenden sich die Israeliten in den priesterlichen Murrerzählungen immer gegen Mose und Aaron (Ex 16,2; Num 14,2; 17,6; 20,2). Deshalb kann v. 10bβ so gemeint sein, daß Mose als Mittler zwischen Jahwe und dem Volk die Klage der Israeliten Jahwe übermittelte.

len, daß sie "umkehren". Daß das Verb שוב hier die Bedeutung "umkehren" hat,
wird durch v. 3 bestätigt. Danach wird der Pharao von den Israeliten denken:
"Sie irren umher *im Land*, die Wüste hat sie eingeschlossen"[84]. Wenn die Israeliten vor Pi-Hahirot zwischen Migdol und dem Meer lagern (v. 2a), halten sie sich
also in einem Gebiet auf, das zu Ägypten gehört. Das überrascht in der priesterlichen Schicht. Hier wurde in 12,41 betont festgestellt, daß nach 430 Jahren alle
Heerscharen Jahwes aus dem Land Ägypten auszogen[85]. Wie kann Jahwe dann
in 14,2a den Israeliten befehlen lassen, daß sie umkehren?

Die Antwort ergibt sich aus 6,2ff*. Hier stehen in 6,7 und 7,5 zwei Erkenntnisaussagen. Nach 6,7 werden die Israeliten erkennen, "daß ich Jahwe, euer
Gott, bin, der euch herausführt von dem Frondienst der Ägypter". Nach 7,5
werden die Ägypter erkennen, "daß ich Jahwe bin, wenn ich meine Hand gegen
die Ägypter ausstrecke und die Israeliten aus ihrer Mitte herausführe". In beiden
Erkenntnisaussagen wird die Herausführung der Israeliten erwähnt. Sie beziehen
sich somit auf dasselbe Ereignis. An ihrer Herausführung werden die Israeliten
die gnädige Zuwendung ihres Gottes Jahwe erfahren, während die Ägypter in
diesem Geschehen die Macht Jahwes erfahren müssen. Nun wird die Erkenntnisaussage von 7,5 in 14,4.18 aufgenommen. Die Ankündigung Jahwes in 7,5
wird somit in dem Untergang der Ägypter im Meer erfüllt. Dann erfahren die
Israeliten im Meerwunder die gnädige Zuwendung Jahwes, die ihnen Mose nach

---

84   V. 3 ist verschiedentlich P abgesprochen worden, da P sonst die Verhärtung des
      Herzens des Pharao nicht psychologisch motiviere, vgl. z.B. B. Baentsch, 121. Nach
      P. Weimar, Meerwundererzählung, 43 Anm. 49, ist v. 3 ein Zusatz, weil er zu der
      Ankündigung der Verhärtung in v. 4a in Spannung stehe. Das ist jedoch nicht
      einsichtig. Nach v. 2a sollen die Israeliten umkehren. Dieser Befehl läßt sich nur so
      erklären, daß Jahwe eine Situation schaffen will, die den Pharao dazu veranlaßt, die
      Israeliten zu verfolgen. Dann muß aber berichtet werden, daß der Pharao die neue
      Lage zur Kenntnis nehmen wird. Das wird in v. 3 angekündigt. Freilich wird der
      Pharao nach v. 4a den Israeliten nachjagen, weil Jahwe sein Herz verhärten wird.
      Für P hätten offenbar die bisherigen Ereignisse den Pharao davon abhalten müssen,
      die Israeliten zu verfolgen. Deshalb führt es P auf die Verhärtung seines Herzens
      durch Jahwe zurück, daß der Pharao in der neuen Situation eine Chance sieht, den
      Abzug der Israeliten doch noch zu verhindern. Daß "psychologische" Erwägungen P
      nicht fremd sind, zeigt die Plage der Geschwüre in Ex 9,8-12. Für P hätte dieses
      Wunderzeichen den Pharao eigentlich überzeugen müssen. Deshalb nennt P in 9,12
      Jahwe erstmals als Subjekt der Verhärtung, um zu begründen, warum der Pharao
      nicht auf Mose und Aaron hörte. Ex 14,3 stammt somit aus P.

85   12,40 und 41 werden allgemein P zugewiesen. Nach N. Lohfink, Priesterschrift, 222
      Anm. 29, stammt auch v. 42 aus P. Da jedoch v. 41b in etwas veränderter Form in
      v. 51 aufgenommen wird, ist v. 42-51 ein Nachtrag, so z.B. M. Noth, Exodus, 72.

6,7 ankündigen sollte. Es heißt zwar in Ex 14 nicht, daß die Israeliten Jahwe als ihren Gott erkennen werden. Aber sie haben zu Jahwe geschrien, als sich ihnen der Pharao am Meer genähert hatte (v. 10a.bβ). Wenn sie durch das Meer gehen dürfen, während ihre Verfolger in den Wassern umkommen, so erweist sich Jahwe darin als ihr Gott, der sich ihnen gnädig zuwendet. Jahwe erfüllt also mit dem Meerwunder, was er Mose in 6,7 und 7,5 mitgeteilt hatte.

Freilich berichtet P in Ex 14 nicht, daß die Israeliten Jahwe als ihren Gott und daß die Ägypter Jahwe als mächtigen Gott erkannt haben. Damit stellt sich die Frage, wie die Erkenntnisaussagen in 6,7; 7,5; 14,4.18 zu verstehen sind. Da P von keiner Gotteserkenntnis berichtet, meint F. Kohata: "P stellt die Erkenntnis Jahwes nicht als vorhandene, schon geschehene, sondern stets als offene Möglichkeit in der Geschichte dar. Versteht P die Erkenntnis Jahwes überhaupt als in der Geschichte nicht vollziehbar, damit eschatologisch?"[86]. Diese Deutung läßt sich jedoch mit den Aussagen von P nicht vereinbaren. Jahwe kündigt in 7,5 an, daß die Ägypter "erkennen" werden, "daß ich Jahwe bin, wenn ich meine Hand gegen die Ägpter ausstrecke und die Israeliten aus ihrer Mitte herausführe". In 14,18 sagt Jahwe voraus, daß die Ägypter "erkennen" werden, "daß ich Jahwe bin, wenn ich mich verherrliche an dem Pharao, an seinen Streitwagen und an seinen Streitwagenfahrern". An beiden Stellen werden die Ägypter daran, daß Jahwe gegen sie vorgeht, "erkennen", "daß ich Jahwe bin". Es handelt sich somit um keine offene Möglichkeit, sondern um einen Vorgang, zu dem es bei dem angesagten Wirken Jahwes in der Geschichte zwangsläufig kommen wird.

Damit "erkennen" aber die Ägypter bei P, "daß ich Jahwe bin", als sie von den Wassern bedeckt werden, denn dadurch verherrlicht sich Jahwe an dem Pharao und an seinem Heer. Das zeigt, daß die Erkenntnisaussagen in 7,5 und 14,4.18 bei P nicht darauf abzielen, daß die Ägypter Jahwe anerkennen[87]. Dazu bleibt ihnen bei P keine Zeit. In diesen Erkenntnisaussagen geht es nicht um eine Erkenntnis Jahwes, die die Ägypter gewinnen sollen, sondern um eine Erfahrung Jahwes, die sie machen müssen. Sie erfahren in ihrem Untergang in den zurückkehrenden Fluten des Meeres, "daß ich Jahwe bin", das heißt, daß Jahwe der überaus mächtige Gott ist. Wenn F. Kohata schreibt: "Gericht und Unheil ist nicht das letzte und eigentliche Wort Jahwes"[88], so hat sie den Sinn der priesterlichen Erkenntnisaussagen in 7,5 und 14,4.18 nicht erfaßt, der sich

---

86   F. Kohata, Jahwist, 344.

87   Gegen F. Kohata, Jahwist, 340.

88   F. Kohata, Jahwist, 340.

m.E. aus dem Kontext eindeutig ergibt. Für die Ägypter ist bei P tatsächlich das Unheil das letzte Wort Jahwes[89].

Wenn aber P mit den Erkenntnisaussagen in 7,5; 14,4.18 eine Erfahrung Jahwes ankündigt, dann hat auch die Erkenntnisaussage für die Israeliten in 6,7 diese Bedeutung. Nach diesem Vers werden also die Israeliten erfahren, daß Jahwe ihr Gott ist, der sie von dem Frondienst der Ägypter herausführt. Deshalb berichtet P in Ex 14 nicht, daß die Israeliten durch das Meerwunder eine Gotteserkenntnis gewonnen haben, sondern sie haben in diesem Wunder Jahwe als ihren Gott erfahren. Für diese Deutung der Erkenntnisaussage in 6,7 spricht auch die priesterliche Wachtel-Manna-Erzählung in Ex 16,1ff*[90]. Nach 16,12 sollen die Israeliten daran, daß ihnen Jahwe Fleisch und Brot gibt, "erkennen", "daß ich Jahwe, euer Gott bin". Im folgenden wird nicht berichtet, daß die Israeliten Jahwe als ihren Gott erkannt haben. Als die Israeliten zunächst mit dem Manna nichts anfangen können, sagt ihnen Mose in v. 15b: "Das ist das Brot, das Jahwe euch zur Speise gegeben hat". Mit der Erkenntnisaussage in 16,12 kündigt Jahwe also an, daß die Israeliten daran, daß sie Fleisch und Brot essen werden, ihn als ihren Gott erfahren werden.

Da es in den "Erkenntnisaussagen" von 6,7 und 7,5 nicht um eine Erkenntnis oder Anerkennung Jahwes, sondern um die unterschiedliche Jahweerfahrung geht, die die Israeliten und die Ägypter machen werden, hat Jahwe diese Ankündigungen mit dem Meerwunder erfüllt. Dann ist aber in der priesterlichen Schicht erst mit diesem Ereignis die Herausführung der Israeliten aus Ägypten abgeschlossen. P berichtet zwar bereits in 12,41 von ihrem Auszug aus Ägypten. Das ist jedoch dadurch bedingt, daß die Israeliten in der vorpriesterlichen Darstellung nach dem Pascha und der Tötung der Erstgeburt Ägypten verlassen durften[91]. Diese Überlieferung konnte und wollte P offenbar nicht übergehen. Deshalb berichtet auch die priesterliche Schicht in Ex 12*, daß die Israeliten nach der Einsetzung des Pascha aus Ägypten ausgezogen sind.

---

89 Durch die Erkenntnisaussagen in 7,5; 14,4.18 wird dann nicht den Exilierten ihre Lage als Wirken Gottes in der Verhüllung gedeutet, wie F. Kohata, Jahwist, 341ff, meint.

90 Zur literarischen Analyse dieser Erzählung vgl. Murrerzählungen, II.

91 Umstritten ist, ob bereits in der ältesten literarischen Darstellung die Tötung der Erstgeburt (12,29ff*) auf die Anordnungen für das Pascha in 12,21-23.27b folgte. M. Noth, Exodus, 68ff, rechnet diese Stücke zu J. Dagegen stammen 12,21-23.27b z.B. nach J. Schreiner, 50ff, erst von dem Jehowisten. Die Verbindung von Pascha und Tötung der Erstgeburt ist aber auf jeden Fall älter als die priesterliche Schicht.

Die priesterlichen Anweisungen für das Pascha stehen in 12,1-14. Da in v. 3aβ-10 nicht auf die Situation in Ägypten Bezug genommen wird, hat P hier vermutlich eine Vorlage aufgenommen[92]. Von P stammen die Einleitung in v. 1.3aα[93] und v. 11-13. Allerdings ist der Abschnitt v. 3aβ-10 nicht einheitlich. Die Bestimmungen stehen zum Teil in der 3. Pers., an anderen Stellen ergehen sie als Anrede. Da die "ihr"-Stücke die unpersönlich formulierten Anordnungen voraussetzen, handelt es sich bei ihnen um nachträgliche Erweiterungen. Sie dürften in der ursprünglichen Fassung der Priesterschrift noch nicht enthalten gewesen sein[94]. Dafür spricht, daß v. 11 unmittelbar an v. 8 anschließt. Mit "So sollt ihr es essen" wird der Schluß von v. 8 "sollen sie es essen" aufgenommen. Zu P gehören somit in v. 1-14: V. 1.3aα.b.4a[95].6b.7.8.11-13. Darauf folgten bei P v. 28 und v. 40. Die Mazzotbestimmungen in v. 15-20 sind sekundär. P stellt in v. 11 heraus, daß die Israeliten das Schaf, bereit zum Aufbruch, in Eile essen sollen. Dann können hier die Israeliten nicht noch sieben Tage lang das Mazzotfest gefeiert haben, ehe sie Ägypten verließen.

Nach J.-L. Ska gehören allerdings 12,1-14*.28 nicht zum ältesten Bestand der priesterlichen Schicht[96]. Seine wesentlichen Argumente sind: Der in 7,4-5 angekündigte Auszug aus Ägypten beginne in 12,40f und werde mit Ex 14* abgeschlossen. In 7,4aβ.b.5 werde weder auf die Tötung der Erstgeburt, noch auf das Pascha angespielt. Auf sie werde zudem in der priesterlichen Meerwundererzählung nicht Bezug genommen. Im übrigen würden bei P sonst kultische Anordnungen von Gott im Rahmen einer Gotteserscheinung gegeben[97]. Diese Argumentation ist aber m.E. nicht überzeugend. Wie die Berufung des Mose in Ex 6,2ff* zeigt, hat es P bewußt vermieden, von einer Gotteserscheinung in Ägypten zu berichten. Deshalb erzählte P auch in 12,1 nicht, daß Jahwe Mose und Aaron erschien, als er das Pascha anordnete. Die Ankündigung in 7,4aβ.b.5 zielt zwar, wie aus 7,5 hervorgeht, letztlich auf das Meerwunder. Aber R. Schmitt stellt mit Recht fest: "Ex 7,4 ist viel zu allgemein formuliert, als daß daraus auf das ursprüngliche Fehlen von Erstgeburttötung und Passa im Pg-Kontext geschlossen werden könnte". Er macht außerdem darauf aufmerksam, daß durch den Begriff שפטים zwischen Ex 6,6; 7,4 und 12,12 eine Beziehung besteht[98]. Dieses Wort kommt in Ex 14 nicht vor.

Gegen die Auffassung von J.-L. Ska spricht aber vor allem, daß bei P Ex 12,40f nicht unmittelbar auf 11,9f gefolgt sein kann. P berichtet am Ende von 11,10, daß der Pharao

---

92 Vgl. dazu und zum Folgenden P. Laaf, 10ff; F. Kohata, Jahwist, 262ff.

93 V. 2 unterbricht den Zusammenhang zwischen v. 1 und v. 3aα und ist deshalb sicher sekundär. Das gilt vermutlich auch für v. 14, vgl. P. Laaf, 16.

94 So auch P. Laaf, 15f.

95 P. Laaf, 12f, hält auch v. 4a für sekundär, da v. 4 in sich geschlossen sei. Diese Frage kann hier offengelassen werden.

96 J.-L. Ska, Plaies, 32ff. Ihm haben sich z.B. N. Lohfink, Priesterschrift, 222 Anm. 29, und W. Groß, 99, angeschlossen.

97 Nach J.-L. Ska, Plaies, 33, sind die Formulierungen in 12,14 für Ps charakteristisch. Da aber dieser Vers wahrscheinlich ein Zusatz ist, geht aus ihm nicht hervor, daß P in 12,1-13*.28 nicht vertreten ist.

98 R. Schmitt, 20 Anm. 29.

die Israeliten nicht aus seinem Land entließ. Nach 12,41 zogen aber alle Heerscharen Jahwes aus dem Land Ägypten aus. J.-L. Ska sieht selbst, daß dieser Bericht von dem Auszug ohne das Pascha und die Tötung der Erstgeburten schwer zu erklären ist[99]. Tatsächlich hängt er dann in der Luft[100]. Die Israeliten können in 12,41 Ägypten nur verlassen, wenn nach 11,10 ein Ereignis eintrat, durch das sich ihre Situation änderte. Ein solches Ereignis kündigt Jahwe in 12,12f an. Die Ausführung wird freilich von P nicht erzählt, sondern in 12,41 vorausgesetzt. Das dürfte damit zusammenhängen, daß es für P im Unterschied zu der vorpriesterlichen Darstellung in 12,29ff* nach der Tötung der Erstgeburten nicht mehr zu einem Dialog zwischen dem Pharao und Mose kam[101]. Bei P sollten Mose und Aaron von dem Pharao die Entlassung der Israeliten fordern. Die Plage der Geschwüre zeigte endgültig, daß der Pharao nicht bereit war, diese Forderung zu erfüllen. Deshalb griff nun Jahwe ein, wie er es in 7,4aβ.b angekündigt hatte, und ermöglichte den Auszug der Israeliten. Durch die Tötung der Erstgeburten konnten sie Ägypten verlassen. Nach W. Groß nimmt zwar Ex 12* eine Sonderstellung ein, "weil Israel hier vor dem Sinai in kultischer Verrichtung geschildert wird"[102]. Aber bei P gehört das Pascha nicht zum Kult im engeren Sinn, den Jahwe erst am Sinai gestiftet hat. Es ist wie die Beschneidung (Gen 17) ein Ritus, der im Rahmen der Familie begangen wird. Das zeigen die Bestimmungen für das Pascha in Ex 12*. Deshalb kann bei P das Pascha schon vor dem Sinai eingesetzt werden. In Ex 12* hat P seine Darstellung an den Israeliten orientiert. Aus diesem Grund berichtet P hier nicht, daß Jahwe seine Ankündigung in 12,12f ausgeführt hat.

Wahrscheinlich enthält die priesterliche Meerwundererzählung doch einen Hinweis auf die Tötung der Erstgeburten. Es stellt sich nämlich die Frage, worauf sich die Verhärtungsaussagen in 14,4a.8a beziehen. In den priesterlichen "Plagen" besagen die Verhärtungsnotizen, daß der Pharao diese Wunderzeichen nicht gelten ließ. In 14,17a kündigt Jahwe an, daß er das Herz der Ägypter verhärten wird, daß sie hinter den Israeliten hergehen. Hier bezieht sich die Ankündigung ihrer Verhärtung auf das Wunder, daß die Israeliten auf dem Trockenen mitten in das Meer hineingehen werden (v. 16b). Der Pharao hatte die Israeliten erreicht, als sie am Meer lagerten (v. 9aα².b). Dann werden die Ägypter sehen, daß die Israeliten auf dem Trockenen mitten in das Meer hineingehen. Das ist ein großes Wunder, das die Ägypter davon abhalten müßte, hinter den Israeliten herzuziehen. Sie werden jedoch dieses Wunder nicht als Wunder gelten lassen, weil Jahwe ihr Herz verhärten wird. Auch die Verhärtungsaussage in 14,17a bezieht sich somit auf eine Machtdemonstration Jahwes.

So müssen dann aber auch die Verhärtungsaussagen in 14,4a.8a verstanden werden. Sie können nicht auf die priesterlichen "Plagen" bezogen werden, weil P bereits in 11,10 feststellte, daß Jahwe das Herz des Pharao bei ihnen verhärtet hat. Bei der Verhärtung kann aber auch nicht die Umkehr im Blick sein, die Jahwe in v. 2a den Israeliten gebieten läßt, da es sich dabei um keinen Machterweis Jahwes handelte. Dann beziehen sich die Verhärtungsaussagen in 14,4a.8a auf die Tötung der Erstgeburten. Mit ihr hatte Jahwe

---

99　J.-L. Ska, Plaies, 31.

100　So mit Recht R. Schmitt, 20 Anm. 29.

101　Aaron ist in 12,31 erst von dem Endredaktor eingefügt worden.

102　W. Groß, 99.

eindrücklich seine Macht unter Beweis gestellt. Doch der Pharao läßt diese Machtdemonstration nicht gelten, als er die Chance sieht, die Israeliten wieder in seine Gewalt
zu bekommen, weil Jahwe sein Herz verhärtet. Damit verhindert Jahwe, daß der Pharao
aus der Tötung der Erstgeburten die eigentlich zu erwartende Folgerung zieht, daß er die
Israeliten in Ruhe lassen muß, auch wenn sie sich im Land verirrt haben[103]. Die Verhärtungsaussagen in 14,4a.8a werden somit nur verständlich, wenn Jahwe auch bei P die
Erstgeburten getötet hat. Die Darstellung in 12,1.3aα.b.4a(?). 6b.7.8.11-13 darf also P
nicht abgesprochen werden.

---

103 Im Unterschied zu den priesterlichen "Plagen" und dem Weg der Israeliten mitten
    in das Meer handelt es sich freilich bei der Tötung der Erstgeburten um eine Macht-
    demonstration Jahwes, durch die die Ägypter geschädigt werden. Die Verhärtungs-
    aussagen in 14,4a.8a zeigen aber, daß für P trotzdem die Tötung der Erstgeburten als
    Machterweis Jahwes auf einer Linie mit den anderen Wundern in Ägypten zu sehen
    ist. Dann hat P von sieben Wunderzeichen in Ägypten berichtet. Auf die Wunderzei-
    chen von Mose und Aaron vor dem Pharao folgten die beiden Demonstrations-
    wunder der Tötung der Erstgeburten und des Weges der Israeliten mitten in das
    Meer. Damit greift P die Auffassung des Jehowisten auf, der von sieben ägyptischen
    Plagen erzählte, vgl. zum Jehowisten L. Schmidt, Beobachtungen, 69ff. Bei dem
    Jehowisten ist freilich die Tötung der Erstgeburten die letzte Plage. Dagegen sind in
    der Priesterschrift die Machterweise vor dem Pharao und gegen Ägypten erst mit
    dem Meerwunder abgeschlossen. Das ergibt sich daraus, daß hier auf die Tötung der
    Erstgeburten ein weiterer Machterweis Jahwes folgt, bei dem es Jahwe verhindert,
    daß er von den Ägyptern akzeptiert wird.
    Außerdem zeigen die Verhärtungsnotizen in 14,4a.8a endgültig, daß die priester-
    liche Meerwundererzählung nicht auf eine Einzelüberlieferung zurückgeht. Sie setzen
    einen größeren Zusammenhang voraus. Es läßt sich jedoch keine Fassung der
    priesterlichen Meerwundererzählung rekonstruieren, in der diese Verhärtungsaus-
    sagen fehlten, da durch sie, wie oben gezeigt wurde, die priesterliche Darstellung
    gegliedert wird. Es beruht auf den Verhärtungsaussagen in v. 4a und 17a, daß im
    ersten Teil der Erzählung nur der Pharao, im zweiten aber die Ägypter bzw. die
    Streitwagen und die Streitwagenfahrer erwähnt werden.
    Nach P. Weimar, Meerwundererzählung, 183ff, hat P zwar in Ex 14 ein Traditi-
    on aufgenommen, die aus v. 8b.15aα.16* (ohne "und du, erhebe deinen Stab
    und").21aα[1].b.22.23aα.26a.bα.27aα[1].28a* (ohne "die Streitwagen und die Streitwagen-
    fahrer des ganzen Heeres des Pharao").29 bestand. Diese Darstellung des Meerwun-
    ders sei direkt auf 6,2* (ohne "ich bin Jahwe").5a.6a.bα[1].7b gefolgt. Dagegen spricht
    jedoch schon, daß 14,8b nicht an 6,7b angeschlossen werden kann. Der Nominalsatz
    in 14,8b setzt voraus, daß zuvor berichtet wurde, daß die Israeliten aus Ägypten
    ausgezogen sind. Zudem stellt E. Blum, Studien, 259 Anm. 114, mit Recht zu dem
    priesterlichen Faden in Ex 14 fest: "...vor allem bieten v. 8b.15aα.16 keinen ge-
    schlossenen erzählerischen Zusammenhang". Gegen P. Weimar ist somit daran
    festzuhalten, daß P in der Berufung des Mose und in der Meerwundererzählung kein
    Traditionsstück in sein Werk aufgenommen hat.

Obwohl die Israeliten in der Priesterschrift bereits in 12,41 Ägypten verlassen haben, hat sie aber Jahwe für P erst durch das Meerwunder endgültig
aus Ägypten befreit. Das zeigt die priesterliche Darstellung in Ex 14*, denn aus
diesem Grund müssen hier die Israeliten nach ihrem Auszug zunächst noch
einmal umkehren. Aus der Anordnung Jahwes in 14,2a und aus den Erkenntnisaussagen in 14,4.18 ergibt sich somit, daß die priesterliche Schicht in Ex 14 die
Darstellung von der Berufung des Mose bei P voraussetzt und auf sie bezogen
ist.

Daß in der priesterlichen Schicht zwischen dem Auszug aus Ägypten, von
dem sie in 12,41 berichtet, und der Errettung am Meer eine enge Verbindung
besteht, wird dadurch unterstrichen, daß bei P 14,1 direkt auf 12,41 folgte[104].
Demgegenüber sind in der Endgestalt von Ex 12-14 der Auszug aus Ägypten
und das Meerwunder deutlich voneinander abgehoben. Hier wird in 13,17 mit
der Formulierung "und es geschah, als der Pharao das Volk entlassen hatte" ein
Einschnitt markiert. In 14,11f gehört, wie oben schon erwähnt wurde, die Errettung am Meer zu dem Aufenthalt der Israeliten in der Wüste. Sie blicken hier
auf ihre Existenz in Ägypten zurück und befürchten, in der Wüste zu ster-

---

104 Oft wird freilich auch 13,20 P zugewiesen. Dieser Vers entspreche anderen priesterlichen Notizen über das Aufbrechen und das Lagern der Israeliten, so z.B. B.
Baentsch, 115; F. Kohata, Jahwist, 278; N. Lohfink, Priesterschrift, 222 Anm. 29;
H.-C. Schmitt, Geschichtsverständnis, 145 Anm. 30. Nun setzt aber 13,20 12,37a
voraus, da hier berichtet wird, daß die Israeliten von Ramses nach Sukkot aufbrachen. 12,37a kann aber nicht von P stammen. Vor 12,41 konnte in der Priesterschrift nicht berichtet werden, daß die Israeliten aufbrachen. Das räumt auch B.
Baentsch, 104, ein. Er nimmt jedoch an, daß 12,37a bei P hinter 12,41 stand. Erst ein
Redaktor habe 12,37a an seine jetzige Stelle versetzt. Dagegen spricht aber schon,
daß der Nachtrag 12,42-51 unmittelbar an 12,41 anschließt, da in 12,51 v. 41b wieder
aufgenommen wird.
   Außerdem muß in der vorpriesterlichen Darstellung vor v. 39 berichtet worden
sein, daß sich die Israeliten auf den Weg gemacht haben. Da sie hier den Teig
backen, den sie aus Ägypten herausgebracht haben, sind sie in v. 39 nicht mehr in
Ägypten. Deshalb nimmt B. Baentsch, 104, an, daß in der vorpriesterlichen Fassung
vor v. 39 eine allgemeinere Nachricht von dem Aufbruch der Israeliten stand, die der
Redaktor durch 12,37a ersetzte. Es ist jedoch nicht einsichtig, warum der Redaktor
12,37a nicht an seiner ursprünglichen Stelle bei P belassen haben sollte, wenn dieser
Halbvers in der Priesterschrift enthalten war. Zwischen jener allgemeinen Notiz
über den Aufbruch, die B. Baentsch für die vorpriesterliche Fassung postuliert, und
den konkreten Angaben in 12,37a hätte ja kein Widerspruch bestanden. Es gab somit
für den Redaktor keinen Grund diese Notiz durch 12,37a zu ersetzen. 12,37a und
13,20 dürfen somit nicht P zugewiesen werden. Beide Stellen stammen vielmehr aus
der vorpriesterlichen Darstellung.

ben[105]. Die Endfassung unterscheidet sich somit deutlich von der priesterlichen Darstellung.

An den Beziehungen, die zwischen dem priesterlichen Faden in Ex 14 und der Berufung des Mose in 6,2ff bestehen, wird nochmals deutlich, daß die priesterliche Schicht eine eigene Gliederung des Geschehens enthält. In ihr beginnt mit der Berufung des Mose ein Erzählbogen, der mit den abschließenden Feststellungen zu dem Meerwunder in 14,28b.29 zunächst einmal endet. Nur die Ankündigung in 6,8, daß Jahwe die Israeliten zu dem Land bringen und es ihnen als Besitz geben wird, weist über ihre Befreiung aus Ägypten hinaus. Die Berufung des Mose und das Meerwunder sind bei P der äußere Rahmen für den Auszug aus Ägypten, der die Legitimationswunder für Mose und Aaron und die Einsetzung des Pascha umgibt.

Die Darstellung der Berufung des Mose (6,2-12; 7,1.2.4-7) wird in 7,7 durch einen Nominalsatz mit der Angabe über das Alter von Mose und Aaron abgeschlossen. In 7,8 beginnt mit den Worten "Da sagte Jahwe zu Mose" der Abschnitt: "Die Wunderzeichen von Mose und Aaron vor dem Pharao". Zu ihm gehören die priesterlichen Bestandteile in 7,8-9.12 und 11,9f. Wie es Jahwe in 7,4aα vorausgesagt hatte, hört der Pharao nicht auf Mose und Aaron. Das Ende dieses Teils markiert P in 11,10 durch eine Inversion. In diesem Vers wird abschließend das Ergebnis der Wunderzeichen vor dem Pharao festgehalten. Da Jahwe das Herz des Pharao verhärtete, entließ er die Israeliten nicht aus seinem Land.

Darauf folgt der Abschnitt: "Die Einsetzung des Pascha". In ihm kündigt Jahwe in 12,12f die Tötung der Erstgeburten in Ägypten an. Nun wendet sich Jahwe erstmals gegen die Ägypter, wie er es in 7,4aβ.b angekündigt hatte. Zu diesem Teil gehören der Grundbestand in 12,1-13 und 12,28.40. Wie in 7,7 wird in 12,40 durch einen Nominalsatz mit einer Zeitangabe das Ende eines Abschnitts angezeigt.

Mit וְיהִי am Anfang von 12,41 setzt die Darstellung neu ein. Hier beginnt der Abschnitt "Der Auszug der Israeliten aus Ägypten", zu dem 12,41 und der priesterliche Faden in 14,1-29 gehören. Hier erweist Jahwe nun endgültig an den Ägyptern seine Macht. Sie müssen jetzt erfahren, "daß ich Jahwe bin", wie es Jahwe in 7,5 angekündigt hatte, während die Israeliten erfahren dürfen, daß Jahwe ihr Gott ist, der sie aus dem Frondienst der Ägypter herausführt, wie er es in 6,7 vorausgesagt hatte.

---

105 13,17f und 14,11f stammen m.E. von der Endredaktion. Das kann hier nicht begründet werden.

Die Priesterschrift enthält somit eine offenbar beabsichtigte eigene Gliederung, mit der sie ihr Verständnis von den Ereignissen zum Ausdruck bringt. Gliederung und Konzeption von P sind hier jedoch nur durchsichtig, wenn in der priesterlichen Schicht die vorpriesterliche Darstellung nicht enthalten war. Die priesterlichen Texte gehören somit nicht zu einer Ergänzungsschicht, sondern sie stammen aus einem selbständigen Werk.

V. Ergebnis

In Ex 1-14 bildet die priesterliche Schicht einen eigenen literarischen Zusammenhang, der eine eigene Gliederung der Ereignisse enthält. Er ist mit einer kleinen Ausnahme in 8,11 noch lückenlos erhalten[106]. Daraus geht hervor, daß in dieser Darstellung die vorpriesterliche Fassung nicht enthalten war. Der Verfasser der priesterlichen Schicht hat sie zwar als schriftliche Vorlage benutzt. Das zeigt seine Darstellung in der Berufung des Mose und in den "Plagen". Er hat jedoch den Stoff literarisch neu gestaltet. Gegen dieses Ergebnis besteht der grundsätzliche Einwand, daß Mose in einer selbständigen Priesterschrift eingeführt worden sein müsse. Es erscheint mir aber methodisch geboten, von dem literarischen Befund auszugehen. An ihm müssen sich prinzipielle Erwägungen bewähren, da sonst die Eigentümlichkeiten eines Werkes nicht in den Blick kommen können. Es ist für die Priesterschrift charakteristisch, daß ihr Verfasser auf eine Einführung des Mose verzichtet hat[107]. Das eindeutige literarische Ergebnis kann m.E. nicht mit dem Argument widerlegt werden, daß Mose in einer selbständigen Priesterschrift eingeführt worden wäre. Die priesterliche Darstellung in Ex 1-14 gehört somit nicht zu einer Redaktions- bzw. Kompositionsschicht, sondern sie stammt aus einer Quellenschrift.

---

106 In 8,11 ist die priesterliche Verhärtungs- durch die Verstockungsnotiz aus J ersetzt worden, weil die Endredaktion in ihren ersten sechs Plagen, die mit 7,14 beginnen, bei den einzelnen Plagen zwischen Verhärtungs- und Verstockungsnotiz abwechseln wollte, vgl. L. Schmidt, Beobachtungen, 81f.

107 Das könnte dadurch bedingt sein, daß P gegen die Jugendgeschichte des Mose Bedenken hatte, vgl. W.H. Schmidt, Exodus, 273f.

B. Die priesterlichen Murrerzählungen

I. Die Fragestellung

Die priesterliche Schicht im Pentateuch enthält vier Erzählungen, in denen die Israeliten in der Wüste murren. Es handelt sich um den priesterlichen Faden in der Wachtel-Manna-Erzählung von Ex 16,1-15, in der Kundschaftergeschichte von Num 13f, in der Erzählung von dem Aufstand gegen Mose und Aaron von Num 16f und in der Geschichte von dem Felsen, der Wasser spendet, von Num 20,1-13. Die Darstellung in der priesterlichen Schicht unterscheidet sich charakteristisch von den nichtpriesterlichen Erzählungen, in denen die Israeliten rebellieren. In ihnen beklagen sie entweder, wie z.B. in der Wachtelerzählung von Num 11,4ff*, ihre Situation, oder sie wenden sich, wie etwa in der Geschichte von dem Wasser aus dem Felsen in Ex 17,1ff*, gegen Mose. Dagegen opponieren die Israeliten in den priesterlichen Erzählungen immer gegen Mose und Aaron. In den Einzelheiten ist freilich umstritten, welche Stücke hier zu dem Grundbestand der priesterlichen Schicht gehören. Außerdem stellt sich die Frage, ob diese Erzählungen zunächst in einer selbständigen Priesterschrift schriftlich tradiert und erst durch eine Redaktion mit der vorpriesterlichen Darstellung verbunden wurden, oder ob sie zu einer priesterlichen Ergänzungsschicht gehören, die nie für sich überliefert wurde. E. Blum hat die Erzählungen von der Rebellion in der Wüste (Num 16) und von dem Wasser aus dem Felsen (Num 20,1-13) als Fallbeispiele gewählt, aus denen sich für ihn ergibt, daß es sich bei der priesterlichen Schicht im Pentateuch nicht um eine Quellenschrift, sondern um eine Kompositionsschicht handelt, durch die die vorpriesterliche Darstellung ergänzt wurde[1]. Deshalb sollen die priesterlichen Murrerzählungen im folgenden erneut literarkritisch untersucht werden. Die Untersuchung wird zeigen, daß auch aus diesen Erzählungen hervorgeht, daß es die Priesterschrift als selbständige Quellenschrift gegeben hat.

Diese priesterlichen Erzählungen verdienen aber nicht nur unter literarischem Aspekt Interesse. Es fällt auf, daß Jahwe in ihnen auf das Murren der Israeliten unterschiedlich reagiert. Sie werden von Jahwe in der Kundschafter-

---

1   E. Blum, Studien, 263ff und 271ff.

geschichte (Num 13f*) und bei dem Aufstand gegen Mose und Aaron (Num 16f*) bestraft. Dagegen hat ihr Murren in der Wachtel-Manna-Erzählung (Ex 16,1-15*) für die Israeliten keine negativen Folgen. Vielmehr sagt ihnen Jahwe hier seine Hilfe zu (Ex 16,12). Auch in der Erzählung von dem Felsen, der Wasser spendet, (Num 20,1-13*), bestraft Jahwe nicht die Israeliten, sondern lediglich Mose und Aaron (Num 20,12). Die beiden Führer dürfen, weil sie Jahwe nicht geglaubt haben, die Israeliten nicht in das Land bringen. Für die Israeliten aber beseitigt Jahwe den Mangel an Wasser (Num 20,11b), wegen dem sie sich gegen Mose und Aaron versammelten (Num 20,2). Zwar heißt es hier nicht ausdrücklich, daß die Israeliten murrten. Aber daß sie sich gegen Mose und Aaron versammelten und ihre Führer kritisierten (Num 20,2.3b.4), entspricht z.B. ihrem Verhalten in Ex 16,1-15*, wie in III im einzelnen darge- stellt werden wird. Deshalb gehört auch Num 20,1ff* zu den priesterlichen Murrerzählungen. In zwei dieser Erzählungen werden somit die Israeliten für ihr Murren bestraft, während Jahwe in zwei anderen Erzählungen die Ursache ihres Murrens beseitigt. Es wird zu klären sein, warum Jahwe nach der priester- lichen Darstellung auf das Murren der Israeliten unterschiedlich reagiert hat.

II. Die Wachtel-Manna-Erzählung (Ex 16,1-15)

In Ex 16 besteht zwischen v. 15 und v. 16 ein Einschnitt. Durch die Wach- teln und das Manna, die die Israeliten in v. 13-15 erhalten, ist ihr Mangel an Fleisch und Brot beseitigt, der sie in v. 2f murren ließ. Deshalb können für die Analyse dieser Murrerzählung die weiteren Ausführungen über das Manna in v. 16ff außer Betracht bleiben. Der Abschnitt v. 1-15 ist freilich nicht einheit- lich. Weithin ist anerkannt, daß in ihm zumindest die Angabe in v. 1aβ, daß die ganze Gemeinde der Israeliten in die Wüste Sin kam, sowie v. 2f und v. 9-12 zu P gehören[2]. In v. 12 wird deutlich v. 3 aufgenommen. Hatten die Israeliten in

---

2 Häufig wird v. 1 ganz P zugewiesen, vgl. z.B. Noth, Pentateuch, 18; K. Elliger, 174; N. Lohfink, Priesterschrift, 222 Anm. 29. Dagegen stammt nach P. Weimar, Struk- tur, 85 Anm. 18, nur v. 1aβ von P. Dieses Problem kann hier nicht diskutiert werden. P. Weimar, ebd., rechnet auch v. 9 und v. 10aβ nicht zu P. Aber v. 10aα hat ohne v. 9 keinen Bezugspunkt. Daß Aaron nach v. 10aα zu der Gemeinde der Israeliten redete, kann sich nicht auf v. 6f beziehen, da hier Mose und Aaron zu den Israeliten sprechen. In v. 10aα ist somit die Anweisung vorausgesetzt, die Mose in v. 9 Aaron gibt. Auch v. 10aβ kann P nicht abgesprochen werden. Wenn in v. 10 die Herrlich- keit Jahwes erscheint, als sich die Israeliten zur Wüste wenden, so kommt sie von der

v. 3 gesagt, daß sie im Land Ägypten Fleisch und Brot hatten, so beauftragt Jahwe in v. 12 Mose, ihnen Fleisch und Brot anzukündigen. Dieser Auftrag läßt sich nicht mit v. 4f vereinbaren. Hier teilt Jahwe schon Mose mit, daß er Brot vom Himmel regnen lassen wird, das das Volk sammeln wird. Darauf wird in v. 12 nicht Bezug genommen, so daß in v. 12 v. 4f nicht vorausgesetzt ist. Deshalb besteht darüber Übereinstimmung, daß v. 4 und v. 5 nicht zu P gehören[3]. Das gilt auch für v. 8. Dieser Vers ist eine spätere Erweiterung, durch die die Rede von Mose und Aaron in v. 6f präzisiert werden soll[4]. In v. 6f kündigen Mose und Aaron an, daß die Israeliten am Abend erkennen sollen, daß sie Jahwe aus dem Land Ägypten herausgeführt hat, und daß sie am Morgen die Herrlichkeit Jahwes sehen werden. In v. 8a sagt Mose nun ausdrücklich, daß Jahwe am Abend Fleisch und am Morgen Brot geben wird. Damit wird die Ankündigung von v. 6f konkretisiert, womit freilich v. 12 vorgegriffen wird. In v. 8b wird v. 7b präzisiert. Mit v. 8b stellt Mose ausdrücklich fest, daß das Murren gegen ihn und Aaron ein Murren gegen Jahwe und nicht gegen die beiden Führer der Israeliten war.

In der priesterlichen Darstellung sind aber die Verse 6 und 7 ebenfalls problematisch, auch wenn sie meist P zugewiesen werden[5]. Es fällt auf, daß Mose und Aaron hier den Israeliten die Hilfe Jahwes ankündigen, ohne daß Jahwe ihnen zuvor mitgeteilt hat, daß er helfen will. Diese Gewißheit ist um so erstaunlicher, nachdem die Israeliten in v. 2f nicht einfach über Hunger geklagt, sondern gemurrt haben. Daß ihr Verhalten hier als "murren" (לון) beschrieben wird, spricht dagegen, daß es in dieser priesterlichen Erzählung "auch nicht mit der leisesten Andeutung moralisch abgewertet wird", wie E. Ruprecht meint[6]. Seine Deutung läßt sich auch nicht damit vereinbaren, daß in v. 3 die Israeliten wünschen, daß sie im Land Ägypten gestorben wären. Nach E. Ruprecht wird

---

Wüste her. Das ist dadurch bedingt, daß das Zelt der Begegnung noch nicht errichtet worden war, an dem die Herrlichkeit Jahwes in den übrigen priesterlichen Murr-erzählungen erscheint (Num 14,10; 17,7; 20,6). Der Abschnitt v. 9-12 gehört somit durchgehend zu P.

3   In der älteren Forschung wurde v. 4a.bα.5 meist J zugewiesen, vgl. z.B. M. Noth, Pentateuch, 32; V. Fritz, 9. Demgegenüber gehört nach E. Ruprecht, 298ff, v. 4f zu einer deuteronomistischen Bearbeitung, die jünger ist als P. Auch L. Perlitt, FS H.W. Wolff, 409, und P. Maiberger, 220ff, halten v. 4f für eine spätere Erweiterung der P-Darstellung.

4   Vgl. z.B. E. Ruprecht, 280f.

5   Vgl. zuletzt U. Struppe, 112; A. Schart, 134.

6   E. Ruprecht, 282f.

zwar hier der natürliche Tod, den die Israeliten in Ägypten gestorben wären, dem unzeitigen Tod gegenübergestellt, den sie in der Wüste durch Hunger erleiden werden[7]. Dagegen spricht jedoch, daß sich die Israeliten in v. 3 wünschen, daß sie *durch die Hand Jahwes* in Ägypten gestorben wären. Der Tod durch die Hand Jahwes ist nicht der natürliche Tod, sondern ein Sterben, das durch ein besonderes Eingreifen Jahwes verursacht wird. Deshalb hat B. Baentsch zu v. 3 mit Recht ausgeführt: "Die Israeliten wären lieber im vollen Lebensgenusse in Aegypten durch eine göttliche Schickung... eines plötzlichen Todes gestorben, als dass sie 'in dieser Wüste hier' ... eines langsamen, qualvollen Hungertodes sterben sollen"[8]. Damit ist in v. 3 für die Israeliten die Herausführung aus Ägypten, die ihnen Jahwe durch Mose ankündigen ließ (Ex 6,6f) und die er gegen den Pharao durchgesetzt hatte, sinnlos, ja sie ist sogar ein großes Unglück. Trotzdem sind aber Mose und Aaron in v. 6f davon überzeugt, daß Jahwe den murrenden Israeliten helfen wird.

Unklar ist auch, warum Aaron in v. 9 die Gemeinde auffordern soll: "Tretet herzu vor Jahwe", nachdem Mose und Aaron bereits in v. 6f den Israeliten die Hilfe Jahwes angekündigt haben. Für E. Ruprecht sind v. 6f.9 freilich "eine innere Einheit"[9]. Die Rede in v. 6f sei "ihrer Intention nach eine Verteidigungsrede", in der Mose und Aaron sagen, daß sich der Vorwurf der Gemeinde faktisch gegen Jahwe richte. Deshalb würden in v. 9 die Israeliten an Jahwe gewiesen. Sie würden hier zu einer Klagefeier aufgefordert. Dabei sei v. 9b ein Bekenntnis der Zuversicht. Der Halbvers sei als futurische Aussage zu verstehen: "Denn er wird euer Murren erhören". Diese Interpretation von v. 9b läßt sich aber nicht mit v. 12 vereinbaren. Wenn Jahwe hier sagt: "Ich habe das Murren der Israeliten gehört", so bezieht sich das eindeutig auf v. 2f. Dieses Murren muß dann auch in v. 9b gemeint sein. Der Halbvers darf somit nicht futurisch verstanden werden. Dann wird aber in v. 9b nicht zu einer Klagefeier aufgefordert. Wie E. Ruprecht selbst ausführt, "wäre es nach der Konzeption von P auch schlecht denkbar, daß vor der Einsetzung des Gottesdienstes am Sinai bereits eine förmliche Volksklage abgehalten wird, die ja auch ein gottesdienstlicher Akt ist"[10]. Deshalb erscheint nach E. Ruprecht in v. 10 die Herrlichkeit Jahwes, ehe die Israeliten vor Jahwe ihre Klage aussprechen können. Tatsächlich ist es aber durch diese Beobachtung zur Konzeption von P ausge-

---

7   E. Ruprecht, 281f.

8   B. Baentsch, 146.

9   E. Ruprecht, 284f.

10 E. Ruprecht, 285.

schlossen, daß in v. 9 Mose Aaron beauftragt, die Israeliten zu einer Klagefeier aufzufordern. Wenn sie bei P vor dem Sinai nicht möglich ist, kann Mose keine solche Klage anordnen[11]. Die Aufforderung in v. 9 ist deshalb anders zu deuten. Die Israeliten sollen vor Jahwe hinzutreten, damit sie erfahren, wie Jahwe über ihr Murren in v. 2f entscheiden wird. Da die Israeliten mit ihrem Murren in Frage gestellt haben, daß Jahwe mit der Herausführung aus Ägypten für sie heilvoll gewirkt hat, wird Jahwe auf ihr Murren reagieren ("denn er hat euer Murren gehört"). Dabei bleibt in v. 9 offen, wie die Entscheidung Jahwes ausfallen wird. Das läßt sich kaum mit v. 6f vereinbaren.

Schließlich ist zu beachten, daß in v. 6f das Eingreifen Jahwes am Abend und am Morgen angekündigt wird. Diese Zeitangabe umschreibt nach E. Ruprecht "eine Ganzheit: In einem fort, von früh bis spät werden die Israeliten Erfahrungen machen, die sie zur Erkenntnis Jahwes führen"[12]. Daß jedoch Mose und Aaron hier vom Abend und vom Morgen reden, ist nur im Blick auf v. 12 verständlich, wonach die Israeliten zwischen den beiden Abenden Fleisch essen und sich am Morgen an Brot sättigen werden. Damit greift aber v. 6f v. 12 vor. Es stellt sich die Frage, woher Mose und Aaron eigentlich wissen, daß Jahwe am Abend und am Morgen helfen wird. Die verschiedenen Beobachtungen zeigen, daß v. 6 und v. 7 für den Ablauf der priesterlichen Erzählung erhebliche Probleme aufwerfen. Dagegen ergibt sich ein glatter Zusammenhang, wenn v. 9 ursprünglich direkt auf v. 2f folgte. Nachdem die Israeliten gegen Mose und Aaron gemurrt haben (v. 2f), sollen sie vor Jahwe hinzutreten, damit sie erfahren, wie Jahwe über ihr Murren entscheidet (v. 9).

Deshalb wurde gelegentlich angenommen, daß v. 6f ursprünglich auf v. 12 folgte. Nach B. Baentsch wurden die Verse später umgestellt, "um nicht die göttliche Verheissung in 9-12 unmittelbar auf die ganz ähnliche v. 4f. folgen zu lassen"[13]. Dagegen spricht aber schon, daß die Ankündigung in v. 6f nicht so konkret ist wie die in v. 12. Es ist unvorstellbar, daß Mose von Jahwe den Auftrag erhielt, den Israeliten Fleisch und Brot anzukündigen, daß aber bei der Ausführung er und Aaron beides nicht erwähnten. Außerdem ist der Grund, der für die nachträgliche Umstellung von v. 6f genannt wird, nicht stichhaltig. Die beiden Zusagen in v. 4f und v. 11f sind schon durch v. 9f voneinander

---

11 E. Ruprecht, 285, beruft sich für seine Deutung auf Lev 9,5, wo "hinzutreten vor Jahwe" einen gottesdienstlichen Akt meine. Aber wie A. Schart, 127 Anm. 20, mit Recht feststellt, geht es in Lev 9,5 und Ex 16,9 nicht um eine Klagefeier.

12 E. Ruprecht, 284.

13 B. Baentsch, 147; so schon J. Wellhausen, 328, in Anlehnung an A. Kuenen, 293f. Nach A. Kuenen war die ursprüngliche Reihenfolge v. 2f - v.11f - v. 9f - v. 6f.

getrennt. Zudem handelt es sich bei v. 4f um eine Mitteilung Jahwes an Mose, während er in v. 11f einen Redeauftrag für die Israeliten erhält. Es läßt sich somit nicht wahrscheinlich machen, daß die Rede in v. 6f ursprünglich auf v. 12 folgte. Das hat auch B.S. Childs betont. Nach ihm ist die Stellung von v. 6f in einem Schema begründet, das auch den priesterlichen Murrerzählungen in Num 14 und 16 zugrundeliege. In ihm folge auf das Murren jeweils eine "disputation" (Num 14,6ff; 16,5ff), in der das Hauptthema des Murrens aufgegriffen werde[14]. Damit ist jedoch nicht erklärt, warum der Verfasser die Reaktion von Mose und Aaron auf das Murren in v. 6f so formuliert hat, daß durch ihre Rede deutliche Spannungen in dem Ablauf der Erzählung entstehen.

Ihre Worte werden hingegen verständlich, wenn v. 6f später eingefügt wurde[15]. Der Ergänzer verstand v. 3 so, daß die Israeliten hier Mose und Aaron beschuldigen, sie hätten die Israeliten eigenmächtig in die Wüste Sin herausgeführt, um sie zu töten. Für ihn bestritten also die Israeliten, daß Mose und Aaron im Auftrag Jahwes gehandelt hatten. Zu diesem schweren Vorwurf mußten aber Mose und Aaron nach seiner Meinung Stellung genommen haben. Deshalb fügte er v. 6f ein. Danach wird Jahwe erweisen, daß *er* die Israeliten aus Ägypten herausgeführt hat. Weil Mose und Aaron bei dem Auszug nicht eigenmächtig gehandelt haben, ist es sinnlos, daß die Israeliten gegen ihre Führer murren (v. 7b). Dabei bleibt in v. 6f noch offen, wie Jahwe konkret handeln wird. Die Ankündigung von Fleisch und Brot sollte ihm vorbehalten bleiben, wie es der Vorlage in v. 12 entsprach. Für den Ergänzer reagierten somit Mose und Aaron auf den Vorwurf der Gemeinde in v. 2f mit der Ankündigung, daß sie Jahwe als legitime Führer bestätigen wird. Wachteln und Manna sind für ihn ein Machterweis Jahwes, durch den Jahwe widerlegt, daß Mose und Aaron schuldhaft die Israeliten in die Wüste herausgeführt haben.

Nun wird zwar v. 3 häufig im Sinne des Ergänzers verstanden[16]. Bei P hatte der Vers aber eine andere Bedeutung. In ihm wird dem plötzlichen Tod durch die Hand Jahwes in Ägypten der Tod durch Hunger in der Wüste gegenübergestellt. Dann geht es nicht darum, daß Mose und Aaron gegen den Willen Jahwes gehandelt haben. Vielmehr bestreiten die Israeliten in v. 3, daß ihr Weg in die

---

14 B.S. Childs, 278-280.

15 Dafür spricht auch, daß in v. 7 der Begriff "die Herrlichkeit Jahwes" anders als bei P gebraucht wird. In v. 7 bezeichnet er den Machterweis Jahwes durch seine Hilfe, bei P hingegen wie in v. 10 die Theophanie Jahwes. E. Ruprecht, 292, verweist zwar darauf, daß in Ex 14,4.17.18 כבד ni. für den Machterweis Jahwes gebraucht wird, aber das Nomen begegnet bei P sonst nie in diesem Sinn.

16 Vgl. z.B. B. Baentsch, 149; E. Ruprecht, 282; A. Schart, 125.

Wüste sinnvoll war, weil er nur dazu führt, daß sie hier qualvoll durch Hunger sterben werden. Deshalb wünschen sie, daß sie in Ägypten plötzlich gestorben wären. Diese Interpretation von v. 3 wird durch v. 12 bestätigt. Danach werden die Israeliten an dem Fleisch und dem Brot, das sie essen werden, erfahren, "daß ich Jahwe, ihr Gott, bin"[17]. Hier sollen sie also nicht erkennen, daß sie Jahwe aus Ägypten herausgeführt hat, wie es v. 6f entsprechen würde. Sie werden vielmehr erfahren, daß Jahwe auch jetzt der ihnen zugewandte Gott ist. Damit widerlegt Jahwe ihren Vorwurf in v. 3. Der Weg in die Wüste Sin war nicht sinnlos, sondern die Israeliten dürfen auch hier erfahren, daß Jahwe ihr Gott ist. Mit v. 12 führt P die Erkenntnisaussage von Ex 6,7 weiter. Dort sollte Mose den Israeliten ankündigen: "... und ihr werdet erfahren, daß ich Jahwe, euer Gott, bin, der euch herausführt weg unter der Fronarbeit Ägyptens". Dieser den Israeliten gnädig zugewandte Gott ist Jahwe auch bei dem Mangel, unter dem sie nun in der Wüste leiden. Das werden sie an Wachteln und Manna erfahren. Damit bestätigt die Erkenntnisaussage in v. 12, daß v. 6f später eingefügt wurde. Mit diesen beiden Versen setzt der Ergänzer einen neuen Akzent, der in der ursprünglichen priesterlichen Darstellung fehlte. Von P stammen in v. 2-12 somit nur v. 2f.9-12.

Im folgenden muß P berichtet haben, daß die Ankündigung in Erfüllung ging, die Jahwe in v. 12 Mose aufgetragen hat[18]. Tatsächlich stiegen nach v. 13a am Abend die Wachteln auf und bedeckten das Lager. Sie waren also das Fleisch, das Jahwe für die Abenddämmerung angesagt hatte[19]. Daß v. 13b mit

---

17 In der Erkenntnisaussage von v. 12 kündigt Jahwe nicht an, daß die Israeliten die Einsicht gewinnen werden, daß er ihr Gott ist, sondern er sagt ihnen zu, daß sie erfahren sollen, "daß ich Jahwe, ihr Gott, bin", vgl. dazu oben Priesterschrift, 27f. Dagegen geht es in v. 6 darum, daß die Israeliten die Erkenntnis gewinnen sollen, daß sie tatsächlich Jahwe aus dem Land Ägypten herausgeführt hat. Das Verb ידע hat also in v. 6 und v. 12 einen verschiedenen Akzent. Auch das weist darauf hin, daß v. 6 und v. 7 später eingefügt wurden.

18 Deshalb kann gegen P. Weimar, Struktur, 85 Anm. 18, die priesterliche Darstellung nicht mit v. 12 geendet haben. Nach P. Weimar, Sinai, 378f, wird freilich bei P die Ankündigung in Ex 16,11f erst mit der Errichtung des Zeltes der Begegnung am Sinai erfüllt. Aber P berichtet in diesem Zusammenhang nicht, daß die Israeliten Fleisch und Brot erhielten. Außerdem ist die Ankündigung in v. 12, daß die Israeliten in der Abenddämmerung Fleisch essen und sich am Morgen an Brot sättigen werden, ein deutlicher Hinweis auf die Wachteln, die am Abend das Lager bedecken (v.13a), und auf das Manna am Morgen (v. 13b.14).

19 Daß Mose den Redeauftrag ausgeführt hat, wird von P zwischen v. 12 und v. 13 als selbstverständlich vorausgesetzt.

"und am Morgen" beginnt, zeigt, daß auch hier P zu Wort kommt. Nach v. 12
sollten ja die Israeliten am Morgen an Brot satt werden. Freilich ist v.
13b (nach "und am Morgen")-15 häufig P ganz oder teilweise abgesprochen worden[20]. Die
wesentlichen Argumente sind, daß das Manna in v. 31 anders beschrieben werde
als in v. 14 und daß P sonst keine Etymologie biete, wie sie v. 15 für das Manna
enthalte[21]. Literarisch und sachlich schließt aber v. 13b-15 gut an v. 13a an. Nur
v. 14bβ dürfte später eingefügt worden sein, um das hapax legomenon מחספס zu
erläutern. Dafür spricht, daß hier דק aus v. 14bα wieder aufgenommen wird[22].
Auch B. Baentsch räumt ein, daß v. 13b "als natürliche Fortsetzung von v. 13a
erscheint"[23]. In v. 13b nimmt die Formulierung "und am Morgen war" deutlich
"und es geschah am Abend" in v. 13aα auf. Der Schilderung "da stiegen die
Wachteln auf und bedeckten das Lager" (v. 13aβ) entspricht v. 14a.bα "Und es
stieg die Tauschicht auf, und siehe auf der Oberfläche der Wüste war etwas
Feines, Knisterndes". U. Struppe spricht zwar v. 14a P ab, da schon in v. 13b die
Tauschicht rings um das Lager sei[24]. Daß aber in v. 13a vom Aufsteigen der
Wachteln und in v. 14a vom Aufsteigen der Tauschicht berichtet wird, zeigt, daß
das Auftreten der Wachteln und des Manna möglichst parallel geschildert
werden soll. Freilich entsprechen sich die Darstellungen nicht ganz, weil das
Manna zurückbleibt, nachdem die Tauschicht aufgestiegen ist. Diese Differenz
ist jedoch sachlich bedingt. Offenbar kam das Manna mit dem Tau herab und
wurde erst sichtbar, als der Tau verschwunden war.

In v. 15 kennen die Israeliten nicht das Feine, Knisternde, das zurück-
geblieben ist. Mit ihrer Frage: "מן הוא" wird auf den Namen Manna angespielt.
Eine solche etymologische Anspielung ist bei P durchaus möglich, wie Gen 17
zeigt[25]. Nach Gen 17,17 hat Abraham gelacht. In v. 19 gibt Gott Abraham den
Befehl, den Sohn, den ihm Sara gebären wird, Isaak zu nennen. Der Name wird
hier aber nicht damit begründet, daß Abraham gelacht hat. So spielt bei P sein
Lachen lediglich auf den Namen Isaak an. Ex 16,15 kann somit P nicht mit dem
Argument abgesprochen werden, daß hier eine etymologische Anspielung auf
den Begriff Manna vorliegt.

Freilich wäre v. 15 eine Dublette zu v. 31, wenn hier die Worte der Israeliten nicht als Frage: "Was ist das?", sondern als Feststellung: "Das ist Man"

---

20 Vgl. den Überblick bei U. Struppe, 113 Anm. 1.

21 Vgl. z.B. B. Baentsch, 151.

22 Vgl. P. Maiberger, 317; U. Struppe, 114.

23 B. Baentsch, 151.

24 U. Struppe, 114.

25 Vgl. P. Maiberger, 274f.

verstanden werden müßten. Das käme vor v. 31a "Da nannte das Haus Israel seinen Namen Man" zu früh. Aber die Deutung als deklaratorischer Ausspruch, wie sie z.B. E. Ruprecht vertritt[26], läßt sich nicht mit der Fortsetzung vereinbaren: "denn sie wußten nicht, was es war". Nach E. Ruprecht drückt dieser begründende כי-Satz aus, daß die Israeliten noch nicht erkannt hatten, daß das Manna das ihnen von Jahwe angekündigte Brot war, während sie das Manna als solches kennen. Aber in dem כי-Satz wird mit מה הוא das מן הוא der Israeliten aufgenommen. Daraus geht hervor, daß beide Formulierungen denselben Sinn haben[27].

Zudem wird die Art, wie das Auftreten des Manna in v. 13b-14bα geschildert wird, nur verständlich, wenn es sich dabei um ein Phänomen handelt, das den Israeliten bisher unbekannt war. Dann können sie aber auch noch nicht wissen, daß es sich um Manna handelt. Für sie ist das Manna zunächst eine rätselhafte Erscheinung. Sie wird ihnen von Mose als das Brot gedeutet, das ihnen Jahwe zur Speise gegeben hat. Während bei den Wachteln sofort evident ist, daß sie das von Jahwe angekündigte Fleisch sind, erhalten die Israeliten das Brot in einer Gestalt, die sie zunächst nicht als das ihnen zugesagte Brot erkennen können. Es muß ihnen erst von Mose als das verheißene Brot gedeutet werden. Zu dieser Deutung ist Mose in der Lage, weil ihm klar ist, daß es sich bei dem unbekannten Phänomen nur um das von Jahwe in v. 12 angekündigte Brot handeln kann. Unabhängig davon, wie v. 31 literarisch zu beurteilen ist[28], stammen somit v. 13.14a.bα.15 sicher aus P[29].

In Ex 16,1-15 gehören somit zu P: Aus v. 1 mindestens v. 1aβ; v. 2f.9-14a.bα. 15. Es fällt auf, daß der כבוד יהוה hier bei P bereits vor der Offenbarung am Sinai (Ex 24,15ff) und der Errichtung des Heiligtums erscheint. Das ist sonst bei P nie der Fall. Mit Recht stellt C. Westermann fest: "Für P ist das Erscheinen des k.j., wie es Ex 16,10b ausgesagt ist, eigentlich erst *nach* Ex 24

---

26 E. Ruprecht, 286f.

27 Zur Kritik an der Deutung von מן הוא als deklaratorischer Formel vgl. auch P. Maiberger, 273ff. Er sieht in מן als Fragepronomen eine künstliche Wortbildung von P.

28 Die Zuweisung von v. 31 ist sehr umstritten. Zu P wird v. 31 z.B. von J. Wellhausen, 78; B. Baentsch, 155; P. Maiberger, 140, gerechnet. Nach K. Elliger, 174, und N. Lohfink, Priesterschrift, 222 Anm. 29, gehört nur v. 31a zu P. M. Noth, Pentateuch, 32, und V. Fritz, 9, weisen v. 31 J zu. Nach E. Ruprecht, 298, stammt v. 31 dagegen von einer deuteronomistischen Bearbeitung.

29 So z.B. auch P. Maiberger, 140, und zusätzlich mit v. 14bβ M. Noth, Pentateuch, 18; E. Ruprecht, 281; A. Schart, 134.

möglich"[30]. Deshalb wurde gelegentlich angenommen, daß die Wachtel-Manna-Erzählung bei P erst nach Num 10 stand und später von einem Redaktor an ihre jetzige Stelle versetzt wurde[31]. Dagegen spricht aber, daß die Erzählung durch v. 1aβ in der Wüste Sin lokalisiert ist. Diese Wüste wird von P nach dem Sinai nicht mehr erwähnt. Vielmehr ist hier die nächste Station der Israeliten nach der Wüste Sinai die Wüste Paran (Num 10,12). Von ihr ziehen dann bei P die Kundschafter in Num 13f* in das verheißene Land. Dann hat P aber nicht nach Num 10 von einem Aufenthalt der Israeliten in der Wüste Sin berichtet.

M. Noth vermutet, "daß der Name der Wüstengegend 'Sin' mit dem Namen 'Sinai' zusammenhängt und daß bei P nur künstlich zwischen einer 'Sin-Wüste' und einer 'Sinai-Wüste' (19,1.2) unterschieden wird"[32]. Ist die Wüste Sin eine Konstruktion von P, so läßt sie sich nur so erklären, daß der Verfasser vor dem Sinai ein besonderes Ereignis in der Wüste darstellen wollte, wie er es in der Wachtel-Manna-Erzählung schildert. Wenn P in ihr bereits vor dem Sinai von der Erscheinung der Herrlichkeit Jahwes berichtet, will der Verfasser anscheinend seine Murrerzählungen nach einem Schema gestalten, zu dem für ihn die Erscheinung der Herrlichkeit Jahwes gehört. Dadurch verdeutlicht er in der Wachtel-Manna-Erzählung, daß sich die Situation der Israeliten gegenüber ihrem Aufenthalt in Ägypten verändert hat. Bei P hatten die Israeliten in Ägypten über die ihnen auferlegte Zwangsarbeit geseufzt und geschrien (Ex 2,23aβ). Jahwe hatte ihr Seufzen gehört und Mose mit einer Botschaft zu den Israeliten gesandt (Ex 6,5ff). Nachdem sie erlebt haben, daß sie aus Ägypten herausgeführt wurden, klagen sie nicht einfach in der Wüste über ihre neuerliche Not. Vielmehr *murren* sie gegen Mose und Aaron. Deshalb reagiert Jahwe jetzt nicht nur mit einem Redeauftrag für Mose, sondern es erscheint zuvor die Herrlichkeit Jahwes. Mit ihr erweist Jahwe seine Majestät[33].

In der Wachtel-Manna-Erzählung berichtet P erstmals, wie sich die Israeliten in der Wüste verhalten haben[34]. Sie murren in v. 2f gegen Mose und Aaron,

---

30 C. Westermann, 128 Anm. 23.

31 So z.B. B. Baentsch, 144f. C. Westermann, 128 Anm. 23, läßt offen, wo die Erzählung bei P stand. In Ex 16,33f ist in den Formulierungen "vor Jahwe" und "vor dem Gesetz" eindeutig das Heiligtum vorausgesetzt. Aber diese Verse sind sekundär, vgl. E. Ruprecht, 276. Der Ergänzer berücksichtigte nicht, daß das Heiligtum noch nicht existierte, weil ihm lediglich wichtig war, daß von dem Manna etwas an dem Heiligtum aufbewahrt wurde.

32 M. Noth, Exodus, 106.

33 Vgl. dazu C. Westermann, 133.

34 Zwischen der priesterlichen Darstellung der Errettung am Meer in Ex 14* und 16,1 stand bei P höchstens die Itinerarnotiz Ex 15,22aα.27 (so z.B. M. Noth, Pentateuch,

weil sie in der Herausführung in die Wüste keinen Sinn sehen. Dieser Weg führt nach ihrer Meinung nur dazu, daß sie qualvoll an Hunger sterben müssen. Damit stellen sie die Herausführung aus Ägypten als Heilstat Jahwes in Frage. Trotzdem bestraft Jahwe jedoch nicht die Israeliten. Vielmehr kündigt er ihnen Fleisch und Brot an. Daran werden sie erfahren, daß Jahwe auch in der neuen Epoche der Wüstenwanderung der ihnen gnädig zugewandte Gott ist (v. 12). Wie oben dargestellt wurde, hat erst der Ergänzer von v. 6f in Wachteln und Manna zusätzlich eine Legitimation von Mose und Aaron für die Herausführung aus Ägypten gesehen. Demgegenüber geht es bei P in dieser Erzählung allein darum, daß Jahwe auch in der Wüste der Gott der Israeliten sein will. Deshalb beseitigt er ihren Mangel an Fleisch und Brot, der sie gegen Mose und Aaron murren ließ.

III. Die priesterliche Geschichte von dem Wasser aus dem Felsen (Num 20,1-13)

Die Erzählung von dem Wasser aus dem Felsen in Num 20,1-13 enthält zahlreiche Spannungen. So haben sich z.b. nach v. 2b die Israeliten gegen Mose und Aaron versammelt. In v. 3a hat aber das Volk nur mit Mose gehadert, während in v. 4 "Wozu habt ihr gebracht..." deutlich Mose und Aaron angeredet werden[35]. Nun kommt v. 3a wörtlich in der anderen Erzählung von dem Wasser aus dem Felsen in Ex 17,1bβ-7 vor (Ex 17,2aα). Deshalb hat man häufig angenommen, daß in Num 20,1-13 ein Grundbestand aus P stammt, der später von Ex 17,1-7 her erweitert wurde. Zu den Ergänzungen wären außer v. 3a auch alle Stellen zu rechnen, an denen der Stab erwähnt wird (v. 8aα[1].9.11a). Nach v. 8aβ sollten Mose und Aaron zu dem Felsen reden. Dagegen erhielt Mose in

---

18; N. Lohfink, Priesterschrift, 222 Anm. 29). Daß sie zu P gehört, hat freilich schon J. Wellhausen, 77f, bestritten. Wenn bei P 16,1aβ direkt auf 14,29 gefolgt sein sollte, würde noch deutlicher, daß hier die Wachtel-Manna-Erzählung die neue Epoche des Aufenthalts Israels in der Wüste einleitete.

35 M. Margaliot, 203f, hat bestritten, daß hier eine Spannung vorliegt. In v. 3a sei Aaron nicht ausgeschlossen, sondern er werde von dem Volk als relativ unbedeutend angesehen. Der Vorwurf "Wozu habt ihr gebracht...?" in v. 4 richte sich nicht gegen Mose und Aaron, sondern gegen Mose und Jahwe. Aber in Ex 16,2f werden Mose und Aaron wegen der Herausführung kritisiert, wie M. Margaliot, 204 Anm. 23, einräumt. Nach dem Zusammenhang können in Num 20,4f nur Mose und Aaron angeredet sein. Dann aber ist Num 20,2-4 sicher nicht einheitlich.

Ex 17,5f von Jahwe den Auftrag, mit seinem Stab an den Felsen zu schlagen.
Das spreche dafür, daß die Erwähnungen des Stabes in die Fassung von Num 20
erst bei einer Überarbeitung der Erzählung, in der sich der Ergänzer an Ex
17,1ff anlehnte, eingefügt wurden. Im einzelnen werden freilich Grundbestand
und Bearbeitung unterschiedlich bestimmt[36].

Andere halten dagegen die Erzählung, abgesehen von v. 1aβ oder v. 1aβ.b,
für literarisch einheitlich und weisen sie P zu. Dafür spricht nach V. Fritz, daß
Ex 17,1bβ-7* die Vorlage für P war. "Dort aber sind der Stab des Mose und
das Schlagen auf den Felsen ein konstitutives Element der Erzählung, so daß
es wenig wahrscheinlich ist, daß die Priesterschrift bei der Übernahme dieser
Tradition auf diese Einzelheiten der Handlung verzichtet hat"[37]. Nach G.W.
Coats gehört v. 3a zu P, da dieser Halbvers die Grundlage für die Etymologie
in v. 13 sei[38]. Wegen der sachlichen und teilweise sogar wörtlichen Übereinstimmungen müßte dann freilich "Num 20,1-13 unter direkter literarischer
Bezugnahme auf Ex 17,1-7 formuliert" worden sein[39]. Das läßt sich mit einer
selbständigen Quellenschrift P nur schwer vereinbaren, denn dann möchte doch
wohl der Verfasser, daß auch seine Leser diese Beziehung erkennen. In diesem
Fall gehört Num 20,1ff zu einem Werk, das auch die Fassung von dem Wunder
in Ex 17,1ff* enthielt. Deshalb behandelt E. Blum die Erzählung als Beispiel für
seine Auffassung, daß es sich bei den priesterlichen Texten um eine Ergänzungsschicht handelt[40]. Die folgende Analyse wird jedoch bestätigen, daß Num
20,1-13 keineswegs literarisch einheitlich ist.

Aus P stammt hier zunächst v. 1aα.2. Die Schilderung von Ort (Wüste Zin,
v. 1aα) und Situation (Mangel an Wasser, v. 2a) gehört zusammen. Sie wird
durch v. 1aβ.b unterbrochen. Wie in v. 1aβ.b hält sich Israel auch in v. 14ff in
Kadesch auf. Daß aber v. 14-21 nicht zu P gehört, ist allgemein anerkannt.
Zudem wird in v. 1aβ für die Israeliten der Begriff "das Volk" gebraucht. Er
kommt in dieser Erzählung sonst nur noch in v. 3a vor. Dieser Halbvers ist
jedoch, wie erwähnt, problematisch, weil das Volk hier lediglich mit Mose
hadert. Schwierigkeiten bereitet in v. 1aα die Zeitangabe "im ersten Monat", da
nicht angegeben wird, um welches Jahr es sich handelt. Ob P eine solche Jahres-

---

36 Vgl. z.B. G. Hölscher, 239f; W. Rudolph, 84-87; M. Noth, Numeri, 127; E. Zenger,
     Israel, 62-66; U. Struppe, 180ff.
37 V. Fritz, 27.
38 G.W. Coats, 73.
39 So A. Schart, 117.
40 E. Blum, Studien, 271-278.

angabe enthielt, die später ausgelassen wurde[41], oder ob die Zeitangabe in v. 1aα sekundär eingefügt worden ist[42], kann hier offen bleiben.

Bei v. 3a handelt es sich deutlich um ein Zitat aus Ex 17,2aα. Nur so wird verständlich, daß hier neben Mose nicht auch Aaron erwähnt wird und daß für die Israeliten der Ausdruck "das Volk" steht. Gegen die Auffassung, daß der Verfasser der priesterlichen Erzählung v. 3a bewußt aus Ex 17,2aα aufgenommen habe, spricht, daß er dann seinen Kontext nicht auf dieses Zitat abgestimmt hätte. Es ist denkbar, daß ein Späterer v. 3a in den literarischen Zusammenhang eingefügt hat, weil er an die andere Fassung von dem Wasser aus dem Felsen in Ex 17,1ff erinnern wollte. Dagegen hat bisher kein Vertreter der literarischen Einheitlichkeit der Erzählung die Frage beantwortet, wie man sich vorstellen soll, daß ein Verfasser nach v. 3a von einer Rede der Israeliten berichten kann, in der Mose *und* Aaron kritisiert werden. Hier liegt ein Bruch vor. An ihm wird deutlich, daß v. 3a nicht zu dem Grundbestand gehörte. Tatsächlich schließen v. 3b und v. 4 nahtlos an v. 2b an.

Freilich wurde verschiedentlich bestritten, daß die Worte der Israeliten in v. 3b.4 ganz zu dem Grundbestand gerechnet werden können. M. Noth hielt den Todeswunsch in v. 3b für einen redaktionellen Zusatz, weil er "formal (gwᶜ) und inhaltlich auf 17,27f zurückgreift"[43]. Diese beiden Verse stammen nach M. Noth nicht aus P. Dagegen spricht aber, daß P auch in Ex 16,3 und Num 14,2 von einem Todeswunsch der Israeliten berichtet. Er ist in diesen Murrerzählungen ein fester Bestandteil der priesterlichen Darstellung. Daraus geht hervor, daß er auch in Num 20,3b zu P gehört.

Nach dem Todeswunsch in v. 3b reden die Israeliten in v. 4 von ihrer Todesangst. Darin hat man gelegentlich eine Spannung gesehen und dann v. 4 P abgesprochen[44]. Tatsächlich ist jedoch v. 4 die folgerichtige Fortsetzung von v. 3b. Wenn die Israeliten in v. 4 fragen: "Wozu habt ihr die Versammlung Jahwes zu dieser Wüste gebracht...?", so halten sie hier den Weg in die Wüste Zin für sinnlos, weil sie in ihr mit ihrem Vieh sterben müssen. Mit dieser Frage

---

41 So z.B. B. Baentsch, 566f.

42 Nach M. Noth, Numeri, 127, ist v. 1aα als Ganzes "wahrscheinlich redaktionell". Dann hätte P die Erzählung in der Wüste Paran lokalisiert, wo sich bei P die Israeliten ab Num 10,12 aufhalten. Das ist jedoch äußerst unwahrscheinlich. Es wird im einzelnen noch zu zeigen sein, daß die priesterliche Erzählung den Ortswechsel der Israeliten voraussetzt, der in v. 1aα berichtet wird.

43 M. Noth, Numeri, 128.

44 So P. Weimar, Struktur, 85 Anm. 18; E. Zenger, Israel, 63f; U. Struppe, 188f.

begründen die Israeliten ihren Todeswunsch in v. 3b. Sie wünschen sich in v.
3b, daß sie gestorben wären, als ihre Brüder vor Jahwe starben, weil sie nun
eben in dieser Wüste sterben müssen. Das setzt zugleich voraus, daß sich die
Israeliten jetzt an einem anderen Ort aufhalten als bei dem Tod ihrer Brüder.
Sie können in v. 4 nur dann den Sinn ihres Weges nach dem Tod ihrer Brüder
in Frage stellen, wenn sie inzwischen weitergezogen sind. "Diese Wüste" bezieht
sich in v. 4 also nicht auf die Wüste allgemein, sondern auf die Wüste Zin, zu
der die Israeliten in v. 1aα gekommen sind. In ihrem Weg in die Wüste Zin
sehen also die Israeliten in v. 4 keinen Sinn. Das entspricht ihren Worten in Ex
16,3. Dort wünschten sie sich, daß sie durch die Hand Jahwes in Ägypten
gestorben wären, weil sie Mose und Aaron in die Wüste Sin ("zu dieser Wüste")
herausgeführt haben, um sie zu töten. Der כ-Satz in Ex 16,3 besagt sachlich
dasselbe wie die Wozu-Frage in Num 20,4. In Ex 16,3 sind zwar "Todeswunsch"
und "Todesangst" insofern enger aufeinander bezogen als in Num 20,4, als dort
der Tod durch die Hand Jahwes dem Tod durch Hunger gegenübergestellt wird.
Daraus geht nach U. Struppe hervor, daß Num 20,4 nicht zu P gehört[45]. Dagegen spricht jedoch, daß Ex 16,3 und Num 20,3b.4 sachlich weitgehend übereinstimmen. Zudem würde ohne v. 4 nicht klar, warum sich die Israeliten in v.
3b wünschen, daß sie früher gestorben wären. Deshalb ist v. 4 als Begründung
für den Todeswunsch in v. 3b bei P notwendig.

Auf v. 4 folgt in v. 5 eine weitere Wozu-Frage. Sie kommt aber nach v. 4 zu
spät. Es muß nach v. 4 überraschen, daß die Israeliten erst jetzt ihren ganzen
Weg von Ägypten bis "zu diesem bösen Ort" in Frage stellen. E. Blum meint
zwar: "Daß zuerst die Lage in der Wüste und dann die Herausführung aus
Ägypten angesprochen werden, mag nicht systematisch sein, paßt aber zur
Erregung der 'Murrenden'"[46]. Aber mit dieser psychologischen Erwägung wird
das literarische Problem, das v. 5 aufgibt, mehr verdeckt als gelöst. Es wird auch
darin sichtbar, daß im Unterschied zu v. 4 in v. 5 wieder deutliche Anklänge an
Ex 17,1ff enthalten sind. V. 5aα entspricht weitgehend Ex 17,3bα und v. 5bβ ist
eine geringfügig veränderte Aufnahme von Ex 17,1bβ[47]. Außerdem wird in v.
5b in einer Beschreibung "dieses bösen Ortes" die Wüste dem Kulturland gegen-

---

45 U. Struppe, 188-190. Nach ihr hat ein Redaktor "V. 4-5 in Anlehnung an Ex 17,3
    gestaltet" (188). Dagegen spricht schon, daß in v. 4 nicht der Begriff עלה aus Ex 17,3
    aufgenommen wird. Er steht zwar in v. 5, aber im folgenden wird gezeigt werden,
    daß dieser Vers gegenüber v. 4 sekundär ist.

46 E. Blum, Studien, 273 Anm. 164.

47 Auf diese Beziehungen ist oft hingewiesen worden, vgl. z.B. E. Blum, Studien, 273.

übergestellt[48]. Damit wird in v. 5 gegenüber v. 4 ein neuer Akzent gesetzt. Die Israeliten stellen in v. 4 ihren Weg in die Wüste Zin in Frage, weil sie dort aus Wassermangel sterben werden. Dagegen zweifeln sie in v. 5 an dem Sinn ihrer Herauführung aus Ägypten, weil in der Wüste die Güter des Kulturlandes fehlen. Der Mangel an Wasser ist in der Aufzählung, was die Wüste alles nicht bietet (v. 5b), nur ein Punkt unter anderen. Sachlich erinnert v. 5 an die Vorwürfe, die Datan und Abiram in Num 16,14 gegen Mose erheben[49]. Durch v. 5 wird also die vorwurfsvolle Frage in v. 4 erheblich ausgeweitet. Auf diese Worte der Israeliten wird jedoch im folgenden nicht mehr Bezug genommen. Zudem steht in v. 5 für die Führung aus Ägypten עלה hi., während von P יצא hi. gebraucht wird (vgl. z.B. Ex 16,3)[50]. Aus diesen verschiedenen Beobachtungen geht eindeutig hervor, daß v. 5 später eingefügt wurde. Bei P folgte auf v. 4 unmittelbar v. 6f.

Eine Schlüsselstellung für die literarische Analyse der Erzählung kommt v. 8 zu. Hier befiehlt Jahwe zunächst Mose "den Stab" zu nehmen. Dann sollen er und Aaron die Gemeinde versammeln und vor ihren Augen zu dem Felsen reden, daß er sein Wasser gebe (v. 8a). Mose soll für sie Wasser aus dem Felsen herausgehen lassen und die Gemeinde und ihr Vieh tränken (v. 8b). Welche Funktion hat hier der Stab? Wenn Mose und Aaron zu dem Felsen reden sollen, daß er sein Wasser gibt, kann der Stab nicht dazu bestimmt sein, daß Mose und Aaron mit ihm Wasser aus dem Felsen fließen lassen. Dagegen soll Mose in Ex 17,5f mit dem Stab an den Felsen schlagen, daß von ihm Wasser ausgehe. Hier ist der Stab somit das Werkzeug, mit dem Mose das Wunder bewirken soll. Diese Funktion hatte der Stab nach S. Mittmann freilich ursprünglich auch in Num 20,1ff. Nach ihm gehört in v. 8 v. 8aα[1].bα zu dem Grundbestand: "Nimm den Stab und du sollst für sie Wasser aus dem Felsen ausgehen lassen"[51]. Dagegen spricht aber, daß hier nicht gesagt würde, daß Mose mit dem Stab den Felsen schlagen soll. Es bliebe also offen, wie Mose für die Israeliten das Wasser bewirken wird. Da es sich nicht von selbst versteht, daß Mose mit dem Stab den Felsen schlagen soll, müßte er dazu von Jahwe beauf-

---

48 Vgl. U. Struppe, 189.

49 So u.a. E. Blum, Studien, 273.

50 So auch U. Struppe, 189.

51 S. Mittmann, 108. Er rechnet zu dem Grundbestand der Erzählung: V. 1aα (ohne "die ganze Gemeinde").2b.3b.4aα.β.5aβ-7.8aα[1].bα.9-11bα.12.

tragt werden[52]. Deshalb kann v. 8bα nicht direkt mit v. 8aα¹ verbunden werden. Vielmehr setzt die Formulierung "und du sollst für sie Wasser aus dem Felsen herausgehen lassen" in v. 8bα voraus, daß Mose und Aaron in v. 8aβ beauftragt wurden, zu dem Felsen zu reden. Warum soll jedoch Mose dann in v. 8aα¹ den Stab nehmen?

Der Grund ergibt sich für E. Blum aus Num 17,25. Dort wurde der Stab Aarons von Jahwe "zum 'Zeichen für die Widerspenstigen (בני מרי)' bestimmt. In dieser Zeichenbedeutung wird er hier 'aufgenommen'". So verstehe es auch Mose, wenn er in v. 10b die Israeliten als Widerspenstige anrede[53]. Aber auch mit dieser Überlegung läßt sich nicht zureichend begründen, warum in v. 8a der Stab erwähnt wird. Die folgende Analyse wird zeigen, daß sich in dieser Erzählung Mose und Aaron mit den Worten verfehlt haben, die Mose in v. 10b an die Israeliten richtet. Mose und Aaron sollten zu dem Felsen reden. Jahwe hatte aber Mose nicht beauftragt, die Israeliten zu kritisieren. Dann bleibt es ein Rätsel, warum Mose den Stab als "Zeichen für die Widerspenstigen" nehmen soll. Hätte der Stab hier tatsächlich diese Bedeutung, dann wäre es vielmehr gerechtfertigt, daß Mose die Israeliten in v. 10b als Widerspenstige anredet. Er würde damit aussprechen, was der Stab als Zeichen bedeutet. Doch Mose sollte nicht die Israeliten tadeln. Auch der Hinweis, daß in Num 17,25 der Stab zum Zeichen für die Widerspenstigen bestimmt wird, erklärt somit nicht, warum Mose in v. 8a den Stab nehmen soll.

Freilich besteht zwischen dem Stab in v. 8aα¹ und Num 17,25f eine Beziehung. Nach v. 9 hat Mose den Stab "vor Jahwe" weggenommen. Dann handelt es sich bei dem Stab um den Stab Aarons, den Mose in Num 17,25f auf den Befehl Jahwes hin am Heiligtum deponiert hatte. Daß Mose diesen Stab nehmen soll, läßt sich nur so verstehen, daß dadurch ein Gegenbild zu der anderen Version von dem Wasser aus dem Felsen in Ex 17,1ff* gezeichnet werden soll. In ihr befahl Jahwe Mose, mit dem Stab an den Felsen zu schlagen. Das wird

---

52 Deshalb nimmt F. Kohata, Überlieferungsgeschichte, 10, an, daß Jahwe in der ältesten priesterlichen Schicht Mose in v. 8 befahl, den Felsen zu schlagen. F. Kohata rekonstruiert in Num 20,1-13 drei priesterliche Überlieferungsschichten. Auf der ältesten Stufe dieser Erzählung sei Aaron nicht erwähnt worden. Das spricht bereits gegen diese Analyse. Schon aus Ex 16,1ff* geht hervor, daß Aaron in den priesterlichen Murrerzählungen fest verankert ist. Deshalb muß in Num 20,8 der Auftrag, daß Mose und Aaron die Gemeinde versammeln und zu dem Felsen reden sollen, zum Grundbestand gehören. Er kann dann aber nicht enthalten haben, daß Mose den Felsen schlagen soll.

53 E. Blum, Studien, 273. Ähnlich W.H. Propp, 22.

ihm in Num 20,8 nicht geboten. Dann soll er hier den Stab lediglich als Zeichen für seine Vollmacht nehmen. In 17,25 hatte Jahwe Mose geboten, den Stab Aarons am Heiligtum zu deponieren "als Zeichen für Widerspenstige, damit ihr Murren von mir weg aufhöre...". Der Stab soll also die Israeliten daran erinnern, daß Mose und Aaron im Auftrag Jahwes wirken. Da Jahwe in 20,8 Mose und Aaron zu einem Wunder vor der Gemeinde beauftragt, soll Mose den Stab nehmen, damit die Israeliten seine Vollmacht sehen. So wird v. 8aα[1] auch von A. Schart interpretiert[54]. Entgegen seiner Auffassung folgt daraus jedoch nicht, daß der Stab schon in dem Grundbestand der Erzählung erwähnt wurde, wie im folgenden gezeigt werden soll.

Es fällt nämlich auf, daß in v. 8 einerseits Mose und Aaron gemeinsam handeln sollen, daß aber andererseits die Rolle des Mose besonders betont wird. Daß es sich dabei um eine Spannung handelt, wird an v. 8aα[2].β.b deutlich. Nach v. 8aα[2].β sollen Mose und Aaron die Gemeinde versammeln und vor ihren Augen zu dem Felsen reden, daß er sein Wasser gebe. Nach v. 8b soll jedoch Mose für die Gemeinde Wasser aus dem Felsen herausgehen lassen und sie und ihr Vieh tränken. Hier müßte es nach v. 8aα[2].β eigentlich "ihr" und nicht "du" heißen. Schon LXX hat hier eine Spannung empfunden. Sie hat deshalb die Verben in v. 8b im Plural. Gegenüber ihrer Lesart bietet aber MT eindeutig die lectio difficilior. Da sich nicht sachlich begründen läßt, warum in v. 8b nur Mose eine Rolle spielt, besteht zwischen v. 8aα[2].β und v. 8b eine Spannung, die literarkritisch zu erklären ist. Schon in dem später eingefügten v. 3a wird nur Mose genannt. Dadurch wird er gegenüber Aaron besonders hervorgehoben. Auf derselben Linie liegt v. 8b. Hier wird ebenfalls die Bedeutung des Mose unterstrichen. *Er* wird für die Israeliten Wasser aus dem Felsen ausgehen lassen und *er* wird die Gemeinde und ihr Vieh tränken. Für den Verfasser von v. 8b ist Aaron nur eine Nebenfigur, die er deshalb hier übergeht. Dann stammt v. 8b von jenem Ergänzer, der auch v. 3a eingefügt hat. Sollten nach dem Grundbestand in v. 8aα[2].β Mose und Aaron gemeinsam handeln, so will der Bearbeiter durch v. 8b unterstreichen, daß Mose für die Ereignisse von besonderer Bedeutung sein sollte.

---

54 A. Schart, 114-116. Er übersieht jedoch, daß die Erzählung in Num 20,1-13 nicht P zugewiesen werden kann, wenn sie Num 17,25f voraussetzt. Num 17,25f gehört sicher nicht zur ursprünglichen Fassung der Priesterschrift, vgl. unten V. Nach B. Baentsch, 569, der die Erwähnungen des Stabes einer elohistischen Version von dem Wasser aus dem Felsen zuweist, soll Mose in der Endfassung den Stab "nur als Attribut seiner Würde mitnehmen". Da sich aber die Erzählung nicht auf zwei Quellenschriften aufteilen läßt, hat v. 8aα[1] schon ursprünglich diesen Sinn.

Dieselbe Funktion hat aber auch der Befehl Jahwes in v. 8aα^1, daß Mose den Stab nehmen soll. Es wurde oben ausgeführt, daß der Stab hier ein Zeichen für die Vollmacht des Mose ist. Durch v. 8aα^1 wird somit ebenfalls die Rolle des Mose betont. Dann stammt v. 8aα^1 von jenem Bearbeiter, auf den v. 3a und v. 8b zurückgehen. An dem wörtlichen Zitat von Ex 17,2aα in v. 3a wird deutlich, daß er zwischen den beiden Fassungen von dem Wasserwunder in Ex 17,1ff* und Num 20,1ff* eine Beziehung herstellen wollte. Dem dient auch die Anweisung Jahwes in v. 8aα^1 "Nimm den Stab". Mit ihr hat der Bearbeiter die Worte Jahwes aus Ex 17,5b "und deinen Stab... nimm in deine Hand" abgewandelt. Er hebt durch v. 8aα^1 und v. 8b Mose gegenüber Aaron hervor, weil in Ex 17,1ff* Aaron nicht erwähnt wird. An v. 8 wird somit deutlich, daß die priesterliche Erzählung von dem Wasser aus dem Felsen in Num 20,1ff* später im Blick auf die nichtpriesterliche Version in Ex 17,1ff* erweitert wurde. Zu den Ergänzungen gehört der Stab, den Mose nach v. 8aα^1 nehmen sollte. Aus P stammt in v. 8 nur v. 8aα^2.β[55].

Darauf folgte bei P sofort v. 10. In v. 9 nimmt Mose den Stab, "wie er ihm befohlen hatte". Da Mose hier den Befehl Jahwes von v. 8aα^1 ausführt, stammt v. 9 ebenfalls von dem Bearbeiter. Das gilt auch für v. 11a, wo wieder der Stab, der hier als der Stab des Mose gilt ("sein Stab")[56], erwähnt wird. Dagegen gehört

---

55   So auch P. Weimar, Struktur, 85 Anm. 18; E. Zenger, Israel, 64. Dagegen rechnen
     W. Rudolph, 87, und M. Noth, Numeri, 128, v. 8aα^2.β.bβ zu P. V. 8bβ kann aber
     nicht zu P gehören, da nicht zu erklären ist, warum P in v. 8bβ Aaron übergangen
     haben sollte. U. Struppe, 193, weist v. 8b P zu, da dieser Halbvers in v. 11b aufge-
     nommen werde. In v. 11b würden die Verbformen von v. 8b bewußt "vom H-Stamm
     in den G-Stamm transformiert", um die Schuld von Mose und Aaron zu verdeutli-
     chen. Sie hätten den Auftrag, Wasser fließen zu lassen und die Gemeinde zu tränken,
     nicht erfüllt. Deshalb fließe in v. 11b das Wasser von selbst, so daß die Gemeinde
     trinkt. Die letzten Worte in v. 8aβ "daß er sein Wasser gebe" seien ein Zusatz, durch
     den die Schuld von Mose und Aaron verschleiert werden sollte, da nun "schon in der
     Jahwerede die Gabe des Wassers vom Felsen selbst erwartet wurde". Aber v. 8b
     enthält gegen U. Struppe keinen Auftrag für Mose *und* Aaron, sondern lediglich für
     Mose. Das geht eindeutig daraus hervor, daß hier die Verben im Singular stehen.
     Deshalb kann v. 8b nicht P zugewiesen werden.

56   Das widerspricht nach K.D. Sakenfeld, Problems, 145, v. 8f, wo es sich um den Stab
     Aarons handle. Deshalb sei v. 11a jünger als v. 8f. Schon die LXX hat es als proble-
     matisch empfunden, daß in v. 11a der Stab des Mose erwähnt wird. Deshalb hat sie
     das Suffix bei Stab nicht wiedergegeben. Ihre Lesart ist aber gegen W.H. Propp, 22,
     kaum ursprünglich, da MT die lectio difficilior bietet. Trotzdem kann v. 11a nicht
     jünger sein als die Erwähnungen des Stabes in v. 8aα^1 und v. 9. Daß er hier genannt

v. 11b zu P. Dieser Halbvers war dort die Fortsetzung von v. 10. P. Weimar und E. Zenger haben freilich auch v. 11b P abgesprochen[57]. Tatsächlich entspricht hier der Wortlaut weitgehend Formulierungen in Ex 17,6. In v. 11b wird als Geschehen berichtet, was Jahwe dort Mose angekündigt hatte: "Und es werden von ihm Wasser ausgehen und es wird das Volk trinken" (Ex 17,6) - "und es gingen viele Wasser heraus und es trank die Gemeinde und ihr Vieh" (Num 20,11b). Trotzdem ist aber v. 11b keine spätere Angleichung an Ex 17,1ff*. Ohne v. 11b hätte P nicht von der Gabe des Wassers berichtet. Das ist unmöglich. In v. 2a ist der Mangel an Wasser der Ausgangspunkt für die folgenden Ereignisse. Deshalb muß der Leser erfahren, ob diese Notlage der Gemeinde andauerte oder ob sie beseitigt wurde. Diese Frage wird nur durch v. 11b beantwortet. Im folgenden wird zudem gezeigt werden, daß die Geschichte von dem Wasser aus dem Felsen in Num 20,1ff* bei P den Gegenpol zu der Wachtel-Manna-Erzählung in Ex 16,1ff* bildet. Dort beseitigt Jahwe durch die Wachteln und das Manna den Hunger der Israeliten. Deshalb muß P in Num 20,1ff* berichtet haben, daß der Gemeinde Wasser gegeben wurde. Bei P ist somit v. 11b das notwendige Gegenstück zu v. 2a[58].

Freilich kann die Erzählung nicht mit v. 11b geendet haben. Mose und Aaron haben in ihr gegen den Auftrag Jahwes verstoßen, weil sie nicht zu dem Felsen redeten. Darauf mußte Jahwe reagieren. Davon berichtet v. 12, wo Jahwe Mose und Aaron ankündigt, welche Konsequenzen ihr Verhalten haben wird. Auch v. 12 gehört somit zu P. Gelegentlich hat man allerdings vermutet, daß v. 12 später überarbeitet wurde. P gebraucht sonst nicht das Wort "glauben" (אמן hi.). Deshalb nimmt B. Baentsch an, daß die Begründung in v. 12 ursprünglich etwa lautete: "Weil ihr gegen meinen Befehl widerspenstig gewesen seid..."[59]. Das würde den Rückverweisen auf Num 20,12 in Num 20,24; 27,14a; Dtn 32,51 entsprechen. Diese Stellen sind jedoch alle jünger als P[60]. Die Formulierung "an

---

wird, ist nur verständlich, wenn er im folgenden noch eine Rolle spielt. Die Stellen mit dem Stab stammen somit von demselben Bearbeiter. Vielleicht hat er den Stab in v. 11a als "seinen Stab" bezeichnet, weil ihn Mose in v. 9 von dem Heiligtum nahm. Dadurch ist er jetzt sein Stab (ähnlich E. Blum, Studien, 274 Anm. 170). Mit dieser Formulierung stellt der Bearbeiter in v. 11a wieder eine Beziehung zu Ex 17,5f her, da hier Mose seinen Stab nehmen und an den Felsen schlagen sollte.

57   P. Weimar, Struktur, 85 Anm. 18; E. Zenger, Israel, 64.

58   So auch U. Struppe, 192.

59   B. Baentsch, 569. Auch nach H.-C. Schmitt, Redaktion, 180, stammt die Glaubensvorstellung in Num 20,12 erst von einer nachpriesterlichen Redaktion.

60   Vgl. dazu im einzelnen die Analysen in der folgenden Studie C.

den Wassern von Meribat-Kadesch" in Dtn 32,51 bezieht sich auf Num 20,13. Dieser Vers gehört aber, wie noch zu zeigen sein wird, nicht zu P. Num 27,14a wird zwar häufig P zugewiesen[61]. Dagegen spricht aber, daß hier von dem Hadern (מריבה) der Gemeinde die Rede ist. In Num 20,1ff* wird die Wurzel ריב von P nicht gebraucht. Sie kommt dagegen in den Zusätzen v. 3a, wonach das Volk mit Mose haderte, und v. 13 ("... die Israeliten haderten mit Jahwe") vor. Diese Erweiterungen werden also in Num 27,14a vorausgesetzt. Dann gehört diese Stelle nicht zu P. Das gilt auch für Num 20,24. Dieser Vers ist zusammen mit v. 23aβ.b später in die priesterschriftliche Darstellung von dem Tod Aarons in v. 22bff eingefügt worden. Erst in den jüngeren Aufnahmen von Num 20,12 wird also das Vergehen von Mose und Aaron so formuliert, daß sie gegen den Befehl Jahwes widerspenstig gewesen sind.

Damit wird ihre Schuld gegenüber der Formulierung in Num 20,12 abgemildert. Hier geht es nicht nur darum, daß Mose und Aaron den Befehl Jahwes nicht ausgeführt haben. Vielmehr kritisiert Jahwe in der Begründung "weil ihr nicht an mich geglaubt habt", daß sie ihm nicht vertrauten. Wie noch zu zeigen sein wird, bestand ihr Ungehorsam in dieser Erzählung darin, daß sie es Jahwe nicht zugetraut haben, daß aus dem Felsen Wasser fließt, wenn sie zu ihm reden. Die Kritik Jahwes in v. 12 entspricht somit dem Verhalten von Mose und Aaron, wie es in der Erzählung geschildert wird. Dann ist v. 12 nicht nachträglich überarbeitet worden, sondern gehört im jetzigen Wortlaut zu P. Spätere haben es anscheinend als problematisch empfunden, daß sogar Mose und Aaron nicht an Jahwe geglaubt haben sollen. Deshalb beschrieben sie ihr Vergehen so, daß Mose und Aaron gegen den Befehl Jahwes widerspenstig gewesen sind.

Die priesterliche Erzählung von dem Wasser aus dem Felsen endete ursprünglich mit v. 12. V. 13 ist eine spätere Erweiterung. Nach diesem Vers haben die Israeliten mit Jahwe gehadert. Das ist ohne v. 3a, wonach das Volk mit Mose haderte, nicht verständlich. In v. 13 wird das Hadern mit Mose als ein Hadern mit Jahwe interpretiert. Das entspricht insofern Ex 17,2b.7, als hier die Israeliten bei ihrem Hadern mit Mose Jahwe versucht haben.

Durch die erneute literarkritische Analyse von Num 20,1-13 konnte die in der Forschung schon früher vertretene Auffassung bestätigt werden, daß die priesterliche Erzählung von dem Wasser aus dem Felsen später nach der nichtpriesterlichen Version in Ex 17,1-7* überarbeitet wurde. Zu P gehören in Num 20,1-13 nur: V. 1aα.2.3b.4.6.7.8aα².β.10.11b.12.

---

61 Vgl. z.B. K. Elliger, 175; N. Lohfink, Priesterschrift, 222 Anm. 29; M. Noth, Numeri, 186.

S. Mittmann hat allerdings bestritten, daß die Erzählung von dem Wasser aus dem Felsen in der ursprünglichen Fassung der Priesterschrift enthalten war[62]. Das ist vor allem dadurch bedingt, daß S. Mittmann die Erwähnungen des Stabes, in denen der sekundäre Abschnitt Num 17,16-26 vorausgesetzt ist[63], zum Grundbestand rechnet[64]. Seine weiteren Argumente gegen die Zuweisung an P sind nicht zwingend. Gegen seine Auffassung, daß es abgesehen von den Väterverheißungen keinen Beleg für קהל gibt, "den man... auch nur mit einiger Sicherheit Pᵍ zuweisen dürfte", genügt ein Hinweis auf Ex 16,3. Dort steht קהל. Es gibt keinerlei Grund Ex 16,3bβ P abzusprechen. Richtig ist, daß die chronologische Angabe in v. 1aα in dieser Form kaum in P stand. Sie ist, wie oben dargestellt wurde, entweder später eingefügt worden, oder P enthielt zusätzlich eine Jahresangabe, die später ausgelassen wurde. Jedenfalls ist die für P ungewöhnliche Form dieser chronologischen Notiz kein Indiz dafür, daß die Erzählung nicht zu P gehört.

S. Mittmann verweist außerdem auf v. 3b. Dieser Halbvers beziehe sich auf Num 17,27f, das anerkanntermaßen nicht zu P gerechnet werden könne. Nun ist umstritten, ob v. 3b tatsächlich Num 17,27f voraussetzt. U. Struppe sieht z.B. den Bezugspunkt von v. 3b in Num 14,37[65]. Dieses Problem kann erst durch die Analyse von Num 16f in V geklärt werden. Daß sich aber die Israeliten in v. 3b wünschen, früher gestorben zu sein, spricht bereits dagegen, daß die Erzählung nicht in P enthalten war. In den Schilderungen des Aufenthaltes der Israeliten in der Wüste wird sonst nur noch in den priesterlichen Murrerzählungen von einem solchen Todeswunsch berichtet (Ex 16,3; Num 14,2). Er ist somit für die Darstellung von P charakteristisch. Auch die sachliche Übereinstimmung zwischen Ex 16,3 und Num 20,3b.4 zeigt, daß diese beiden Erzählungen aufeinander angelegt sind. Das wird sich im weiteren Verlauf der Untersuchung bestätigen. Schon aus den genannten Beobachtungen geht aber hervor, daß der Grundbestand in Num 20,1-13 P zugewiesen werden muß.

Diese Erzählung hat P nicht frei geschaffen. Vielmehr hat der Verfasser die nichtpriesterliche Version von dem Wasser aus dem Felsen in Ex 17,1ff* zumindest in ihrem wesentlichen Bestand gekannt und sie als Vorlage benutzt. Das geht schon daraus hervor, daß es sich in beiden Fassungen um ein Demonstrationswunder handelt. In Ex 17,5 beauftragt Jahwe Mose: "... und nimm mit

---

62 S. Mittmann, 109. Ihm hat sich E. Aurelius, 187, angeschlossen.

63 Vgl. dazu V.

64 Zum Grundbestand der Erzählung bei S. Mittmann vgl. oben Anm. 51.

65 U. Struppe, 195.

dir von den Ältesten Israels". Mose soll also dieses Wunder vor Zeugen bewirken. Nach Num 20,8aα². β sollen Mose und Aaron die Gemeinde versammeln und vor ihren Augen zu dem Felsen reden, daß er sein Wasser gebe. Hier soll die Gemeinde miterleben, wie der Felsen plötzlich Wasser spendet. Daß bei P die ganze Gemeinde zu Zeugen des Wunders werden soll, ist eine Steigerung gegenüber Ex 17,1ff*. P hat auch das Wunder gesteigert. Nun soll nicht mehr Wasser aus dem Felsen fließen, nachdem Mose an ihn mit seinem Stab geschlagen hat. Vielmehr wird er schon Wasser geben, wenn Mose und Aaron zu ihm reden. P hat auch in den ägyptischen Plagen die Wunder gegenüber seiner jehowistischen Vorlage gesteigert[66]. Daß das Wunder in Num 20,1ff* größer ist als in Ex 17,1ff* entspricht somit der Art, wie P auch sonst das jehowistische Werk verarbeitet hat. Die priesterliche Erzählung von dem Wasser aus dem Felsen ist somit eine literarische Neufassung von Ex 17,1ff*.

Die Erzählung von dem Wasser aus dem Felsen in Ex 17,1bβ-7 ist literarisch nicht einheitlich. V. 1bβ.2 und v. 3 sind eine Dublette. In v. 1bβ wird festgestellt, daß das Volk kein Wasser zu trinken hatte. Deshalb haderte es nach v. 2a mit Mose und sagte: "'Gib'[67] uns Wasser, daß wir trinken!". Danach ist der Bericht am Anfang von v. 3 "Da dürstete dort das Volk nach Wasser" überflüssig[68]. Er wird freilich von den in v. 3 folgenden Aussagen vorausgesetzt. In dem Vorwurf gegen Mose "um mich und meine Söhne und mein Vieh zu töten durch Durst" wird "da dürstete dort das Volk..." aufgenommen. E. Blum hat freilich bestritten, daß es sich bei v. 3 um eine Dublette zu v. 1bβ.2 handelt. Nach ihm ist v. 3 so zu erklären, "daß das Volk nun den Wassermangel zu spüren bekommt"[69]. Aber die Forderung in v. 2a "'Gib' uns Wasser, daß wir trinken" ist nur verständlich, wenn das Volk schon darunter litt, daß ihm Wasser fehlte. Es muß somit

---

66 Vgl. dazu L. Schmidt, Beobachtungen, 78f.

67 Mit hebräischen Handschriften, Sam und LXX ist hier תנה statt תנו zu lesen. Da nach v. 2a das Volk mit Mose haderte, richtete sich seine Forderung auch nur an Mose. Der Plural des MT geht auf einen Abschreiber zurück, der entweder das Murren gegen Mose und gegen Aaron in Ex 16,2f im Blick hatte, oder der wegen v. 2bβ und v. 7b meinte, daß sich die Forderung an Mose und an Jahwe richtete. Die zweite Möglichkeit verdient m.E. den Vorzug, weil sie den unmittelbaren Kontext in Rechnung stellt.

68 Nach W. Rudolph, 36, stand v. 3aα ursprünglich hinter v. 1bα. Es läßt sich aber nicht erklären, warum der Versteil später umgestellt worden sein sollte. Das spricht entscheidend gegen diesen Vorschlag.

69 E. Blum, Studien, 150 Anm. 205. Er hält die Erzählung für literarisch einheitlich. In ihr sei eine ätiologische Überlieferung zur Quelle von Meriba (und vielleicht auch eine Massa-Tradition) "zu einer Art 'theologischer Lehrerzählung'... weitergeführt" worden (E. Blum, Studien, 150f).

dabei bleiben, daß v. 1bβ.2 und v. 3 eine Dublette sind, die ursprünglich nicht in dieser Geschichte enthalten gewesen sein kann.

Aus diesem Grund wurde die Erzählung oft auf J und E aufgeteilt[70]. Abgesehen von v. 3 finden sich aber keine Anzeichen dafür, daß hier zwei parallele Fassungen miteinander verbunden wurden[71]. Zwar ist u.a. auch v. 6 gelegentlich auf J und E verteilt worden. So stammt z.B. hier nach B. Baentsch und O. Eißfeldt die Ankündigung Jahwes, daß er vor Mose auf dem Felsen stehen will, aus J, während seine Anweisung, daß Mose an den Felsen schlagen soll, zu E gehöre[72]. Nun geht es aber sowohl in v. 2 als auch in v. 3 um einen Konflikt, bei dem Mose als Führer des Volkes angegriffen wird. Dann ist es das Naheliegendste, daß Jahwe Mose gebot, daß er durch eine Handlung erweisen soll, daß er der legitime Führer des Volkes ist. Das spricht dagegen, daß es eine Fassung dieser Erzählung gegeben hat, in der Jahwe selbst auf den Felsen schlug[73].

Dann ist jedoch nicht einsichtig, warum Jahwe vor Mose auf dem Felsen stehen will. Diese gewichtige Ankündigung hat für das Thema der Erzählung keine Funktion. Das wird dadurch bestätigt, daß sie in dem Ausführungsbericht (v. 6b) nicht aufgenommen wird. Diese Ankündigung läßt sich nur so erklären, daß sie gemeinsam mit der Lokalisierung des Wasserwunders am Horeb in die Erzählung eingefügt wurde[74]. Diese Ortsangabe ist in v. 6a eindeutig sekundär, wie aus v. 7 hervorgeht[75]. Noch der Endredaktor setzt in Num 20,13 voraus, daß nicht ein Felsen am Horeb Wasser spendete. Nun gebot Jahwe nach Ex 33,21ff Mose am Sinai, daß er sich auf den Felsen hinstellen soll. Dort darf Mose Jahwe hinterhersehen. Hier ist also ein Felsen am Sinai der Ort, an dem Jahwe in besonderer Weise dem Mose begegnete. Aus diesem Grund wurde anscheinend später das Wasserwunder von Ex 17,1bβff an dem Felsen am Horeb lokalisiert und außerdem betont, daß Mose dort Jahwe begegnete. Der Anfang von v. 6a "Siehe, ich werde stehen vor dir dort auf dem Felsen am Horeb" ist also eine spätere Erweiterung. Aus diesem Beispiel geht hervor, daß die Spannungen in Ex 17,1bβ-7 darauf zurückgehen, daß hier ein Grundbestand später ergänzt wurde.

Dann stellt sich die Frage, ob die ursprüngliche Exposition der Erzählung in v. 1bβ.2 oder in v. 3 enthalten ist. Verschiedentlich wird die Meinung vertreten, daß ein Grundbestand in v. 3-6 die älteste Fassung der Erzählung darstellt[76]. Dagegen spricht jedoch der

---

70 Vgl. z.B. den Überblick bei V. Fritz, 11 Anm. 6.

71 So z.B. auch V. Fritz, 11; E. Zenger, Israel, 59f.

72 B. Baentsch, 159f; O. Eißfeldt, 143*.

73 Gegen B. Baentsch, 159f. Auch V. Fritz, 51f, nimmt an, daß die Erzählung auf eine Überlieferung zurückgeht, in der Jahwe selbst an den Felsen schlug.

74 So auch E. Zenger, Israel, 60.

75 Anders W. Rudolph, 37. Nach ihm stand בחרב ursprünglich am Ende von v. 5. Aber auch in diesem Fall kann W. Rudolph nicht erklären, warum später eine Umstellung vorgenommen worden sein sollte.

76 So z.B. E. Zenger, Israel, 60; E. Ruprecht, 302ff; A. Schart, 167ff. Nach E. Zenger wurde die Erzählung in zwei Stufen erweitert. Auf eine erste Bearbeitung führt er v. 1bβ-2 und v. 7a.bα.β (bis "und weil sie Jahwe versucht hatten") zurück. Zu der zweiten rechnet er v. 5aα².6aα¹ und v. 7bγ. Auch nach B. Baentsch, 159f, und O.

Wortlaut von v. 4. Hier fragt Mose Jahwe: "Was soll ich diesem Volk tun?" Aus der Frage, was er dem Volk *tun* soll, geht hervor, daß sich Mose hier nicht auf die Worte des Volkes in v. 3 bezieht, sondern auf dessen Rede in v. 2a. Dort hatte das Volk von Mose gefordert: "'Gib' uns Wasser, daß wir trinken". Diese Forderung ist der Grund, warum Mose in v. 4 Jahwe fragt, was er diesem Volk tun soll. Mit "diesem Volk" (לעם הזה) wird in v. 4 auch deutlich "uns" (לנו) in v. 2a aufgenommen[77]. Die Befürchtung "Noch ein wenig und sie steinigen mich", die Mose in v. 4 äußert, paßt ebenfalls ausgezeichnet zu v. 2a. Danach hat das Volk mit Mose gehadert. Es führte also mit Mose eine vorgerichtliche Auseinandersetzung. Sie könnte nach den Worten des Mose in v. 4 damit enden, daß ihn das Volk sogar steinigt. In v. 4 wird also v. 2 weitgehend vorausgesetzt. Nur die Frage des Mose in v. 2bβ "Was versucht ihr Jahwe?" spielt in v. 4 keine Rolle. Auf sie wird später noch einzugehen sein. Aus v. 4 geht also hervor, daß die Erzählung mit v. 1bβ.2* begann. Darauf folgte ursprünglich direkt v. 4. Erst später wurde v. 3 eingefügt.

Für diese Lösung spricht auch, daß in v. 6a in der Formulierung "und es werden aus ihm Wasser ausgehen und das Volk wird trinken" v. 1bβ aufgenommen wird. Dort heißt es: "Und es war nicht Wasser, daß das Volk trank". In v. 6 kündigt Jahwe an, daß Mose dadurch, daß er an den Felsen schlägt, den Mangel beseitigen soll, der in v. 1bβ konstatiert wurde. Für sich genommen kommt freilich dieser Beobachtung nicht das entscheidende Gewicht zu, da man einwenden kann, daß die Beseitigung des Wassermangels kaum anders beschrieben werden konnte. In Verbindung mit den Überlegungen, die zu v. 4 angestellt wurden, sind aber diese Formulierungen in v. 6 ein weiteres Indiz dafür, daß v. 1bβ und v. 2* schon ursprünglich in der Geschichte von dem Wasser aus dem Felsen enthalten waren.

Das gilt teilweise auch für v. 7. Nach E. Zenger fällt an der ätiologischen Notiz in v. 7a auf, daß sie sich nicht auf den Felsen, der Wasser gibt, bezieht, sondern auf den Ort der Meuterei[78]. Damit wird hier unterstrichen, daß es in der Erzählung um das Hadern der Israeliten geht. Darauf ist aber auch schon der Ausführungsbericht in v. 6b angelegt. Hier wird nicht erzählt, daß das Volk trank. Das wäre jedoch zu erwarten, wenn die Erzählung schildern wollte, daß Mose den Mangel an Wasser beseitigen konnte, denn dann würde das Ende der Not, die in v. 1bβ den Ausgangspunkt für das Geschehen bildete, am Schluß der Erzählung festgestellt. In v. 6b heißt es aber lediglich: "Da tat Mose so vor den Augen der Ältesten Israels". Daß der Felsen Wasser spendete, wird nicht berichtet. Das setzt die Erzählung anscheinend als selbstverständlich voraus, weil Jahwe dem Mose als Folge seines Schlagens angekündigt hatte, daß aus dem Felsen Wasser herausgehen werden. Damit liegt aber in v. 6b auf der Tat des Mose das ganze Gewicht.

Eißfeldt, 142f*, ist der Abschnitt v. 3-6 im wesentlichen einheitlich. Er stamme weithin von E. J sei hier nur mit Fragmenten vertreten.

77   Anders wird die Frage in v. 4 von E. Zenger, Israel, 71, gedeutet. Er übersetzt sie: "Was soll ich für dieses Volk tun?". Damit stelle sich Mose hier auf die Seite des Volkes. Diese Interpretation ist aber durch die Fortsetzung in v. 4 "Noch ein wenig und sie steinigen mich" ausgeschlossen. Sie zeigt, daß sich Mose hier nicht auf die Seite des Volkes stellt, sondern daß er zu Jahwe schreit, weil es zwischen ihm und dem Volk zu einem schweren Konflikt gekommen ist.

78   E. Zenger, Israel, 59.

Er hatte vor den Augen der Ältesten Israels ein Demonstrationswunder ausgeführt, das ihm Jahwe geboten hatte. Mit ihm erwies sich Mose als der geeignete Führer, nachdem ihn einmal die Israeliten während ihrer Wüstenwanderung angegriffen hatten. Es geht in dieser Erzählung also darum, daß das Volk mit Mose haderte. Das wird in v. 7 durch die Benennung des Ortes der Auseinandersetzung mit dem Namen Meriba und der Begründung ("weil die Israeliten gehadert hatten") festgehalten. Deshalb gehört v. 7 teilweise zu dem Grundbestand. Durch den Ortsnamen Meriba soll in Erinnerung bleiben, daß die Israeliten einmal mit Mose gehadert hatten. Schon die Exposition in v. 1bβ.2* ist auf diesen Ortsnamen und seine Begründung angelegt. Das geht daraus hervor, daß hier das Verb ריב gebraucht wird. Nur in dieser Erzählung steht außer in der von ihr abhängigen Stelle Num 20,3a der Begriff ריב für eine Kritik des Volkes an Mose während der Wüstenwanderung. Das zeigt, daß sie auf die Ätiologie von Meriba in v. 7 angelegt ist.

Freilich nennt Mose in v. 7 den Ort der Auseinandersetzung auch Massa, und dieser Name wird hier ebenfalls begründet. Danach hat das Volk Jahwe versucht, indem es sprach: "Ist Jahwe in unserer Mitte oder nicht?". Damit wird deutlich ein neuer Akzent gesetzt. Es geht nun eigentlich nicht mehr um Mose, sondern um Jahwe. Weil dem Volk Wasser fehlte, stellte es die Frage, ob Jahwe in seiner Mitte ist oder nicht. Es war offenbar der Meinung, daß es keinen Mangel an Wasser leiden dürfte, wenn Jahwe bei ihm gegenwärtig ist. Da aber das Volk die Gegenwart Jahwes in Frage stellte, hat es Jahwe versucht. Damit wird das ursprüngliche Thema der Erzählung ausgeweitet. Wenn in ihr das Volk schon immer die Frage nach der Gegenwart Jahwes gestellt hätte, müßte Mose in v. 4 Jahwe nicht fragen, was er dem Volk tun soll. Er würde dann das Eingreifen Jahwes erbitten. In v. 7 sind also die Benennung des Ortes mit dem Namen Massa und die dafür gegebene Begründung eine Erweiterung[79]. Sie wird durch v. 2bβ vorbereitet, wo Mose sagt: "Was versucht ihr Jahwe?". Wie schon oben erwähnt wurde, wird aus v. 2 nur diese Frage in v. 4 nicht aufgenommen. Bereits daraus geht hervor, daß v. 2bβ sekundär ist. Tatsächlich erhält durch v. 2bβ die ursprüngliche Antwort des Mose in v. 2bα einen neuen Akzent. In dem Grundbestand hatte Mose auf die Forderung des Volkes, daß er ihm Wasser geben soll, geantwortet: "Was hadert ihr mit mir?". Damit drückte Mose aus, daß das Volk nicht erwarten kann, daß er ihm Wasser verschafft. Durch v. 2bβ betont aber Mose nun in seiner Antwort, daß das Volk Jahwe versucht,

---

79 Gegen E. Zenger, Israel, 59f, stammt das Zitat der Rede des Volkes am Ende von v. 7 nicht von einer jüngeren Hand als die Benennung des Ortes mit Massa und die Begründung "weil sie Jahwe versucht hatten". Nach E. Zenger, Israel, 59, wirkt zwar das Zitat nachhängend und angehängt. Das ist jedoch dadurch bedingt, daß in v. 7 die Benennung des Ortes mit dem Namen Massa und die dafür gegebene Begründung ein Zusatz sind. Sein Verfasser konnte das Zitat nicht an anderer Stelle einfügen.

E. Blum, Studien, 151 Anm. 209, meint, daß die Erzählung ursprünglich nicht mit "weil die Israeliten gehadert hatten" geendet haben könne: Dieser "Ausklang... erschiene als Erzählschluß problematisch, allzu abrupt". Es ist aber m.E. nicht einsichtig, wieso ein solcher Schluß abrupt wäre. Mit ihm wird am Ende nochmals das Thema der Erzählung unterstrichen, wie bereits oben ausgeführt wurde.

wenn es mit ihm hadert[80]. Durch v. 2bβ wird also das Thema der Erzählung in derselben Weise ausgeweitet wie durch die Ergänzungen in v. 7. Somit stammt v. 2bβ von derselben Hand, die den Grundbestand in v. 7 ergänzt hat.

In der Erzählung von Ex 17,1bβff ging es somit ursprünglich um einen Streit des Volkes mit Mose. Sein Ausgangspunkt wird in v. 1bβ beschrieben. Das Volk hatte einmal kein Wasser, um zu trinken. Darauf haderte es mit Mose und forderte: "'Gib' uns Wasser, daß wir trinken" (v. 2a). Für das Volk trägt also sein Führer Mose dafür die Verantwortung, daß es keinen Mangel leidet. Deshalb wenden sich die Israeliten in ihrer Not nicht an Jahwe, sondern sie verlangen, daß Mose Abhilfe schafft. Sonst hat er offenbar für sie als Führer versagt und ist für diese Position ungeeignet. Mose sieht sich jedoch nicht imstande, die Forderung des Volkes zu erfüllen. Er hält sie für unangemessen, weil das Volk nicht erwarten kann, daß er ihm Wasser gibt. Das drückt er mit seiner Frage in v. 2bα "Was hadert ihr mit mir?" aus, mit der er auf die Worte des Volkes reagiert. Aber Mose weiß, daß sich das Volk damit nicht zufrieden geben wird, sondern an seiner Forderung festhält. Durch sie ist aus der Not des Volkes eine Not des Mose geworden. Deshalb schreit er in v. 4 zu Jahwe. Hier macht er Jahwe seine Situation deutlich. Er fragt: "Was soll ich diesem Volk tun?" und er unterstreicht mit den Worten "noch ein wenig und sie steinigen mich" seine Notlage. Mit der Formulierung "dieses Volk" setzt sich dabei Mose deutlich von den Israeliten ab. Nachdem sie mit ihrer unmöglichen Forderung seine Eignung als Führer in Frage gestellt haben, sind sie für ihn nur noch "dieses Volk".

In v. 5.6aα^2.β beantwortet Jahwe dann die Frage des Mose, was er tun soll. Jahwe macht es möglich, daß Mose die Forderung des Volkes in v. 2a erfüllen kann. Er soll an den Felsen schlagen, der sich anscheinend in der Nähe der Stelle befindet, an der das Volk mit Mose gehadert hat, und aus ihm wird dann Wasser fließen. Dieses Wunder soll Mose vor einigen der Ältesten Israels bewirken. Damit ist es ein Demonstrationswunder, das Mose als den Führer des Volkes bestätigt. In v. 6b führt Mose die Anweisung Jahwes aus und er gibt in v. 7* dem Ort der Auseinandersetzung den Namen Meriba, weil die Israeliten gehadert hatten. Aus dieser Übersicht über den Inhalt der Erzählung geht hervor, daß es in ihr tatsächlich nicht darum geht, daß Jahwe den Mangel der Israeliten an Wasser beseitigt hat. Im Zentrum steht die Person des Mose. Mose kam durch die Forderung der Israeliten in eine Notlage, aber Jahwe ließ ihn nicht im Stich, sondern ermöglichte es ihm, daß er sich durch ein Demonstrationswunder als der geeignete Führer des Volkes erweisen konnte.

Nun soll Mose nach v. 5b seinen Stab, mit dem er den Nil geschlagen hat, in seine Hand nehmen. Wenn diese Näherbestimmung des Stabes bereits in dem Grundbestand enthalten war, ergibt sich daraus eine zeitliche Obergrenze für die Entstehung der Erzählung. Der Relativsatz nimmt auf die erste ägyptische Plage in Ex 7,14ff* Bezug. Dort hat aber erst der Jehowist in die Fassung von J das Motiv eingefügt, daß Mose den Nil schlug[81]. In seiner jetzigen Gestalt stammt somit v. 5b frühestens von dem Jehowi-

---

80 Aus den genannten Gründen ist die Antwort des Mose in v. 2b gegen E. Zenger, Israel, 60, und andere, sicher nicht literarisch einheitlich.

81 Vgl. L. Schmidt, Beobachtungen, 4ff.

sten. Der Relativsatz in v. 5b könnte freilich später eingefügt worden sein[82], um zwischen dem Wunder, mit dem sich Mose nach dem Jehowisten vor dem Pharao und seinen Knechten legitimierte (Ex 7,20*), und dem Demonstrationswunder vor den Ältesten Israels eine Beziehung herzustellen. Dann wäre der Grundbestand älter[83]. In diesem Fall dürfte das Motiv, daß die Israeliten damals Jahwe versucht haben, von dem Jehowisten eingefügt worden sein. In der Forschung wurde schon verschiedentlich darauf aufmerksam gemacht, daß dieses Motiv im deuteronomistischen Bereich eine Rolle spielt[84]. Da der Jehowist m.E. nach 587 anzusetzen ist[85], könnte er die Erzählung durch v. 2bβ und in v. 7 ergänzt haben. Dafür ließe sich weiter anführen, daß der Jehowist in Ex 7,14ff* die Plage der Verpestung der Nilwasser, durch die bei J Jahwe seine Macht erweist, zu einer Legitimation des Mose erweitert hat. Von daher ist es denkbar, daß der Jehowist umgekehrt die Geschichte von dem Wasser aus dem Felsen, in der es ursprünglich um die Legitimation des Mose ging, durch das Motiv der Versuchung Jahwes zu einem Machterweis Jahwes ausgeweitet hat. Aber eine sichere Zuordnung der Ergänzungen von v. 2bβ und in v. 7 ist m.E. bisher nicht möglich.

Deutlich ist jedoch, daß der Endredaktor in Num 20,13 diese Erweiterungen voraussetzt. Nach diesem Vers haben die Israeliten an den Wassern von Meriba mit Jahwe gehadert. Damit hat der Endredaktor das Motiv aus Ex 17,1bβff aufgenommen und abgewandelt, daß die Israeliten Jahwe versuchten. Es dürfte dann auch schon in der Fassung von Ex 17,1bβff enthalten gewesen sein, die P als Vorlage für seine Geschichte von dem Wasser aus dem Felsen benutzte. Aus der Frage der Israeliten in Ex 17,7 "Ist Jahwe in unserer Mitte oder nicht?" wird gut verständlich, warum bei P Jahwe mit dem Wasser aus dem Felsen erweisen will, daß er der den Israeliten gnädig zugewandte Gott ist. Dagegen ist fraglich, ob der Zusatz v. 6aα[1], durch den der Felsen am Horeb lokalisiert wird, bereits in der Fassung des Endredaktors enthalten war. Bei ihm war dieser Felsen in Meriba, wie aus den Worten "Dies sind die Wasser von Meriba" in Num 20,13 hervorgeht.

Schwierig zu bestimmen ist, wann Ex 17,3 eingefügt wurde. Es wurde oben darauf hingewiesen, daß Num 20,5aα weitgehend Ex 17,3bα entspricht. Dann lag Ex 17,3 dem Endredaktor bereits vor. Er hat Num 20,5aα in Anlehnung an diesen Versteil gebildet. Offen ist jedoch, ob Ex 17,3 bereits in der Vorlage von P enthalten war. Nach V. Fritz

---

82 So B. Baentsch, 159; W. Rudolph, 37. Nach E. Ruprecht, 302 Anm. 65, ist v. 5b ein Zusatz. Die Aufforderung, daß Mose seinen Stab mitnehmen soll, komme nach dem Befehl, daß er einige von den Ältesten Israels nehmen soll, zu spät. Aber Jahwe muß schon im Grundbestand Mose geboten haben, daß er seinen Stab in seine Hand nehmen soll. Die Anweisung in v. 6 "und schlage an den Felsen" setzt voraus, daß zuvor der Stab erwähnt wurde, weil Mose doch wohl mit seinem Stab an den Felsen schlagen soll.

83 Meist wird angenommen, daß die Geschichte von dem Wasser aus dem Felsen schon bei J stand, vgl. die Übersicht bei V. Fritz, 11 Anm. 6. Nach E. Zenger, Israel, 60ff, stammt sie dagegen von dem Jehowisten. Eine genauere Datierung ist im Rahmen dieser Untersuchung nicht möglich.

84 Vgl. z.B. H.H. Schmid, 66f; E. Zenger, Israel, 62; A. Schart, 170.

85 Vgl. zur Begründung L. Schmidt, Beobachtungen, 75ff.

setzt dieser Zusatz bereits P voraus, da לחסית...בצמא der Formulierung לחסית...ברעב in Ex 16,3 entspreche[86]. Tatsächlich ist die Übereinstimmung auffällig. Andererseits stellt sich jedoch die Frage, ob P in Num 20,1ff* nicht - wenn auch mit einem anderen Begriff[87] - das Vieh erwähnt, weil die Israeliten in Ex 17,3 Mose vorwarfen, daß er sie, ihre Söhne und ihr Vieh töten wolle. Zudem stimmt die Erzählung in Ex 17,1bβff jetzt durch v. 3 im Aufbau mit der Erzählung von dem Wasserwunder in Mara (Ex 15,23-25a) überein[88]. In seiner Not murrt das Volk jeweils gegen Mose (15,24; 17,3). Darauf schreit Mose zu Jahwe (15,25a; 17,4). Jahwe gibt Mose eine Anweisung, wie er die Not beseitigen kann (15,25a; 17,5f). Deshalb ist es möglich, daß Ex 17,3 bereits vor P eingefügt wurde, um zwischen diesen beiden Wasserwundern eine Beziehung herzustellen. Aber auch wenn hier offen gelassen werden muß, ob P bereits Ex 17,3 kannte, lag die Geschichte von dem Wasser aus dem Felsen in Ex 17,1bβ-7 bereits im wesentlichen in ihrer jetzigen Fassung P vor.

Bei P steht die Geschichte von dem Wasser aus dem Felsen in der Darstellung des Aufenthalts der Israeliten in der Wüste an anderer Stelle als die nichtpriesterliche Version in Ex 17,1bβff. Dort ereignete sich dieses Wunder, bevor die Israeliten den Sinai erreicht haben. Dagegen geschah es bei P gegen Ende ihrer Wüstenwanderung in der Wüste Zin (Num 20,1aα). Nach Num 13,21 haben bei P die Kundschafter das verheißene Land von der Wüste Zin an erforscht. Die Wüste Zin ist also hier eine der letzten Stationen auf dem Weg der Israeliten durch die Wüste. P hat die Erzählung hier eingeordnet, weil der Verfasser durch sie begründen wollte, warum Mose und Aaron die Israeliten nicht in das verheißene Land führen durften. Das ist jedoch nicht der einzige Grund dafür, daß sie bei P gerade an dieser Stelle steht. Die Erzählung von dem Wasser aus dem Felsen und die Wachtel-Manna-Erzählung in Ex 16 bilden bei P den Rahmen für die Darstellung des Aufenthaltes der Israeliten in der Wüste. Zu Beginn der Wüstenzeit murren die Israeliten in Ex 16,1ff* aus Hunger. Gegen Ende murren sie in Num 20,1ff* aus Durst. In Num 20,1ff* kommt zwar im Unterschied zu der Wachtel-Manna-Erzählung das Wort "murren" (לון) nicht vor. Aber wenn sich nach Num 20,2b die Israeliten gegen Mose und Aaron versammelten, so wird damit dasselbe Verhalten beschrieben, das in Ex 16,2 mit der Formulierung "da murrte die ganze Gemeinde der Israeliten gegen Mose und gegen Aaron" ausgedrückt wird. Das wird dadurch bestätigt, daß der Todes-

---

86　V. Fritz, 11.

87　In Ex 17,3 steht für Vieh מקנה, in Num 20,4.11b bei P בעיר.

88　Vgl. H.H. Schmid, 65; A. Schart, 168f. Daraus ergibt sich für A. Schart, daß Ex 17,3 zu dem Grundbestand der Erzählung gehört. Aber es ist ebenso möglich, daß später eine Angleichung an die Mara-Episode vorgenommen wurde. Daß Ex 17,3 sekundär ist, wurde oben gezeigt.

wunsch und die Todesangst, die die Israeliten in Num 20,3b.4 äußern, sachlich ihren Worten in Ex 16,3 entsprechen. Beide Erzählungen stimmen auch darin überein, daß die Israeliten von Jahwe nicht bestraft werden, sondern daß ihr Mangel beseitigt wird. In der Wachtel-Manna-Erzählung erhalten sie Fleisch und Brot für ihren Hunger, in Num 20,1ff* Wasser für ihren Durst.

Allerdings werden in der Geschichte von dem Wasser aus dem Felsen bei P Mose und Aaron von Jahwe bestraft. Nach G.W. Coats werden sie stellvertretend für das Volk bestraft, weil sie sich wegen der Rebellion der Israeliten verfehlt haben[89]. Dagegen spricht jedoch, daß in dieser Erzählung Jahwe nirgends die Israeliten kritisiert. Er nennt in Num 20,12 ausschließlich das Verhalten von Mose und Aaron als Grund für ihre Bestrafung[90]. Mit Num 20,12 läßt sich auch die Auffassung von A. Schart nicht vereinbaren, "daß die Bestrafung von Mose und Aaron in vermittelter Weise auch Israel trifft". Die Strafe der Israeliten würde darin bestehen, daß sie nicht von Mose und Aaron in das Land geführt werden, sondern von ihren weniger bedeutenden Nachfolgern[91]. Aber durch den Tod Aarons werden die Israeliten bei P nicht bestraft. Das zeigt die priesterliche Darstellung seines Todes in Num 20,22b.23aα.25-29, die bei P direkt auf Num 20,12 folgte[92]. Danach hat Mose, wie Jahwe es ihm befahl, Aaron auf dem Berg Hor seine Kleider ausgezogen und mit ihnen Eleasar bekleidet, bevor Aaron dort starb. Damit sorgte Jahwe dafür, daß die Kontinuität im Amt des Hohepriesters gewahrt blieb. Als dieses Amt von Aaron auf Eleasar überging, mußten die Israeliten auch nicht einen Augenblick auf einen Hohepriester verzichten. Aaron muß zwar sterben, aber sein Tod ist keine Strafe für die Israeliten. Es muß somit dabei bleiben, daß Jahwe in der Wachtel-Manna-Erzählung und in der Geschichte von dem Wasser aus dem Felsen bei P das Murren der Israeliten nicht bestraft.

---

89   G.W. Coats, 80ff.

90   Auch N. Lohfink, Ursünden, 187 Anm. 57, lehnt diese Interpretation von G.W. Coats ab.

91   A. Schart, 101f.

92   Vgl. zu der Erzählung von dem Tod Aarons die Analyse auf S. 208ff. Die Überlegungen von A. Schart zu Num 20,1ff* beruhen auf seiner Auffassung, daß bei P der Sinai auch für das Murren der Israeliten einen Einschnitt bildet. Vor dem Sinai verzichte Jahwe auf eine Bestrafung der Israeliten, nach dem Sinai nicht. Zu diesem Ergebnis kommt A. Schart, 140ff, durch einen Vergleich der priesterlichen Darstellung in Ex 16* und Num 13f*. Es läßt sich jedoch nicht mit Num 20,1ff* vereinbaren. Wie diese Erzählung zeigt, ist die unterschiedliche Reaktion Jahwes auf das Murren der Israeliten bei P nicht durch die Sinaiereignisse bedingt.

Die beiden priesterlichen Murrerzählungen in Ex 16,1ff* und Num 20,1ff* entsprechen sich also in wesentlichen Punkten. Dann hat sie P bewußt an den Anfang und an das Ende seiner Darstellung von dem Aufenthalt der Israeliten in der Wüste gestellt. Das ist ein erstes Indiz dafür, daß P in diesem Komplex eine selbständige Quellenschrift war. Die Funktion, die diese beiden Murr-erzählungen in der priesterlichen Komposition haben, ist nicht mehr deutlich, wenn die anderen Erzählungen von dem Wassermangel der Israeliten in Ex 15,22bff und Ex 17,1ff* Num 20,1ff* vorangehen. Dann korrespondiert der Mangel an Wasser am Ende der Wüstenwanderung nicht mehr dem Hunger an ihrem Beginn, sondern die Israeliten hätten eben jetzt wieder einmal kein Wasser, wie es gelegentlich in der Wüste schon früher der Fall war. Zudem ist kaum vorstellbar, daß in dem Grundbestand von Num 20,1ff* nicht in irgend-einer Form auf Ex 17,1ff* Bezug genommen würde, wenn diese Erzählung ursprünglich zu einer Ergänzungsschicht gehört. In ihrem Grundbestand enthält aber diese Erzählung nicht einmal einen indirekten Hinweis, daß bereits in Ex 17,1ff* von Wasser aus dem Felsen berichtet wurde.

P beginnt seine Darstellung in Num 20,1ff* damit, daß der Gemeinde, nachdem sie in die Wüste Zin gekommen war (v. 1aα)[93], Wasser fehlte (v. 2a). Darauf versammelten sich die Israeliten gegen Mose und Aaron (v. 2b). Der Todeswunsch, den sie in v. 3b äußern, entspricht Ex 16,3a. Dort wünschen sie sich in Ägypten gestorben zu sein, in v. 3b wollen sie, daß sie gestorben wären, als ihre Brüder vor Jahwe verschieden. Der Todeswunsch bezieht sich also jeweils auf die Zeit, die der jetzigen Notsituation vorangeht. Eine Verschärfung gegenüber dem כי-Satz in Ex 16,3b enthält die Wozu-Frage in v. 4. In Ex 16,3 hielten es die Israeliten für sinnlos, daß Mose und Aaron sie zu dieser Wüste herausgebracht haben, um "diese ganze Versammlung" zu töten. In Num 20,4 ist es für sie sinnlos, daß Mose und Aaron "die Versammlung Jahwes" in die Wüste Zin geführt haben. Der Aufenthalt in dieser Wüste gefährdet also ihre Existenz als "die Versammlung Jahwes". Sie und ihr Vieh werden hier sterben[94].

Auf diesen Vorwurf reagieren Mose und Aaron damit, daß sie zum Eingang des Zeltes der Begegnung gehen und niederfallen (v. 6a). Ihr Verhalten ist

---

93   Der lautliche Anklang von "die Wüste Zin" an "die Wüste Sin" (Ex 16,1aβ) ist kaum
      zufällig. Er könnte ein weiteres Argument für die Auffassung von M. Noth sein, daß
      P den Begriff "die Wüste Sin" selbst geschaffen hat, vgl. II.

94   Der Begriff בעיר (Vieh) ist bei P nur in Num 20,4.11b belegt. Das Wort ist im Alten
      Testament selten. Es steht außer in der Ergänzung Num 20,8b noch in Gen 45,17; Ex
      22,4; Ps 78,48. Diese wenigen Belege erlauben nicht den Schluß, daß die Erwähnun-
      gen des Viehs in der priesterlichen Erzählung von Num 20,1ff* nachgetragen wurden.

unterschiedlich gedeutet worden. Nach E. Ruprecht haben damit Mose und
Aaron in die Klage der Israeliten eingestimmt. Deshalb werfe ihnen Jahwe in v.
12 vor, daß sie ihm nicht vertraut haben. Sie hätten wie in Ex 16,6f vor den
Israeliten ein Bekenntnis der Zuversicht aussprechen müssen[95]. Auch U. Struppe nimmt an, daß Mose und Aaron bereits in v. 6 versagt haben, weil sie nicht
der Gemeinde ihren Glauben bezeugten[96]. Nun darf Ex 16,6f nicht für die
Interpretation von v. 6a herangezogen werden, weil diese beiden Verse nicht zu
P gehören, wie in II dargestellt wurde. Außerdem kann im Ablauf der Erzählung nicht schon in v. 6a eine Verfehlung von Mose und Aaron geschildert
worden sein. Jahwe kritisiert in v. 8aα². β Mose und Aaron nicht. Dann haben
sie sich erst nach diesem Auftrag verfehlt. Auch die Auffassung von C. Westermann, daß in v. 6a Mose und Aaron als Verfolgte zum Asyl des Heiligtums
flüchten[97], hat keinen Anhalt am Text. Die Israeliten kritisieren zwar in v. 3b.4
Mose und Aaron. Die beiden Männer werden hier aber nicht von ihnen bedroht.

Für die Deutung von v. 6a ist zu beachten, daß in Ex 16,9 die Israeliten vor
Jahwe hinzutreten sollen, weil er über ihr Murren entscheiden wird. Wenn Mose
und Aaron in Num 20,6a zum Eingang des Zeltes der Begegnung gehen und
dort niederfallen, so wollen sie erreichen, daß Jahwe auch jetzt auf das Murren
der Israeliten reagiert[98]. Daß hier im Unterschied zu Ex 16,9 nicht die Gemeinde aufgefordert wird, vor Jahwe hinzuzutreten, ist dadurch bedingt, daß in beiden Erzählungen das Wunder einen unterschiedlichen Charakter hat. In Ex
16,11f erhält Mose einen Redeauftrag für die Israeliten. Er ist jedoch an dem
Wunder nicht beteiligt, das er ihnen ankündigen soll. Dagegen sollen nach Num
20,8aα². β Mose und Aaron vor der Gemeinde ein Demonstrationswunder ausführen. Deshalb darf die Gemeinde nicht anwesend sein, als sie den Auftrag zu
diesem Wunder erhalten. Weil es sich um ein Demonstrationswunder handelt,
erscheint die Herrlichkeit Jahwes in v. 6b auch nur Mose und Aaron und nicht

---

95 E. Ruprecht, 283 Anm. 38. Nach E. Ruprecht ist so auch Ps 106,32f zu verstehen,
    wonach Mose unbesonnen geredet hat. Es wird aber noch zu zeigen sein, daß sich
    diese Stelle auf v. 10b bezieht. Diesen Halbvers hält freilich E. Ruprecht für "eine
    redaktionelle Glosse". Sie versuche, "diesen Vorwurf von den beiden Führenden auf
    das Volk abzulenken". Die folgende Auslegung von v. 10b wird jedoch erweisen, daß
    hier nicht Mose und Aaron entschuldigt werden. V. 10b ist bei P fest verankert.

96 U. Struppe, 210f.

97 C. Westermann, 131.

98 Ähnlich M. Noth, Numeri, 128: "Mose und Aaron können auf die Anklage hin nichts
    anderes tun, als sich an Jahwe zu wenden"; vgl. auch A. Schart, 100.

wie in Ex 16,10 der ganzen Gemeinde. Der Gemeinde wird Jahwe seine Majestät durch das Wunder erweisen.

Diese Deutung wird durch v. 12 bestätigt. Hier wirft Jahwe Mose und Aaron
vor: "Weil ihr nicht an mich geglaubt habt, mich vor den Augen der Israeliten zu
heiligen". Hätten Mose und Aaron den Auftrag Jahwes ausgeführt, dann hätten
sie also Jahwe vor den Augen der Israeliten geheiligt. Da die beiden Murrerzählungen in Ex 16,1ff* und Num 20,1ff* aufeinander angelegt sind, ist für die Interpretation dieser Aussage in Num 20,12 Ex 16,12 heranzuziehen. Hier werden
die Israeliten an Wachteln und Manna erfahren, "daß ich Jahwe, euer Gott, bin".
Diese Jahweerfahrung sollten die Israeliten auch an dem Demonstrationswunder
machen, daß der Felsen sein Wasser gibt, wenn Mose und Aaron zu ihm reden.
Die Israeliten meinten in v. 4, daß ihre Existenz als "die Versammlung Jahwes"
in der Wüste Zin sehr gefährdet ist. Damit werfen sie aber in v. 4 Mose und
Aaron vor, daß ihre beiden Führer die Israeliten eigenmächtig in die Wüste Zin
gebracht und damit den Untergang der Versammlung Jahwes in Kauf genommen
haben. Wenn nun Jahwe Mose und Aaron zu einem Demonstrationswunder beauftragt, so will er mit ihm bestätigen, daß Mose und Aaron auch bei dem Weg
der Israeliten in die Wüste Zin in Übereinstimmung mit seinem Willen gehandelt haben. Deshalb sollen hier die Israeliten im Unterschied zu der Wachtel-
Manna-Erzählung an einem Demonstrationswunder erfahren, daß Jahwe auch
in der Wüste Zin ihr Gott ist, der sich ihnen gnädig zuwendet. Dazu kommt es
jedoch nicht, weil Mose und Aaron Jahwe nicht geglaubt und deshalb nicht zu
dem Felsen geredet haben. Der Wassermangel der Gemeinde wird zwar beseitigt, weil aus dem Felsen viel Wasser kommt, so daß die Gemeinde und ihr Vieh
trinkt (v. 11b). Aber die Israeliten erfahren an diesem Wunder nicht, daß Jahwe
ihr Gott ist, weil der Felsen nun Wasser spendet, ohne daß Mose und Aaron zu
ihm redeten. Es geschieht zwar ein Wunder, aber durch dieses Wunder machen
die Israeliten nicht die Jahweerfahrung, die Jahwe beabsichtigte. So hat Jahwe
das Ziel, das er mit dem Wasser aus dem Felsen erreichen wollte, durch die
Schuld von Mose und Aaron verfehlt. Deshalb dürfen sie "diese Versammlung"
nicht in das verheißene Land führen (v. 12).

Aufgrund dieser Überlegungen kann nun auch die viel diskutierte Frage
entschieden werden, wie v. 10b zu deuten ist. Nach v. 10a haben Mose und
Aaron "die Versammlung" vor dem Felsen versammelt. Sie führen damit den
Befehl aus, den Jahwe in v. 8aα^2 Mose erteilt hatte. Nun müßten Mose und
Aaron zu dem Felsen reden. Stattdessen spricht jedoch Mose zu den Israeliten.
Damit verstößt er gegen den Auftrag von v. 8aβ. Mit seiner Aufforderung "Hört
doch, ihr Widerspenstigen!" tadelt Mose die Israeliten für ihr Verhalten, das in

v. 2b.3b.4 geschildert wurde. Sie sind Widerspenstige, weil sie sich gegen Mose und Aaron versammelt und ihre Führer kritisiert haben. So weit ist der Sinn von v. 10b klar.

Der entscheidende Punkt ist jedoch, wie die auf v. 10bα folgende Frage zu verstehen ist: "Können/Sollen wir für euch Wasser aus diesem Felsen herausgehen lassen?" Sie wird oft so gedeutet, daß in ihr der Zweifel und die Unsicherheit von Mose und Aaron zum Ausdruck kommen[99]. Dagegen ist der Einwand erhoben worden, daß sich das nicht damit vereinbaren lasse, daß Mose die Israeliten als "Widerspenstige" anspricht. Wegen dieser Anrede könne Mose in der folgenden Frage keinen Zweifel äußern[100]. Es handelt sich nach A. Schart vielmehr um eine rhetorische Frage, "die nicht Zweifel, sondern selbstsichere Überheblichkeit ausdrückt. Durch die Frage... stellen sich Mose und Aaron selbst in den Mittelpunkt, als ob sie diejenigen seien, die das Wunder vollbringen"[101]. Das läßt sich jedoch nicht mit dem Wortlaut vereinbaren. Dann müßte die Frage nämlich lauten: "Werden wir nicht aus diesem Felsen für euch Wasser herausgehen lassen?" Ein solches "nicht" fehlt aber und darf nicht stillschweigend in die Frage hineingelesen werden. Dann geht es bei ihr nicht darum, daß Mose meint, er und Aaron könnten aus dem Felsen Wasser fließen lassen. Vielmehr bestreitet Mose mit der Frage in v. 10b, daß er und Aaron zu einem solchen Wunder fähig sind. Deshalb wird in ihr auch "aus diesem Felsen" betont vorangestellt. Niemand kann von Mose und Aaron erwarten, daß sie aus einem Felsen Wasser fließen lassen. Wie sollten sie deshalb bewirken, daß *dieser Felsen* Wasser spendet? Mose drückt mit der Frage in v. 10b somit nicht nur Zweifel oder Unsicherheit aus, sondern er erklärt es hier geradezu als unmöglich, daß er und Aaron den Felsen dazu bringen können, Wasser zu geben[102]. Hat die Frage

---

99   So z.B. M. Noth, Numeri, 129; N. Lohfink, Ursünden, 187f; E. Zenger, Israel, 65; U. Struppe, 201. Nach M. Margaliot, 213ff, bezieht sich in v. 10b "wir" auf Jahwe und Mose, da Aaron in der Erzählung nur eine untergeordnete Rolle spiele. Diese Deutung ist aber schon dadurch ausgeschlossen, daß sich nach v. 12 Mose und Aaron verfehlt haben. Das setzt voraus, daß mit dem "wir" in v. 10b Mose und Aaron gemeint sind. Außerdem fehlt in v. 10b sonst für das "wir" ein Bezugspunkt, da in v. 10a Jahwe nicht erwähnt wird.

100 So z.B. A. Schart, 106; E. Blum, Studien, 273f.

101 A. Schart, 106; so schon J. Milgrom, Magic, 257f.

102 So auch unter anderen literarkritischen Voraussetzungen S. Mittmann, 108. Dagegen ist die Frage in v. 10b nach E. Blum, Studien, 273f, "herausfordernde Rede, von Mose in 'heiligem' Zorn gesprochen". In v. 11a folge Mose dann dem ihm und dem Volk bekannten Muster aus Ex 17, schlage aber in seinem Zorn zweimal den Felsen. Diese Deutung setzt voraus, daß v. 11a ursprünglich auf v. 10b folgte. Sie kann freilich

in v. 10b diesen Sinn, dann wird verständlich, warum Jahwe in v. 12 Mose und
Aaron vorwirft, daß sie nicht an ihn geglaubt haben. Sie hielten es für ausgeschlossen, daß aus dem Felsen Wasser fließt, wenn sie zu ihm reden. Deshalb
haben sie diesen Auftrag Jahwes nicht ausgeführt. So spricht auch v. 12 dafür,
daß Mose mit seiner Frage in v. 10b bestreitet, daß er und Aaron aus dem
Felsen Wasser fließen lassen können.

So hat diese Frage auch der Bearbeiter verstanden, der v. 11a einfügte. Bei
ihm schlägt Mose *zweimal* den Felsen, weil er demonstrieren will, daß er tatsächlich kein Wasser aus dem Felsen ausgehen lassen kann. Verschiedentlich wird
zwar angenommen, daß Mose hier den Felsen schlägt, damit er Wasser spendet.
Das tue Mose, weil er nicht darauf vertraue, daß der Felsen Wasser gibt, wenn
er und Aaron zu ihm reden. Deshalb sei die Verfehlung des Mose darin zu
sehen, daß er den Felsen geschlagen hat[103]. Damit ist jedoch nicht erklärt,

---

selbst dann nicht überzeugen. Wenn das Volk aufgrund der anderen Version von
dem Wasser aus dem Felsen in Ex 17 weiß, daß Mose aus einem Felsen Wasser
fließen lassen kann, müßte in v. 10b seine Frage als "herausfordernde Rede" ebenfalls
lauten: "Können wir *nicht* aus diesem Felsen für euch Wasser herausgehen lassen?"
Zudem ist nicht einsichtig, daß Mose den Felsen zweimal schlägt, weil er zornig ist.
Erst in Ps 106,32f wird die Verfehlung des Mose damit begründet, daß ihn die Israeliten erbittert hatten. Mit H.-J. Kraus, 899, ist wohl in v. 33a MT "sie zeigten sich
widerspenstig" in "sie erbitterten" zu ändern. Die beiden Verse lauten: "Dann erzürn-
ten sie (Jahwe) an den Wassern von Meriba; da erging es Mose übel um ihretwil-
len. Denn sie 'erbitterten' seinen Geist; da redete er unbesonnen mit seinen Lippen".
Ps 106 ist literarisch abhängig von der Endfassung des Pentateuch (vgl. H.-J. Kraus,
900f). Das zeigt sich u.a. in v. 32f. Danach ereignete sich die Verfehlung des Mose
an den Wassern von Meriba. Hier ist die Erweiterung der priesterlichen Erzählung
in Num 20,13 vorausgesetzt, denn erst nach ihr haben sich die Ereignisse an den
Wassern von Meriba abgespielt. Der Verfasser von Ps 106 verbindet in v. 32f zwei
Begründungen für das Geschick des Mose miteinander, die im Pentateuch getrennt
auftreten. Nach Dtn 3,26 (vgl. auch 1,37) zürnte Jahwe Mose um der Israeliten
willen. Das bezieht sich auf ihr Verhalten in der Kundschaftergeschichte in Dtn
1,19ff. Wegen der Schuld, die die Israeliten hier auf sich geladen haben, durfte Mose
das verheißene Land nicht betreten. Dagegen haben sich bei P in Num 20,1ff* Mose
und Aaron selbst verfehlt und durften deshalb nicht die Israeliten in das Land führen.
In Ps 106,32f ergeht es Mose übel um der Israeliten willen *und* wegen seiner eigenen
Verfehlung. Die Israeliten haben durch ihr Verhalten Mose dazu veranlaßt, unbesonnen zu reden. Damit wird Mose gegenüber der priesterlichen Darstellung in Num
20,1ff* entschuldigt. Sein Vergehen besteht nicht mehr darin, daß er Jahwe nicht
geglaubt hat, sondern daß er sich durch die Israeliten zu unbedachten Worten
hinreißen ließ.

103 So z.B. B. Baentsch, 569; V. Fritz, 27 Anm. 3; A. Schart, 115.

warum Mose den Felsen zweimal schlägt. Nach B. Baentsch denken zwar hier
Mose und Aaron "doppelt wirkt besser"[104]. Aber wenn Mose meint, daß er mit
dem Stab Wasser aus dem Felsen fließen lassen kann, genügt ein Schlag. Dagegen wird verständlich, daß er den Felsen zweimal schlägt, wenn er damit seine
Ohnmacht demonstrieren will. Mose geht davon aus, daß er dadurch der Gemeinde eindrücklich vorführt, daß er aus dem Felsen kein Wasser herausbringen
kann. Bei dem Bearbeiter unterstreicht somit Mose in v. 11a seine Worte von
v. 10b dadurch, daß er *zweimal* den Felsen schlägt. Für diese Interpretation
spricht zusätzlich, daß die Verfehlung des Mose in Ps 106,33 ebenfalls in seinen
Worten gesehen wird. Obwohl dem Verfasser dieses Psalms Num 20,11a vorlag,
erwähnt er nicht, daß Mose mit seinem Stab den Felsen geschlagen hat. Dann
sah er darin nur die Folge seiner unbesonnenen Worte von Num 20,10b. Sie
sind leichtfertig, wenn auch für den Verfasser dieses Psalms Mose mit seiner
Frage bestritt, daß er und Aaron aus dem Felsen Wasser fließen lassen können.
Sowohl der Bearbeiter der priesterlichen Erzählung in Num 20, als auch der
Verfasser von Ps 106 haben also die Frage in Num 20,10b so verstanden, daß
Mose mit ihr das Wunder für unmöglich erklärte, zu dem Jahwe ihn und Aaron
beauftragt hatte.

Hat aber die Frage schon ursprünglich diese Bedeutung, dann enthält v. 10b
keine Spannung. Mose erklärt mit seiner Rede den Israeliten, daß ihre Rebellion gegen ihn und Aaron unberechtigt ist, weil ihre beiden Führer an dem
Wassermangel nichts ändern können. Das hätten die Israeliten wissen müssen.
Sie können von Mose und Aaron nicht verlangen, daß sie aus dem Felsen
Wasser fließen lassen. Trotzdem haben sie sich jedoch gegen ihre Führer versammelt. Deshalb tadelt sie Mose in v. 10bα als Widerspenstige. Mose weist also
in v. 10b die Kritik der Israeliten an sich und Aaron zurück. Gerade damit
verstößt er aber gegen den Auftrag Jahwes, daß er und Aaron Jahwe durch ein
Demonstrationswunder vor den Augen der Israeliten heiligen sollten. Bei P
haben sich also Mose und Aaron verfehlt, weil sie Jahwe nicht zutrauten, daß
aus dem Felsen Wasser fließen wird, wenn sie zu ihm reden. Wegen dieses
Unglaubens dürfen sie die Israeliten nicht in das verheißene Land bringen.

Die priesterliche Erzählung hat ein Bearbeiter durch v. 3a.5.8aα¹.b.9. 11a.13
erweitert. Er bezieht sich in seinen Zusätzen auf die andere Version von dem
Wasser aus dem Felsen in Ex 17,1ff*. Das geht schon aus v. 3a hervor. Der
Bearbeiter hat diesen Halbvers eingefügt, damit in beiden Erzählungen dieselbe
Ausgangssituation besteht. Weil den Israeliten Wasser fehlte, haderte das Volk

---

104 B. Baentsch, 569.

mit Mose[105]. Dabei ging es dem Bearbeiter nicht einfach darum, beide Darstellungen einander anzugleichen. Vielmehr wollte er in Num 20,1-13 für das Verhalten des Mose ein Gegenbild zu der nichtpriesterlichen Version zeichnen[106]. Das wird an dem Stab besonders deutlich. In Ex 17,5f soll Mose mit dem Stab das Wunder bewirken. Dagegen soll er in Num 20,8aα¹, wie oben dargestellt wurde, den Stab als Zeichen für seine Vollmacht nehmen. Auch bei dem Bearbeiter sollte das Wasserwunder dadurch geschehen, daß Mose und Aaron zu dem Felsen reden. Er unterstreicht mit v. 11a die Verfehlung des Mose. Mose benutzt hier den Stab, mit dem er den Israeliten seine Vollmacht zeigen sollte, dazu, ihnen seine Ohnmacht zu demonstrieren. Die Einfügung von v. 8b dient ebenfalls dem Ziel, das Versagen des Mose zu unterstreichen. Der Bearbeiter stellt mit v. 8bα einen ausdrücklichen Gegensatz her zwischen diesem Auftrag Jahwes und der Frage des Mose in v. 10b. Jahwe sagt zu Mose: "und du sollst für sie Wasser aus dem Felsen herausgehen lassen". Mose aber fragt in v. 10b die Israeliten: "Können wir aus diesem Felsen für euch Wasser herausgehen lassen?" Damit erklärt Mose bei dem Bearbeiter explizit für unmöglich, wozu ihn Jahwe beauftragt hatte. Außerdem hat der Bearbeiter durch v. 8b den Unterschied zwischen dem Auftrag des Mose und dem Eintreten des Wunders betont, das in dem ihm vorgegebenen v. 11b berichtet wurde. Nach v. 8b sollte Mose für die Gemeinde Wasser aus dem Felsen herausgehen lassen und sie und ihr Vieh tränken. In v. 11b aber heißt es: "Da ging viel Wasser heraus und die Gemeinde und ihr Vieh trank". Mose hat nicht getan, wozu ihn Jahwe beauftragt hatte. Es geschah aber trotzdem das, was er tun sollte.

Einen neuen Akzent gegenüber seiner Vorlage setzt der Bearbeiter dagegen in v. 13, den er durch v. 3a vorbereitet hatte. Er nimmt in v. 13a Ex 17,7 auf[107]. Allerdings berichtet er nicht, daß der Ort den Namen Meriba erhielt.

---

105 Der Bearbeiter überging hier Aaron, weil er die Rolle des Mose unterstreichen wollte. Dagegen konnte er in v. 5, den er ebenfalls eingefügt hat, auf Aaron nicht verzichten. Die Kritik der Israeliten richtet sich hier gegen Mose *und* Aaron, weil damit ihr Vorwurf in v. 4 weitergeführt werden soll.

106 Nach K.D. Sakenfeld, Problems, 143, kann die Erzählung aus zwei Gründen nicht später nach Ex 17,1ff erweitert worden sein: Zum einen stehe in ihr für Felsen durchgehend סלע, in Ex 17 aber צור (Ex 17,6). Zum anderen sei der Stab in Num 20 der Stab Aarons, in Ex 17,5f aber der Stab des Mose. Bei dieser Argumentation übersieht K.D. Sakenfeld, daß die Erzählung in Num 20,1ff nicht mechanisch an Ex 17,1ff angeglichen wurde. Der Begriff סלע für Felsen war z.B. dem Bearbeiter durch den Grundbestand vorgegeben.

107 Dort erhält der Ort freilich die Namen Massa und Meriba, und die Begründung nimmt auf beide Namen Bezug.

Damit setzt er voraus, daß der Ort schon in Ex 17,7 benannt wurde. Um eine ausdrückliche Dublette zu Ex 17,7 zu vermeiden, formuliert er in v. 13a: "Dies sind die Wasser von Meriba". In Ex 17,7 nicht vorgegeben ist v. 13b: "Da erwies er sich an ihnen als heilig". Hier will der Bearbeiter die Aussage von P in v. 12 weiterführen: "Weil ihr nicht an mich geglaubt habt, mich zu heiligen vor den Augen der Israeliten"[108]. Er weicht mit v. 13b allerdings von der Auffassung von P ab. Bei P hätten Mose und Aaron Jahwe durch ein Demonstrationswunder heiligen sollen. Dieses Ziel hatte Jahwe nicht erreicht, weil sie nicht zu dem Felsen geredet haben. Dagegen hat sich nach v. 13b Jahwe an den Israeliten als heilig erwiesen. Für den Bearbeiter kam es nur darauf an, daß der Felsen Wasser spendete. Damit wirkte Jahwe als der mächtige Gott, der sich den Israeliten gnädig zuwendete. So hat er ihr Hadern mit ihm beantwortet. Für den Bearbeiter hat also Jahwe das Ziel erreicht, das er mit dem Wasserwunder beabsichtigte, obwohl Mose und Aaron versagt haben. Deshalb unterscheidet sich die abschließende Notiz in Num 20,13 inhaltlich von Ex 17,7. Dort hält Mose mit der Benennung das Vergehen der Israeliten an diesem Ort fest. Dagegen unterstreicht der Bearbeiter in Num 20,13, daß sich Jahwe an den Wassern von Meriba, wo die Israeliten mit ihm haderten, als der mächtige Gott erwies, der sich ihnen gnädig zuwandte.

Nun wird im gegenwärtigen Text von Num 20,1-13 mit der Aussage in v. 13b, daß sich Jahwe an den Israeliten als heilig erwies, auf den Ortsnamen Kadesch angespielt, wo sich nach v. 1aβ.b die Israeliten bei dem Wunder aufgehalten haben. Wahrscheinlich hat bereits der Verfasser von v. 13 diese Anspielung beabsichtigt. Er stellt in seinen Erweiterungen in Num 20,1ff vor allem dem gehorsamen Mose von Ex 17,1ff, der die Anweisungen Jahwes befolgte (Ex 17,6), den ungehorsamen Mose gegenüber, der nicht zu dem Felsen redete, wie es ihm Jahwe geboten hatte. Damit wird für das Verhalten des Mose bewußt ein Kontrast hergestellt. Er ist jedoch für den Leser nur deutlich, wenn beide Versionen von dem Wasser aus dem Felsen in demselben literarischen Werk standen. Dann kann das Motiv des Stabes nicht schon in Num 20,1ff sekundär eingefügt worden sein, als P noch als selbständige Quellenschrift tradiert wurde, wie E. Zenger annimmt[109]. Vielmehr ist die priesterliche Erzählung in Num

---

108 Nach M. Noth, Numeri, 129, bezieht sich בם nicht auf die Israeliten, sondern auf die Wasser von Meriba. Das ist jedoch unwahrscheinlich, wenn mit v. 13b v. 12 weitergeführt werden soll; vgl. gegen M. Noth auch A. Schart, 98 Anm. 4.

109 E. Zenger, Israel, 62ff, weist v. 4.8aα^1.b.9.11 P^s und v. 1aβ.b.3a.5.13 der Endredaktion des Pentateuch zu.

20,1ff von der Endredaktion des Pentateuch erweitert worden. Sie hat dann auch v. 1aβ.b eingefügt[110].

Zusammenfassend ist für Num 20,1-13 festzuhalten: Zu P gehören: V. 1aα.2.3b.4.6.7.8aα².β.10.11b.12. Diese Erzählung bildete bei P mit der Wachtel-Manna-Erzählung in Ex 16,1ff* den Rahmen für die priesterliche Darstellung des Aufenthalts Israels in der Wüste. Daraus geht hervor, daß P eine selbständige Quellenschrift war. Die Israeliten haben zu Beginn ihres Weges in der Wüste aus Hunger und gegen Ende der Wüstenwanderung aus Durst gemurrt. Sie wurden aber von Jahwe nicht bestraft, sondern Jahwe wollte durch die Beseitigung ihres Mangels bewirken, daß sie ihn als den mächtigen Gott erfahren, der ihnen gnädig zugewandt ist. Diese Erkenntnis haben freilich in Num 20,1ff* Mose und Aaron verhindert, weil sie Jahwe nicht das Wunder zutrauten, daß der Felsen Wasser spendet, wenn sie zu ihm reden. Die Möglichkeit dieses Wunders bestreitet Mose in seiner Rede an die Israeliten in v. 10b. Sie ist deshalb die Verfehlung von Mose und Aaron, die Jahwe damit bestraft, daß die beiden Führer die Israeliten nicht in das verheißene Land bringen dürfen.

Diese Erzählung ist von der Endredaktion des Pentateuch durch v. 1aβ.b.3a.5.8aα¹.b.9.11a.13 erweitert worden. Mit den Ergänzungen sollte vor allem für das Verhalten des Mose ein Gegenbild zu Ex 17,1ff gezeichnet werden. Auch auf dieser Stufe haben sich Mose und Aaron verfehlt, weil Mose in v. 10b bestritt, daß er und Aaron aus dem Felsen Wasser fließen lassen können. Mit seinem zweimaligen Schlagen des Felsens in v. 11a wollte Mose seine Ohnmacht demonstrieren. Die beiden Versionen von dem Wasser aus dem Felsen in Ex 17 und Num 20 sind somit erst nachträglich miteinander in Beziehung gesetzt worden. Das bestätigt, daß der Grundbestand in Num 20,1ff* nicht zu einer Ergänzungsschicht gehört. Sonst wäre zu erwarten, daß auf Ex 17,1ff* zumindest indirekt Bezug genommen wird.

---

110 Es kann hier nicht entschieden werden, ob v. 1aβ.b aus dem jehowistischen Werk stammt, wie z.B. M. Noth, Numeri, 127f, annimmt. Für v. 1b, wo der Tod und das Begräbnis der Mirjam in Kadesch berichtet werden, ist das m.E. unwahrscheinlich. Diese Notiz dürfte auf die Überlegung zurückgehen, daß auch Mirjam vor dem Betreten des verheißenen Landes gestorben sein muß, wenn ihre Brüder Mose und Aaron nicht in dieses Land kommen durften. Dann stammt v. 1b von der Endredaktion des Pentateuch.

IV. Die Kundschaftergeschichte (Num 13,1-14,38)

Die Kundschaftererzählung in Num 13,1-14,38 enthält deutliche Spannungen. Am Ende des Dialogs zwischen Jahwe und Mose in 14,11-25 spricht Jahwe (v. 20-25). Unmittelbar darauf folgt aber mit einer eigenen Einleitung wieder eine Jahwerede an Mose, in der Jahwe erneut die Bestrafung der Israeliten ankündigt (14,26-35). In der Erzählung wird auch verschieden dargestellt, wer von den Kundschaftern die Auffassung vertrat, daß die Israeliten das Land einnehmen können. Nach 13,30 war es lediglich Kaleb. Dem entspricht, daß Jahwe in 14,24 ankündigt, daß er Kaleb in das Land bringen wird. Dagegen verteidigen in 14,6ff Josua und Kaleb das Land. In 14,30 sagt Jahwe, daß von den erwachsenen Israeliten nur diese beiden Männer in das Land kommen werden. Josua und Kaleb bleiben am Leben, als die anderen Kundschafter sterben (14,37f). In 14,6.30.38 wird für Josua und Kaleb jeweils der Name ihres Vaters angegeben, während in 13,30; 14,24, wo nur Kaleb erwähnt wird, diese Angabe fehlt. Außerdem wird der Weg der Kundschafter unterschiedlich beschrieben. Nach 13,22f erreichten sie Hebron und das Traubental. Dagegen haben sie nach 13,21 das Land "von der Wüste Zin bis nach Rehob bei Lebo-Hamat" erforscht. Danach durchwanderten sie also von Süden nach Norden das ganze Land, in dem später die Israeliten wohnten[111]. Auf weitere Spannungen wird noch einzugehen sein.

Bereits aus diesen Beispielen geht hervor, daß die Erzählung nicht literarisch einheitlich ist. In der Forschung besteht darüber Übereinstimmung, daß in ihr zwischen einer vorpriesterlichen und einer priesterlichen Schicht zu unterscheiden und auch mit späteren Ergänzungen zu rechnen ist. In der vorpriesterlichen Darstellung haben die Kundschafter nur die Gegend um Hebron erreicht, erst in der priesterlichen Fassung erforschten sie das ganze verheißene Land. Im einzelnen weichen jedoch die Analysen erheblich voneinander ab. Außerdem wird gelegentlich in der priesterlichen Schicht von Num 13f eine Ergänzung der vorpriesterlichen Darstellung gesehen[112]. Deshalb muß Num 13,1-14,38 ebenfalls zunächst literarkritisch untersucht werden, ehe die Intention der priesterlichen Kundschaftererzählung ermittelt werden kann.

---

111 Lebo-Hamat lag nach Num 34,8; Jos 13,5 an der Nordgrenze Israels.

112 So z.B. Ph.J. Budd, 142; K.D. Sakenfeld, The problem, 317.328ff; J. Milgrom, Structures, 60. J. Milgrom unterscheidet hier zwischen den Redaktionen P_1 und P_2.

1. Num 13

In Num 13 gehört, wie allgemein anerkannt wird, v. 1.2a zu P. Jahwe beauftragt hier Mose, Männer zu senden, "daß sie das Land Kanaan erforschen, das ich im Begriff bin, den Israeliten zu geben". Aus dieser Formulierung geht hervor, daß die Kundschafter das gesamte Land Kanaan erforschen sollen. Darin unterscheidet sich P von der vorpriesterlichen Version. In ihr wird zudem die Aufgabe der Kundschafter nicht mit dem Verb תור beschrieben, das in dieser Erzählung für P charakteristisch ist. Das wird im einzelnen noch gezeigt werden. Umstritten ist dagegen, ob auch v. 2b-17aα zu P gehört. Der Anfang von v. 3a "Da sandte sie Mose" entspricht wörtlich v. 17aα. Diese Wiederaufnahme ist durch die Namensliste der Kundschafter in v. 4-16 bedingt[113], die durch v. 3b vorbereitet wird. Mit v. 17aα wird also an den Erzählfaden angeknüpft, der durch v. 3b-16 unterbrochen wird. Das legt es nahe, daß dieser Abschnitt später eingefügt wurde[114]. Tatsächlich erwähnt P im folgenden nicht, daß es zwölf Kundschafter waren.

Allerdings soll nach v. 2b ein Mann pro Stamm gesandt werden. Hier heißt es aber im Unterschied zu v. 2a ("sende") "sollt ihr senden". Durch den Plural fällt v. 2b aus der Konstruktion heraus. Dann ist dieser Halbvers ebenfalls sekundär[115]. Mit v. 2b soll v. 3b-16 in dem Auftrag Jahwes an Mose verankert werden. Wie es Jahwe befohlen hatte (v. 2b), sandte Mose zwölf Männer aus, die Häupter der Israeliten waren. V. 2b stammt somit von jenem Bearbeiter, der v. 3b-16 eingefügt hat. Nach Dtn 1,19ff waren es zwölf Kundschafter, einer aus jedem Stamm (Dtn 1,23). Ob Mose auch schon in der vorpriesterlichen Version von Num 13f zwölf Männer aussandte, ist offen, da ihre Einleitung nicht erhal-

---

113 In dieser Liste folgten ursprünglich v. 10 und v. 11 auf v. 7, und erst danach standen v. 8.9.12ff, vgl. z.B. M. Noth, Numeri, 87 Anm. 1. Aus dem Anfang von v. 11 "Vom Stamm Josef, vom Stamm Manasse" geht hervor, daß erst danach der Kundschafter aus dem Stamm Efraim genannt wurde. Efraim ist hier wie Manasse ein Unterstamm des Stammes Josef.

114 Dagegen rechnen z.B. V. Fritz, 21; A. Schart, 88, v. 3b-16 zu P; ähnlich W. Beltz, 19f, der allerdings v. 16b für eine Glosse aus E hält.

115 Sam und LXX haben hier den Singular "sollst du senden". B. Baentsch, 517, und A. Schart, 59 Anm. 4, halten diese Lesart für ursprünglich. Bei ihr handelt es sich jedoch um eine spätere Glättung des Textes, da MT die lectio difficilior bietet. Dann ist gegen M. Noth, Numeri, 92, und S.E. McEvenue, Style, 107, nicht nur v. 2bβ ein Zusatz, sondern v. 2b als Ganzes.

ten ist[116]. Jedenfalls dürfte der Bearbeiter eine Überlieferung gekannt haben, nach der es sich um zwölf Kundschafter handelte. An sie wollte er die priesterliche Fassung angleichen. Da nach ihr Josua und Kaleb zu den Kundschaftern gehörten (14,6.38), ging er davon aus, daß es sich auch bei den anderen Männern um Häupter der Israeliten handelte.

Von diesem Bearbeiter stammt auch v. 3a. In v. 17a führt Mose aus, was ihm Jahwe in v. 2a aufgetragen hat. Da v. 17a genau dem Befehl in v. 2aα entspricht, folgte bei P v. 17a direkt auf v. 2a[117]. Dem Bearbeiter lag offenbar daran, daß Mose die Anweisung Jahwes genau befolgt hatte. Deshalb berichtet er in v. 3 zunächst, daß Mose diesen Befehl ausführte und bringt erst in v. 4-16 die Liste der Kundschafter. Nach v. 3a sandte sie Mose von der Wüste Paran aus. Das entspricht der Auffassung von P. P berichtet vor Num 13 nicht, daß die Israeliten die Wüste Paran verlassen haben, zu der sie bei P in Num 10,12 gekommen sind. Auch bei P waren somit die Israeliten noch in dieser Wüste. Sie wurde aber in der Exposition der priesterlichen Kundschaftererzählung nicht ausdrücklich genannt. Der Abschnitt v. 2b-16 stammt somit von einem Bearbeiter, der mit ihm die priesterliche Darstellung in v. 1.2a.17a erweitert hat.

Bei P bildete v. 21 die Fortsetzung zu v. 1.2a.17a. In diesem Vers wird die Aufgabe der Kundschafter wieder mit dem Verb תור beschrieben. Außerdem haben sie nach v. 21 das Land "von der Wüste Zin bis nach Rehob bei Lebo-Hamat" erforscht. Das entspricht v. 2a.17a, wonach die Kundschafter das Land Kanaan erforschen sollten. Damit läßt sich aber die Moserede in v. 17b-20 nicht vereinbaren. Nach diesem Abschnitt sollen die Männer lediglich den Negeb und das Gebirge erkunden. Mit Gebirge kann hier nur das Bergland gemeint sein, das an den Negeb nach Norden anschließt. Die Männer sollen also nach v.

---

116 Nach L. Perlitt, Deuteronomium, 98, stammt das Motiv, daß Mose aus jedem Stamm einen Mann als Kundschafter aussandte, in Dtn 1,23 von Dtr.

117 So auch S. Mittmann, 42, der allerdings v. 3 für einen jüngeren Zusatz hält als v. 2b.4-16. Das begründet er damit, daß im Unterschied zu v. 2b ("ihr") in v. 3 Mose die Männer aussendet. Aber v. 4 kann nicht direkt auf v. 2b gefolgt sein, da die Namensliste nicht Bestandteil des Auftrages Jahwes ist. Das geht aus v. 16b eindeutig hervor. Dann setzt v. 4-16 v. 3 voraus. Für den Bearbeiter soll Mose als Repräsentant der Israeliten handeln. Deshalb steht in v. 2b die Anweisung im Plural, obwohl sie in v. 3 von Mose ausgeführt wird.

Häufig wird v. 1-3a.17aβ P zugewiesen, vgl. z.B. K. Elliger, 175; N. Lohfink, Priesterschrift, 222 Anm. 29, und - ohne v. 2bβ - M. Noth, Numeri, 92; S.E. McEvenue, Style, 107f. Das ist jedoch aus den genannten Gründen nicht möglich.

17b-20[118] nur einen Teil des Landes Kanaan auskundschaften. Das wird durch v. 22-24 bestätigt, wo die Ausführung des Auftrags von v. 17b-20 berichtet wird. Danach sind die Kundschafter nur bis Hebron und bis zum Traubental gekommen. In v. 17-24 sind somit zwei Anschauungen über den Weg der Kundschafter miteinander verbunden. Bei P (v. 17a.21) haben sie das ganze Land Kanaan von Süden nach Norden durchwandert. Dagegen haben sie nach v. 17b-20.22-24 lediglich das Gebiet bis Hebron und bis zum Traubental erkundet. Hier handelt es sich deutlich um eine andere Darstellung der Ereignisse. Ihre Einleitung ist nicht mehr erhalten, weil sie durch die Exposition der priesterlichen Kundschaftererzählung ersetzt wurde.

In v. 22-24 ist allerdings der ursprüngliche Bericht der vorpriesterlichen Version nachträglich erweitert worden. Die gelehrte Notiz in v. 22b, wonach Hebron sieben Jahre vor Zoan gebaut wurde, ist wohl ein Zusatz[119], da nicht zu erkennen ist, welche Funktion sie in der vorpriesterlichen Erzählung gehabt haben sollte. Mit v. 22b wollte vermutlich ein Späterer herausstellen, wie alt Hebron war. Sicher eine Erweiterung ist v. 23b "und von den Granatäpfeln und von den Feigen". Nachdem bereits in v. 23a berichtet wurde, daß die Kundschafter die Weintraube zu zweit auf einer Tragestange trugen, klappt v. 23b nach[120]. Der Halbvers wurde eingefügt, weil für den Ergänzer außer den Trauben auch die Granatäpfel und die Feigen zu den Früchten gehörten, die für das palästinensische Kulturland charakteristisch sind[121]. Deshalb war er der Meinung, daß die Kundschafter auch einige von diesen Früchten mitgenommen haben. Ebenfalls sekundär ist v. 24, wo der Name Traubental mit der Traube begründet wird, die die Israeliten dort abgeschnitten haben. Das Traubental wird aber schon in v. 23a erwähnt. Dann kann für den Verfasser von v. 23a dieses Tal nicht deswegen seinen Namen erhalten haben, weil die Kundschafter dort eine Traube abschnitten. Zu der ältesten Fassung der nichtpriesterlichen Version gehören somit nur v. 22a.23a[122].

---

118 Der Auftrag an die Kundschafter ist in v. 17b-20 ungewöhnlich breit formuliert. Vermutlich wurde hier ein Grundbestand später erweitert. Diese Frage kann aber hier nicht weiterverfolgt werden.

119 So z.B. B. Baentsch, 521.

120 So mit Recht S. Mittmann, 44.

121 Vgl. z.B. Num 20,5; Dtn 8,8.

122 Verschiedentlich hat man allerdings v. 22a und v. 23a für eine Dublette gehalten. So weist z.B. B. Baentsch, 520f, v. 22a J und v. 23 E zu. Aber W. Rudolph, 75, hat gezeigt, daß sich v. 23a durchaus als Fortsetzung von v. 22a verstehen läßt. Er schreibt: "die Kundschafter kommen zuerst nach Hebron, dann in das (nicht weit

Aus ihr stammt im wesentlichen auch der Bericht der Kundschafter in v. 27 und v. 28. In ihm wird die Schilderung von v. 22a.23a in umgekehrter Reihenfolge aufgenommen. V. 27b bezieht sich auf v. 23a. In v. 27bβ "und dies ist seine Frucht" ist vorausgesetzt, daß die Männer eine Frucht des Landes mitgebracht haben. Es kann sich dabei nur um die Traube handeln, die sie nach v. 23a abgeschnitten und mitgenommen haben[123]. V. 28 bezieht sich auf v. 22a, wonach in Hebron drei Anaksprößlinge lebten[124]. In v. 27b ist der Bericht der Kundschafter allerdings später erweitert worden. Die Worte "und auch von Milch und Honig fließt es" (v. 27bα) unterbrechen den Zusammenhang zwischen v. 27a und v. 27bβ. Daraus geht hervor, daß es sich bei v. 27bα um einen Zusatz handelt[125]. Sekundär ist auch v. 29[126], wo über die Wohngebiete der verschiedenen Bevölkerungselemente im Land berichtet wird. Das ist nur aufgrund der priesterlichen Darstellung möglich, nach der die Kundschafter durch das ganze Land Kanaan gezogen sind. Sie wird somit in v. 29 vorausgesetzt.

In der nichtpriesterlichen Fassung folgte auf v. 28 direkt v. 30. Hier sind freilich die Worte "gegenüber Mose", die sich schlecht in den Zusammenhang einfügen, ein Zusatz[127]. An den Grundbestand in v. 30 schließt v. 31 glatt an. In dieser Version versuchte also Kaleb das Volk zu beschwichtigen, das anscheinend wegen des Berichts der Kundschafter ängstlich geworden war. Die anderen Kundschafter halten es aber für sinnlos, zu den Bewohnern des Landes hinaufzuziehen, weil sie zu stark sind. Damit ist ein Einschnitt erreicht. Es müßte nun

---

entfernte) Traubental". Es wird im folgenden gezeigt werden, daß v. 27 und v. 28, die B. Baentsch, 522, beide zu J rechnet, tatsächlich v. 22a *und* v. 23a voraussetzen.

123 V. Fritz, 22, hält zwar v. 23a und v. 27b für Erweiterungen. Aber v. 28 beginnt mit "nur daß". Das setzt voraus, daß die Kundschafter zuvor etwas Positives von dem Land berichtet haben. Mit v. 28 schränken sie ihr günstiges Urteil ein. Deshalb muß v. 27bβ zu dem Grundbestand gehören. Dann stammt aus ihm auch v. 23a.

124 S. Mittmann, 45, hält v. 28a.bα für eine Erweiterung. Das "ergibt sich schon aus der unlogischen Abfolge der Glieder - von den Einwohnern zu den Wohnstätten und erneut zu den Bewohnern des Landes". Aber v. 28bβ kann nicht ursprünglich auf v. 27bβ gefolgt sein. Mit וגם wird in v. 28bβ eine Steigerung markiert ("und sogar"), die lediglich nach v. 28a.bα sinnvoll ist.

125 So z.B. auch M. Noth, Pentateuch, 34.

126 Das ist weitgehend anerkannt, vgl. z.B. B. Baentsch, 522; M. Noth, Numeri, 95.

127 So z.B. M. Noth, Numeri, 95. Diese Ergänzung wurde wegen 14,2 eingefügt. Dort murren die Israeliten gegen Mose und Aaron. Deshalb war ein Späterer der Auffassung, daß sich das Volk gegen Mose gewandt haben mußte, als es Kaleb beschwichtigen wollte. Er erwähnt in v. 30 nur Mose, weil die Kundschafter nach v. 27 ihm berichtet haben.

die Reaktion des Volkes auf diese Worte geschildert werden. Stattdessen folgt in v. 32f ein weiterer Bericht der Kundschafter. Diese Verse sind eine Dublette zu v. 27f, in der andere Akzente gesetzt werden. Wenn die Kundschafter in v. 27bβ von der Frucht des Landes sprechen, halten sie offenbar das Land selbst für gut. Nur sind leider seine Bewohner und ihre Städte zu stark (v. 28). Dagegen haben nach v. 32 die Kundschafter das Land verleumdet. Es frißt seine Bewohner. Nun wird in v. 32 die Aufgabe der Kundschafter zweimal mit dem Verb תור beschrieben. Das zeigt, daß v. 32 aus P stammt. Das gilt im wesentlichen auch für v. 33. Danach haben die Kundschafter im Land sogar Riesen gesehen. Hier handelt es sich um eine Dublette zu v. 28bβ, wonach die Männer Anakssprößlinge gesehen haben. Das wird durch v. 33aβ "die Anakiter von den Riesen" bestätigt. V. 33aβ ist eine Glosse, die in LXX fehlt[128]. Daß man später das Bedürfnis empfand, die Anakssprößlinge mit den Riesen zu identifizieren, spricht dafür, daß das Motiv der Riesen in beiden Versionen enthalten war[129]. Es war in der nichtpriesterlichen Darstellung durch die sagenhaften Gestalten der Anakssprößlinge vertreten, während P allgemeiner Riesen erwähnte.

Zu analysieren sind noch v. 25 und v. 26. Deutlich ist, daß v. 25, wo wieder das Verb תור steht, aus P stammt. Dieser Vers folgte hier direkt auf v. 21. An v. 25 läßt sich v. 32.33aα.b ohne Schwierigkeiten anschließen. In v. 25 hat das Verb שוב ursprünglich die Bedeutung zurückkehren und nicht umkehren. Zwar ist v. 25 gelegentlich so interpretiert worden, daß nach diesem Vers die Kundschafter umgekehrt sind, nachdem sie die Nordgrenze des Landes Kanaan erreicht hatten[130]. Aber es ist nicht einsichtig, warum die Männer bei P gerade 40 Tage gebraucht haben sollten, bis sie Rehob erreichten. Zudem wäre dann zu erwarten, daß die Zeitangabe schon in v. 21 steht. P berichtet somit in v. 25, daß die Kundschafter nach 40 Tagen zu ihrem Ausgangspunkt zurückgekehrt sind. Dazu paßt v. 32.33aα.b gut, wo geschildert wird, was die Männer den Israeliten berichtet haben[131].

Dieser Zusammenhang wird durch v. 26 unterbrochen. Warum sollte P in v. 26a schildern, daß die Männer zu Mose, Aaron und der Gemeinde kamen,

---

128 Vgl. z.B. M. Noth, Numeri, 95.

129 V. 33 wird häufig nicht zu P gerechnet, vgl. z.B. K. Elliger, 175; S.E. McEvenue, Style, 90; N. Lohfink, Priesterschrift, 222 Anm. 29; P. Weimar, Struktur, 85 Anm. 1; dagegen aber mit Recht S. Mittmann, 44 Anm. 38.

130 So z.B. B. Baentsch, 521; N. Lohfink, Ursünden, 184 Anm. 49.

131 V. 32 bzw. v. 32a ist z.B. nach S. Mittmann, 53, und P. Weimar, Struktur, 85 Anm. 18, bei P die Fortsetzung von v. 25.

nachdem bereits in v. 25 ihre Rückkehr berichtet wurde? Dafür ist kein Grund zu erkennen. Andererseits entsprechen die Formulierungen in v. 26a weitgehend der priesterlichen Darstellung. Hier werden Mose und Aaron erwähnt, "die ganze Gemeinde der Israeliten" genannt, und die Israeliten halten sich in der Wüste Paran auf[132]. Diese Lokalisierung ist freilich mit der unmittelbar folgenden Erwähnung von Kadesch unvereinbar, da Kadesch nicht in der Wüste Paran liegt. M. Noth hält "nach Kadesch" in v. 26a für ein Fragment aus J. Außerdem sei in v. 26b "und der ganzen Gemeinde" ein Zusatz. Der Rest von v. 26 stamme aus P[133]. Dagegen spricht jedoch, daß die Frucht des Landes von P sonst in der Kundschaftergeschichte nicht erwähnt wird. Daß sie die Kundschafter mitgebracht haben, läßt sich zudem nicht mit v. 32 vereinbaren, wonach sie das Land verleumdeten. Dann können sie bei P keine Frucht gezeigt haben, an der sichtbar wird, daß es sich um ein eigentlich begehrenswertes Land handelt. V. 26b gehört somit sicher nicht zu P. Da sich aber auch v. 26a, wie oben gezeigt wurde, nicht in die priesterliche Darstellung einfügt, ist P in v. 26 nicht vertreten.

Für die Analyse von v. 26 ist m.E. der Anfang von v. 27 wesentlich. Hier heißt es: "Da erzählten sie ihm und sagten". Für "ihm", mit dem nur Mose gemeint sein kann, fehlt gegenwärtig der Bezugspunkt. Vor v. 27 muß somit in der nichtpriesterlichen Version Mose erwähnt worden sein. Klammert man in v. 26a die typisch priesterlichen Elemente aus, dann bleibt übrig: "Da gingen sie und kamen zu Mose nach Kadesch". Daß es sich dabei tatsächlich um ein Stück aus der vorpriesterlichen Kundschaftererzählung handelt, legen mehrere Beobachtungen nahe. Wenn darauf ursprünglich v. 27a folgte, hat das "ihm" in v. 27a den notwendigen Bezugspunkt. Zudem kommt in der nichtpriesterlichen Version in v. 22a.23a.27a das Verb בוא vor, das auch in v. 26a steht. Es hat in ihr geradezu die Funktion eines Leitwortes für den Weg der Kundschafter. Von daher wird verständlich, daß es auch für ihre Rückkehr zu Mose gebraucht wird. Diese Rückkehr muß in dieser Version zwischen v. 23a und v. 27* berichtet worden sein. In der rekonstruierten Fassung schließt sich v. 26a* nahtlos an v. 23a an. Es läßt sich zeigen, daß in anderen Pentateucherzählungen die Redak-

---

132 Aus diesem Grund ist v. 26a verschiedentlich teilweise P zugeschrieben worden. So stammt z.B. nach W. Rudolph, 75, in v. 26a nur "da gingen sie" und "nach Kadesch" nicht aus P. V. Fritz, 20, und S.E. McEvenue, Style, 108, sprechen lediglich "nach Kadesch" P ab, wobei es S.E. McEvenue, Style, 100 Anm. 18, für möglich hält, daß "da gingen sie" in P und in JE stand.

133 M. Noth, Numeri, 87.94.

tionen den Wortlaut ihrer Vorlagen möglichst vollständig wiedergeben[134]. Von daher ist zu erwarten, daß die Redaktion auch die Rückkehr der Kundschafter aus der vorpriesterlichen Fassung aufgenommen hat. Sie müßte für den Redaktor andernfalls P so stark widersprochen haben, daß er auf sie zugunsten der priesterlichen Fassung verzichten mußte. Das ist jedoch unwahrscheinlich, wenn der rekonstruierte Grundbestand hervorragend zu der vorpriesterlichen Version paßt und dort die empfindliche Lücke schließt, die entsteht, wenn diese Fassung nach v. 23a erst wieder in v. 27a zu Wort kommt.

Auch nach S. Mittmann standen in der vorpriesterlichen Kundschaftererzählung vor v. 27a die Worte "da gingen sie und kamen zu Mose" aus v. 26a. Er hält jedoch "nach Kadesch" für einen Zusatz[135]. Nun haben sich nach Dtn 1,19b die Israeliten in Kadesch-Barnea aufgehalten, als Mose die Kundschafter aussandte. Das spricht dafür, daß auch in der vorpriesterlichen Version das Volk damals in Kadesch war. Allerdings ist bestritten worden, daß Dtn 1,19b zum Grundbestand der deuteronomistischen Kundschaftergeschichte gehört[136]. Aber die dafür angeführten Gründe sind m.E. nicht zwingend[137]. Doch selbst wenn

---

134 Darauf habe ich schon mehrfach hingewiesen: L. Schmidt, Studien, 290ff; ders., Jakob, 178; ders., Beobachtungen, 46; vgl. auch H. Donner, Redaktor.

135 S. Mittmann, 46. Nach ihm stammen die meisten Erweiterungen in v. 26 von dem Verfasser von v. 2b.4-16. Jünger seien "zu der Wüste Paran" in v. 26a und "und der ganzen Gemeinde" in v. 26b. Nun wurde aber oben gezeigt, daß v. 2b-16 einheitlich ist. Da in v. 3 die Wüste Paran genannt wird, kann "nach Kadesch" in v. 26a nicht von dem Bearbeiter stammen, der v. 2b-16 eingefügt hat. V. Fritz, 20f, hält "nach Kadesch" in v. 26a für eine Glosse. Das ist dadurch bedingt, daß er v. 26a ansonsten P zuweist. Dann ist gegen M. Noth, Numeri, 94, in der Tat nicht einzusehen, daß die Redaktion in v. 26a lediglich "nach Kadesch" aus der vorpriesterlichen Version aufgenommen haben sollte, zumal dieser Ort in der Kundschaftererzählung sonst nicht mehr erwähnt wird. Aber die Voraussetzung von V. Fritz, daß v. 26a im wesentlichen aus P stammt, läßt sich - wie gezeigt - nicht halten.

136 S. Mittmann, 34; L. Perlitt, Deuteronomium, 87.93f.

137 S. Mittmann, 34, nennt zwei Gründe: Die Angabe von 1,19b habe "in dieser Form kein Gegenstück in den Itinerarpassagen von Dtn 1-3, und sie harmoniert auch nicht mit der unmittelbar folgenden Feststellung des Mose, daß man nun das Amoritergebirge erreicht habe v. 20bα, was ja für Kades Barnea noch längst nicht zutrifft". Wenn jedoch der Verfasser die Ortsangabe aus der vorpriesterlichen Erzählung aufgenommen hat, wird verständlich, daß zwischen ihr und v. 20bα eine gewisse Diskrepanz besteht. Dem Verfasser kam es vor allem auf das Gebirge der Amoriter an. Bei DtrH hat die Kundschaftergeschichte in Dtn 1,19ff ein besonderes Gewicht, weil sie begründet, warum die Landnahme zunächst scheiterte. Das macht es m.E. verständlich, daß gerade die Kundschaftergeschichte durch Dtn 1,19b genauer lokalisiert wird.

Dtn 1,19b nachgetragen worden sein sollte, läßt sich ein solcher Zusatz am ehesten erklären, wenn damit die Lokalisierung in der vorpriesterlichen Erzählung aufgenommen werden sollte[138]. Daß bereits in ihr Kadesch erwähnt wurde, legt auch Num 32,8 nahe. Danach hat Mose die Kundschafter von Kadesch-Barnea ausgesandt. Der Abschnitt Num 32,6-15 ist spät. Er setzt bereits beide Versionen in Num 13f voraus[139]. Trotzdem werden die Kundschafter hier nicht von der Wüste Paran ausgesandt, wie es P und den Erweiterungen in Num 13,3.26a entsprechen würde. Das ist ein Indiz dafür, daß Kadesch so fest in der Kundschaftererzählung verankert war, daß sich dagegen die abweichende priesterliche Lokalisierung nicht durchsetzen konnte. Die Aussendung der Kundschafter muß auch in der vorpriesterlichen Version irgendwo lokalisiert gewesen sein. Da sie keine Elemente enthält, die mit Kadesch unvereinbar sind, hat in ihr Mose die Kundschafter von Kadesch ausgesandt und sie sind zu ihm dorthin zurückgekehrt. In Num 13,26a stammt somit "da gingen sie und kamen zu Mose nach Kadesch" aus der vorpriesterlichen Erzählung. Darauf folgte in ihr v. 27a.

Gelegentlich hat man dieser Version teilweise auch v. 26b zugewiesen. Dagegen sprechen jedoch die Pluralsuffixe in v. 26b. Sie setzen voraus, daß in v. 26a nicht nur Mose genannt wurde[140]. Deshalb hat W. Rudolph angenommen, daß hier ursprünglich Singularsuffixe standen, die von der Redaktion in den Plural gesetzt wurden[141]. Das läßt sich aber mit dem Anfang von v. 27 schwer vereinbaren: "Da erzählten sie ihm und sagten". Er schließt hervorragend an den Grundbestand in v. 26a an. Dagegen wäre nach v. 26b zu erwarten, daß v. 27 beginnt: "Da sagten sie". Wenn bereits in v. 26b erwähnt wurde, daß die Männer Mose berichteten, ist in v. 27a "da erzählten sie ihm" überflüssig. Auch v. 27bβ setzt nicht voraus, daß in v. 26b geschildert wurde, daß die Kundschafter die Frucht des Landes gezeigt haben. Mit ihren Worten "und dies ist seine Frucht" weisen sie *jetzt* auf die mitgebrachte Frucht hin. Auf den

---

138 Dagegen geht nach L. Perlitt, Deuteronomium, 93f, die Erwähnung von Kadesch auf ein Sonderinteresse späterer deuteronomistischer Autoren zurück, für das sich nicht mehr der Grund ermitteln lasse. Demgegenüber verdient m.E. die Annahme, daß Kadesch aus der vorpriesterlichen Erzählung stammt, den Vorzug.

139 Vgl. M. Noth, Numeri, 205f.

140 Nach S.E. McEvenue, Style, 100 Anm. 18, lautete v. 26 bei JE: "Da gingen sie nach Kadesch und erstatteten ihnen Bericht und zeigten ihnen die Frucht des Landes". Damit fehlt aber sowohl für die Suffixe in v. 26 als auch für "ihm" in v. 27a ein Bezugspunkt.

141 W. Rudolph, 75.

rekonstruierten Grundbestand in v. 26a folgte somit in der vorpriesterlichen Kundschaftererzählung v. 27a.bβ.

Dann muß freilich erklärt werden, wie der jetzige Wortlaut von v. 26 entstanden ist. Da in ihm Aaron, die ganze Gemeinde der Israeliten und die Wüste Paran erwähnt werden, setzt er auch die priesterliche Fassung voraus. Dann ist der Grundbestand in v. 26 von jener Redaktion erweitert worden, die die beiden Versionen zusammengearbeitet hat. Das harte Nebeneinander von "zu der Wüste Paran" und "nach Kadesch" in v. 26a legt es nahe, daß die priesterliche Version schon durch v. 2b-16 erweitert worden war, als der Redaktor die beiden Fassungen der Kundschaftererzählung miteinander verknüpfte[142]. Durch v. 3a war in der erweiterten priesterlichen Version explizit enthalten, daß Mose die Kundschafter von der Wüste Paran aussandte. Deshalb mußten sie für den Redaktor auch dorthin zurückgekehrt sein. So fügte er in v. 26a "zu der Wüste Paran" ein. Dadurch wird Kadesch nun zu einem Ort in dieser Wüste.

Während sich die Erweiterungen in v. 26a als Ausgleich zwischen den beiden Versionen erklären lassen, ist das bei v. 26b nicht der Fall. Diesem Halbvers entspricht inhaltlich nur die vorpriesterliche Erzählung in v. 27f. Seine Funktion hat - unter anderen literarkritischen Voraussetzungen - W. Rudolph zutreffend beschrieben: "v. 26^b faßt kurz zusammen, was v. 27f. näher ausführen"[143]. V. 26b ist somit eine Art Überschrift zu dem in v. 27f folgenden Bericht der Kundschafter. Er wird durch v. 26b besonders betont. Dann hat der Redaktor v. 26b gebildet, weil er in seiner Darstellung mit v. 26 einen Einschnitt markieren wollte. Hier beginnen die für die Israeliten verhängnisvollen Ereignisse, die im folgenden geschildert werden. Diese Absicht des Redaktors wird auch daran deutlich, daß bei ihm in v. 26a die Kundschafter zu Mose, Aaron und der ganzen Gemeinde der Israeliten gekommen sind. Bei P waren die Männer wie in der vorpriesterlichen Erzählung von Mose ausgesandt worden (v. 17a). Deshalb hätte der Redaktor die vorpriesterliche Version in v. 26a nicht durch Aaron und die ganze Gemeinde ergänzen müssen, wenn er lediglich beide Fassungen miteinander ausgleichen wollte. Er erwähnt schon in v. 26a das Auditorium, vor dem dann die Kundschafter berichten, weil er ihren Bericht

---

142 Auch an anderen Stellen ist die Priesterschrift durch Listen erweitert worden, als dieses Werk noch für sich tradiert wurde, so z.B. in Gen 46,8-27 (vgl. L. Schmidt, Studien, 196) und Ex 6,13-30, vgl. dazu S. 3. Im Unterschied zu diesen Listen ist freilich die Liste in Num 13,4-16 eine freie Bildung. Wie M. Noth, Numeri, 92, mit Recht ausführt, geht aus der Erwähnung von Josua und Kaleb hervor, daß diese Liste auf die priesterliche Kundschaftererzählung hin konstruiert wurde.

143 W. Rudolph, 75.

deutlich von ihrer Erkundung des Landes, die zuvor erzählt wird, absetzen wollte. Dafür nahm der Redaktor in Kauf, daß nun für "ihm" in v. 27a der Bezugspunkt fehlt. Für den Redaktor verstand es sich anscheinend von selbst, daß damit Mose gemeint war.

Mit der Formulierung: "Da gaben sie ihnen Bericht und der ganzen Gemeinde" wird in v. 26bα für die Adressaten des Berichts zwischen Mose/Aaron und der Gemeinde unterschieden. Eine solche Differenzierung lag dem Redaktor fern. Die Worte "und der ganzen Gemeinde" klappen in v. 26bα eindeutig nach. Das zeigt, daß sie später eingefügt wurden[144]. Außer ihnen stammt der jetzige Wortlaut von v. 26 von dem Redaktor, der somit hier den Grundbestand in v. 26a aus der vorpriesterlichen Erzählung erheblich erweitert hat.

An dem harten Nebeneinander von "zu der Wüste Paran" und "nach Kadesch" in v. 26a wird deutlich, daß die priesterlichen Stücke in Num 13 nicht als Ergänzung der vorpriesterlichen Erzählung entstanden sind. In v. 26a mußte "zu der Wüste Paran" nur eingefügt werden, wenn zwei Kundschaftererzählungen vorlagen, die mit unterschiedlichen Orten verbunden waren. Dann war der Redaktor genötigt, hier beide Angaben miteinander auszugleichen. Ansonsten hat er die beiden Versionen geschickt miteinander verknüpft. In v. 1-17a hat er die erweiterte priesterliche Darstellung aufgenommen. Daß hier die nichtpriesterliche Variante nicht einmal fragmentarisch zu Wort kommt, macht es wahrscheinlich, daß in ihr Jahwe nicht die Sendung der Kundschafter befohlen hatte. Dann mußte der Redaktor hier zwischen P und der nichtpriesterlichen Fassung wählen.

Im folgenden hat er jedoch seine beiden Vorlagen vollständig berücksichtigt. Er ergänzte mit v. 17b-20 die Aussendung der Kundschafter nach P (v. 17a) durch den Auftrag des Mose aus der vorpriesterlichen Erzählung. Ähnlich hat er in v. 21-24* beide Fassungen miteinander verknüpft. Durch v. 22a.23a werden nun einzelne Erlebnisse der Kundschafter bei ihrer Erforschung des ganzen Landes, die in v. 21 erzählt wird, nachholend berichtet. In v. 1-24* bildet die erweiterte priesterliche Version den Rahmen, der durch die vorpriesterliche Erzählung ergänzt wird. Dagegen hat v. 25 bei dem Redaktor eine andere Bedeutung als bei P. Da er mit v. 26 einen Einschnitt markiert, wird bei ihm in v. 25 nicht geschildert, daß die Männer zurückgekehrt sind, sondern daß sie von ihrer Erkundung des Landes umgekehrt sind. Erst mit v. 26a kommen sie wieder zu ihrem Ausgangspunkt. Bei dem Bericht der Kundschafter hat der Redaktor die vorpriesterliche Version aus P in v. 32.33aα.b ergänzt. Was die Männer hier

---

144 Das ist weitgehend anerkannt, vgl. z.B. S. Mittmann, 46.

sagen, ist nun eine Steigerung ihrer Worte in v. 31. Während sie in v. 31 ausführen, daß die Israeliten nicht in das Land hinaufziehen können, weil seine Bevölkerung zu stark ist, machen sie in v. 32 sogar das Land schlecht. Ihre Kritik unterstreichen sie in v. 33aα.b dadurch, daß sie dort sogar Riesen gesehen haben, gegenüber denen sie sich wie Heuschrecken vorkamen.

Die Beobachtungen zur Komposition in Num 13 zeigen also, daß der Redaktor seine beiden Vorlagen durchaus sinnvoll zusammengearbeitet hat. Dabei ist auch abgesehen von v. 26a deutlich, daß die priesterliche Version keine Ergänzungsschicht ist, sondern dem Redaktor vorlag. Es wurde in der Analyse schon verschiedentlich darauf hingewiesen, daß die P-Stücke nahtlos aneinander anschließen. Das wäre nicht möglich, wenn sie als Ergänzung der vorpriesterlichen Erzählung entstanden wären. Außerdem ist in der priesterlichen Version das Verb תור ein Leitwort. Diese Funktion hat das Verb jedoch nur, wenn die priesterlichen Bestandteile aufeinander folgen. Sonst dürfte z.B. תור in v. 26 nicht fehlen, da mit diesem Vers ein Einschnitt markiert wird. Durch die Komposition in Num 13 kommt zudem die Auffassung von P nicht mehr voll zur Geltung. So läßt sich nur schwer verstehen, daß die Kundschafter das Land verleumdeten (v. 32), nachdem sie die Frucht des Landes mitgebracht haben. Sie zeigt doch, daß es sich um ein eigentlich begehrenswertes Land handelt. Dann gehört v. 32 ursprünglich zu einer Darstellung, in der die vorpriesterliche Erzählung nicht enthalten war.

Das Ergebnis der Analyse von Num 13 ist somit: Hier sind zwei Versionen der Kundschaftererzählung miteinander verbunden, die ursprünglich unabhängig voneinander tradiert wurden. Zu der vorpriesterlichen Fassung gehören: V. 17b-20*.22a.23a.26a* ("da gingen sie und kamen zu Mose nach Kadesch"). 27a.bβ.28. 30* (ohne "gegenüber Mose"). 31. Sie wurde wohl schon durch v. 27bα erweitert, bevor die priesterliche Fassung entstand. Dafür spricht, daß der jetzige Wortlaut der Verheißung Jahwes in Ex 3,8.17, wo das Land ebenfalls als ein Land, das von Milch und Honig fließt, beschrieben wird, älter als P ist[145]. Da es in Num 13,27 um die Qualität des Landes geht, vermißte der Ergänzer, daß die Kundschafter das Land als ein Land, das von Milch und Honig fließt, charakterisiert haben. Deshalb fügte er v. 27bα ein.

Aus P stammen: V. 1.2a.17a.21.25.32.33aα.b. Die priesterliche Version ist durch v. 2b-16 ergänzt worden, als P noch als selbständige Quellenschrift tradiert wurde.

---

145 Vgl. W.H. Schmidt, Exodus, 137ff.

Auf den Redaktor, der beide Fassungen zusammenarbeitete, geht der jetzige Wortlaut von v. 26 - abgesehen von "und der ganzen Gemeinde" in v. 26b - zurück. Ob er auch v. 29 und in v. 30 "gegenüber Mose" eingefügt hat, läßt sich nicht mehr sagen. Jedenfalls setzen diese Erweiterungen der vorpriesterlichen Erzählung die priesterliche Fassung voraus. Auch bei v. 23b dürfte es sich um einen späten Zusatz handeln. Da in Num 20,5 für den Endredaktor Feigen- und Granatapfelbaum für das Land charakteristisch sind, könnte auf ihn auch 13,23b zurückgehen. "Und der ganzen Gemeinde" in v. 26b und v. 33aβ sind Glossen. Für die Datierung von v. 22b und v. 24 gibt es bisher keine sicheren Anhaltspunkte.

2. Num 14,1-38

Das Ergebnis zu Num 13 ist die Basis für die folgende Analyse von Num 14,1-38. Hier ist bereits v. 1 nicht einheitlich. In v. 1a ist von der ganzen Gemeinde die Rede, in v. 1b dagegen von dem Volk. Der Begriff "das Volk" kommt in Num 13 in der priesterlichen Version nicht vor. Er ist aber in 13,30 in der vorpriesterlichen Erzählung belegt. Deshalb stammt 14,1b aus ihr. Häufig wird v. 1a ganz P zugewiesen[146]. Aber der Halbvers enthält eine deutliche Dublette. In v. 1α muß mit "da erhob die ganze Gemeinde" gemeint sein, daß die Gemeinde ihre Stimme erhob[147]. Diese Bedeutung kann das Verb נשא auch ohne das Objekt Stimme haben, wie Jes 3,7; 42,2; Hi 21,12 zeigen. Dann besagt aber v. 1aα dasselbe wie v. 1aβ. Deshalb gehört v. 1aβ zusammen mit v. 1b zu der nichtpriesterlichen Version. Aus P stammt lediglich v. 1aα[148]. Bei P folgte darauf direkt v. 2. Hier wird berichtet, daß alle Israeliten gegen Mose und Aaron murrten und sich wünschten "im Land Ägypten oder in dieser Wüste" gestorben zu sein. Damit nimmt P den Todeswunsch in Ex 16,3 auf und führt ihn weiter. Als die Israeliten in die Wüste Sin gekommen waren und dort hungern mußten, wünschten sie sich, im Land Ägypten gestorben zu sein. Nun

---

146 So z.B. K. Elliger, 175; V. Fritz, 20; S.E. McEvenue, Style, 110f; N. Lohfink, Priesterschrift, 222 Anm. 29; P. Weimar, Struktur, 85 Anm. 18; U. Struppe, 152; A. Schart, 87.

147 W. Rudolph, 74, und S. Mittmann, 47, ändern hier MT in ותרא = da fürchtete sich. Aber es läßt sich nicht begründen, wie daraus MT entstanden sein sollte. So ist hier MT beizubehalten.

148 So z.B. B. Baentsch, 523f; M. Noth, Numeri, 95. Zu der Abfolge v. 1aβ.b vgl. z.B. Gen 45,2 "da erhob er (נתן) seine Stimme mit Weinen" und Gen 21,16 "da erhob sie (נשא) ihre Stimme und weinte".

stehen sie vor dem verheißenen Land, das für sie nicht begehrenswert ist, weil es die Kundschafter schlecht gemacht haben. Deshalb wünschen sie jetzt, daß sie im Land Ägypten *oder* in dieser Wüste gestorben wären.

Umstritten ist die Zuweisung von v. 3 und v. 4. M. Noth und V. Fritz sehen in v. 4 eine Dublette zu v. 3b. Sie rechnen deshalb v. 3 zu P und v. 4 zur vor-priesterlichen Version[149]. Aber v. 4 stößt sich nicht mit v. 3b. In v. 3b fragen die Israeliten: "Wäre es für uns nicht besser, nach Ägypten zurückzukehren?". Aus dieser Frage ziehen sie in v. 4 die Konsequenzen. Nun fordern sie einander auf, einen Anführer einzusetzen und nach Ägypten zurückzukehren[150]. V. 3 und v. 4 gehören somit zusammen[151]. Sie werden häufig P abgesprochen, weil man zwischen ihnen und v. 2 einen Widerspruch sieht. Die Israeliten könnten sich nicht wünschen, daß sie in Ägypten gestorben wären, wenn sie nach Ägypten zurückkehren wollen[152]. Das ist jedoch kein Widerspruch. Die Israeliten wünschen sich in v. 2, im Land Ägypten oder in dieser Wüste gestorben zu sein, weil ihnen jetzt der Tod durch das Schwert bevorsteht (v. 3a). Um diesem Tod zu entgehen, wollen sie nach Ägypten zurückkehren (v. 3b.4). Mit der Erwähnung Ägyptens in v. 2 führt P nicht nur Ex 16,3 weiter, sondern bereitet zugleich v. 3 vor. Hier werden "zu diesem Land" und "nach Ägypten" einander gegenüberge-stellt. Die Israeliten vergleichen somit das Land, zu dem sie Jahwe bringt, mit Ägypten. Während sie in diesem Land durch das Schwert fallen werden, erwar-tet sie in Ägypten kein gewaltsamer Tod. Das entspricht insofern Ex 16,3, als dort die Israeliten ihren Aufenthalt in Ägypten für angenehmer hielten als ihre gegenwärtige Situation in der Wüste Sin. Zudem wurde oben in II und III gezeigt, daß bei P in den Murrerzählungen von Ex 16,1ff* und Num 20,1ff* auf

---

149 M. Noth, Numeri, 95f; V. Fritz, 20; so auch G.W. Coats, 138.

150 M. Noth, Numeri, 95, versteht unter Verweis auf Neh 9,17 v. 4bα folgendermaßen: "'Wir wollen einen Kopf aufsetzen', d.h. trotzig und eigenmächtig handeln". Ob aber in Neh 9,17 "da setzten sie ein Haupt" so zu interpretieren ist, ist fraglich. LXX über-setzt die Stelle mit "da gaben sie einen Anführer". In diesem Sinn wird "ein Haupt geben" auch in Ex 18,25; Dtn 1,15 gebraucht. Das spricht dafür, daß die Israeliten in Num 14,4 einen Anführer einsetzen wollen. Dann enthält v. 4 einen scharfen Gegen-satz zu v. 3. Nach v. 3 bringt Jahwe die Israeliten zu diesem Land. Sie aber wollen in v. 4 einen Anführer einsetzen und nach Ägypten zurückkehren. Damit verneinen die Israeliten nachdrücklich, daß das Wirken Jahwes sinnvoll ist.

151 Dieser Zusammenhang zwischen v. 3 und v. 4 wird auch von B. Baentsch, 524, und S. Mittmann, 47f, betont.

152 Vgl. z.B. B. Baentsch, 523; S.E. McEvenue, Problem, 462; S. Mittmann, 48; U. Struppe, 152. Nicht zu P rechnen v. 3f z.B. auch K. Elliger, 175; N. Lohfink, Prie-sterschrift, 222 Anm. 29; P. Weimar, Struktur, 85 Anm. 18.

den Todeswunsch eine Feststellung (Ex 16,3) oder eine Frage (Num 20,4) folgt. In ihnen erklären die Israeliten ihren bisherigen Weg für sinnlos, weil er sie nur in den Tod führt. In gleicher Weise stellen sie mit v. 3a in Frage, daß sie Jahwe zu diesem Land bringt. Zudem bliebe ohne v. 3 unklar, warum die Israeliten nach dem Bericht der Kundschafter einen Todeswunsch äußern. Das ist nur verständlich, wenn sie meinen, daß ihnen jetzt der Tod droht. Das versteht sich jedoch nicht von selbst, sondern muß berichtet werden.

Aus v. 3 erklärt sich auch, warum der Todeswunsch in v. 2 geringfügig von den beiden anderen Stellen abweicht, an denen sich bei P die Israeliten wünschen, daß sie gestorben wären. In Ex 16,3 wollen die Israeliten in dem Gebiet gestorben sein, in dem sie sich früher aufhielten ("im Land Ägypten"). Das gilt auch für Num 20,3b. Hier beziehen sie sich mit ihren Worten "als unsere Brüder vor Jahwe verschieden" auf eine Zeit, in der sie noch nicht in der Wüste Zin waren. An beiden Stellen wollen sie an ihrem früheren Aufenthaltsort gestorben sein, weil sie meinen, daß sie in der Wüste, in der sie jetzt sind, durch Hunger bzw. Durst umkommen werden. Dagegen nennen sie in Num 14,2 nicht nur das Land Ägypten, sondern auch die Gegend, in der sie gegenwärtig sind ("oder in dieser Wüste"). Warum das geschieht, wird aus v. 3 deutlich. Wenn die Israeliten hier fragen "Wozu bringt uns Jahwe zu diesem Land, um durch das Schwert zu fallen...?", so befürchten sie nicht, daß sie in der Wüste Paran umkommen. Sie meinen, sterben zu müssen, wenn sie versuchen, das Land einzunehmen. Ihr Todeswunsch in v. 2 entspricht also darin Ex 16,3 und Num 20,3b, daß die Israeliten jeweils wünschen, gestorben zu sein, bevor sie in dem Gebiet sind, in dem sie den Tod erwarten. Das wird freilich für Num 14,2 nur deutlich, wenn v. 3 folgt. Aus der Formulierung des Todeswunsches in v. 2 ergibt sich somit eindeutig, daß v. 3 aus P stammt.

Nun steht in v. 2 "das Land Ägypten", in v. 3f aber nur "Ägypten". Daraus geht für S. Mittmann hervor, daß v. 3f nicht P zugewiesen werden kann[153]. Tatsächlich gebraucht P in der Regel die Formulierung "das Land Ägypten". Als Richtungsangabe "nach Ägypten" verwendet P aber auch sonst "Ägypten" mit ה-locale. So heißt es z.B. bei P in Gen 48,5: "Und nun, deine zwei Söhne, die dir geboren wurden *im Land Ägypten*, bis ich zu dir *nach Ägypten* kam..."[154]. Hier stehen innerhalb eines Verses sowohl "das Land Ägypten" als auch "nach Ägypten". Dann können v. 3 und v. 4 P nicht abgesprochen werden, weil hier für

---

153 S. Mittmann, 48.

154 Gen 48,5 wird meist P zugewiesen, vgl. z.B. M. Noth, Pentateuch, 18. Weitere Belege
    für Ägypten mit ה-locale bei P sind Gen 41,57 und 46,6. Zur Zuweisung dieser
    Stellen vgl. L. Schmidt, Studien, 245f.176.

Ägypten eine andere Formulierung gebraucht wird als in v. 2. Aus den genannten Beobachtungen folgt vielmehr, daß v. 3 und v. 4 P zuzuweisen sind.
    Darauf folgte bei P v. 5-7. In v. 5 wird geschildert, wie Mose und Aaron auf
das Murren der Israeliten in v. 2-4 reagierten. In v. 6f verteidigen dann Josua
und Kaleb das Land. Das ist ein Unterschied zur vorpriesterlichen Erzählung, in
der in 13,30 lediglich Kaleb den anderen Kundschaftern widersprochen hatte. S.
Mittmann hat allerdings v. 5-7 P abgesprochen. Nach ihm folgte bei P v. 10b
direkt auf v. 2. Das gehe daraus hervor, daß nach 13,32 alle Kundschafter das
Land verleumdet hätten. "Der Einspruch" von Josua und Kaleb "käme hier auch
viel zu spät"[155]. Es ist jedoch nicht überraschend, daß bei P Josua und Kaleb erst
in 14,6 eingeführt werden. Sie werden dadurch von P erstmals an der Stelle
genannt, an der sie für den weiteren Verlauf von Bedeutung sind. Wenn S.
Mittmann meint, daß ihr Einspruch zu spät käme, so übersieht er die Funktion, die ihre Verteidigung des Landes in der priesterlichen Version hat. Gehört
mindestens v. 6f zu P, so muß hier auch berichtet worden sein, wie die Israeliten
auf die Rede von Josua und Kaleb reagierten. Das steht in v. 10a, so daß auch
dieser Halbvers zu P zu rechnen ist. Damit spitzen sich bei P hier die Ereignisse
dramatisch zu. Die Israeliten wollen Josua und Kaleb steinigen, nachdem sie das
Land verteidigt haben. Damit haben sich die Israeliten die Verleumdung des
Landes durch die übrigen Kundschafter voll zu eigen gemacht. Von dieser
Auffassung lassen sie sich durch nichts mehr abbringen. Mit dem Einspruch von
Josua und Kaleb und der Reaktion der Israeliten unterstreicht P somit, daß die
Israeliten das verheißene Land abgelehnt haben. Deshalb verteidigen hier Josua
und Kaleb erst das Land, nachdem die Israeliten nach dem Bericht der Kundschafter murrten. Als die Israeliten Josua und Kaleb steinigen wollen, erscheint
ihnen die Herrlichkeit Jahwes (v. 10b).
    Daß v. 6f aus P stammt, wird dadurch gestützt, daß die Rede von Josua und
Kaleb in v. 7b parallel zu den Worten der Kundschafter in 13,32bα formuliert
ist. Der Beginn von v. 7b ("das Land, das wir durchzogen haben, es zu erforschen") stimmt wörtlich mit dem Anfang von 13,32b überein. Die Fortsetzung ist
dann jeweils verschieden. Auf diese Weise wird betont, daß sich Josua und
Kaleb in der Beurteilung des Landes grundlegend von den anderen Kundschaftern unterschieden[156]. V. 5-7 und v. 10 stammen somit sicher aus P.

---

155 S. Mittmann, 48. Ihm hat sich E. Aurelius, 131 Anm. 13, angeschlossen.
156 So auch P. Weimar, Struktur, 132 Anm. 143.

Umstritten ist auch die Zuweisung von v. 8f. Meist werden die beiden Verse P abgesprochen, so daß v. 10 ursprünglich direkt auf v. 7 gefolgt wäre[157]. Dagegen rechnet M. Noth v. 8f mit Ausnahme von v. 9aα[1] ("nur gegen Jahwe empört euch nicht") zu P[158]. Tatsächlich schließt v. 9aα[2] schlecht an v. 9aα[1] an. Das betonte "ihr aber" am Anfang von v. 9aα[2] kann aber auch nicht die ursprüngliche Fortsetzung von v. 8 sein, da sich diese Aufforderung zur Furchtlosigkeit nicht aus v. 8 ergibt. Es geht in v. 8 nicht darum, "daß Jahwe, wenn er will, Israel in das Land hineinführen könne", wie M. Noth annimmt[159]. Vielmehr wird nach v. 8 Jahwe die Israeliten in das Land bringen und es ihnen geben, wenn er an ihnen Gefallen hat. Dazu ist v. 9aα[1] die Fortsetzung. Die Israeliten sollen sich nicht gegen Jahwe empören, weil es darauf ankommt, daß er an den Israeliten Gefallen hat. Dem בנו in v. 8aα entspricht ביהוה in v. 9aα[1]. V. 8 und v. 9aα[1] gehören somit zusammen.

Was ging dann v. 9aα[2] ursprünglich voran? Hier ist "ihr aber" betont vorangestellt. Ebenso steht in den Worten Josuas und Kalebs in v. 7b "das Land" betont am Anfang. Diesem "das Land" entspricht also "ihr aber" in v. 9aα[2]. Das zeigt, daß v. 9aα[2].β.b ursprünglich direkt auf v. 7 folgte. Die Rede Josuas und Kalebs besteht somit aus zwei Teilen. Die beiden Männer betonen zunächst, daß das Land überaus gut ist. Danach fordern sie die Israeliten auf, nicht das Volk des Landes zu fürchten. Erst durch diese beiden Teile entspricht ihre Rede den Worten der Kundschafter in 13,32f*. Hier haben die Männer nicht nur von dem Land, sondern auch von seinen Bewohnern berichtet. Deshalb reden Josua und Kaleb ebenfalls nicht nur von dem Land, sondern auch von dem Volk des Landes. Dabei greifen sie in v. 9aβ ein Element aus 13,32bα auf. Dort sagten die Kundschafter von dem Land, daß es seine Bewohner frißt. In v. 9aβ aber heißt es von dem Volk des Landes "denn sie sind unser Brot". Nicht das Land frißt seine Bewohner, sondern das Volk des Landes wird von den Israeliten vernichtet werden.

Für die Zuweisung von v. 9aα[2].β.b zu P spricht eine weitere Beobachtung. In 14,2 beginnt und endet der Todeswunsch der Israeliten mit den Worten "o, daß wir doch gestorben wären". In v. 9aα[2].β.b steht die Aufforderung, das Volk

---

157 So z.B. B. Baentsch, 524f; K. Elliger, 175; V. Fritz, 20; S.E. McEvenue, Style, 111f; N. Lohfink, Priesterschrift, 222 Anm. 29; P. Weimar, Struktur, 85 Anm. 18; U. Struppe, 153.

158 M. Noth, Numeri, 96.

159 M. Noth, Numeri, 96.

des Landes nicht zu fürchten, am Anfang und am Schluß. In 14,2 wird der Todeswunsch der Israeliten wiederholt, um ihre Hoffnungslosigkeit zu unterstreichen. Weil sie so verzweifelt sind, werden sie in v. 9aα². β.b zweimal aufgefordert, das Volk des Landes nicht zu fürchten. V. 9aα². β.b fügt sich somit gut in die priesterliche Darstellung ein. Wer dieses Stück P abspricht, zerstört Linien, die von dem Verfasser beabsichtigt sind.

Woher stammt aber v. 8.9aα¹? Gelegentlich wurden Teile von v. 8f der vorpriesterlichen Version zugewiesen[160]. Da in ihr Josua sonst nicht erwähnt wird, müßte es sich dort um eine Rede Kalebs gehandelt haben. Dagegen spricht schon, daß nicht erzählt würde, wie die Israeliten auf seine Worte reagierten. Das kann nicht damit erklärt werden, daß die Redaktion eine solche Bemerkung zugunsten der priesterlichen Darstellung in v. 10a ausgelassen hat. In der vorpriesterlichen Version käme eine Rede Kalebs nach v. 1aβ.b zu spät. Hier wird berichtet, daß das Volk in dieser Nacht weinte. Damit wird ein Einschnitt markiert. Das Volk folgte nicht der Auffassung Kalebs, daß das Land eingenommen werden kann (13,30), sondern es hat sich von den anderen Kundschaftern überzeugen lassen, daß die Bevölkerung des Landes zu stark ist (13,31). Nach 14,1aβ.b kann in der vorpriesterlichen Erzählung nur berichtet worden sein, wie Jahwe das Weinen des Volkes beantwortete.

Allerdings hat nach B. Baentsch der Redaktor ihren Ablauf verändert, um sie mit der priesterlichen Variante verbinden zu können. 13,30 setze voraus, daß das Volk unruhig geworden war. Das werde jedoch erst in 14,1aβ.b berichtet. "Demnach muss v. 30f. früher nach 14,1 gestanden haben"[161]. In 14,8f* liege "ein Stück einer Rede Kalebs vor, die mit der von 13,30... irgendwie zusammengehangen hat oder vielleicht auf 13,31 gefolgt ist"[162]. Aber warum die Redaktion in dieser Weise die vorpriesterliche Erzählung verändert haben sollte, ist nicht einsichtig. Hätte sie den postulierten Ablauf beibehalten, dann würde sich in Verbindung mit der priesterlichen Darstellung eine schöne Steigerung ergeben: Nach dem Bericht der Kundschafter in 13,27f hätte das Volk zunächst *geweint* (14,1aβ.b). Kaleb versuchte, es zu beschwichtigen (13,30). Die anderen Kundschafter bestehen aber darauf, daß die Bevölkerung des Landes zu stark ist und verleumden das Land (13,31-33). Darauf *murrten* die Israeliten gegen Mose und Aaron (14,1aα.2-4). Die Redaktion hat aber an den Bericht der vorpriester-

---

160 Zu ihr gehören nach V. Fritz, 22f, v. 8a.9; nach B. Baentsch, 524f, v. 8a.9aα². β.b.

161 B. Baentsch, 522; vgl. schon J. Wellhausen, 101.

162 B. Baentsch, 524.

lichen Erzählung, daß das Volk in dieser Nacht weinte (14,1aβ.b), die Schilderung von P über das Murren der Israeliten in 14,2-4 angeschlossen. Das spricht
dagegen, daß in der vorpriesterlichen Version Kaleb mit seinen Worten in 13,30
auf das Weinen des Volkes reagierte. Es gibt somit keinen Grund für die Annahme, daß die Redaktion die Abfolge in der vorpriesterlichen Erzählung
umgestellt hat. 13,30 setzt zwar voraus, daß das Volk unruhig geworden war.
Aber das wurde in der vorpriesterlichen Erzählung nicht ausdrücklich berichtet,
sondern ergab sich aus 13,30[163]. Gegen die vorgeschlagene Umstellung spricht
zudem, daß - wie erwähnt - mit 14,1aβ.b in der vorpriesterlichen Version ein
deutlicher Einschnitt markiert wird. Aus ihr können dann v. 8.9aα[1] nicht stammen.

Deshalb muß es sich bei diesem Stück um eine spätere Erweiterung der
Rede Josuas und Kalebs handeln. Das wird dadurch bestätigt, daß in v. 8a v. 3a
vorausgesetzt wird. Dort fragen die Israeliten: "Wozu bringt uns Jahwe zu
diesem Land, um durch das Schwert zu fallen...?". Josua und Kaleb sagen in v.
8a: "Wenn Jahwe an uns Gefallen hat, wird er uns zu diesem Land bringen und
es uns geben". Wenn Jahwe also an den Israeliten Gefallen hat, werden sie nicht
durch das Schwert fallen, sondern Jahwe wird sie zu dem Land bringen und es
ihnen geben. In v. 8b folgt eine Beschreibung des Landes, die der Erweiterung
der vorpriesterlichen Erzählung in 13,27bα entspricht: Das Land ist ein Land,
das von Milch und Honig fließt. V. 8 bezieht sich somit auf beide Fassungen der
Kundschaftergeschichte. Dann können v. 8 und v. 9aα[1] nicht vor der Endredaktion des Pentateuch angesetzt werden. Dafür spricht auch das Verb מרד in v.
9aα[1]. Es kommt im Pentateuch nur noch in der späten Stelle Gen 14,4 vor. V.
8.9aα[1] wurde eingefügt, weil der Ergänzer in der Rede von Josua und Kaleb
eine Ermahnung vermißte, Jahwe zu gehorchen. Ihm genügte es nicht, daß
Josua und Kaleb die Israeliten aufforderten, das Volk des Landes nicht zu
fürchten. Deshalb stellte er dieser Aufforderung v. 8.9aα[1] voran.

In Num 14,1-10 stammt somit nur v. 1aβ.b aus der nichtpriesterlichen
Kundschaftergeschichte. Zu P gehören v. 1aα.2-7.9aα[2].β.b.10. Ein später Zusatz
ist v. 8.9aα[1].

Von dem Dialog zwischen Jahwe und Mose in v. 11-25 und der Jahwerede
in v. 26-35 wird übereinstimmend ein Grundbestand in v. 26ff P zugewiesen. Das
ist berechtigt, wie später gezeigt werden soll. Zunächst muß aber v. 11-25
untersucht werden. Auch dieses Stück ist in seiner gegenwärtigen Gestalt relativ

---

163 Vgl. M. Noth, Numeri, 95.

jung. Das geht aus seinen Beziehungen zu anderen Texten hervor. Zwischen v. 12-16 und dem meist einer deuteronomistischen Bearbeitung zugewiesenen Abschnitt Ex 32,7-14[164] besteht deutlich eine Verwandtschaft. In beiden Texten kündigt Jahwe Mose an, daß er das Volk vernichten und Mose zu einem großen Volk machen will (Ex 32,10; Num 14,12). Darauf bittet jeweils Mose für das Volk. Er argumentiert in Num 14,13-16 damit, daß die Völker die Vernichtung Israels so deuten werden, daß Jahwe es nicht in das verheißene Land bringen konnte. Nach Ex 32,12 würden die Ägypter aus dem Untergang der Israeliten schließen, daß Jahwe sie im Bösen herausgeführt hat, um sie zu töten. Noch näher bei Num 14,13ff stehen die Worte des Mose in Dtn 9,28. Danach würde Ägypten aus der Vernichtung der Israeliten entnehmen, daß Jahwe sie nicht in das zugesagte Land bringen konnte. Num 14,18 ist ein verkürztes Zitat von Ex 34,6f. Es wird in v. 17b mit den Worten "wie du geredet hast folgendermaßen" ausdrücklich als Zitat gekennzeichnet. In Num 14,19 und Ex 34,9 bittet Mose jeweils, daß Jahwe dem Volk vergeben möge. Wegen dieser Beziehungen wird die jetzige Fassung von Num 14,11-25 meist auf eine deuteronomistische Bearbeitung zurückgeführt[165]. Dann wäre sie älter als P.

Dagegen ist nach H.-C. Schmitt der Abschnitt Num 14,11b-23a nachpriesterlich, da in den Aussagen über die Herrlichkeit Jahwes in v. 21f die priesterliche כבוד-Vorstellung weitergebildet worden sei[166]. Tatsächlich wird in v. 21f P vorausgesetzt. Nach v. 21b wird die ganze Erde von der Herrlichkeit Jahwes voll werden. Hier fällt auf, daß in einer Jahwerede "die Herrlichkeit Jahwes" und nicht "meine Herrlichkeit" steht. Das läßt sich nur so erklären, daß der Verfasser hier bewußt den Ausdruck "die Herrlichkeit Jahwes" gebraucht, weil er eine Beziehung zu den Erscheinungen der Herrlichkeit Jahwes bei P herstellen will. In Num 14 wird mit v. 21b zugleich v. 10b weitergeführt. Nach v. 10b ist die Herrlichkeit Jahwes den Israeliten erschienen. Von dieser Herrlichkeit wird die ganze Erde voll werden (v. 21b). Durch v. 21b wird somit die priesterliche Erscheinung der Herrlichkeit Jahwes an die Israeliten zu der Prolepse eines "eschatologischen" Geschehens. Daß die Aussagen über die Herrlichkeit Jahwes in v. 21f von der priesterlichen Darstellung abhängig sind,

---

164 Zur literarischen Beurteilung von Ex 32,7-14 vgl. z.B. M. Noth, Exodus, 200; E. Blum, Studien, 73f.

165 So z.B. M. Noth, Numeri, 96; S. Mittmann, 55; E. Blum, Vätergeschichte, 397; ders., Studien, 133f; E. Aurelius, 130ff; A. Schart, 149ff. Auch nach K.D. Sakenfeld, The problem, 320, geht Num 14,11-25 in seiner gegenwärtigen Gestalt auf eine vorpriesterliche Erweiterung der älteren Erzählung zurück.

166 H.-C. Schmitt, Redaktion, 183f.

bestätigt v. 22a, wonach die Israeliten "meine Herrlichkeit und meine Zeichen, die ich in Ägypten und in der Wüste getan habe" sahen. Nach B. Baentsch ist hier die Herrlichkeit gemeint, die sich in den Machttaten Jahwes dokumentiert[167]. Dann würde hier die Herrlichkeit Jahwes durch die Zeichen interpretiert. Es liegt aber näher, daß in v. 22a zwei Feststellungen getroffen werden: Die Israeliten sahen die Herrlichkeit *und* die Zeichen Jahwes. Diese Deutung wird durch den Anfang von v. 14b gestützt, wo es heißt: "(in der Mitte deines Volkes), dem du, Jahwe, Auge in Auge 'erscheinst'"[168]. Diese ungewöhnliche Aussage, durch die die Unmittelbarkeit betont wird, in der das Volk Jahwe begegnen darf, kann sich nur auf die Erscheinungen der Herrlichkeit Jahwes bei P beziehen. Sie wird dann in v. 22a aufgenommen[169].

In v. 14b ist auch die Formulierung "und deine Wolke steht über ihnen" eindeutig eine Weiterbildung von P. Von P wird die Wolke ohne die Näherbestimmung erwähnt, daß es sich bei ihr um die Wolke Jahwes handelt[170]. Dagegen steht in dem Zusatz Num 10,34[171] "die Wolke Jahwes". Dem entspricht "deine Wolke" in Num 14,14. Deshalb kann diese Aussage über die Wolke nicht vorpriesterlich sein. Das ist teilweise erkannt worden. B. Baentsch hielt "und deine Wolke steht über ihnen" für einen Zusatz des Endredaktors[172]. Nach P. Weimar steht diese Aussage in Spannung zu der folgenden Erwähnung von Wolken- und Feuersäule. Mit dem Satz über die Wolke gehöre zusammen, daß Jahwe den Israeliten Auge in Auge erscheint. Deshalb sei v. 14bα erst von dem Endredaktor eingefügt worden[173]. Dann wären jene Teile in v. 14 sekundär, die eindeutig P voraussetzen. Aber die Annahme, daß v. 14b später aufgefüllt wurde, beruht auf der Voraussetzung, daß Num 14,11-25 älter sein muß als P. Da sie für v. 21f - wie gezeigt - nicht zutrifft und da in v. 22a die Aussage über das Erscheinen Jahwes in v. 14b aufgenommen wird, gibt es keinerlei Grund, v.

---

167 B. Baentsch, 528.

168 Hier ist statt der 3. Pers. perf. ni. das ptz. ni. zu lesen, wie aus dem folgenden "du" hervorgeht.

169 E. Aurelius, 135 Anm. 32, hat gegen H.-C. Schmitt eingewandt, daß "nicht jede Erwähnung der 'Herrlichkeit' im Pentateuch von P geprägt oder von ihm abhängig sein" muß. Sie sei in Num 14,21f "viel näher mit dem Jesajabuch verwandt". Aber ohne die priesterliche Darstellung läßt sich eben Num 14,21f nicht erklären.

170 Vgl. z.B. Ex 16,10; Num 10,11f.

171 Vgl. z.B. B. Baentsch, 502; M. Noth, Numeri, 71.

172 B. Baentsch, 527; vgl. auch Ph.J. Budd, 158.

173 P. Weimar, Meerwundererzählung, 152 Anm. 10; ähnlich E. Blum, Studien, 141 Anm. 170, der mit der Möglichkeit rechnet, daß v. 14b insgesamt nachgetragen wurde.

14bα als Zusatz auszuscheiden. Daß in v. 14b die Wolke Jahwes und die Wol-
ken- und Feuersäule genannt werden, geht darauf zurück, daß der Verfasser hier
verschiedene Vorstellungen aus seinen Überlieferungen miteinander verbunden
hat. Die Wolken- und Feuersäule stammen aus Ex 13,21f, die Wolke aus P. In
seiner gegenwärtigen Gestalt ist somit Num 14,11-25 nachpriesterlich.

Freilich muß in der vorpriesterlichen Kundschaftererzählung berichtet
worden sein, wie Jahwe auf das Weinen des Volkes in 14,1aβ.b reagiert hat. Es
ist m.E. äußerst unwahrscheinlich, daß ein entsprechendes Stück später durch
14,11-25 vollständig ersetzt wurde. Dagegen spricht schon, daß in v. 24 lediglich
Kaleb von der Bestrafung des Volkes ausgenommen wird. Das paßt gut zu 13,30,
wo Kaleb das Volk beschwichtigen wollte. Daß hier gerade Kaleb daran festhält,
daß das Land eingenommen werden kann, wird nur verständlich, wenn seine
Worte für sein künftiges Geschick von Bedeutung waren. Würde in v. 24 die
priesterliche Fassung vorausgesetzt, dann müßten hier Kaleb und Josua verschont werden, da nach P beide das Land verteidigt haben. Zudem wird die
vorpriesterliche Darstellung in den Formulierungen von v. 24 aufgenommen.
Hier wird mit "ihn werde ich in das Land bringen, in das er gekommen ist" die
Schilderung in 13,22a.23a aufgegriffen, wonach die Kundschafter nach Hebron
und dem Traubental gekommen sind. Außerdem sagen die Kundschafter in
13,27 "wir sind zu dem Land gekommen...". Dieses Land werden nach 14,24bβ
die Nachkommen Kalebs besitzen. Hier steht die Wurzel ירש, die auch in der
Rede Kalebs in 13,30 gebraucht wird. 14,24 ist somit in der vorpriesterlichen
Version gut verankert.

Dieser Vers war nach M. Noth ursprünglich die Fortsetzung von v. 11a und
v. 23b. Da in v. 23b auf v. 11a Bezug genommen wird, stamme v. 23b aus der
vorpriesterlichen Erzählung. Aus ihr sei durch den Einschub v. 11b-23a ein Satz
über das verheißene Land verdrängt worden, auf den sich in v. 23b das Suffix
"es" beziehe[174]. Aber v. 23b ist kaum ursprünglich, da hier v. 23a vorausgesetzt
wird. S. Mittmann hat zu Recht betont, daß durch v. 23b später verdeutlicht
wurde, daß in v. 23a nur jene Israeliten von dem Sehen des Landes ausgeschlossen werden, die Jahwe in der Kundschafterepisode verächtlich behandelten[175]. V. 23b will somit klarstellen, daß ihre Nachkommen die Chance behal-
ten, in das Land zu kommen. Deshalb stammt nach S. Mittmann v. 11a.23a.24

---

174 M. Noth, Numeri, 97; auch nach K.D. Sakenfeld, The problem, 320, und H.-C.
   Schmitt, Redaktion, 183f, ist v. 11b-23a eingeschoben worden.

175 S. Mittmann, 49f.

aus der vorpriesterlichen Erzählung[176]. Aber v. 23a läßt sich kaum direkt mit v. 11a verbinden. Es handelt sich bei v. 23a um einen Schwursatz, dem eine entsprechende Einleitung vorangegangen sein muß[177]. Sie steht in v. 21a. Verbindet man aus v. 21a "so wahr ich lebe" mit v. 23a, dann ergibt sich ein fortlaufender Zusammenhang. Der Rest in v. 21f gehört dagegen zu der nachpriesterlichen Bearbeitung. Da in v. 23a das Subjekt nicht ausdrücklich genannt wird, muß von ihm zuvor die Rede gewesen sein. Das spricht dafür, daß v. 11a ebenfalls aus der vorpriesterlichen Erzählung stammt. Dagegen gehört v. 11b zu der nachpriesterlichen Erweiterung, da hier die Zeichen erwähnt werden, die Jahwe getan hat[178]. V. 11b wird dann in v. 22a aufgenommen.

In der vorpriesterlichen Version folgte somit ursprünglich v. 11a.21a*.23a.24 auf v. 1aβ.b[179]. Für diese Rekonstruktion spricht die priesterliche Darstellung. Auch hier kündigt Jahwe die Bestrafung der Israeliten in einem Schwur an. Er wird in v. 28 mit "so wahr ich lebe" eingeleitet. Da diese Formel bei P nur hier belegt ist, dürfte sie P aus der vorpriesterlichen Erzählung übernommen haben. In der deuteronomistischen Kundschaftererzählung verweigert Jahwe in Dtn 1,34f ebenfalls das Land mit einem Schwur. Hier wird in v. 35 den schuldigen Israeliten angekündigt, daß sie das Land nicht *sehen* werden. Das entspricht der

---

176 S. Mittmann, 49f.

177 So mit Recht E. Blum, Vätergeschichte, 397 Anm. 4. Nach E. Blum setzt v. 23a v. 21f voraus. Für v. 22f sei die Gegenüberstellung הראים - אם יראו konstitutiv. Das ist für den jetzigen Wortlaut von v. 22f sicher richtig. Damit ist jedoch nicht ausgeschlossen, daß diese Gegenüberstellung erst auf die nachpriesterliche Bearbeitung zurückgeht.

178 E. Blum, Vätergeschichte, 397 Anm. 4, und A. Schart, 81, bestreiten, daß v. 11a und v. 11b verschiedenen Schichten zugewiesen werden können. Nach A. Schart "ist die Doppelfrage in V. 11 Ausdruck einer Intensivierung der Klage". Die doppelte Frage in v. 11 ist zwar für sich genommen wohl kein Grund, um v. 11a von v. 11b abzusetzen. Aber der Schwur in v. 21a*.23a verlangt, daß zuvor schon von den Betroffenen die Rede war. Dafür kommt nur v. 11a in Frage. Im Unterschied zu v. 11b ist v. 11a ohne die nachpriesterliche Bearbeitung in v. 12ff verständlich. Wie unten gezeigt werden soll, setzt außerdem v. 27a voraus, daß in der vorpriesterlichen Erzählung v. 11a enthalten war.

179 Das ist allerdings für v. 23aβ fraglich. Die vorpriesterliche Erzählung wird in der Regel J zugewiesen, vgl. z.B. M. Noth, Numeri, 90f. Bei J gilt aber die Landverheißung an die Erzväter noch nicht als Schwur Jahwes, vgl. L. Schmidt, Überlegungen, 231f. Wenn die vorpriesterliche Kundschaftergeschichte zu J gehört, ist v. 23aβ ein Zusatz, der aber vermutlich schon vor der nachpriesterlichen Bearbeitung eingefügt wurde. Die Frage der literarischen Zuweisung der vorpriesterlichen Erzählung kann hier nicht erörtert werden.

Ankündigung in Num 14,23a. Dann hat Jahwe schon in der vorpriesterlichen Erzählung geschworen, daß das weinende Volk das Land nicht sehen wird[180]. Auf v. 24 folgte ursprünglich v. 25b. V. 25a ist eine Glosse, durch die das Land, das die Nachkommen Kalebs nach v. 24 besitzen werden, von dem Gebiet der Amalekiter und Kanaanäer abgegrenzt wird[181]. Die Anweisung Jahwes in v. 25b knüpft mit der Zeitbestimmung "morgen" an 14,1b an, wonach das Volk "in dieser Nacht" weinte. Ob die vorpriesterliche Erzählung schon immer literarisch mit v. 25b fortgesetzt wurde, muß hier offen bleiben. Diese Frage läßt sich nur durch eine Untersuchung klären, wie in diesem Werk der weitere Aufenthalt Israels außerhalb des Landes dargestellt wurde. Das würde den Rahmen dieser Analyse sprengen. Jedenfalls ist v. 25b älter als P.

In v. 26-38 stammt ein Grundbestand aus P. Hier folgte v. 26 unmittelbar auf v. 10. Nachdem die Herrlichkeit Jahwes am Zelt der Begegnung den Israeliten erschienen war (v. 10b), redete Jahwe zu Mose. In v. 26 ist "und zu Aaron" ein Zusatz, da der Redeauftrag in v. 28 im Singular steht. Er gilt somit nur Mose. Deshalb kann in v. 26 ursprünglich lediglich berichtet worden sein, daß Jahwe zu Mose redete[182]. Auch v. 27 ist später erweitert worden. In v. 27a und in v. 27b sagt Jahwe in einem wörtlich übereinstimmenden Relativsatz, daß die Israeliten "gegen mich" murren. Nachdem Jahwe bereits in v. 27a das Murren kritisierte, kommt seine Feststellung in v. 27b zu spät, daß er das Murren der Israeliten gehört hat. Deshalb hält M. Noth v. 27b für einen Zusatz[183]. Nun entspricht aber v. 27b weitgehend dem Anfang von Ex 16,12. Dort sagt Jahwe: "Ich habe das Murren der Israeliten gehört". Darauf folgt ein Redeauftrag für Mose. Dieselbe Abfolge liegt in Num 14,27b.28 vor. Dann gehört v. 27b zu P. Der Unterschied zu Ex 16,12, daß in v. 27b "das Murren der Israeliten" vorangestellt und durch den Relativsatz "das sie gegen mich murren" erläutert wird, erklärt sich daraus, daß Jahwe hier das Murren bestraft. Deshalb wird in v. 27b dieses

---

180 M. Rose, Deuteronomist, 289f, hat allerdings bestritten, daß Dtn 1,19ff von der vorpriesterlichen Erzählung in Num 13f abhängig ist. Diese sei vielmehr "eine weiterführende Reflexion" von Dtn 1,19ff. Es läßt sich aber m.E. zeigen, daß die vorpriesterliche Version von Num 13f in Dtn 1,19ff vorausgesetzt wird. Die Argumente können hier nicht aufgeführt werden. Auch L. Perlitt, Deuteronomium, 89ff, hält daran fest, daß Dtn 1,19ff jünger ist als die vorpriesterliche Erzählung.

181 Vgl. S. Mittmann, 50.

182 So z.B. auch B. Baentsch, 530; S. Mittmann, 50. Auch sonst wurde verschiedentlich Aaron als Adressat einer Jahwerede nachgetragen, die sich ursprünglich nur an Mose richtete, so z.B. in Ex 7,8 (vgl. dazu S. 11 Anm. 38) und Num 20,23 (vgl. S. 208).

183 M. Noth, Numeri, 97.

Murren besonders betont. Da aus den genannten Gründen v. 27b nicht ursprünglich auf v. 27a gefolgt sein kann, ist v. 27a sekundär. Durch diesen Zusatz
sollte die Jahwerede an v. 11a angeglichen werden. Sie beginnt nun an beiden
Stellen mit "wie lange?". Auch wenn für diese Frage in v. 11a und v. 27a verschiedene Begriffe gebraucht werden, wird durch sie zwischen den Reden
Jahwes in v. 11a und v. 27 eine Beziehung hergestellt[184]. V. 27a stammt somit
von der Redaktion, die die beiden Versionen miteinander verbunden hat.

Auf v. 27b folgte bei P v. 28.29aα[1]. Mose soll den Israeliten die Strafe
Jahwes ankündigen. Er will an ihnen so handeln, wie sie geredet haben (v. 28).
Damit bezieht sich Jahwe auf ihre Worte in v. 2f. In v. 29aα[1] sagt Jahwe dann,
wie ihre Bestrafung konkret aussehen wird: "In dieser Wüste sollen eure Leichen hinfallen". Auch damit greift Jahwe das Murren der Israeliten in v. 2f auf.
Dort hatten sie sich gewünscht, im Land Ägypten oder in dieser Wüste gestorben zu sein, da sie in dem verheißenen Land durch das Schwert fallen (נפל)
werden. Nach v. 29aα[1] wird sich ihr Todeswunsch erfüllen, weil ihre Leichen in
dieser Wüste hinfallen (נפל) werden. Daß sich Jahwe in v. 29aα[1] nicht nur auf
v. 2, sondern auch v. 3 bezieht, bestätigt die oben in der Analyse von 14,1-4 aus
anderen Gründen vorgenommene Zuweisung von v. 3 an P.

Der Rest von v. 29 ist sekundär[185]. Das geht schon daraus hervor, daß "und
alle eure Gemusterten" schlecht an "eure Leichen" anschließt. Durch den Zusatz
in v. 29aα[2].β.b sollte der Kreis der Betroffenen präzisiert werden. Der Ergänzer
wollte verdeutlichen, daß das Unheil nur jene Israeliten treffen wird, die für ihr
Murren verantwortlich sind. Deshalb greift er hier auf die in Num 1,2ff berichtete Musterung der Israeliten zurück. Danach wurden alle Israeliten gezählt, die
20 Jahre und älter waren. Sie sollen nach der Erweiterung in v. 29 in dieser
Wüste sterben. Die Jüngeren werden hier von diesem Tod ausgenommen, weil
sie für den Ergänzer nicht für das Murren der Israeliten haftbar gemacht werden
können.

Der Abschnitt v. 30-34 bereitet erhebliche Schwierigkeiten. Teilweise wird
bestritten, daß P in ihm vertreten ist[186]. In v. 30 wird Kaleb vor Josua genannt,
während bei P die Reihenfolge in v. 6 und v. 38 Josua-Kaleb ist[187]. Nach S.E.

---

184 So auch S. Mittmann, 50.

185 Das wird weithin angenommen, vgl. z.B. K. Elliger, 175; S.E. McEvenue, Style, 90
     Anm. 2; S. Mittmann, 50f; U. Struppe, 155.

186 So z.B. K. Elliger, 175; N. Lohfink, Priesterschrift, 222 Anm. 29; S.E. McEvenue,
     Problem, 456ff; U. Struppe, 155f.

187 Das ist nach A. Schart, 87f, "nicht gewichtig genug, um einen literarischen Bruch

McEvenue ist v. 30-33 ein Stück aus einer eigenen Quelle, das bereits vor P mit
der jehowistischen Kundschaftererzählung verbunden wurde[188]. W. Rudolph hält
v. 30f für einen Nachtrag zu J, der älter als P sei[189]. Für die Annahme, daß v.
30-33 ganz oder teilweise vorpriesterlich sei, wird auf die deuteronomistische
Kundschaftererzählung verwiesen. Hier setze Dtn 1,39 Num 14,31 voraus[190].
Nun stimmt zwar der Anfang von Dtn 1,39 ("und eure Kinder, von denen ihr
gesagt habt, zum Raub werden sie sein") wörtlich mit Num 14,31a überein.
Während jedoch in Num 14,3 entsprechende Worte der Israeliten berichtet
werden, ist das in Dtn 1,19ff nicht der Fall. Daraus geht hervor, daß Dtn 1,39aα[1]
später nachgetragen wurde[191]. Auch der Rest von Dtn 1,39 setzt allerdings nach
W. Rudolph schon Num 14,31 voraus, da hier für die Söhne angekündigt wird,
daß sie in das Land kommen[192]. Num 14,31 kann jedoch nicht vorpriesterlich
sein, da sich die Stelle eindeutig auf 14,3 aus P bezieht.

In v. 33 geht schon aus dem Begriff "eure Leichen" hervor, daß hier v. 29aα[1]
vorausgesetzt wird[193], und dasselbe gilt für v. 32, wo v. 29aα[1] in anderer Reihen-

---

anzunehmen". Dann müßte aber begründet werden können, warum P in v. 30 Kaleb
vor Josua erwähnt.

188 S.E. McEvenue, Problem, 463; so auch U. Struppe, 155. In v. 30 sei nur Kaleb
   ursprünglich. Die Endredaktion habe Josua nachgetragen, vgl. S.E. McEvenue,
   Problem, 460; U. Struppe, 155 Anm. 17.

189 W. Rudolph, 79. Auch nach W. Rudolph wurde in v. 30 Josua nachgetragen.

190 W. Rudolph, 79; S.E. McEvenue, Problem, 460f; U. Struppe, 155.

191 Dagegen hat S.E. McEvenue, Problem, 460 Anm. 3, eingewandt, daß die Reihenfolge eure Kinder - eure Söhne in Dtn 1,39 Num 14,31.33 entspreche. Hier werden aber
   über die Kinder und die Söhne verschiedene Aussagen gemacht. Dagegen ist nicht
   einsichtig, warum in Dtn 1,39 zwischen den Kindern und den Söhnen unterschieden
   wird. Das zeigt zusammen mit der Tatsache, daß der Relativsatz in Dtn 1,39aα[1] in
   Dtn 1,19ff nicht verankert ist, daß es sich bei Dtn 1,39aα[1] um eine sekundäre Angleichung an Num 14,31 handelt; so z.B. auch L. Perlitt, Deuteronomium, 121.

192 W. Rudolph, 79 Anm. 4.

193 Nach S.E. McEvenue, Problem, 460, wird v. 33 in Dtn 2,14.15 vorausgesetzt. In
   beiden Texten stehe פגר und in Dtn 2,14 würden die 40 Jahre aus Num 14,33 in 38
   Jahre korrigiert. Deshalb sei Num 14,33 vorpriesterlich. Dem hat sich U. Struppe,
   155 Anm. 17, angeschlossen. Tatsächlich könnte sich Dtn 2,14f auf Num 14,33 beziehen. Nach Dtn 2,14 waren nach 38 Jahren alle Kriegsleute aus dem Lager gestorben
   "wie es Jahwe ihnen geschworen hatte". Aber mit diesen beiden Versen läßt sich
   nicht beweisen, daß Num 14,33 vorpriesterlich ist, da sie wahrscheinlich ein Zusatz
   sind, vgl. z.B. H.D. Preuss, Deuteronomium, 46; L. Perlitt, Deuteronomium, 149.
   Jedenfalls setzt Num 14,33 eindeutig P voraus.

folge wörtlich wiederholt wird. Das ist zwar nach S.E. McEvenue dadurch bedingt, daß P v. 29aα^1 in Kenntnis von v. 32 verfaßt habe[194]. Dagegen spricht aber, daß - wie schon erwähnt - diese Ankündigung auf v. 2f bezogen ist. Ihre Formulierung wird somit nur im Rahmen der priesterlichen Darstellung verständlich. Auch v. 30 ist nicht vorpriesterlich. Selbst wenn man diesen Vers als Ergänzung beurteilt, läßt er sich nicht an v. 25b anschließen. Er kann auch nicht ursprünglich auf v. 24 gefolgt sein, da sich kein Grund erkennen läßt, warum er später umgestellt worden sein sollte. Außerdem bringt v. 30 gegenüber v. 23a.24 inhaltlich außer der Erwähnung Josuas nichts Neues. Somit ist der Abschnitt v. 30-33 sicher nicht älter als P.

Er kann aber auch nicht durchgehend P zugewiesen werden. Das ist für v. 30 schon durch die Reihenfolge Kaleb-Josua ausgeschlossen. Zudem ist v. 30 ein weiterer Eid Jahwes[195]. In v. 28.29aα^1 schwört Jahwe, daß die Israeliten in dieser Wüste sterben müssen, in v. 30, daß sie mit Ausnahme von Kaleb und Josua nicht in das Land kommen werden. Dann wurde später die priesterliche Darstellung von v. 28.29aα^1 durch v. 30 erweitert. Hier setzt Jahwe mit einem Schwur seinen früheren Eid, in dem er das Land zusagte, außer Kraft. Damit entspricht v. 30 aber v. 23a.24. Dort schwört Jahwe, daß das Volk das Land nicht sehen wird, das er seinen Vätern zugeschworen hat[196]. Er wird nur Kaleb in dieses Land bringen. Durch v. 30 wird also die priesterliche Darstellung an die vorpriesterliche Version angeglichen. Deshalb wird hier Kaleb vor Josua genannt. In v. 24 hatte Jahwe Kaleb von der Strafe ausgenommen. Da aber bei P Josua und Kaleb den anderen Kundschaftern widersprochen hatten (14,6-9*), darf nach v. 30 auch Josua in das Land kommen. Bei Kaleb und Josua steht hier jeweils der Name ihres Vaters, wie es P entspricht. In v. 30 wird somit sowohl die vorpriesterliche Version als auch P vorausgesetzt.

Nach S. Mittmann ist v. 31f zusammen mit v. 30 eingefügt worden, da in v. 32 v. 29aα^1 wieder aufgenommen wird. Dagegen stamme v. 33 aus P. Dieser Vers sei dort direkt auf v. 29aα^1 gefolgt[197]. Die Zuweisung von v. 33 an P bereitet jedoch erhebliche Schwierigkeiten. Danach sollen die Söhne der Israeli-

---

194 S.E. McEvenue, Problem, 461.

195 Vgl. S. Mittmann, 51.

196 Auch in Dtn 1,35 ist die Verweigerung des Landes ein Eid Jahwes, der seinen früheren Schwur in der Landverheißung außer Kraft setzt.

197 S. Mittmann, 51. Ähnlich W. Rudolph, 79; M. Noth, Numeri, 98. Auch für P. Weimar, Meerwundererzählung, 206 Anm. 118, ergibt sich aus der Wiederaufnahme von v. 29aα^1 in v. 32, daß v. 29aα^2-32 eine redaktionelle Erweiterung ist.

ten in der Wüste 40 Jahre lang Hirten sein. Das läßt sich nicht mit der Chronologie von P vereinbaren. Nach Ex 7,7 war Mose bei P 80 Jahre alt, als er gemeinsam mit Aaron von dem Pharao die Entlassung der Israeliten forderte. Er ist im Alter von 120 Jahren gestorben (Dtn 34,7)[198]. Die Zahl 80 in Ex 7,7 wird nur verständlich, wenn für P von dem Auszug aus Ägypten bis zum Tod des Mose 40 Jahre vergangen sind. Dabei dürfte Mose auch bei P unmittelbar vor der Landnahme gestorben sein. Es gibt keinerlei Anzeichen dafür, daß sich bei P die Israeliten noch längere Zeit in der Wüste aufhielten, als Mose tot war. Dazu paßt nicht, daß in Num 14,33 die Israeliten nach der Erkundung des Landes noch 40 Jahre in der Wüste bleiben müssen.

Gegen die Zuweisung von v. 33 an P spricht außerdem, daß hier das Verhalten der Israeliten als "Hurerei" bezeichnet wird. Dieser Begriff ist durch die priesterliche Darstellung nicht gedeckt, da in ihr die Israeliten nicht zu einem anderen Gott oder zu einer anderen politischen Macht abfallen. Selbst wenn man ihren Plan, nach Ägypten zurückzukehren, in v. 3f so zu verstehen hat, daß sie damit von Jahwe zu der ägyptischen Herrschaft abfallen, entspricht die Aussage in v. 33 nicht P, da hier das Wort "Hurerei" im Plural steht[199]. Es geht hier also nicht nur um die Schuld, die die Israeliten in der Kundschaftererzählung begangen haben. Das läßt sich nicht mit P vereinbaren. Nur in der Wachtel-Manna-Erzählung von Ex 16,1ff* wird von P das Verhalten der Israeliten in der Wüste vor der Kundschaftergeschichte kritisch beleuchtet. Wenn hier aber Jahwe auf ihr Murren so reagiert, daß er ihren Mangel beseitigt, dann hat P dieses Murren nicht als Hurerei gewertet. Dagegen haben nach der nachpriesterlichen Bearbeitung in Num 14,22 die Israeliten immer wieder Jahwe nicht gehorcht. V. 33 entspricht somit nicht P, sondern hier wird dieselbe Auffassung vertreten wie in der nachpriesterlichen Bearbeitung in v. 11bff[200].

Tatsächlich wird von ihr her verständlich, warum nach v. 33 die Israeliten "Hurereien" begangen haben. In v. 12 kündigt Jahwe dem Mose an, daß er das

---

198 Dtn 34,7 stammt ebenfalls von P, vgl. z.B. M. Noth, Pentateuch, 19; K. Elliger, 175; N. Lohfink, Priesterschrift, 222 Anm. 29; P. Weimar, Struktur, 85 Anm. 18. Das hat zwar L. Perlitt, Priesterschrift, 76ff, bestritten. Wie in der folgenden Studie gezeigt werden wird, ist aber daran festzuhalten, daß Dtn 34,7 zu P gehört (vgl. unten S. 243ff).

199 B. Baentsch, 531, ändert zwar in den Singular. In dem Nachtrag v. 34 (s. unten) wird aber mit "eure Frevel" "eure Hurereien" aus v. 33 aufgenommen. Das zeigt, daß der Plural in v. 33 ursprünglich ist.

200 Auch S.E. McEvenue, Problem, 461, weist darauf hin, daß v. 33 wegen des Begriffs "Hurerei" nicht P zugewiesen werden kann, sondern daß hier 14,11ff vorausgesetzt ist.

Volk vernichten und Mose zu einem größeren und zahlreicheren Volk machen will. Eine solche Ankündigung ist sonst nur noch in dem deuteronomistischen Einschub in Ex 32,7-14 (Ex 32,10) und in Dtn 9,14 als Reaktion Jahwes auf die Anfertigung des goldenen Kalbes belegt. Jahwe reagiert somit in Num 14,12 auf das Verhalten des Volkes in der Kundschaftergeschichte in gleicher Weise wie nach der Anfertigung des goldenen Kalbes. Dann liegen für die nachpriesterliche Bearbeitung in Num 14,11bff beide Verfehlungen der Israeliten auf einer Ebene. Das macht es erst verständlich, warum in Num 14,33 für das Verhalten der Israeliten der Begriff "Hurerei" gebraucht wird. Nach Ex 32,7ff sind sie mit dem goldenen Kalb zu einem anderen Gott abgefallen (Ex 32,8). Wenn ihr Vergehen in der Kundschaftergeschichte auf einer Stufe mit ihrem Götzendienst bei dem goldenen Kalb steht, dann kann auch diese Schuld als "Hurerei" bezeichnet werden. Ja, für den Verfasser von Num 14,33 ist sogar, wie der Plural zeigt, jeder Ungehorsam der Israeliten in der Wüste "Hurerei", weil er auf dieselbe Einstellung zurückgeht, wegen der die Israeliten das goldene Kalb angefertigt haben. In Num 14,33 wird also die nachpriesterliche Bearbeitung in v. 11bff vorausgesetzt.

Mit Num 14,33 soll begründet werden, warum nach der Tradition die Israeliten 40 Jahre in der Wüste waren. Dabei hat der Verfasser anscheinend übersehen, daß der Aufenthalt in der Wüste dann länger als 40 Jahre gedauert hätte. Ihm kam es nur darauf an, daß 40 Jahre nach der Kundschafterepisode alle Menschen gestorben sein mußten, die an Jahwe schuldig geworden waren. Deshalb müssen nach v. 33 die Söhne 40 Jahre in der Wüste Hirten sein und so die Schuld ihrer Väter tragen. V. 33 stammt also sicher nicht von P.

Das gilt auch für v. 34. Hier werden die 40 Jahre anders begründet. Die Israeliten müssen 40 Jahre in der Wüste bleiben, weil die Kundschafter das Land in 40 Tagen erforscht haben. Im Unterschied zu v. 33 sollen außerdem nicht die Söhne, sondern die erwachsenen Israeliten 40 Jahre lang ihre Frevel tragen. Gelegentlich hat man in v. 34 die priesterliche Fortsetzung von v. 29aα^1 gesehen[201]. Aber beide Stücke lassen sich nicht miteinander verbinden. V. 34 knüpft vielmehr an v. 33 an. In v. 34 ist vorausgesetzt, daß zuvor schon die 40 Jahre erwähnt wurden. Außerdem werden hier mit der Formulierung "sollt ihr eure Frevel tragen" die Worte "sollen sie eure Hurereien tragen" aufgenommen. Aus den genannten Unterschieden geht hervor, daß v. 34 später als v. 33 eingefügt wurde. Für den Ergänzer von v. 34 waren anscheinend die 40 Jahre des

---

201 So B. Baentsch, 531. J. Wellhausen, 101, und W. Beltz, 21, rechnen außer v. 34 auch v. 29 ganz zu P.

Aufenthalts in der Wüste mit v. 33 nicht hinreichend begründet. Deshalb setzte er sie zu den 40 Tagen in Beziehung, in denen nach 13,25 die Kundschafter das Land erforscht hatten. Außerdem kam es ihm darauf an, daß durch die 40 Jahre in der Wüste nicht nur die Söhne, sondern auch die Schuldigen selbst bestraft wurden.

Offen blieb bisher, woher v. 31 stammt. Dieser Vers bezieht sich eindeutig auf v. 3. Das ergibt sich nicht nur daraus, daß hier Worte der murrenden Israeliten aus v. 3 zitiert werden. In der Formulierung "ich werde sie bringen" wird aus v. 3 auch "Wozu bringt uns Jahwe zu diesem Land" aufgenommen. Das spricht dafür, daß v. 31 P zuzuweisen ist. Tatsächlich läßt sich v. 31 glatt an v. 29aα^1 anschließen. Der Vers beginnt mit "aber eure Kinder". Damit wird hier ein bewußter Gegensatz zu v. 29aα^1 hergestellt. Die Leichen der schuldigen Israeliten werden in dieser Wüste hinfallen, ihre Kinder aber wird Jahwe bringen und sie werden das Land kennenlernen. Nach v. 31 haben die erwachsenen Israeliten das Land verworfen. Das stimmt mit der priesterlichen Darstellung überein. Nach ihr haben die Kundschafter das Land verleumdet (13,32), und die Israeliten haben sich ihrer negativen Bewertung des Landes in 14,2f angeschlossen. Im Unterschied zu v. 3 werden allerdings in v. 31 die Frauen nicht erwähnt. Daraus läßt sich jedoch nicht schließen, daß beide Verse von verschiedenen Händen stammen[202]. In v. 31 mußten die Frauen übergangen werden, weil sie derselben Generation angehören wie die Murrenden. Wenn diese in der Wüste sterben werden, müssen dort auch ihre Frauen umkommen. V. 31 läßt sich somit P nicht absprechen.

Nun hat bereits S.E. McEvenue darauf hingewiesen, daß der Abschnitt v. 30-33 in bestimmter Weise gestaltet ist[203]. Er wird durch "ihr" in v. 30 und v. 32 und durch "eure Kinder" (v. 31) - "eure Söhne" (v. 33) zusammengehalten. Dabei gehören jeweils v. 30.31 und v. 32.33 zusammen. V. 30 und v. 31 sind durch das Verb בוא und durch den Begriff "das Land", der in beiden Versen mit einem Relativsatz erläutert wird, eng miteinander verbunden. Es geht hier darum, daß den Israeliten und ihren Nachkommen im Blick auf das verheißene Land ein unterschiedliches Geschick zuteil werden wird. V. 32 und v. 33 werden durch "eure Leichen" und durch "in der Wüste" miteinander verknüpft. Hier kündigt Jahwe an, daß es den Israeliten und ihren Söhnen in der Wüste verschieden ergehen wird. Die Israeliten werden in der Wüste sterben, während ihre Söhne

---

202 Gegen S. Mittmann, 51.

203 S.E. McEvenue, Problem, 459f. Gegen S.E. McEvenue ist das jedoch aus den oben dargelegten Gründen kein Beweis für die literarische Einheitlichkeit von v. 30-33.

40 Jahre lang dort Hirten sein werden, bis die schuldige Generation ausgelöscht ist. In v. 33 steht "eure Söhne" und nicht wie in v. 31 "eure Kinder", weil nur die Söhne Hirten sein können. Der Abschnitt v. 30-33 ist somit eine bewußte Komposition, in der Jahwe den Israeliten und ihren Nachkommen für das verheißene Land und für die Wüste ein unterschiedliches Geschick ankündigt. Dann stammen v. 30.32.33 von derselben Hand. Mit seinen Erweiterungen unterstreicht der Verfasser das verschiedene Ergehen, das Jahwe in v. 29aα^1.31 bei P den murrenden Israeliten für sie und ihre Kinder ansagte. Nun wurde oben gezeigt, daß in v. 30 auch die vorpriesterliche Version und in v. 33 wegen "eure Hurereien" die nachpriesterliche Bearbeitung in 14,11bff vorausgesetzt werden. Das spricht dafür, daß die jetzige Fassung von v. 30-33 ebenfalls auf diese nachpriesterliche Bearbeitung zurückgeht. In v. 30-34 stammen also v. 31 aus P und v. 30.32.33 von der nachpriesterlichen Bearbeitung. V. 34 ist ein noch jüngerer Zusatz.

In der priesterlichen Version wurde der Redeauftrag an Mose in v. 28.29aα^1.31 durch v. 35 abgeschlossen. Auch dieser Vers wurde freilich gelegentlich P abgesprochen. Nach S. Mittmann bietet er eine langatmige Wiederholung dessen, was in v. 26ff schon gesagt wurde. Außerdem habe die Formulierung "dieser ganzen bösen Gemeinde, die sich gegen mich zusammengetan hat", teilweise eine wörtliche Parallele in dem sekundären v. 27a[204]. Damit wird jedoch die Eigenart der priesterlichen Darstellung in dieser Erzählung nicht berücksichtigt. Für sie ist charakteristisch, daß wesentliche Aussagen wiederholt werden. So steht, wie schon erwähnt, in v. 2 zweimal der Todeswunsch der Israeliten und sie werden in v. 9aα^2.β.b von Josua und Kaleb zweimal aufgefordert, nicht das Volk des Landes zu fürchten. Von daher kann es nicht überraschen, daß Jahwe in v. 35 die Ankündigung seiner Strafe wiederholt. Den Höhepunkt der Erzählung bildet ja die Bestrafung der Israeliten. P verwendet zwar sonst nicht die Formulierung "diese ganze böse Gemeinde". Sie paßt aber an dieser Stelle gut, da Jahwe in v. 27b betont hat, daß sich das Murren der Israeliten gegen ihn richtet. Dem entspricht, daß sich die Gemeinde nach v. 35 gegen Jahwe zusammengetan hat. Gerade daß hier der Begriff עדה mit dem Verb יעד begründet wird, ist ein weiteres Anzeichen dafür, daß v. 35 aus P stammt. Die Israeliten sind jetzt eine böse Gemeinde, weil sie sich gegen Jahwe zusammengetan haben. Mit dem Ausdruck "dieser bösen Gemeinde" in v. 27a hat also der Ergänzer eine Formulierung aus seiner priesterlichen Vorlage in v. 35 aufgenommen.

---

204 S. Mittmann, 51f. Auch W. Rudolph, 79f, und W. Beltz, 21, sehen in v. 35 einen Zusatz.

Auf v. 35 folgte bei P v. 37f: Mit Ausnahme von Josua und Kaleb starben die Kundschafter, die das Land erforscht hatten. In der Ankündigung der Bestrafung der Israeliten hatte bei P Jahwe Josua und Kaleb nicht erwähnt, weil nach ihrer Rede in v. 6ff* klar war, daß sie nicht zu den murrenden Israeliten gehörten. Das wird durch v. 38 unterstrichen. Mit dem Tod der übrigen Kundschafter beginnt die von Jahwe über die Israeliten verhängte Strafe, daß sie "in dieser Wüste" umkommen werden. Wenn Josua und Kaleb jetzt am Leben bleiben, werden sie auch später nicht das Geschick der murrenden Israeliten teilen müssen. Zwischen v. 35 und v. 37 hat P als selbstverständlich übergangen, daß Mose die ihm aufgetragene Botschaft den Israeliten mitteilte. V. 36 ist ein Zusatz, durch den sichergestellt werden sollte, daß es sich bei den in v. 37 erwähnten Männern um die Kundschafter handelte[205]. Das ergibt sich aber auch schon aus v. 37f. Für den Ergänzer war in v. 37 "da starben die Männer, die die böse Verleumdung des Landes ausgehen ließen" anscheinend nicht eindeutig genug, weil sich die Israeliten dieser Verleumdung angeschlossen hatten. Deshalb stellte er durch v. 36 klar, daß es um die Männer ging, die Mose zur Erforschung des Landes ausgesandt hatte. Daß v. 36 sekundär ist, zeigt sich auch daran, daß hier von einer "Verleumdung über das Land" die Rede ist, während P in 13,32 und 14,37 die Konstruktusverbindung "die (böse) Verleumdung des Landes" gebraucht.

Die literarkritische Analyse hat ergeben, daß auch in Num 14,1-38 zwei Fassungen der Kundschaftererzählung redaktionell miteinander verbunden wurden. Zu der vorpriesterlichen Version gehören hier: V. 1aβ.b.11a.21a*.23a. 24. Ob sie literarisch schon ursprünglich mit v. 25b fortgesetzt wurde, mußte offen gelassen werden. Jedenfalls ist v. 25b vorpriesterlich.

Aus P stammen: V. 1aα.2-7.9aα².β.b.10.26 (ohne "und zu Aaron").27b-29aα¹.31.35.37.38. Zusätze, die P voraussetzen, bei denen sich aber nicht sagen läßt, ob sie älter sind als die Redaktion, sind: In v. 26 "und zu Aaron", sowie v. 29aα².β.b und v. 36.

In Num 14 läßt sich außerdem eine umfangreiche nachpriesterliche Bearbeitung nachweisen, die wahrscheinlich im Zusammenhang mit der redaktionellen Verknüpfung beider Versionen entstanden ist. Zu ihr gehören: V. 11b-22 (ohne "so wahr ich lebe" in v. 21a). 27a.30.32.33 und vermutlich auch v. 23b. Daß in v. 23b die Strafe ausdrücklich auf die Männer eingeschränkt wird, die Jahwe verächtlich behandelten, wird gut verständlich, wenn im folgenden davon die Rede sein sollte, daß Jahwe die Kinder in das Land bringen wird. Die

---

205 So z.B. auch S. Mittmann, 52.

Fürbitte des Mose ist somit jünger als die deuteronomistische Kundschaftergeschichte in Dtn 1,19ff und als die priesterliche Fassung. *Sie war also P nicht vorgegeben.* Erst durch diese Bearbeitung wurde das Verhalten der Israeliten in der Kundschaftererzählung mit der Anfertigung des goldenen Kalbes in Ex 32 auf eine Stufe gestellt und Mose zum Fürbitter, der die von Jahwe angekündigte Auslöschung des Volkes verhinderte. Die schuldigen Israeliten werden zwar nicht in das verheißene Land kommen. Aber weil Jahwe vergeben hat (v. 20), wird er ihre Nachkommen nach 40 Jahren in dieses Land bringen. Das verdeutlicht der Bearbeiter in v. 30-33 durch die Erweiterungen, die er hier an der priesterlichen Darstellung von v. 29* und 31 vorgenommen hat. Dabei konkretisierte für ihn Jahwe mit v. 28ff, was er den Israeliten in v. 21ff als Strafe ankündigte. Danach sollte niemand von den schuldigen Israeliten das Land sehen. Nach v. 28ff aber müssen die erwachsenen Israeliten *in dieser Wüste* sterben. Jahwe wird nur Kaleb, Josua und die Kinder in das Land bringen. Für den Redaktor ergänzte und präzisierte Jahwe also mit v. 28ff, was er in v. 21ff angekündigt hatte. Er sah zwischen den Worten Jahwes in der vorpriesterlichen und in der priesterlichen Version keinen Widerspruch. Deshalb hat er durch v. 27a und durch v. 30 unterstrichen, daß die Jahwerede in v. 27ff mit v. 11ff zusammen zu sehen ist.

Dieser Redaktor hat möglicherweise auch v. 8.9aα[1] eingefügt. Dagegen ist v. 34, wo eindeutig v. 33 vorausgesetzt wird, jünger. Ein Zusatz ist auch v. 25a. Es läßt sich jedoch nicht entscheiden, wann dieser Halbvers eingeschoben wurde.

Auch in Num 14,1-38 ist die priesterliche Darstellung sicher nicht als Ergänzung der vorpriesterlichen Version entstanden. Der priesterliche Faden bildet wie in Num 13 einen eigenen fortlaufenden Zusammenhang. V. 26 schließt unmittelbar an v. 10 an und setzt v. 11-25 nicht voraus. Zudem läßt sich die Dublette in v. 1a nur so erklären, daß hier eine Redaktion zwei Vorlagen miteinander verbunden hat. Dafür spricht auch v. 30. Hier wird die ungewöhnliche Reihenfolge Kaleb - Josua lediglich verständlich, wenn einem Redaktor einerseits v. 24 vorgegeben war, wonach Jahwe Kaleb in das Land bringen wird, und wenn er andererseits die priesterliche Version berücksichtigen mußte, nach der Josua und Kaleb das Land verteidigt hatten. So bestätigt die Analyse von Num 14,1-38 das Ergebnis, das für Num 13 gewonnen wurde: Die priesterliche Version der Kundschaftererzählung ist zunächst unabhängig von der vorpriesterlichen Erzählung tradiert worden.

3. Die priesterliche Kundschaftergeschichte

Freilich hat P die vorpriesterliche Kundschaftergeschichte gekannt und sie als literarische Vorlage benutzt. Das geht bereits daraus hervor, daß auch in der priesterlichen Fassung Kaleb dafür eintritt, daß das Land erobert werden kann. Bei P spielt Kaleb sonst keine Rolle. Daß gerade er sich von den anderen Kundschaftern unterschied, stammt somit aus einer Tradition, die P überliefert wurde. Wie weitere Beobachtungen zeigen, handelt es sich bei dieser Überlieferung um die vorpriesterliche Erzählung. So hat P in 14,28 die Schwurformel "so wahr ich lebe" aus 14,21a übernommen. Die Schilderung der Kundschafter in 13,33aα.b, daß sie in dem Land Riesen gesehen haben, denen gegenüber sie sich wie Heuschrecken vorkamen, ist eine Abwandlung von 13,28bβ, wonach die Männer Anaksprößlinge gesehen haben. Damit steigert P seine Vorlage. Solche Steigerungen enthält die priesterliche Fassung auch sonst. Dazu gehört, daß die Kundschafter nicht nur bis nach Hebron und dem Traubental kamen (13,22a.23a), sondern das Land Kanaan in seiner gesamten Ausdehnung von Süden nach Norden durchzogen (13,21.25).

Die Beurteilung des Landes hat P gegenüber seiner Vorlage vereinfacht und dabei zugleich radikalisiert. In der nichtpriesterlichen Version sehen die Kundschafter das Land selbst positiv. Die von ihnen mitgebrachte Frucht des Landes zeigt, daß es eigentlich ein erstrebenswertes Land ist. Aber die Bewohner dieses Landes sind stärker als die Israeliten. Deshalb meinen die Kundschafter mit Ausnahme von Kaleb, daß das Volk sich nicht auf einen Krieg mit den Bewohnern einlassen kann (13,27f.30f). Dagegen verleumden bei P die Kundschafter abgesehen von Josua und Kaleb das Land. Hier sind nicht nur seine Bewohner den Israeliten überlegen, sondern es ist sogar ein Land, das seine Bewohner frißt (13,32). Das Land ist also schlecht. Da die Israeliten diese Beurteilung übernehmen, haben sie bei P *das Land* verworfen, das ihnen Jahwe geben wollte. Weil die Kundschafter bei P auch das Land kritisieren, wird es hier von Josua und Kaleb verteidigt. Es ist ein überaus gutes Land (14,7). Sie begnügen sich außerdem nicht - wie Kaleb in 13,30 - mit der Feststellung, daß dieses Land erobert werden kann. Vielmehr fordern sie die Israeliten dazu auf, sich nicht zu fürchten, und sie weisen ausdrücklich darauf hin, daß Jahwe "mit uns" ist (14,9aα^2.β.b). P nennt also den Beistand Jahwes als Grund dafür, daß das Land eingenommen werden kann. Mit seiner literarischen Neufassung der vorpriesterlichen Version hat P somit seine Vorlage zugleich in bestimmter Weise interpretiert[206].

---

206 Die priesterliche Darstellung stimmt in zwei Punkten, in denen sie von der vorprie-sterlichen Version abweicht, mit der Kundschaftergeschichte von DtrH in Dtn 1,19ff überein. Verwandt ist vor allem die von Jahwe angekündigte Strafe. Von ihr berich-tet DtrH in Dtn 1,35* (ohne "diese böse Generation").39aα².β.b, vgl. z.B. L. Perlitt, Deuteronomium, 116. Danach hat Jahwe geschworen, daß niemand von diesen Männern das verheißene Land sehen wird, daß aber ihre Söhne in dieses Land kommen und es besitzen werden. Wie bei P wird hier also zwischen der Generation der ungehorsamen Israeliten, der das Land versagt bleibt, und ihren Nachkommen, die es erhalten, differenziert. Der Formulierung "aber eure Söhne, die heute nicht Gut und Böse erkennen" in Dtn 1,39 entspricht "aber eure Kinder" in Num 14,31.

Die zweite Übereinstimmung besteht darin, daß bei DtrH und bei P die Israeli-ten nach dem Bericht der Kundschafter aufgefordert wurden, sich nicht zu fürchten. Nach Dtn 1,29 hat Mose zu den Israeliten, die nach dem Bericht der Kundschafter den Mut verloren hatten, gesagt: "Erschreckt nicht und fürchtet euch nicht vor ihnen". Ähnlich fordern bei P Josua und Kaleb in Num 14,9* die Israeliten auf, nicht das Volk des Landes zu fürchten. Nach S. Mittmann, 36, und L. Perlitt, Deuteronomi-um, 90f, schloß allerdings Dtn 1,34 ursprünglich direkt an 1,27 an. Die Kundschafter hätten das Volk ermuntert, in das Land zu ziehen (v. 25), es sei ihnen jedoch nicht gefolgt (v. 26f). Nun enthält der Abschnitt v. 28-33 sicher spätere Erweiterungen. Das geht schon aus dem Numeruswechsel in v. 31 hervor. Aber m.E. darf v. 28-33 nicht in seiner Gesamtheit DtrH abgesprochen werden. Ohne v. 28 würde hier nicht begründet, warum die Israeliten meinen, daß sie Jahwe in die Hand des Amoriters gegeben hat. Das ist nicht sehr wahrscheinlich. Zudem gehören bei DtrH die Kund-schafter in 1,35 anscheinend zu den Männern, die das Land nicht sehen werden. Warum Jahwe auch sie bestraft, obwohl sie ausschließlich positiv berichtet hätten, würde nicht gesagt. Daß nach v. 25 und v. 28 die Kundschafter über das Land und seine Bewohner berichtet haben, entspricht der vorpriesterlichen Version in Num 13. Anscheinend hat DtrH in v. 28 nachgeholt, was die Kundschafter über die Bewohner gesagt haben, weil sich darauf Mose in v. 29f bezieht. Dann ist v. 29 älter als P.

Mit P berührt sich auch Dtn 1,20. Dort sagt Mose: "Ihr seid zu dem Gebirge des Amoriters gekommen, das Jahwe, unser Gott, im Begriff ist, uns zu geben" (נתן ptz.). Der Relativsatz steht ähnlich in der Jahwerede von Num 13,2a. DtrH und P erwäh-nen also jeweils am Anfang der Kundschaftergeschichte, daß jetzt der Zeitpunkt gekommen ist, an dem Jahwe dabei ist, den Israeliten das Land zu geben. Da in Num 13 der Anfang der vorpriesterlichen Version fehlt, ist es freilich denkbar, daß bereits sie einen solchen Hinweis enthielt. Wegen der beiden anderen Punkte, in denen P auffällig mit DtrH übereinstimmt, ist aber m.E. damit zu rechnen, daß P auch die Kundschaftergeschichte von DtrH gekannt und berücksichtigt hat. Daß P die Darstel-lung von DtrH für seine Schilderung von der Einsetzung Josuas und dem Tod des Mose (Num 27,12ff*; Dtn 34,1aα.γ.7-9) als literarische Vorlage benutzte, wird in der folgenden Studie gezeigt werden. P folgte allerdings in der Kundschaftergeschichte darin der vorpriesterlichen Erzählung in Num 13f*, daß nicht Mose die Israeliten

Dazu gehört, daß bei P auch Josua einer der Kundschafter ist, der dann gemeinsam mit Kaleb ihrem Bericht widerspricht. Hier will P offenbar die Überlieferung zur Geltung bringen, daß Josua die Israeliten nach dem Tod des Mose führte. Anscheinend war P der Meinung, daß Josua schon zur Zeit der Kundschafterepisode erwachsen war. Nach 14,28.29aα[1] sollten aber alle Israeliten in der Wüste Paran umkommen, die gegen Jahwe gemurrt hatten. Dann hätte Josua ebenfalls sterben müssen, wenn er sich nicht positiv von ihnen abhob. Deshalb machte P Josua gegen seine Vorlage zu einem Kundschafter, der zusammen mit Kaleb das Land verteidigte. Hier zeigt sich erneut, daß bei P der einzelne für sein Geschick verantwortlich ist. In III wurde zu Num 20,1ff* ausgeführt, daß sich Mose und Aaron bei P verfehlt haben, weil für P die Tatsache, daß sie nicht in das verheißene Land kamen, nur darin ihren Grund haben konnte, daß Mose und Aaron Schuld auf sich geladen hatten. Daß Josua hingegen dieses Land betreten durfte, war für P in seinem Verhalten in der Kundschaftergeschichte begründet. Ja, sein Eintreten für dieses Land erklärte wohl für P, warum gerade Josua der Führer der Israeliten bei der Landnahme war.

Allerdings wird in der priesterlichen Kundschaftererzählung nicht ausdrücklich gesagt, daß Josua und Kaleb in das Land kommen werden. Daraus hat M. Noth geschlossen, daß P hier wie "auch sonst an dem Thema Landnahme nicht interessiert ist"[207]. Dagegen spricht aber Num 14,31. Dieser Vers ist entgegen einer verbreiteten Annahme zu P zu rechnen, wie oben gezeigt wurde. Nach ihm wird Jahwe die Kinder der murrenden Israeliten in das Land bringen. Dann beruht es nicht auf einem Desinteresse an dem Thema Landnahme, wenn bei P Josua und Kaleb in Num 14 nicht verheißen wird, daß sie in das Land kommen werden. Der Grund liegt vielmehr darin, daß P in der Ankündigung der Bestrafung der Israeliten seine Vorlage bewußt geändert hat. In der nichtpriesterlichen Version hat Jahwe geschworen, daß das Volk das Land nicht sehen wird, daß er aber Kaleb in das Land bringen wird (14,21a*.23a.24). Hier werden also das Volk und Kaleb einander gegenübergestellt. Bei P kündigt hingegen Jahwe den murrenden Israeliten an, daß ihnen und ihren Kindern ein unterschiedliches Geschick bestimmt ist (14,28.29aα[1].31). Die erwachsenen Israeliten werden in dieser Wüste sterben, ihre Kinder aber wird Jahwe bringen und sie werden das Land kennenlernen. Bei P liegt somit das ganze Gewicht auf dem Unterschied

---

nach dem Bericht der Kundschafter zur Landnahme aufforderte, sondern Kaleb, zu dem P Josua hinzufügte.

207 M. Noth, Numeri, 98.

zwischen der Generation der Murrenden und der folgenden Generation. Deshalb werden Josua und Kaleb in der Ankündigung der Strafe von P nicht erwähnt. Daß bei P Josua entgegen der vorpriesterlichen Version das Land erforscht und es mit Kaleb gegen die anderen Kundschafter verteidigt hat, wird m.E. nur verständlich, wenn P damit erklären wollte, warum gerade Josua die Israeliten nach dem Tod des Mose in das Land geführt hat.

Das Thema der priesterlichen Kundschaftererzählung ist freilich die Stellungnahme der Israeliten zu dem Land Kanaan und ihre Folgen. Das ergibt sich bereits aus ihrem Anfang in 13,1.2a: Jahwe befiehlt Mose, Männer zu senden, daß sie das Land Kanaan erforschen, das er im Begriff ist, den Israeliten zu geben (נתן ptz.). Es ist also der Zeitpunkt gekommen, an dem die Landnahme der Israeliten unmittelbar bevorsteht. Deshalb soll jetzt eine Vorhut das Land erforschen, um den anderen Israeliten von ihm zu berichten. Mit diesem Auftrag hat P die vorpriesterliche Version vereinfacht und zugespitzt. In ihr wurde in 13,17b-20 den Kundschaftern aufgetragen, sich über das Land *und* seine Bewohner zu informieren. Sie sollten also nicht nur die Qualität des Landes erforschen, sondern auch jene Kenntnisse über seine Bewohner und die Städte gewinnen, die für eine Eroberung dieses Landes wichtig sind. Auf den Aspekt der militärischen Erkundung des Landes hat P bewußt verzichtet. Das geht aus dem Verb תור in v. 2a hervor, wie vor allem S.E. McEvenue und N. Lohfink mit Recht betont haben[208].

Freilich sollte man nicht von einer "Entmilitarisierung der Erzählung" durch P sprechen[209]. Das läßt sich nicht mit den Worten von Josua und Kaleb in 14,9aα².β.b vereinbaren: "Was euch betrifft, fürchtet nicht das Volk des Landes, denn sie sind unser Brot, gewichen ist ihr Schatten von ihnen, Jahwe aber ist mit uns, fürchtet sie nicht". Die Israeliten müssen also auch bei P das Land erobern. P ist somit zumindest in dieser Erzählung sicher nicht "pazifistisch"[210]. Dann hat P auf eine militärische Komponente in dem Auftrag der Männer verzichtet, weil es dem Verfasser ausschließlich um die Stellungnahme der Israeliten zu dem Land geht. Jahwe ordnete die Erforschung des Landes Kanaan an, damit die Israeliten von seiner Qualität überzeugt sind, bevor sie es betreten. Er erwartete anscheinend von allen Kundschaftern jenes Urteil über das Land, das Josua und

---

208 S.E. McEvenue, Style, 120f; N. Lohfink, Ursünden, 184ff; vgl. auch U. Struppe, 171.

209 So z.B. N. Lohfink, Ursünden, 184f, vgl. besonders 185 Anm. 51.

210 Gegen N. Lohfink, Priesterschrift, 223 Anm. 30: "P^g ist, wenn der Ausdruck erlaubt ist, 'pazifistisch'"; vgl. ders., Schichten, 287: "Die Welt der P^g ist kriegslos."

Kaleb in 14,7 aussprechen: "Was das Land betrifft, das wir durchzogen haben, um es zu erforschen, überaus gut ist das Land".

Doch als die Männer, die Mose aussandte, nach 40 Tagen von der Erforschung Kanaans zurückkehren (13,17a.21.25), verleumden sie das Land. Sie sagen: "Was das Land betrifft, das wir durchzogen haben, um es zu erforschen, ein Land, das seine Bewohner frißt, ist es" (13,32a.bα). Diesem negativen Urteil über das Land entspricht freilich nicht, was die Kundschafter in 13,32bβ.33aα.b von seinen Bewohnern berichten. B. Baentsch fragt mit Recht: "... wenn das Land seine Bewohner frisst, wie können da ellenlange Riesen gedeihen?"[211] Nun wurde nach Ez 36,13 von dem Land gesagt: "Du bist eine Menschenfresserin und hast dein Volk kinderlos gemacht". So haben nach Ez 36,15 andere Völker im Rückblick auf die Katastrophe von 587 das Land verhöhnt. Es ist aber durchaus möglich, daß damals auch Israeliten das Land in dieser Weise abgewertet haben. Die Spannung in dem Bericht der Kundschafter wird m.E. am ehesten verständlich, wenn P hier eine Beurteilung des Landes aufgreift, die zur Zeit des Verfassers von einem Teil der Israeliten vertreten wurde[212]. Das ist für P eine Verleumdung des Landes.

Nach dem Bericht der Kundschafter murren die Israeliten gegen Mose und gegen Aaron (14,1aα.2-4). Der Todeswunsch in v. 2 zeigt, daß sie ihre Situation für hoffnungslos halten. Das begründen sie mit ihrer vorwurfsvollen Frage in v. 3. Sie meinen, daß sie in dem Land, zu dem sie Jahwe bringt, einen gewaltsamen Tod erleiden werden. Das führt sie dazu, die Situation, die sie in dem Land erwartet, mit ihrem Aufenthalt in Ägypten zu vergleichen. Dort würde ihnen dieses Schicksal erspart bleiben. Deshalb fassen sie den Entschluß, einen Führer zu bestimmen und nach Ägypten zurückzukehren. Das ist die einzige Chance, die sie für sich sehen. Für die Israeliten steht somit das Land, zu dem sie Jahwe bringt, in einem schroffen Gegensatz zu Ägypten. In dem Land wird es ihnen übel ergehen. Damit verwerfen sie das Land, das Jahwe im Begriff ist, ihnen zu geben. Sie wollen nicht die Heilsgabe des Landes Kanaan, die Jahwe für sie vorgesehen hat[213].

---

211 B. Baentsch, 523.

212 Ähnlich N. Lohfink, Ursünden, 185f.

213 Mit ihrem Murren gegen Mose und Aaron kritisieren die Israeliten in Num 14,2ff Jahwe. Dabei wenden sie sich gegen Mose und Aaron, weil sie die von Jahwe eingesetzten Führer sind. Das bestätigt die auf S. 40f vertretene Auffassung, daß in Ex 16,2f die Israeliten bei P Mose und Aaron nicht vorwerfen, daß sie in der Herausführung eigenmächtig gegen den Willen Jahwes gehandelt haben. Im Unterschied zu Ex 16,3 wird zwar in Num 14,3 Jahwe ausdrücklich genannt. Damit soll jedoch

Nach den Worten der Israeliten fallen Mose und Aaron "vor der ganzen Versammlung der Gemeinde der Israeliten" nieder (14,5). Nach B. Baentsch geschieht das, "um Jahve zum Einschreiten zu veranlassen"[214]. Aus diesem Grund fallen Mose und Aaron tatsächlich in Num 20,6 nieder. Es ist aber zu beachten, daß sich Mose und Aaron in 14,5 nicht wie in 20,6 am Zelt der Begegnung niederwerfen, sondern vor den Israeliten. Dann wollen sie hier nicht eine Entscheidung Jahwes über das Murren der Israeliten herbeiführen. Ihr Niederfallen ist vielmehr Ausdruck ihrer Verzweiflung[215]. Das bestätigt v. 6, wo Josua und Kaleb ihre Kleider zerreißen. Damit zeigen sie, daß sie über die Worte der Israeliten verzweifelt sind. Ihrem Verhalten entspricht die Reaktion von Mose und Aaron, die in v. 5 geschildert wird. Mose und Aaron können gar nicht wollen, daß Jahwe hier auf das Murren der Israeliten reagiert, denn wenn die Israeliten die Heilsgabe des Landes ablehnen, kann Jahwe nur noch strafend eingreifen. Durch das Murren der Israeliten entsteht somit in der Kundschaftererzählung eine äußerst kritische Situation.

Deshalb versuchen Josua und Kaleb in 14,6.7.9aα^2.β.b die Israeliten davon zu überzeugen, daß das Land sehr gut ist und daß sie dort nicht durch das Schwert fallen werden. Damit hat P bewußt den Ablauf in der vorpriesterlichen Version verändert. Dort betonte Kaleb nach dem Bericht der Kundschafter, daß das Land eingenommen werden kann. Erst nachdem die anderen Kundschafter ihm widersprochen haben, wird die Reaktion des Volkes geschildert (13,27f*. 30f*; 14,1aβ.b). Dagegen widersprechen bei P Josua und Kaleb den anderen Männern, die Mose gesandt hatte, um die Israeliten von ihrem gefährlichen Murren abzubringen. Damit unterstreicht P, daß die Stellungnahme der Israeliten zu dem Land von entscheidender Bedeutung ist. Sie erhalten durch Josua und Kaleb die Gelegenheit, ihr negatives Urteil zu ändern. Doch sie nehmen diese Chance nicht wahr, sondern sie wollen sogar die beiden Männer steinigen, die das Land als Heilsgabe Jahwes verteidigen (14,10a). Damit haben die Israeliten das Land verspielt. Wer die Heilsgabe Jahwes nicht will, empfängt sie nicht.

So greift Jahwe nun von sich aus ein und beauftragt Mose, den Israeliten ihre Bestrafung anzukündigen (14,10b.26*.27b.28.29aα^1.31.35). Es wurde bereits dargestellt, daß in 14,28.29aα^1.31 in vielfältiger Weise auf das Murren der

---

lediglich unterstrichen werden, daß die Israeliten das Land Kanaan als Heilsgabe Jahwes ablehnen.

214 B. Baentsch, 524. Nach U. Struppe, 179, erwarten Mose und Aaron, daß Jahwe eingreift.

215 So M. Noth, Numeri, 96.

Israeliten in 14,2f Bezug genommen wird. Die zentrale Aussage steht in v. 29aα[1].31: Die Leichen der Israeliten werden in dieser Wüste dahinfallen. Ihre Kinder aber, von denen sie meinten, sie würden zum Raub, wird Jahwe bringen und sie werden das Land kennenlernen, das die Israeliten verworfen haben. Weil sie die Heilsgabe des Landes abgelehnt haben, müssen die Israeliten also in der Wüste Paran sterben. Die Ankündigung ihres Todes ist das Ziel der priesterlichen Kundschaftererzählung. Das unterstreicht P dadurch, daß Jahwe in v. 35 bekräftigt, daß die Israeliten in dieser Wüste umkommen werden. Ihre Bestrafung beginnt sofort, da die Kundschafter sterben. Von ihnen bleiben nur Josua und Kaleb am Leben (14,37f).

Vergleicht man die priesterliche Kundschaftergeschichte mit der Wachtel-Manna-Erzählung (Ex 16,1ff*) und der Geschichte von dem Wasser aus dem Felsen (Num 20,1ff*), die beide ebenfalls von P stammen, dann wird verständlich, warum Jahwe hier die Israeliten für ihr Murren bestraft. In den beiden anderen Murrerzählungen haben die Israeliten aus Hunger oder Durst gemurrt. Sie waren also in einer Notlage. Bei ihrem Murren bestritten sie zwar, daß ihr Weg in die Wüste Sin bzw. die Wüste Zin sinnvoll war. Sie haben dabei jedoch nicht die Heilsgabe Jahwes verworfen. Deshalb beseitigte Jahwe ihren Mangel an Nahrung und Wasser. In der Kundschaftererzählung sind dagegen die Israeliten nicht in Not. Jahwe wollte sie durch die Kundschafter überzeugen, daß er ihnen ein überaus gutes Land gibt. Die Israeliten murren, weil die Kundschafter mit Ausnahme von Josua und Kaleb das Land verleumdet haben, und sie lassen sich davon durch Josua und Kaleb nicht abbringen. Mit dem Land Kanaan verwerfen sie die Heilsgabe Jahwes. Deshalb wird sie ihnen von Jahwe verweigert. Obwohl die Darstellung des Murrens der Israeliten bei P in allen drei Erzählungen formal weitgehend übereinstimmt, unterscheidet es sich in der Kundschaftergeschichte inhaltlich grundlegend von den beiden anderen Erzählungen. Deshalb werden die Israeliten hier von Jahwe für ihr Murren hart bestraft.

4. Ergebnis

Das Ergebnis der Analyse von Num 13,1-14,38 ist somit: Hier lassen sich zwei Fassungen der Kundschaftererzählung nachweisen, die erst redaktionell miteinander verbunden wurden. Aus der vorpriesterlichen Version stammen: 13,17b-20.22a.23a.26a* ("da gingen sie und kamen zu Mose nach Kadesch"). 27a.bβ.28.30* (ohne "gegenüber Mose"). 31; 14,1aβ.b.11a.21a*.23a.24.25b(?). Auf ihre Einleitung hat die Redaktion zugunsten der priesterlichen Darstellung verzichtet. Ansonsten ist sie aber noch vollständig erhalten. 13,27bα wurde eingefügt, bevor P entstand.

Die priesterliche Fassung ist eine literarische Neubildung, die von der vorpriesterlichen Version abhängig ist, aber zunächst ohne sie tradiert wurde. Zu P gehören: 13,1.2a.17a.21.25.32.33aα.b; 14,1aα.2-7.9aα^2.β.b.10.26* (ohne "und zu Aaron"). 27b-29aα^1.31.35.37.38. 13,2b-16 wurde eingefügt, als P noch als selbständige Quellenschrift tradiert wurde. Ob auch die Zusätze, die nur P voraussetzen, in 14,29aα^2.β.b.36 und "und zu Aaron" in 14,26 P^s zuzuweisen oder jünger sind, läßt sich nicht entscheiden.

Auf die Redaktion, die beide Fassungen miteinander verbunden hat, gehen zurück: In 13,26a "und zu Aaron und zu der ganzen Gemeinde in die Wüste Paran", v. 26b* (ohne "und der ganzen Gemeinde"); 14,11b-22 (ohne "so wahr ich lebe" in v. 21a). 23b.27a.30.32.33. Der Redaktor hat sich in Num 13f nicht darauf beschränkt, seine beiden Vorlagen miteinander zu verknüpfen, sondern er hat sie literarisch und sachlich weitergebildet. Er stellte das Verhalten der Israeliten in der Kundschaftererzählung auf eine Stufe mit der Anfertigung des goldenen Kalbes in Ex 32 und ließ Mose mit einer Fürbitte für das Volk, das Jahwe auslöschen wollte, eintreten. Von diesem Redaktor stammt möglicherweise auch 14,8.9aα^1. Denkbar ist, daß er auch 13,23b.29 und in 13,30 "gegenüber Mose" eingefügt hat, aber sichere Kriterien für eine solche Zuweisung fehlen.

Jüngere Zusätze sind 14,34 und die Glossen 13,33aβ und "und der ganzen Gemeinde" in 13,26b. Wann die Erweiterungen 13,22b.24; 14,25a vorgenommen wurden, mußte offen gelassen werden.

Das Thema der priesterlichen Fassung ist die Stellungnahme der Israeliten zu dem Land Kanaan und ihre Folgen. Entgegen der Erwartung Jahwes verleumden die Kundschafter mit Ausnahme von Josua und Kaleb das Land. Ihrer Auffassung schließen sich die Israeliten bei ihrem Murren an. Sie lehnen das Land ab und wollen nach Ägypten zurückkehren. Davon lassen sie sich auch von Josua und Kaleb nicht abbringen. Deshalb läßt ihnen Jahwe durch Mose ankündigen, daß sie in der Wüste Paran sterben müssen, daß aber ihre Kinder das Land kennenlernen werden. Im Unterschied zu den Murrerzählungen in Ex 16,1ff* und Num 20,1ff* werden die Israeliten hier bei P für ihr Murren bestraft, weil sie das Land als Heilsgabe Jahwes verworfen haben. Wer die Heilsgabe Jahwes ablehnt, empfängt sie nicht.

V. Der Aufstand gegen Mose und Aaron (Num 16-17)

In Num 16 sind verschiedene Versionen von einem Aufstand gegen Mose miteinander verbunden. Nach v. 3 haben sich die Aufrührer gegen Mose und

Aaron versammelt und ihnen vorgeworfen, daß sie sich über die Versammlung
Jahwes erheben. In v. 12-14 kritisieren dagegen Datan und Abiram lediglich
Mose und werfen ihm vor, daß er über die Israeliten herrschen wolle. Aaron
wird nicht erwähnt. Ebensowenig spielen hier Korach und die 250 Männer eine
Rolle, von denen zuvor die Rede war. In dem Abschnitt v. 27b-34 geht es
wieder nur um Datan und Abiram. Eine Ausnahme bildet lediglich v. 32bα "und
alle Menschen, die zu Korach gehörten". Ansonsten wird berichtet, daß Datan
und Abiram für ihre Opposition gegen Mose damit bestraft wurden, daß die
Erde sie mit ihren Angehörigen verschlang. Dagegen hat nach v. 35 ein Feuer,
das von Jahwe ausging, die 250 Männer vernichtet. Zwischen beiden Ereignissen
wird keine Beziehung hergestellt. Auch das zeigt eine Spannung an. In der
Forschung besteht deshalb weitgehend Übereinstimmung darüber, daß in Num
16 eine vorpriesterliche Erzählung von einem Aufstand von Datan und Abiram
gegen Mose enthalten ist, in der Korach und die 250 Männer nicht vorkamen.
Daß es eine solche Erzählung gegeben hat, wird durch Dtn 11,6 bestätigt.
Danach wurden Datan und Abiram von der Erde verschlungen. Auch hier
werden Korach, die 250 Männer und das Feuer, das von Jahwe ausging, nicht
erwähnt[216]. Die Rekonstruktionen der vorpriesterlichen Datan-Abiram-Erzählung in Num 16 weichen freilich in Einzelheiten voneinander ab[217].

---

216 Als Beleg für eine eigene Datan-Abiram-Erzählung wird verschiedentlich auch Ps
    106,16-18 genannt, vgl. z.B. J. Liver, 199ff; V. Fritz, 24 Anm. 3; F. Ahuis, 58; W.
    Zwickel, 291 Anm. 1. Aber J. Milgrom, Korah's Rebellion, 141, hat zu Recht darauf
    hingewiesen, daß in Ps 106,16ff die Endgestalt von Num 16 vorausgesetzt wird. Nach
    Ps 106,18 hat eine Flamme die Übeltäter verbrannt. Damit wird Num 16,35 aufge-
    nommen, wonach ein Feuer, das von Jahwe ausging, die 250 Männer fraß. Nach J.
    Liver, 200, könnte zwar Ps 106,18 ein Zusatz sein. Dagegen spricht jedoch, daß sich
    schon Ps 106,16f auf die jetzige Fassung von Num 16 bezieht. Das geht für v. 16
    daraus hervor, daß danach die Israeliten auf Mose *und* Aaron eifersüchtig waren.
    Wenn hier Aaron als "der Heilige Jahwes" bezeichnet wird, so wird damit einerseits
    der Vorwurf in Num 16,3, daß die ganze Gemeinde heilig ist, und andererseits die
    Ankündigung von Mose in Num 16,5.7, daß Jahwe erweisen wird, wer der Heilige ist,
    aufgenommen. Die Formulierung "die Gemeinde Abirams" in Ps 106,17 ist eine
    Abwandlung von "Korach und seine/deine Gemeinde" in Num 16,5.6.16. Der Verfas-
    ser hat aus der Gemeinde Korachs die Gemeinde Abirams gemacht. Offenbar hat er
    es bewußt vermieden, die Beteiligung Korachs zu erwähnen. Das dürfte dadurch
    bedingt sein, daß die Korachiten am zweiten Tempel Tempelsänger waren (vgl. z.B.
    die Korachitenpsalmen Ps 42-49). Auf sie sollte für den Verfasser von Ps 106 kein
    Schatten fallen.

217 Vgl. zu den verschiedenen Aufteilungen von Num 16 z.B. den Überblick bei F. Ahuis,
    73 Anm. 1.

Die Erzählung von dem Aufstand des Korach und der 250 Männer enthält in Num 16 Elemente, die für die priesterlichen Murrerzählungen typisch sind. Dazu gehört, daß sich die Rebellen gegen Mose *und* Aaron wenden. Nach v. 3 haben sie sich gegen Mose und Aaron versammelt. Das entspricht Num 20,2b, wonach sich die Gemeinde gegen Mose und Aaron versammelte. Wie in Ex 16,10; Num 14,10 und 20,6 erscheint auch in v. 19 die Herrlichkeit Jahwes. Trotzdem hat M. Noth bestritten, daß in Num 16 P vertreten ist: "Die Anfechtung und dann Bestätigung der am Sinai gegebenen Ordnungen gehörte kaum zu den von der ursprünglichen P-Erzählung behandelten Themen". M. Noth rechnete deshalb diese Erzählung zu den Erweiterungen, durch die P ergänzt wurde, als die Priesterschrift noch als selbständiges Werk tradiert wurde[218]. Seine Beurteilung hat sich bei den Vertretern einer Quellenschrift P weitestgehend durchgesetzt[219]. Oft wird auch die Auffassung vertreten, daß in dem Grundbestand der Erzählung Korach nicht erwähnt wurde. In v. 35 werden nur die 250 Männer vernichtet. Man erfährt in Num 16 nichts über das Schicksal des Korach, obwohl er nach der jetzigen Darstellung den Aufstand der 250 Männer anführte. Das spricht dafür, daß ursprünglich nur von einer Rebellion von 250 Männern erzählt wurde. Dann wäre Korach erst von einer späteren Bearbeitung zu ihrem Anführer gemacht worden[220]. Dabei wird unterschiedlich beurteilt, ob auch diese Erweiterung erfolgte, als die Priesterschrift noch für sich tradiert wurde[221], oder ob sie von jenem Redaktor stammt, der die vorpriesterliche Datan-Abiram-Erzählung mit der Geschichte von dem Aufstand der 250 Männer verbunden hat[222].

Für E. Blum ergibt sich aus der Beobachtung, daß in Num 16 eine Erzählung von 250 Männern später durch Stücke ergänzt wurde, in denen es um Korach und die Leviten geht, daß es keine selbständige Priesterschrift gegeben haben kann[223]. Die Erweiterungen bilden nach E. Blum eine kompositionelle Schicht, die "sich als Teil der priesterlichen Komposition des Pentateuch er-

---

218 M. Noth, Pentateuch, 19 Anm. 59.

219 Vgl. z.B. A.H.J. Gunneweg, 171; E. Aurelius, 188f, und die von A. Schart, 137 Anm. 1, genannte Literatur.

220 Dagegen rekonstruiert W. Zwickel, 291ff, in Num 16 eine ursprünglich selbständige Korach-Geschichte, die dann mit den Erzählungen von Datan-Abiram und von den 250 Männern verbunden wurde. Es wird aber im folgenden gezeigt werden, daß es keine solche Korach-Geschichte gegeben hat.

221 So z.B. A.H.J. Gunneweg, 187.

222 So z.B. F. Ahuis, 71ff; E. Aurelius, 195ff.

223 E. Blum, Studien, 265ff.

weist"[224]. Zu ihr gehöre Num 16,19-22. Dieser Abschnitt enthalte jene Elemente, die für die priesterlichen Wüstenerzählungen konstitutiv seien. Die
priesterliche Kompositionsschicht habe somit die nichtpriesterliche Datan-
Abiram-Erzählung mit einer priesterlichen Überlieferung von den 250 Männern
verbunden, durch die Korach/Leviten-Thematik erweitert und ihre Darstellung
so gestaltet, daß sie in der Struktur den anderen priesterlichen Murrerzählungen entspricht. Auch sonst wurde verschiedentlich bestritten, daß sich in Num 16
zwei Fäden rekonstruieren lassen, die unabhängig voneinander schriftlich tradiert
wurden[225]. Dagegen soll im folgenden gezeigt werden, daß in Num 16 zwei
literarische Versionen von einem Redaktor zusammengearbeitet wurden, von
denen die eine entgegen der herrschenden Auffassung in ihrem Grundbestand
aus P stammt. Sie ist ein wichtiges Element für das Verständnis von Komposition und Inhalt der priesterlichen Murrerzählungen.

1. Num 16

In der literarischen Analyse von Num 16 soll zunächst die Datan-Abiram-
Erzählung rekonstruiert werden. Aus ihr stammt sicher der Abschnitt v. 12-14:
Mose läßt Datan und Abiram rufen (v. 12a). Die beiden Männer lehnen es
jedoch ab, "hinaufzuziehen", weil für sie Mose mit dieser Aufforderung einen
unberechtigten Herrschaftsanspruch anmeldet (v. 12b-14). Ihre Rede beginnt
und endet mit "wir ziehen nicht hinauf". Das zeigt, daß v. 12-14 einen fortlaufenden Zusammenhang bilden.

Nach F. Ahuis hat allerdings ein deuteronomistischer Redaktor des Tetrateuch ("DtrT"), der die Datan-Abiram-Erzählung und die Geschichte von den
250 Männern miteinander verbunden habe, die Worte von Datan und Abiram
erweitert. Sie hätten ursprünglich in v. 13a nur gesagt: "Ist es nicht genug, daß
du uns aus 'Ägypten' heraufgeführt hast, uns hier in der Wüste zu töten?". Von
"DtrT" sei "zu einem Land, das von Milch und Honig fließt" eingefügt worden

---

224 E. Blum, Studien, 267.

225 So beruht nach J. Liver, 194, die Aufteilung der Erzählung auf verschiedene Quellenschriften auf "an arbitrary fragmentation of verses and textual changes". J. Milgrom, Korah's Rebellion, unterscheidet zwischen der "penultimate" und der "ultimate
recension". Da es sich dabei um "recensions" handle, könne man zumindest für Num
16 nicht von einer Quellenschrift P sprechen (a.a.O. 145). Während J. Milgrom hier
annimmt, daß Korach bereits in der "penultimate recension" erwähnt wurde, hält er
es in seinem Aufsatz "The Rebellion of Korah", 573, für möglich, daß Korach erst in
der "ultimate recension" zum Anführer der Rebellen gemacht wurde.

und daraus sei später der jetzige Text von v. 13a entstanden[226]. In v. 14a stamme von "DtrT", daß Mose die Israeliten nicht zu einem Land, das von Milch und Honig fließt, gebracht habe[227]. Zur Begründung führt F. Ahuis an, daß Datan und Abiram ihre Vorwürfe ursprünglich im Versmaß des Fünfers vorgetragen hätten. Damit legt er jedoch seiner Analyse eine Voraussetzung zugrunde, die erst zu beweisen wäre. Außerdem ergibt die von ihm für "DtrT" postulierte Fassung von v. 13a keinen Sinn. Datan und Abiram können hier nicht Mose vorwerfen, daß er die Israeliten zu einem Land, das von Milch und Honig fließt, heraufgebracht hat, wenn sie in v. 14 kritisieren, daß er sie nicht zu einem solchen Land brachte. Wegen v. 14 ist es auch nicht möglich, daß bei "DtrT" Datan und Abiram in v. 13a ironisch die Wüste als ein Land, das von Milch und Honig fließt, charakterisiert haben[228]. Diese Formulierung bezog sich hier also immer auf Ägypten. In v. 13f läßt sich somit kein literarisch älterer Grundbestand rekonstruieren. In den Worten von Datan und Abiram wird vielmehr bewußt einander gegenübergestellt, daß Mose die Israeliten aus dem Land, das von Milch und Honig fließt, heraufgeführt hat, daß er sie jedoch nicht in ein solches Land brachte.

Nun kann die Datan-Abiram-Erzählung nicht mit v. 12 begonnen haben. Es bliebe offen, warum Mose gerade diese beiden Männer rufen läßt. Das muß einen Grund gehabt haben, der vor v. 12 berichtet worden sein muß. Damit stellt sich die Frage, ob die ursprüngliche Einleitung der Erzählung verloren ging[229], oder ob sie noch in v. 1b.2aα enthalten ist. Für die zweite Lösung sprechen m.E. zwei Beobachtungen. Zum einen werden in v. 1b Datan und Abiram zu Ruben in Beziehung gesetzt. Der Text ist freilich nicht in Ordnung. Der hier zusätzlich erwähnte On spielt im folgenden keine Rolle. Nun war nach Num 26,5.8 Eliab, der Vater von Datan und Abiram, ein Sohn des Pallu, der seinerseits ein Sohn Rubens war. Das legt es nahe, daß es in v. 1b ursprünglich hieß: "und Datan und Abiram, die Söhne Eliabs - 'er war der Sohn Pallus' - 'des

---

226 F. Ahuis, 42 Anm. 3.

227 F. Ahuis, 44 Anm. 5.

228 In LXX heißt es zwar in v. 13a teilweise statt "aus dem Land..." "zu einem Land...". Diese Lesart kann aber wegen v. 14 nicht ursprünglich sein. Ägypten wird im AT sonst nicht als ein Land beschrieben, das von Milch und Honig fließt. Deshalb wurde in einem Teil der LXX die Aussage in v. 13a auf Kanaan bezogen. Daß die Formulierung des MT in v. 13a ungewöhnlich ist, bestätigt, daß es sich bei dieser Lesart um die lectio difficilior handelt.

229 So z.B. V. Fritz, 86.

Sohnes' Rubens[230]. Die Namen On und Pälät sind dann durch Schreibfehler entstanden. Das hatte zur Folge, daß 'des Sohnes' Rubens in den Plural gesetzt wurde. Die Aufrührer stammen jetzt von *zwei* Personen ab, die Ruben zum Vater haben sollten.

In der rekonstruierten Fassung von v. 1b unterbricht "er war der Sohn Pallus" den Zusammenhang. Dieser Satz ist somit später eingefügt worden, weil nach Num 26,5.8 nicht Eliab, sondern sein Vater Pallu ein Sohn Rubens war[231]. Dabei dürfte der Ergänzer die Bedeutung von "des Sohnes Rubens" falsch verstanden haben. Diese Formulierung muß nicht besagen, daß Eliab ein Sohn Rubens war. Mit ihr kann ausgedrückt sein, daß Eliab zu dem Stamm Ruben gehörte. Diese Bedeutung ist m.E. in einer Erzählung von dem Aufenthalt in der Wüste wahrscheinlich. Nun wird Eliab auch in Dtn 11,6 als der Sohn Rubens, womit er hier wohl ebenfalls als Rubeniter charakterisiert werden soll, beschrieben. Daraus geht hervor, daß diese Angabe in der Datan-Abiram-Erzählung enthalten war. Das spricht dafür, daß Num 16,1b in der rekonstruierten ältesten Fassung aus ihr stammt.

Zum anderen ist v. 2aα "da standen sie auf vor Mose" eine Dublette zu v. 3, wonach sich die Aufrührer gegen Mose und Aaron versammelten. Es läßt sich kein Grund erkennen, warum v. 2aα später eingefügt worden sein sollte[232]. Ohne v. 2aα würde die Dublette zu v. 3 vermieden, und der Anschluß von v. 2aβ an v. 1b wäre mindestens ebenso gut wie die jetzige Abfolge. Nach v. 2aα richtete sich die Opposition lediglich gegen Mose. Das entspricht der Datan-

---

230 So z.B. M. Noth, Numeri, 104.

231 So M. Noth, Numeri, 104. Dagegen rechnet W. Rudolph, 83, auch "des Sohnes Rubens" zu dem Einschub. Daß aber Eliab nicht einfach mit "des Sohnes Pallus" von Pallu hergeleitet wird, erklärt sich am ehesten, wenn dem Ergänzer "des Sohnes Rubens" vorgegeben war.

232 Nach W. Rudolph, 83f, lautete der Anfang von v. 1 ursprünglich "da stand Korach... auf". Der Redaktor habe dieses Subjekt durch Datan und Abiram erweitert und es für ratsam gehalten, wegen dieser Ausweitung das Verb von v. 1 in v. 2aα zu wiederholen. Aber die von W. Rudolph für das Verb in v. 1 vorgeschlagene Textänderung ist m.E. unwahrscheinlich, wie später begründet werden soll. Dann läßt sich seine Erklärung von v. 2aα nicht halten. Zudem stellt sich die Frage, warum der Redaktor hier nicht Aaron erwähnt hat. W. Rudolph, 84 Anm. 1, verweist zwar darauf, daß Aaron z.B. auch in v. 4f und v. 23 nicht erwähnt wird. Das ist für v. 4f jedoch darin begründet, daß hier nur berichtet wird, wie Mose auf die Vorwürfe von v. 3 reagiert hat. Da sich die Rebellion nach v. 3 aber gegen Mose und Aaron richtete, hätte der Redaktor in v. 2aα eigentlich Aaron erwähnen müssen, wenn er hier selbst formuliert.

Abiram-Erzählung. Dann stammt aus ihr der Grundbestand von v. 1b und v. 2aα. Ihre Exposition lautete somit: "Datan und Abiram, die Söhne Eliabs, des Rubeniters[233]. Da standen sie auf vor Mose"[234]. Da in v. 12-14 ihre Kritik an Mose ausführlich geschildert wird, dürfte zuvor nicht berichtet worden sein, warum sie gegen Mose opponierten. Aus v. 1b*.2aα wird jedenfalls verständlich, warum Mose in v. 12 die beiden Männer rufen läßt. Deshalb dürfte auf v. 2aα direkt v. 12 gefolgt sein.

Auf die Kritik von Datan und Abiram in v. 12b-14 muß Mose reagiert haben. Davon wird zunächst in v. 15 berichtet. Der hier geschilderte Zorn des Mose läßt sich in Num 16 nur als Folge der Vorwürfe von Datan und Abiram verstehen. Deshalb wird der Vers häufig zu dieser Erzählung gerechnet[235]. Das ist jedoch sehr problematisch. Es muß auffallen, daß sich Mose in v. 15 an Jahwe wendet. Von einer Antwort Jahwes wird aber nicht berichtet. Wie noch zu zeigen sein wird, weiß Mose in der Erzählung, daß Datan und Abiram sterben müssen, ohne daß Jahwe ihm das mitteilt. Warum bittet dann Mose in v. 15: "Wende dich ihrer Gabe (ihrem Opfer) nicht zu"? Diese Bitte wird zudem in der vorpriesterlichen Erzählung nicht vorbereitet, da in ihr zuvor nicht berichtet wurde, daß Datan und Abiram opfern wollten. Man hat zwar gelegentlich angenommen, daß die Erzählung ursprünglich vor v. 12 einen solchen Hinweis enthielt, der später weggefallen ist[236]. Das ist jedoch äußerst unwahrscheinlich, da die Vorwürfe von Datan und Abiram in v. 12-14 keinen Zusammenhang mit einem Opfer erkennen lassen. Sie sind ausschließlich "politisch". Die beiden Männer kritisieren hier das Ergebnis der Führung des Mose und den Herrschaftsanspruch, den sie ihm unterstellen. Für F. Ahuis hat Mose allerdings hier auch eine kultische Funktion. Mit ihrer Weigerung "wir ziehen nicht hinauf" würden Datan und Abiram eine Wallfahrt ablehnen[237]. Diese Deutung läßt sich

---

233 Möglicherweise handelt es sich um einen Nominalsatz, der dann mit "Datan und Abiram waren die Söhne Eliabs, des Rubeniters" wiederzugeben wäre.

234 Ähnlich z.B. B. Baentsch, 544; M. Noth, Numeri, 109; E. Aurelius, 195; Ph.J. Budd, 184; W. Zwickel, 291.

235 So z.B. B. Baentsch, 546f; W. Rudolph, 81; M. Noth, Numeri, 111; G.W. Coats, 158; F. Ahuis, 54; E. Aurelius, 195; Ph. J. Budd, 184; A. Schart, 222, und - wenn auch zögernd - W. Zwickel, 292 (vgl. 292 Anm. 4).

236 So z.B. A. Schart, 222 Anm. 111.

237 F. Ahuis, 36ff. Schon früher wurde gelegentlich angenommen, daß in der Erzählung Probleme des Kults eine Rolle spielen. Nach A.H.J. Gunneweg, 172, hat H.S. Nyberg mit Recht vermutet, "daß sich in dieser Geschichte der alte Gegensatz zwischen dem zentralen, 'mosaischen' Kult und den Dezentralisierungstendenzen in der Zeit des

jedoch mit dem Kontext nicht vereinbaren. In v. 12a läßt Mose die beiden Männer rufen. Daß er sie damit zu einer Wallfahrt aufforderte, wird durch nichts angezeigt. Es geht einfach darum, daß Datan und Abiram zu Mose kommen sollen. Das lehnen sie mit den Worten "wir ziehen nicht hinauf" ab. Deshalb geht dann Mose in v. 25 zu Datan und Abiram. Es wird noch zu zeigen sein, daß v. 25 zu der vorpriesterlichen Erzählung gehört.

Dann sagen Datan und Abiram in v. 12b und 14 "wir ziehen nicht hinauf", weil für sie Mose dadurch, daß er sie rufen ließ, den Anspruch auf Herrschaft erhebt. Für den Weg zu einem Ranghöheren wird עלה auch in Gen 46,31 in übertragenem Sinn gebraucht. Nach Gen 46,29 ist Josef nach Goschen hinaufgezogen. Dort sagt er in v. 31 zu seinen Brüdern und zu dem Hause seines Vaters: "Ich will hinaufziehen und dem Pharao berichten...". Damit kann hier nicht gemeint sein, daß die Residenz des Pharao höher liegt als Goschen, da Josef dann nicht nach Goschen hinaufgezogen sein könnte. Vielmehr will Josef zu dem Pharao "hinaufziehen", weil der Pharao über Josef steht. Mit ihrer Weigerung "wir ziehen nicht hinauf" lehnen also Datan und Abiram bereits in v. 12b den Anspruch auf Herrschaft ab, den sie Mose in v. 13 dann explizit unterstellen. So erklärt es sich auch, daß sie diese Weigerung in v. 14 wiederholen. Sie folgt hier auf ihre Frage: "Willst du die Augen dieser Männer ausstechen?". Das ist, wie F. Crüsemann gezeigt hat[238], eine Parallele zu dem Vorwurf des Herrschaftsanspruchs in v. 13. Datan und Abiram fragen in v. 14, ob Mose "diese Männer" völlig entmachten wolle, und sie widersetzen sich diesem vermeintlichen Anspruch mit den Worten "wir ziehen nicht hinauf". In v. 12-14 besteht somit keinerlei Beziehung zu dem Opfer, das Datan und Abiram nach v. 15 darbringen wollen.

W. Rudolph hat allerdings bestritten, daß hier ein solches Opfer vorausgesetzt wird: "Aber der Ausdruck 'sich jemandes Gabe nicht zuwenden' ist offenbar allgemeiner zu verstehen im Sinn der göttlichen Ungnade, die sich darin äußert, daß Jahwe das Opfer des Betreffenden nicht freundlich ansieht...". Es gehe somit nicht um ein Opfer, das Datan und Abiram jetzt darbringen[239]. Diese Interpretation läßt sich jedoch nicht halten. Wie schon erwähnt wurde, weiß Mose im folgenden, daß Datan und Abiram sterben müssen. Dann kann sich

---

allmählichen Verfalls der Amphiktyonie spiegele". Für J. Liver, 195, verwerfen Datan und Abiram die politische *und* die religiöse Autorität des Mose. Für ihre Interpretation berufen sich A.H.J. Gunneweg und J. Liver ausdrücklich auf v. 15.

238 F. Crüsemann, Widerstand, 172. Seiner Auffassung hat sich A. Schart, 221f, angeschlossen.

239 W. Rudolph, 83.

seine Bitte nicht darauf beziehen, daß Jahwe ein Opfer nicht ansehen möge, das die beiden Männer irgendwann einmal darbringen werden. Es muß um die Gabe gehen, die Datan und Abiram jetzt opfern wollen. Da die Bitte des Mose in der vorpriesterlichen Erzählung nicht verankert ist, handelt es sich bei v. 15 um eine redaktionelle Erweiterung, wie V. Fritz erkannt hat[240].

Dagegen hat F. Crüsemann eingewandt, daß die Unschuldserklärung des Mose in v. 15b den Fragen Samuels in I Sam 12,3 entspreche, mit denen sich Samuel entlaste. In beiden Texten würden sich die Auseinandersetzungen um das Königtum in der frühköniglichen Zeit spiegeln[241]. Nun soll später gezeigt werden, daß die Datan-Abiram-Erzählung nicht schon in der frühen Königszeit entstanden sein kann. Aber auch I Sam 12 stammt erst von DtrN[242]. Mit den Fragen Samuels in I Sam 12,3 will DtrN den Unterschied zwischen den Führern der vorstaatlichen Epoche und den Königen verdeutlichen. Während ein König vieles nimmt (I Sam 8,11ff), hat Samuel nichts genommen und niemanden bedrückt. DtrN schreibt in einer Zeit, in der es keinen israelitischen König mehr gab. Warum sollte sich Mose dann nicht bei einem Ergänzer der vorpriesterlichen Erzählung mit v. 15b gegen den Vorwurf, er wolle herrschen, zur Wehr setzen? Die späteren Könige haben tatsächlich geherrscht. V. 15 muß redaktionell sein, weil in der vorpriesterlichen Erzählung ein Opfer von Datan und Abiram sonst keine Rolle spielt. Darin unterscheidet sie sich von der Geschichte von Korach und den 250 Männern.

Wie hat Mose dann ursprünglich auf die Vorwürfe von Datan und Abiram reagiert? Der Abschnitt v. 16-24 gehört durchgehend nicht zu der vorpriesterlichen Erzählung, da es hier um Korach und die 250 Männer geht. Datan und Abiram werden nur am Ende von v. 24 zusammen mit Korach genannt. Hier dient ihre Erwähnung dem Ziel, die verschiedenen Fassungen miteinander zu verknüpfen. Dagegen läßt sich v. 25 ohne weiteres an v. 14 anschließen. Da sich Datan und Abiram geweigert haben, zu Mose "hinaufzuziehen", geht nun Mose zusammen mit den Ältesten Israels zu ihnen. In v. 27b werden lediglich Datan und Abiram namentlich genannt. Deshalb ist dieser Halbvers sicher zu der vorpriesterlichen Erzählung zu rechnen: Datan und Abiram stehen mit ihren Familien trotzig am Eingang ihrer Zelte.

Während v. 27a die Anweisung in v. 24 voraussetzt und somit nicht aus der Datan-Abiram-Erzählung stammt, ist die Beurteilung von v. 26 umstritten.

---

240 V. Fritz, 26.

241 F. Crüsemann, Widerstand, 170ff.

242 Vgl. z.B. L. Schmidt, Deuteronomistisches Geschichtswerk, 109.

Danach hat Mose "zu der Gemeinde" geredet. Der Begriff "Gemeinde" kommt aber sonst in der vorpriesterlichen Erzählung nicht vor. Er ist für die priesterliche Schicht charakteristisch. Wenn v. 26 zu der Erzählung von Datan und Abiram gehört, ist hier "zu der Gemeinde" redaktionell[243]. Verschiedentlich wird aber auch der ganze Vers als Erweiterung angesehen[244]. Nach V. Fritz "erfolgt die Warnung des Mose verfrüht und 16,34 setzt gerade voraus, daß das Volk die Vernichtung Dathans und Abirams aus nächster Nähe miterlebte"[245]. Dann müßte allerdings erklärt werden können, warum v. 26 später eingefügt wurde. F. Ahuis weist v. 24.26.27a seinem "DtrT" zu[246]. Aber v. 26 kann nicht von derselben Hand stammen, auf die v. 24 und v. 27a zurückgehen. In v. 24 soll Mose die Gemeinde auffordern: "Zieht euch zurück (עלה ni.) aus der Umgebung der Wohnung Korachs, Datans und Abirams". In v. 27a wird in wörtlicher Aufnahme von v. 24 berichtet, daß die Israeliten diesen Befehl ausgeführt haben. Im Unterschied zu v. 24 und 27a wird in v. 26 nicht עלה ni., sondern das Verb סור gebraucht. Außerdem steht hier "Zelte" und nicht wie in v. 24.27a "Wohnung". V. 26 hat somit sicher einen anderen Verfasser als v. 24 und v. 27a. V. 26 kann aber auch nicht jünger als v. 24 und v. 27a sein. Hätte ein Späterer mit v. 26 nachtragen wollen, daß Mose den Auftrag ausgerichtet hat, den ihm Jahwe in v. 24 erteilte, so hätte er in seiner Ergänzung die Formulierungen von v. 24 aufgenommen. V. 26 ist somit unabhängig von v. 24 und v. 27a entstanden.

Dann hat ein Redaktor in v. 24-27a zwei unterschiedliche Darstellungen miteinander verknüpft. V. 24 und v. 27a stammen aus der priesterlichen Schicht. In welchem Wortlaut sie hier dem Redaktor vorlag, wird in der Analyse dieser Schicht zu erörtern sein. In ihr folgte jedenfalls v. 27a direkt auf v. 24. Daß Mose den Befehl Jahwes von v. 24 der Gemeinde übermittelt hat, wurde hier als selbstverständlich übergangen. Aus der vorpriesterlichen Erzählung übernahm der Redaktor v. 25 und 26. Sie berichtete hier für ihn, daß Mose den Auftrag Jahwes in v. 24 ausgeführt hat. Deshalb fügte er in v. 26 "zu der Gemeinde" ein. Ursprünglich dürfte in v. 26 der Adressat der Moserede nicht genannt worden sein. Wenn man annimmt, daß die Zelte Datans und Abirams bei den Zelten der übrigen Israeliten standen, versteht es sich von selbst, daß Mose in v. 26 zu

---

243 So z.B. W. Rudolph, 81 Anm. 2; M. Noth, Numeri, 113. Beide nehmen an, daß in der Erzählung ursprünglich "zu dem Volk", nach W. Rudolph vielleicht auch "zu ihnen" (den Ältesten) stand.

244 Vgl. z.B. V. Fritz, 24; F. Ahuis, 72; Ph.J. Budd, 184; E. Aurelius, 194.

245 V. Fritz, 24.

246 F. Ahuis, 72.

den Israeliten sprach. Diese Annahme wird durch v. 34 bestätigt. Danach floh ganz Israel, das um Datan und Abiram war, auf ihr Geschrei hin. Auch v. 34 gehört, wie noch zu zeigen sein wird, zu der Datan-Abiram-Erzählung. Zwischen diesem Vers und v. 26 muß keine Spannung bestehen. Vielleicht haben sich die Israeliten aus der unmittelbaren Umgebung von Datan und Abiram entfernt, sind aber in ihrer Nähe geblieben. Möglich wäre auch, daß Datan und Abiram so rasch vernichtet wurden, daß den Israeliten keine Zeit blieb, von ihnen wegzugehen. In der vorpriesterlichen Erzählung wird nicht berichtet, daß sich die Israeliten von den Zelten Datans und Abirams entfernt hatten, wie es Mose in v. 26 befahl. Welche der beiden Erklärungen den Vorzug verdient, kann hier offen bleiben. Jedenfalls muß v. 26 - abgesehen von "zu der Gemeinde" - aus der Datan-Abiram-Erzählung stammen, weil sich nicht erklären läßt, wie dieser Vers später entstanden sein sollte. In Num 16 werden zudem die Zelte der Rebellen nur in v. 26 und v. 27b erwähnt. Auch das weist darauf hin, daß v. 26 zu der vorpriesterlichen Erzählung gehörte. Entscheidend für diese Zuweisung ist freilich die Beobachtung, daß v. 26 sicher der Redaktion vorgegeben war. Die Fortsetzung von v. 12-14 war also in der vorpriesterlichen Erzählung v. 25.26* (ohne "zu der Gemeinde") und v. 27b.

Darauf folgt in v. 28-30 eine Moserede, die meist zu der vorpriesterlichen Erzählung gerechnet wird[247]. Dagegen sprechen jedoch verschiedene Überlegungen. Diese Rede läßt sich mit v. 26 nur schwer vereinbaren, wo Mose die Israeliten auffordert: "Entfernt euch von den Zelten dieser frevlerischen Männer..., damit ihr nicht durch all ihre Verfehlungen dahingerafft werdet". Damit sagt Mose indirekt, daß Datan und Abiram jetzt sterben werden. Außerdem steht bereits hier fest, daß sie schuldig geworden sind, da Datan und Abiram als "frevlerische Männer" bezeichnet werden. Dagegen soll nach v. 29f durch ein Gottesurteil entschieden werden, ob sich Datan und Abiram verfehlt haben oder nicht. Mose nimmt zwar in v. 28 das Ergebnis des Gottesurteils, das er in v. 29f ankündigt, schon vorweg, wenn er hier sagt: "Daran sollt ihr erkennen, daß Jahwe mich gesandt hat, um zu tun...". Aber das ändert nichts daran, daß erst durch dieses Gottesurteil die Schuld der beiden Männer erwiesen wird. Dann kommt, wie V. Fritz gesehen hat[248], v. 26 in dem Ablauf der Erzählung zu früh. Da aber gegen V. Fritz v. 26 zu der Datan-Abiram-Erzählung gehört, kann sie nicht die Moserede in v. 28-30 enthalten haben. Nun wird in der Erzählung von

---

247 Vgl. die Übersicht bei F. Ahuis, 73 Anm. 1, und Ph.J. Budd, 184; E. Aurelius, 193; A. Schart, 222f.

248 V. Fritz, 24.

Korach und den 250 Männern ihre Auseinandersetzung mit Mose und Aaron durch ein Gottesurteil entschieden, wie aus v. 5-7 und v. 16-18 hervorgeht. Das legt es nahe, daß v. 28-30 eingefügt wurde, um die Datan-Abiram-Erzählung mit der Geschichte von Korach und den 250 Männern zu verknüpfen. Beide Rebellionen werden nun durch ein Gottesurteil entschieden. Zu dem Einschub wäre dann mindestens auch noch v. 31a zu rechnen. In v. 31a "Da geschah es, als er beendet hatte, zu reden alle diese Worte" ist v. 28-30 vorausgesetzt.

Für diese Lösung spricht, daß v. 29f Formulierungen enthält, die im Alten Testament nur in diesen beiden Versen vorkommen und die in einer vorpriesterlichen Erzählung kaum denkbar sind. Das gilt zunächst für v. 29aβ.γ "und (wenn) man an ihnen heimsucht die Heimsuchung (פקדת) aller Menschen[249]. Mit diesem Satz wird v. 29aα erläutert: "Wenn diese sterben, wie alle Menschen sterben"[250]. Mit "die Heimsuchung aller Menschen" wird "wie alle Menschen sterben" in v. 29aα interpretiert, durch "man an ihnen heimsucht" wird "diese sterben" aufgenommen. In v. 29 wird somit der Tod als eine Heimsuchung beschrieben, die jedem Menschen widerfährt. Damit gilt hier der Tod als schlimmes Geschick des Menschen. Es wird nicht nur der vorzeitige Tod durch Krankheit oder Gewalt negativ gewertet, sondern es ist überhaupt ein Verhängnis, daß der Mensch sterben muß. Dabei ist es zumindest möglich, daß der Begriff "Heimsuchung" die Vorstellung impliziert, daß jeder Mensch in irgendeiner Weise in seinem Leben schuldig wird und daß er deshalb sterben muß. Bei dem unpersönlichen Subjekt "man" für יפקד in v. 29aγ könnte an Jahwe als logisches Subjekt gedacht sein. Jahwe wäre hier dann nicht ausdrücklich genannt worden, um den Unterschied zu unterstreichen, der zwischen der Art, wie sonst Menschen sterben, und dem Tod besteht, den Jahwe in v. 30 durch ein ganz außergewöhnliches Eingreifen bewirkt. Jedenfalls geht aber aus dem Begriff "Heimsuchung" in v. 29 hervor, daß hier die Tatsache, daß die Menschen sterben müs-

---

249 Hier ist "die Heimsuchung aller Menschen" nicht Subjekt (so z.B. B. Baentsch, 548f; G. André, 719), sondern Objekt. Das geht daraus hervor, daß das Verb in der 3.m. sing. steht (יפקד), vgl. Gesenius-Kautzsch, § 121b.

250 Dagegen gibt G. André, 719, Num 16,29 folgendermaßen wieder: "Wenn diese sterben, wie alle Menschen sterben, oder über sie die p^equddāh aller Menschen gesprochen (pqd) wird (d.h. wenn sie eine gewöhnliche menschliche Strafe trifft), dann hat JHWH mich nicht gesandt". Dagegen spricht aber, daß mit v. 29 und 30 eine Alternative aufgezeigt werden soll. Deshalb kann es in v. 29 nicht darum gehen, daß Datan und Abiram entweder ein natürlicher Tod *oder* eine gewöhnliche menschliche Strafe trifft. Vielmehr ist hier der Tod die Heimsuchung aller Menschen.

sen, negativ gewertet wird. Das ist sonst nur an wenigen und sicher späten Stellen des Alten Testaments der Fall[251].

Auch die Formulierung am Anfang von v. 30 "Wenn aber Jahwe eine Schöpfungstat schafft" ist im Alten Testament singulär. Das Nomen בריאה ist nur an dieser Stelle belegt. Außerdem wird hier das Verb ברא gebraucht. W.H. Schmidt stellt zu ihm fest: "Da vorexilische Belege mindestens sehr selten sind, kommt dem Wort kaum ein hohes Alter zu". Es habe in Num 16,30 noch nicht die gefüllte theologische Bedeutung wie später z.B. bei P, sondern begegne hier beim Jahwisten "in der blasseren Wendung br' $b^e r\bar{\imath}'\bar{a}$ 'Neues, Wundervolles bewirken'; doch ist auch hier spätere Einwirkung nicht prinzipiell auszuschließen"[252]. Nun ist es sehr unwahrscheinlich, daß der Anfang von v. 30 später ergänzt wurde. Durch v. 29 und 30 sollen zwei Möglichkeiten einander gegenübergestellt werden: Datan und Abiram wird entweder das Geschick aller Menschen treffen (v. 29), oder sie werden auf ganz ungewöhnliche Weise sterben (v. 30). Dann ist das Ereignis, durch das sie getötet werden, ein besonders großes Wunder. Deshalb dürfte Jahwe in v. 30 schon immer als sein Urheber genannt worden sein. So erklärt es sich auch, daß die Israeliten nach v. 30b erkennen sollen, daß Datan und Abiram Jahwe verächtlich behandelt haben, falls dieses Wunder eintrifft. Es ist eben so außergewöhnlich, daß es nur Jahwe bewirkt haben kann. Deshalb wird es zeigen, daß sich die beiden Männer gegen Jahwe vergangen haben. Die Alternative, die in v. 29 und 30 aufgezeigt wird, spricht außerdem dagegen, daß in v. 30 nicht eine Schöpfungstat Jahwes gemeint ist. In v. 29 werden die verschiedenen Möglichkeiten, wie Menschen sterben, als bekannt vorausgesetzt. Die Alternative ist dazu in v. 30, daß Datan und Abiram auf eine Weise umkommen, wie noch niemand gestorben ist. Dann wird ihr Tod durch ein Ereignis bewirkt, das die bestehende Ordnung der Welt durchbricht. Deshalb handelt es sich bei ihm wirklich um eine Schöpfungstat.

Diese Überlegung spricht gegen die Auffassung von H.E. Hanson, daß in v. 30 בריאה Spalte und ברא "to form by cutting" bedeuten[253]. Er weist darauf hin, daß dann die Ankündigung in v. 30a dem Ausführungsbericht in v. 31b-33 entspreche. In v. 31b werde mit den Worten "da spaltete sich der Erdboden" der

---

251 So z.B. in Ps 90,7ff, wo der Tod auf den Zorn Gottes wegen der menschlichen Schuld zurückgeführt wird. Dieser Psalm ist sicher nachexilisch, vgl. H.-J. Kraus, 797.

252 W.H. Schmidt, ברא, 337. Ähnlich wird die Wendung in Num 16,30 von B. Baentsch, 549, und W. Zwickel, 292, verstanden.

253 H.E. Hanson, 355; so auch A. Angerstorfer, 64f. Weitere Vertreter dieser Auffassung führt A. Angerstorfer, 64 Anm. 8, auf.

Anfang von v. 30 aufgenommen[254]. Nun ist richtig, daß in v. 31b eintritt, was Mose am Anfang von v. 30a als Handeln Jahwes angekündigt hatte. Die Ankündigung in v. 30a enthält vier Aussagen: 1. Wenn Jahwe eine בריאה schafft (ברא) 2. und der Erdboden seinen Mund aufsperrt 3. und sie und alles, was ihnen gehört, verschlingt 4. und sie lebendig in die שאל hinabsteigen. Die Aussagen 2-4 kommen in dem Bericht in v. 32a und 33a vor. Dann wird in v. 31b die erste Ankündigung in v. 30a erfüllt.

Während aber für die Glieder 2-4 der Bericht nur geringfügig von den Worten des Mose abweicht, ist das bei der ersten Aussage anders. Hier besteht in der Formulierung ein erheblicher Unterschied. Das kann nicht nur dadurch bedingt sein, daß in der Ankündigung herausgestellt werden soll, daß es Jahwe ist, der den Erdboden spaltet. In diesem Fall wäre zu erwarten, daß die Formulierungen stärker übereinstimmen. Der Anfang von v. 30a müßte dann etwa lauten: "Wenn aber Jahwe den Erdboden spaltet (בקע)". Die Bedeutung der Wendung ברא בריאה läßt sich somit nicht aufgrund von v. 31b bestimmen. Vielmehr wird am Anfang von v. 30a das Ereignis, das in v. 31b berichtet wird, vorweg theologisch interpretiert. Damit, daß sich der Erdboden unter Datan und Abiram spaltete, wirkte Jahwe eine בריאה. Dann kann aus den genannten Gründen hier nur gemeint sein, daß Jahwe eine Schöpfungstat vollbringt. Aus den Formulierungen in v. 29f ergibt sich somit, daß der Abschnitt v. 28-31a nicht zu der vorpriesterlichen Datan-Abiram-Erzählung gehörte[255]. Durch ihn wurde vielmehr diese Geschichte später interpretiert und damit zugleich mit der Erzählung von Korach und den 250 Männern verknüpft, weil nun beide Rebellionen durch ein Gottesurteil entschieden werden.

Dieses Ergebnis bestätigt eine Analyse von v. 31b-34. Es fällt auf, daß in v. 32-34 der Begriff "Erde" (ארץ) gebraucht wird, da dafür in v. 30 in nahezu identischen Aussagen "Erdboden" (אדמה) steht. In v. 32a heißt es: "Da öffnete *die Erde* ihren Mund und verschlang sie und ihre Häuser". Dem entspricht, daß in v. 34 ganz Israel sagt: "damit uns nicht *die Erde* verschlinge". Nach v. 30 sollte aber *der Erdboden* seinen Mund aufsperren und die Männer und alles, was ihnen gehört, verschlingen. Es ist kein sachlicher Grund zu erkennen, warum einmal der Erdboden und dann die Erde verschlingt. Deshalb läßt sich dieser Unter-

---

254 H.E. Hanson, 353f.

255 F. Ahuis, 49 Anm. 1, sieht, daß die Verwendung der Wurzel ברא in v. 30 Schwierig-keiten bereitet, wenn man die Datan-Abiram-Erzählung J zuweist. Er meint aber, daß aus formgeschichtlichen Gründen v. 28-30 ursprünglich sein müsse. Damit werden formgeschichtliche Erwägungen der Literarkritik vorgeordnet. Gerade an v. 28-30 wird jedoch deutlich, daß der umgekehrte Weg notwendig ist.

schied nur so erklären, daß hier verschiedene Verfasser zu Wort kommen. Verschiedentlich ist v. 32a als Dublette zu v. 31b angesehen worden[256]. Zusammen mit der unterschiedlichen Terminologie und der Erwähnung Korachs in v. 32b ergibt sich daraus für G.W. Coats, daß v. 32-34 zu der priesterlichen Koracherzählung gehört, während v. 28-31 aus der Datan-Abiram-Erzählung stamme[257]. Dagegen spricht aber die Schilderung in v. 33a. Sie stimmt so weitgehend mit der Ankündigung in v. 30aβ überein, daß zwischen beiden Stellen eine literarische Beziehung bestehen muß. Es ist somit nicht möglich, v. 28-31 der Datan-Abiram-Erzählung, v. 32-34 aber einer priesterlichen Korachgeschichte zuzuweisen. Dagegen spricht auch, daß nach v. 32aβ die Erde "sie und ihre Häuser" verschlang. Sowohl der Plural "sie" als auch die Erwähnung der Häuser ist nur im Blick auf v. 27b verständlich, wonach Datan und Abiram mit ihren Familien am Eingang ihrer Zelte standen.

Für W. Zwickel ergibt sich allerdings daraus, daß in v. 27b die Zelte, in v. 32aβ jedoch die Häuser genannt werden, daß beide Stellen von verschiedenen Verfassern stammen[258]. Er rechnet v. 28-31.32aα.33a zu der Datan-Abiram-Erzählung. Dagegen stamme v. 32aβ.b.33b.34 aus einer priesterlichen Korach-Geschichte. In v. 32aβ sei der Plural "sie" redaktionell. Ursprünglich habe sich die Aussage auf Korach bezogen. Außerdem sei in der Korach-Geschichte vor v. 32aβ berichtet worden, daß sich die Erde öffnete[259]. W. Zwickel hat aber übersehen, daß sich in v. 32aβ "ihre Häuser" nicht auf die Wohnungen von Datan und Abiram, sondern auf ihre Familien bezieht. Nur dann wird auch von dem Untergang der Angehörigen von Datan und Abiram berichtet. Darauf ist v. 27b angelegt, da hier außer den beiden Männern ihre Frauen, ihre Söhne und ihre Kinder genannt werden. Auch die jetzige Darstellung in v. 32 setzt voraus, daß mit den Häusern die Familien von Datan und Abiram gemeint sind. Es heißt in v. 32b "und alle Menschen, die zu Korach gehörten, und den ganzen Besitz". In v. 32aβ.b werden zunächst die Menschen aufgezählt, die von der Erde verschlungen wurden. Erst danach wird berichtet, daß auch ihr Besitz vernichtet wurde.

Daß "ihre Häuser" in v. 32aβ auf die Familien von Datan und Abiram zu beziehen ist, wird durch Dtn 11,6 bestätigt. Danach hat die Erde Datan und

---

256 So z.B. B. Baentsch, 543.549; V. Fritz, 24; G.W. Coats, 160.

257 G.W. Coats, 160f.

258 W. Zwickel, 292 Anm. 5.

259 W. Zwickel, 292.296f.

Abiram "und ihre Häuser und ihre Zelte und den ganzen Bestand, der hinter ihnen her war, in der Mitte von ganz Israel" verschlungen. Hier wird ausdrücklich zwischen den Häusern und den Zelten unterschieden. "Ihre Häuser" bezieht sich auf die Familien von Datan und Abiram, während mit "ihren Zelten" angegeben wird, daß auch die Zelte, in denen Datan und Abiram wohnten, verschlungen wurden. Dann kann aber Num 16,32-34 weder ganz, noch teilweise einer priesterlichen Korachgeschichte zugewiesen werden[260]. Allerdings sind hier Stücke enthalten, die die priesterliche Schicht voraussetzen. So ist v. 32b nur verständlich, wenn zuvor Korach erwähnt wurde. In v. 33bβ wird der Begriff קהל gebraucht. Er kommt in der Datan-Abiram-Erzählung nicht vor. Dagegen wurde nach v. 3 Mose und Aaron vorgeworfen, daß sie sich über den קהל יהוה erheben. Durch v. 32b und v. 33bβ wurde somit die vorpriesterliche Erzählung mit der Geschichte von Korach und den 250 Männern verknüpft[261].

Dagegen bilden v. 32a.33a.bα.34 einen fortlaufenden Zusammenhang, der die priesterliche Schicht nicht voraussetzt. Daß er literarisch einheitlich ist, wird allerdings immer wieder bestritten, weil in v. 32a.33bα.34 der Begriff "Erde" steht, während in v. 30f dafür "Erdboden" gebraucht wird. B. Baentsch weist v. 31.33a J und v. 32a.33b*.34 E zu[262]. Da sich aber in Num 16 für die Datan-Abiram-Erzählung sonst keine zwei Fassungen nachweisen lassen, ist die Aufteilung auf zwei Quellenschriften mit Recht aufgegeben worden. Stattdessen werden v. 32a.33bα.34 verschiedentlich als eine Erweiterung der vorpriesterlichen Erzählung angesehen. Sie ist nach Ph. J. Budd älter als die priesterliche Schicht[263]. Dagegen stammt sie für F. Ahuis von seinem "DtrT"[264]. Nun kann aber v. 32a der vorpriesterlichen Erzählung nicht abgesprochen werden. Das zeigt schon die Ankündigung in v. 30. Hier ist davon die Rede, daß der Erdboden seinen Mund aufsperren und Datan und Abiram mit allem, was ihnen gehört, verschlingen wird. Sie werden lebendig in die שאל hinabsteigen. Das

---

260 Schon diese Beobachtung spricht dagegen, daß es neben der Erzählung von den 250 Männern eine eigene Korach-Geschichte gegeben hat, wie W. Zwickel annimmt. Ohne Teile von v. 32-34 würde ihr Schluß völlig fehlen. Es ist aber unwahrscheinlich, daß er von der Redaktion überhaupt nicht berücksichtigt worden wäre.

261 So z.B. V. Fritz, 24, der freilich auch v. 32a für redaktionell hält.

262 B. Baentsch, 549; nach ihm stammt in v. 33b nur "aus der Versammlung" von R[P].

263 Ph.J. Budd, 184.

264 F. Ahuis, 82f. Da bei F. Ahuis "DtrT" der Redaktor ist, der die Datan-Abiram-Erzählung mit der Geschichte von den 250 Männern zusammengearbeitet hat, weist er auch v. 32b und v. 33bβ "DtrT" zu.

entspricht genau der Abfolge in v. 32a.33a. Wenn nicht ausdrücklich berichtet wurde, daß Datan und Abiram verschlungen wurden, ist nicht einzusehen, warum dieses Motiv in der Ankündigung erwähnt wird. Von dem Verfasser von v. 30 kann v. 32a nicht stammen, da hier "Erde" steht. Dann war ihm v. 32a vorgegeben. Dafür spricht auch Dtn 11,6. Danach hat die Erde ihren Mund aufgesperrt und Datan und Abiram mit ihren Angehörigen und ihren Zelten verschlungen. Es ist somit ein fester Bestandteil der Überlieferung von Datan und Abiram, daß die Erde ihren Mund aufgetan und diese beiden Männer mit ihren Familien verschlungen hat. Deshalb muß auch der Bericht über ihren Tod in Num 16 schon ursprünglich diese Elemente enthalten haben. V. 32a gehört somit sicher zu der vorpriesterlichen Erzählung.

Da hier jedoch der Begriff "Erde" gebraucht wird, können ihr auch v. 33bα und v. 34 nicht abgesprochen werden. In v. 34 flieht ganz Israel, weil die Israeliten fürchten, daß die Erde sie verschlingen könnte. Das ist nach v. 28-31a eigenartig. Dort hatte Mose den Israeliten das Ereignis, das in v. 32a.33a.bα berichtet wird, in allen Einzelheiten angekündigt[265]. Falls es eintreffen wird, sollten sie daran erkennen, daß Datan und Abiram Jahwe verächtlich behandelt haben. Nach dieser Ankündigung mußte den Israeliten klar sein, daß ihnen keine Gefahr droht. Es ist deshalb nicht einsichtig, warum sie in v. 34 aus der Umgebung von Datan und Abiram fliehen. Dagegen wird v. 34 verständlich, wenn v. 28-31a in der vorpriesterlichen Erzählung nicht enthalten war. In v. 26 hatte Mose indirekt angekündigt, daß Datan und Abiram sterben werden. Niemand konnte jedoch erwarten, daß sie auf die ungewöhnliche Weise umkommen würden, die in v. 32a.33a.bα berichtet wird. Deshalb löst ihr Tod Schrecken aus. Wer miterlebt, wie jemand lebend in die שאל hinabsteigt, muß befürchten, daß er auf dieselbe Weise umkommt, wenn er sich nicht von dem Ort des Wunders entfernt. Durch v. 34 soll somit betont werden, daß Datan und Abiram durch ein entsetzliches Wunder umgekommen sind.

Für F. Ahuis spiegelt sich in v. 34 freilich die Situation von "DtrT" unmittelbar nach dem Exil: "Das Volksganze ist zerstört. Die Israeliten waren geflohen aus Angst vor Strafe, doch wohl deshalb, weil man sich schuldig fühl-

---

265 Nach M. Noth, Numeri, 113, kann man "mindestens fragen, ob die genaue Voraussage des zu erwartenden Wunders in V. 30aβ zum ursprünglichen Bestand gehört und nicht vielmehr Zusatz eines Späteren ist, der Mose alles genau vorher wissen lassen wollte". Aber v. 30aβ.γ ist für die in v. 29f aufgestellte Alternative erforderlich, weil nur so deutlich wird, daß Datan und Abiram entweder wie alle Menschen sterben oder auf eine ganz ungewöhnliche Weise umkommen.

te"[266]. Aber diese zeitgeschichtliche Interpretation hat keinen Anhalt am Text. Es steht nicht in v. 34, daß sich Israel in alle Himmelsrichtungen zerstreut hätte. Die Angst der Israeliten setzt auch nicht das Bewußtsein eigener Schuld voraus. In v. 26 sollen sie sich von den Zelten Datans und Abirams entfernen, damit sie nicht dahingerafft werden. Sie werden also ohne eigene Schuld umkommen, wenn sie sich nicht von den beiden Männern trennen. Mit v. 34 wird somit lediglich unterstrichen, durch welches außergewöhnliche Ereignis Datan und Abiram gestorben sind. Dann ist aber v. 34 älter als v. 28-31a.

V. 32a.33a.bα.34 stammen somit aus der vorpriesterlichen Erzählung[267]. Daß ihr in der Forschung gelegentlich diese Aussagen teilweise abgesprochen wurden, ist dadurch bedingt, daß man v. 28-30 zu der Datan-Abiram-Erzählung rechnet. Tatsächlich bestätigen aber diese Stücke, daß v. 28-31a[268] ursprünglich nicht in dieser Erzählung enthalten war. In ihr wurde der Begriff "Erde" gebraucht, während der Ergänzer dieses Wort in v. 30 durch "Erdboden" ersetzt hat. Nun steht auch in v. 31b "Erdboden". Dann gehört dieser Halbvers ebenfalls zu der Erweiterung in v. 28-31a. Mit v. 31b wollte der Ergänzer das Ereignis verdeutlichen und herausstellen, daß es sich um ein besonders großes Wunder handelte. Datan und Abiram wurden verschlungen, weil sich sogar der Erdboden unter ihnen spaltete. Das war für den Ergänzer, wie schon ausgeführt wurde, eine Schöpfungstat Jahwes.

Die Rekonstruktion der Datan-Abiram-Erzählung in Num 16 ergibt somit: Zu dieser vorpriesterlichen Erzählung gehören: Aus v. 1b "Datan und Abiram, die Söhne Eliabs, 'des Sohnes' Rubens", v. 2aα.12-14.25.26* (ohne "zu der Gemeinde"). 27b.32a.33a.bα.34. Dagegen sind v. 15.28-31.32b.33bβ und "zu der Gemeinde" in v. 26 Erweiterungen. Durch sie wird die Erzählung mit der Geschichte von Korach und den 250 Männern verknüpft.

---

266 F. Ahuis, 84.

267 So auch A.H.J. Gunneweg, 171, der v. 28-31 ebenfalls nicht zu der vorpriesterlichen Erzählung rechnet. Er hat aber diese Entscheidung nicht begründet.

268 F. Ahuis, 54 Anm. 1, hält v. 31a für "eine blasse und den Spannungsbogen der jahwistischen Erzählung verkennende Aufnahme des Erweiswortes V. 28-30". Es ist aber nicht einsichtig, warum v. 31a jünger sein soll als v. 28-30. Durch v. 31a wird betont, daß sich die Ankündigung von v. 30a unmittelbar, nachdem Mose seine Rede beendet hatte, erfüllte. Jahwe erweist also sofort, daß Datan und Abiram schuldig sind. Das paßt hervorragend zu v. 28-30.

Die Datan-Abiram-Erzählung wird in der Regel J zugewiesen und dann literarisch in der frühen Königszeit angesetzt[269]. Gegen diese Datierung spricht jedoch, wie Datan und Abiram in v. 13f ihre Vorwürfe gegen Mose formulieren. Sie kritisieren in v. 14, daß Mose die Israeliten nicht zu einem Land gebracht hat, das von Milch und Honig fließt. Erst in der deuteronomisch-deuteronomistischen Literatur wird aber das Land Israels in dieser Weise beschrieben. Diese Charakterisierung war für den Verfasser anscheinend schon so geläufig, daß er sie sogar in v. 13 auf Ägypten übertragen hat. Deshalb meint W.H. Schmidt, daß die Formulierungen in v. 13f - falls die Zuweisung der Erzählung an J zutreffe - "Anzeichen zumindest nachträglicher Überarbeitung des Textes" seien[270]. Wie jedoch in der Analyse gezeigt wurde, läßt sich für v. 13f kein literarisch älterer Grundbestand rekonstruieren.

Nach V. Fritz hat es freilich eine vorjahwistische Fassung dieser Erzählung gegeben, in der v. 13f nicht enthalten war. Er sieht zwischen der Weigerung "wir ziehen nicht hinauf" in v. 12 und den Vorwürfen in v. 13f einen Gegensatz, da עלה das Aufsteigen in das Gebirgsland bezeichne. Ursprünglich würden somit Datan und Abiram in v. 12 eine Beteiligung an der Landnahme ablehnen. In der mündlichen Tradition, die dieser Fassung zugrundeliege, sei auch Mose nicht erwähnt worden[271]. In der Analyse wurde aber gezeigt, daß zwischen der Weigerung "wir ziehen nicht hinauf" und der Kritik an Mose kein Widerspruch besteht, sondern daß Datan und Abiram schon mit ihren Worten in v. 12b Mose einen Herrschaftsanspruch unterstellen, den sie ablehnen. Zudem setzt die Rekonstruktion von V. Fritz voraus, daß v. 30 in der Erzählung fest verankert ist. Nur so würde deutlich, warum Datan und Abiram vernichtet werden. V. 30 ist jedoch literarisch sekundär. Mit v. 30 fällt für die von V. Fritz postulierte Tradition auch v. 25. In ihr könnte nicht geschildert worden sein, daß die Ältesten Israels zu Datan und Abiram gingen. Dieses Element setzt voraus, daß sie im folgenden etwas sagen oder tun.

Dann könnte in dieser Tradition lediglich berichtet worden sein, daß Datan und Abiram die Beteiligung an der Landnahme verweigerten und daraufhin von

269 Vgl. die Übersicht bei F. Ahuis, 73 Anm. 1, und außerdem z.B. F. Crüsemann, Widerstand, 170ff; A. Schart, 240f. Nach J. Liver, 204f, und J. Milgrom, Korah's Rebellion, 142, die eine Urkundenhypothese ablehnen, ist der Hintergrund der Erzählung die Zeit des Aufenthalts in der Wüste und der Landnahme.

270 W.H. Schmidt, Exodus, 138.

271 V. Fritz, 87f. Zur vorjahwistischen Fassung gehören nach ihm: V. 12.25.27b.30.31. 33a.bα.34. Schon W. Rudolph, 84, hat erwogen, ob sich "wir ziehen nicht hinauf" auf den Weg nach Kanaan bezieht. Er hat diese Überlegung jedoch verworfen.

der Erde verschlungen wurden. Es würde in ihr weder erzählt, warum sie sich geweigert haben, noch begründet, weshalb sie dafür so hart bestraft wurden. Das ist jedoch in einer Erzählung unmöglich. Dann kann es keine alte Überlieferung von Datan und Abiram gegeben haben, in der ihre Kritik an Mose in v. 13f fehlte. Diese beiden Verse gehören somit zum Kern der Tradition von Datan und Abiram. Daraus ergibt sich, daß die Erzählung nicht aus der Epoche des frühen Königtums stammt, sondern erheblich jünger ist. Sie dürfte freilich nicht erst in nachexilischer Zeit entstanden sein[272], da die priesterliche Schicht sie wahrscheinlich voraussetzt, wie später gezeigt werden soll. Eine genauere Datierung der vorpriesterlichen Erzählung ist m.E. vorläufig nicht möglich.

Die Datan-Abiram-Erzählung folgte im vorpriesterlichen Tetrateuch wohl auf Num 14,40-45[273]. Dort wird berichtet, daß der eigenmächtige Versuch des Volkes, doch auf das Gebirge hinaufzuziehen, scheiterte. Auf diesem Hintergrund sind die Vorwürfe von Datan und Abiram in Num 16,13f gut verständlich. Nach F. Ahuis stand die Datan-Abiram-Erzählung allerdings ursprünglich in dem Komplex Sinai. Sie sei von dort durch die Erzählung von dem goldenen Kalb (Ex 32) verdrängt worden[274]. Diese Auffassung beruht jedoch darauf, daß für F. Ahuis Datan und Abiram mit ihrer Weigerung "wir ziehen nicht hinauf" eine Wallfahrt ablehnen. Diese Deutung hat sich als nicht richtig erwiesen. Dann hat die Erzählung keine Beziehung zum Sinai. Sie gehörte somit nicht zu einer Darstellung der Sinaiereignisse.

Schon M. Noth nahm freilich an, daß die Erzählung von Datan und Abiram "von J gewiß an einer anderen, uns jetzt unbekannten Stelle eingereiht gewesen war". Ihr gegenwärtiger Ort gehe auf den Redaktor zurück, der sie mit der Geschichte von Korach und den 250 Männern verbunden habe[275]. Aber die Vorwürfe von Datan und Abiram in v. 13f sprechen dagegen, daß die Erzählung im vorpriesterlichen Tetrateuch irgendwo vor der Kundschaftergeschichte in Num 13f* stand. Der Anfang ihrer Frage in v. 13a "Ist es zu wenig, daß du uns aus dem Land, das von Milch und Honig fließt, heraufgeführt hast, uns in der Wüste zu töten" entspricht zwar weitgehend dem Vorwurf, den das Volk in Ex 17,3 Mose macht. In ähnlicher Weise kritisieren bei P die Israeliten Mose

---

272 E. Aurelius, 194f, hält dagegen die Erzählung für nachexilisch.

273 Dieser Abschnitt ist literarisch nicht einheitlich, vgl. z.B. die unterschiedlichen Analysen von M. Noth, Numeri, 98f, und S. Mittmann, 52f. Die Frage nach dem Grundbestand kann jedoch hier nicht diskutiert werden.

274 F. Ahuis, 58.

275 M. Noth, Pentateuch, 138. Nach M. Noth, Pentateuch, 138 Anm. 354, folgte bei J auf Num 14,45 "gewiß" Num 20,1aβ.b.

und Aaron in Ex 16,3. In keiner anderen Erzählung von dem Aufenthalt in der Wüste wird aber sonst Mose wie in Num 16,14 vorgeworfen, daß er die Israeliten nicht zu einem guten Land gebracht und ihnen dort Felder und Weinberge gegeben hat. Hier geht es um die Landnahme der Israeliten. Dieses Thema wird in dem vorpriesterlichen Tetrateuch erstmals in dem älteren Bestand von Num 13,1-14,45 behandelt. Deshalb kann dort die Datan-Abiram-Erzählung nicht vor der Kundschaftergeschichte eingeordnet gewesen sein. Dagegen gibt sie nach 14,40-45 einen guten Sinn. Nachdem ein Versuch der Landnahme gescheitert ist, können Datan und Abiram Mose vorwerfen, daß er die Israeliten nicht in ein gutes Land gebracht hat. Literarisch folgte die vorpriesterliche Erzählung in Num 16 also auf 14,40-45.

In ihr geht es um die Autorität des Mose. In der Exposition werden zunächst die beiden Rebellen eingeführt (v. 1b*) und dann von ihnen berichtet, daß sie "vor Mose" aufstanden (v. 2aα). Damit muß gemeint sein, daß sie unter den Israeliten gegen Mose Vorwürfe erhoben. In diesem Sinn ist zwar sonst die Formulierung קום לפני nicht belegt. Diese Bedeutung ergibt sich aber für Num 16,2aα aus dem Kontext. Es wird zunächst nicht berichtet, wie die Vorwürfe lauteten. Aus dem folgenden Abschnitt v. 12-14 kann man aber entnehmen, was für den Verfasser Datan und Abiram kritisiert haben. In v. 12a läßt Mose die beiden Männer rufen, weil er sie anscheinend zur Rede stellen wollte. Darin sehen sie jedoch einen unberechtigten Herrschaftsanspruch des Mose. Deshalb lehnen sie es mit den Worten "wir ziehen nicht hinauf" ab, zu Mose zu kommen (v. 12b). Ihre Weigerung begründen sie in v. 13 und v. 14 in zwei Schritten. Der Vorwurf, herrschen zu wollen, ist hier jeweils eine Steigerung zu der Aussage, daß Mose als Führer der Israeliten erfolglos war. Da Mose für Datan und Abiram dadurch den Anspruch auf Herrschaft erhebt, daß er sie rufen läßt, haben sie also schon zuvor kritisiert, daß Mose die Israeliten aus einem guten Land heraufgeführt hat, um sie in der Wüste zu töten, und daß er ihnen keinen Landbesitz gegeben hat. Für Datan und Abiram maßt sich somit Mose sogar die Herrschaft an, obwohl er als Führer kläglich versagt hat. Deshalb lehnen sie am Ende von v. 14 mit "wir ziehen nicht hinauf" nochmals den Anspruch ab, den sie Mose unterstellen.

Darauf geht Mose mit den Ältesten Israels zu Datan und Abiram (v. 25) und fordert die Israeliten auf, sich von den Zelten dieser frevlerischen Männer zu entfernen, "damit ihr nicht dahingerafft werdet durch all ihre Verfehlungen" (v. 26*). Der Plural "Verfehlungen" bezieht sich wohl darauf, daß Datan und Abiram unter den Israeliten gegen Mose opponiert und es abgelehnt haben, zu ihm zu kommen. Außerdem dürfte dabei auch der Inhalt ihrer Vorwürfe im

Blick sein. Es ist eine Verfehlung, wenn man Mose vorwirft, daß er als Führer versagt hat, und es ist erst recht eine Verfehlung, wenn man ihm unterstellt, herrschen zu wollen. Das ist für den Verfasser so evident, daß er nicht begründet, warum sich Datan und Abiram mit ihrem Verhalten verfehlt haben. Auch er dürfte schon der Meinung gewesen sein, die später der Ergänzer in v. 28-30 ausdrückt, daß Mose von Jahwe gesandt wurde und daß deshalb jede Opposition gegen Mose ein Angriff auf Jahwe ist. Aber diese Auffassung ist für ihn so selbstverständlich, daß er sie als bekannt voraussetzt. Für ihn steht die Autorität des Mose unbezweifelbar fest. Nur frevlerische Männer wagen es, gegen Mose zu opponieren. Das hat aber für den Erzähler zwangsläufig zur Folge, daß Datan und Abiram sterben müssen. Das weiß Mose. Deshalb fordert er die Israeliten auf, sich von den beiden Männern zu trennen, damit sie nicht mit ihnen untergehen.

Datan und Abiram stehen mit ihren Familien am Eingang ihrer Zelte (v. 27b). Sie lassen sich von den Worten des Mose nicht beeindrucken, sondern halten trotzig an ihrer Opposition fest. Darauf werden Datan und Abiram mit ihren Angehörigen von der Erde verschlungen und fahren so lebendig in die שאל hinab (v. 32a.33a). Von ihnen bleibt keine Spur zurück. Das ist wohl der Sinn von v. 33bα: "Da bedeckte sie die Erde"[276]. Durch v. 34 wird dann unterstrichen, daß Datan und Abiram einen grausamen Tod erlitten. Auf ihr Geschrei hin flieht ganz Israel. Weil sie durch ein großes und schreckliches Wunder sterben, fürchten die Israeliten, daß auch sie durch dieses Wunder vernichtet werden. Die Aussage der Datan-Abiram-Erzählung ist somit: Wer Mose Versagen bei der Führung der Israeliten vorwirft und ihm gar Herrschaftsansprüche unterstellt, kommt um.

Die Hintergründe der Datan-Abiram-Erzählung sind dunkel. Gelegentlich hat man angenommen, "daß hier geschichtliche Rivalitäten einer späteren Zeit in die klassische Zeit der Geschichte Israels zurückverlegt werden"[277]. Aber es ist fraglich, ob sich in der Erzählung tatsächlich konkrete Auseinandersetzungen spiegeln. Der Widerstand von Datan und Abiram ist eine ausschließlich "politische" Opposition. Es ist aber schwer vorstellbar, daß man in der späten Königs- oder der Exilszeit einer Gruppe, die die Autorität des Mose für sich beanspruchte, vorwarf, die völlige Entmachtung der Israeliten anzustreben, wie es in der Frage "Willst du die Augen dieser Männer ausstechen?" in v. 14 geschieht. Wegen der geringen Bedeutung des Stammes Ruben können sich

---

276 So z.B. auch M. Noth, Numeri, 114.
277 M. Noth, Pentateuch, 139.

damals auch kaum rubenitische Sippen gegen "Mose" gewandt haben. Die
Opposition der Rubeniten Datan und Abiram ist somit historisch eine Fiktion.
Es ist unklar, warum der Verfasser gerade diese beiden Männer die Autorität
des Mose bestreiten ließ. Vielleicht ging es dem Erzähler einfach darum, diese
Autorität nachdrücklich zu unterstreichen. Dafür machte er aus unbekannten
Gründen Datan und Abiram zu Gegenspielern des Mose. So ist die Aussage der
Erzählung klar. Ihre genauere Datierung und ihre Hintergründe sind dagegen
offen.

Für die Erzählung von Korach und den 250 Männern wurde bereits oben in
der Einleitung zu der Analyse von Num 16f darauf hingewiesen, daß diese
Geschichte ursprünglich wohl nur von einem Aufstand von 250 Männern berichtete, da in 16,35 lediglich diese Männer vernichtet werden. Erst durch eine
spätere Bearbeitung wurde Korach zu ihrem Anführer. Im folgenden soll gezeigt
werden, daß in Num 16 die Stellen mit Korach tatsächlich zu einer Ergänzungsschicht gehören, durch die die Erzählung von den 250 Männern später erweitert
wurde.

Von dem Bearbeiter stammt der Abschnitt v. 8-11, da es hier um eine
andere Frage geht als in v. 3. In v. 3 werfen die Rebellen Mose und Aaron vor,
daß sie sich über die Versammlung Jahwes erheben, obwohl die ganze Gemeinde heilig und Jahwe in ihrer Mitte ist. Sie bestreiten hier also, daß Mose
und Aaron eine Sonderstellung gegenüber der Gemeinde zukommt. Dagegen
wirft Mose in v. 8-11 den Leviten vor, daß sie zusätzlich zu den Privilegien, die
ihnen Jahwe verliehen hat, das Priestertum beanspruchen (v. 10). Die Aufrührer wenden sich somit hier dagegen, daß die Leviten von dem Priestertum
ausgeschlossen sind.

W. Zwickel rechnet zwar v. 8-11 zu einer ursprünglich selbständigen Korach-Geschichte[278]. Dagegen spricht jedoch, daß dieser Abschnitt zumindest
einen Grundbestand von v. 3-7 voraussetzt, da sonst der Anlaß für diese Rede
des Mose fehlt. Allerdings nimmt W. Zwickel an, daß er ursprünglich in v. 1a
berichtet wurde. Die Exposition der Korach-Geschichte habe gelautet: "Korach,
der Sohn Jizhars, des Sohnes Kahats, des Sohnes Levis hatte (eine Räucherpfanne genommen und geräuchert)." Diese Rekonstruktion von v. 1a ist jedoch
unwahrscheinlich. Nach W. Zwickel forderte Mose in v. 16f Korach ursprünglich auf, daß er und Aaron vor Jahwe Räucherwerk heranbringen sollen. Wenn
Jahwe dabei erweist, daß es illegitim ist, daß auch Korach Räucherwerk her-
anbringt, müßte Jahwe bereits eingegriffen haben, als Korach erstmals räucher-

---

278 W. Zwickel, 296f.

te. Der Konflikt kann sich also nicht daran entzündet haben, daß Korach Räucherwerk darbrachte. Zudem heißt es in v. 11 "du und deine ganze Gemeinde".
Die Erwähnung der Gemeinde Korachs ist nur verständlich, wenn zuvor von den
250 Männern die Rede war. Sie sind die Gemeinde Korachs. So ist daran
festzuhalten, daß der Abschnitt v. 8-11 eine Erweiterung ist[279].

Zu ihr gehört auch v. 7b: "Es ist genug für euch, ihr Leviten". Damit zeigt
Mose an, daß es sich bei dem Aufstand gegen ihn und Aaron eigentlich um eine
levitische Opposition handelt. Damit bereitet v. 7b v. 8-11 vor. Der Halbvers ist
nur in diesem Zusammenhang sinnvoll. Nach A.H.J. Gunneweg ist freilich v. 8-
11 jünger als v. 7b, da v. 8 eine neue Redeeinleitung enthält, obwohl Mose auch
in v. 5-7 spricht[280]. Aber es ist nur im Blick auf v. 8-11 verständlich, daß in v.
7b die Leviten erwähnt werden. Dann hat die neue Redeeinleitung in v. 8
gliedernde Funktion. In v. 8-11 spricht Mose lediglich zu Korach, während er
sich in v. 5-7 an Korach und seine Gemeinde wandte. In v. 8b und v. 9 wird
zwar eine Mehrzahl von Personen angeredet. Aber der Plural beruht hier
darauf, daß Korach als Führer der levitischen Opposition angesprochen wird.
Das bestätigen v. 10 ("dich und alle deine Brüder... mit dir") und v. 11 ("du und
deine ganze Gemeinde"), die sich eindeutig an Korach richten. V. 7b[281]-11
stammt somit von einem Bearbeiter, für den es bei dem Aufstand gegen Mose
und Aaron darum ging, daß die Leviten für sich das Priestertum beanspruchten.

Er hat außerdem v. 16 und v. 17 eingefügt. Die Anweisung, die Mose hier
Korach erteilt, stimmt weitgehend mit seinem Befehl in v. 6b.7a überein[282]. Neu
ist aber, daß Aaron dabei sein soll, wenn Korach und seine Gemeinde vor Jahwe
sind (v. 16b) und daß auch Aaron seine Räucherpfanne vor Jahwe heranbringen
soll (v. 17b). Daran wird deutlich, daß es in v. 16f darum geht, ob Aaron tatsächlich eine Sonderstellung zukommt. Das entspricht v. 8-11. Somit hat der Bearbeiter v. 16f gebildet, weil er den Anschluß an seine Vorlage herstellen wollte, die
er durch seinen Einschub in v. 7b-11 unterbrochen hatte. Dabei brachte er

---

279 Das wird meist angenommen, vgl. z.B. B. Baentsch, 541f; A.H.J. Gunneweg, 178f; M.
     Noth, Numeri, 108; V. Fritz, 25; F. Ahuis, 72; E. Aurelius, 196.

280 A.H.J. Gunneweg, 178f.

281 Dagegen hält M. Noth, Numeri, 104 Anm. 3, v. 7b für eine Textvariante, "die zu V.
     3a gehört und den Text von 3a vervollständigt". Dabei übersieht M. Noth aber, daß
     v. 7b auf v. 8-11 angelegt ist. Zudem werden Mose und Aaron in v. 3 nicht als
     Leviten kritisiert. Es geht hier nicht um die Sonderstellung der Leviten, sondern um
     die Rolle von Mose und Aaron.

282 Das ist ein weiteres Argument gegen die von W. Zwickel, 296f, postulierte Korach-
     Geschichte.

zugleich seine Auffassung zur Geltung, daß sich die Auseinandersetzung um die Frage drehte, ob auch andere als Aaron priesterliche Rechte für sich beanspruchen können.

Nun muß in der Vorlage des Bearbeiters berichtet worden sein, daß der Befehl, den Mose in v. 6.7a erteilt hatte, befolgt wurde. Ein solcher Bericht steht in v. 18. Danach wurde genau das ausgeführt, was Mose in v. 6b.7a geboten hatte[283]. Lediglich v. 18b "da standen sie am Eingang des Zeltes der Begegnung" entspricht nicht genau dem Befehl. Aber diese Worte sind nur eine Explikation des "vor Jahwe" in v. 7aα. Die Rebellen befolgten die Anweisung des Mose "und legt auf sie Räucherwerk vor Jahwe" dadurch, daß sie auf die Räucherpfannen Räucherwerk legten und am Eingang des Zeltes der Begegnung standen. Dann stammt v. 18 nicht von dem Bearbeiter, sondern aus seiner Vorlage. In ihr folgte auf v. 7a sofort v. 18. Das gilt freilich nicht für den Schluß dieses Verses. Die Worte "und Mose und Aaron" klappen eindeutig nach. Deshalb können sie nicht zu dem Grundbestand der Erzählung gehört haben[284]. Sie wurden vielmehr von dem Bearbeiter angefügt. Wie aus v. 16f hervorgeht, war er der Auffassung, daß außer Korach und den 250 Männern auch Aaron mit seiner Räucherpfanne vor Jahwe sein sollte. Deshalb mußte er am Ende von v. 18 Aaron nachtragen. Wenn er hier außerdem Mose erwähnt, so sollte für ihn die Entscheidung über den Aufstand in der Gegenwart von Mose und Aaron fallen.

Diese Beobachtung zum Schluß von v. 18 ist für die Analyse des in v. 19-24 folgenden Abschnittes wichtig, dessen Herkunft umstritten ist. Er gehört z.B. nach B. Baentsch und W. Rudolph zu dem Grundbestand. Lediglich am Schluß von v. 24 sei "Korach, Datan und Abiram" als redaktionelle Verklammerung mit der Datan-Abiram-Erzählung eingefügt worden[285]. Diese Worte sind auch nach O. Eißfeldt sekundär. Er hält aber v. 19-22 ebenfalls für einen Zusatz. Aus P

---

283 Für A.H.J. Gunneweg, 178, geht dagegen in v. 18 die Wendung "ein jeder seine Pfanne" auf die Bearbeitung zurück. Sie entspricht der Anweisung am Anfang von v. 17. Nun heißt es zwar in v. 6b nicht ausdrücklich, daß jeder seine Räucherpfanne nehmen soll. Es ist aber unwahrscheinlich, daß hier der Befehl "Nehmt für euch Räucherpfannen" nicht so gemeint war, daß jeder eine Räucherpfanne nehmen soll. Dann ist die betreffende Wendung in v. 18 nicht von v. 17 abhängig, sondern der Bearbeiter hat den Anfang von v. 17 auf den ihm vorgegebenen v. 18 hin formuliert.

284 So z.B. auch W. Rudolph, 81 Anm. 6; M. Noth, Numeri, 112.

285 B. Baentsch, 548; W. Rudolph, 81f.

stamme nur v. 23 und v. 24*[286]. Dagegen weisen z.b. F. Ahuis und E. Aurelius die ganze Darstellung in v. 19-24 der Redaktion zu[287]. Nun heißt es am Anfang von v. 19: "Da versammelte gegen sie Korach...". "Gegen sie" bezieht sich auf Mose und Aaron. Für das Suffix fehlt aber im Grundbestand ein Bezugspunkt, da hier Aaron zuvor nur in v. 3 erwähnt wurde. Dann setzt v. 19 den sekundären Schluß von v. 18 voraus, wo Mose und Aaron genannt werden. Auch v. 19 geht somit auf den Bearbeiter zurück[288]. Von v. 19 lassen sich aber v. 20-22 nicht trennen. Die Anweisung Jahwes in v. 21, daß sich Mose und Aaron von "dieser Gemeinde" absondern sollen, müßte sich sonst im Grundbestand darauf beziehen, daß sich Mose und Aaron von den 250 Männern entfernen sollen. Erst bei dem Bearbeiter sind aber Mose und Aaron dabei, als diese Männer am Eingang des Zeltes der Begegnung stehen. Zumindest das Stück v. 19-22 stammt somit von dem Bearbeiter.

Hier ist der Befehl Jahwes in v. 21 eng verwandt mit seiner Anweisung an Mose und Aaron in 17,10a. Der einzige Unterschied besteht darin, daß für die Trennung von der Gemeinde verschiedene Verben gebraucht werden. In 16,21 steht בדל, in 17,10a רמם. Zwischen beiden Stellen besteht dann eine literari-

---

286 O. Eißfeldt, 174*; so auch V. Fritz, 25f. Nach E. Blum, Studien, 266 Anm. 143, stammt der Befehl in v. 24 und seine Ausführung in v. 27a - jeweils ohne "Korach, Datan und Abiram" - aus der Erzählung von den 250 Männern, die von der priesterlichen Schicht aufgenommen wurde.

287 F. Ahuis, 72; E. Aurelius, 196f. W. Zwickel teilt v. 19-24 auf die Erzählung von den 250 Männern und seine Korachgeschichte auf. Er rechnet v. 19.22.23.24*(ohne "Datan und Abiram") zu der Korach-Geschichte (296), v. 20 und v. 21 dagegen zu der Erzählung von den 250 Männern (294). Aber die Worte von Mose und Aaron in v. 22 setzen voraus, daß Jahwe in v. 21 angekündigt hat, daß er die Gemeinde vernichten will. Deshalb kann v. 19-24 nicht auf zwei Erzählungen aufgeteilt werden.

288 Daß v. 19 sekundär ist, wurde gelegentlich damit begründet, daß dieser Vers zu spät komme, da die Gemeinde Korachs bereits in v. 18 am Eingang des Zeltes der Begegnung steht (vgl. z.B. V. Fritz, 25). Dagegen hat W. Rudolph, 81f, eingewandt, daß man das Verb in v. 19a plusquamperfektisch übersetzen könne. Tatsächlich handelt es sich aber in v. 18 und 19 um zwei verschiedene Ereignisse. In v. 18 wird berichtet, daß die 250 Männer am Eingang des Zeltes der Begegnung standen. Nach v. 19 versammelte dann Korach dort die ganze Gemeinde. Hier bezieht sich "die ganze Gemeinde" nicht auf die "Rotte" Korachs (so G.W. Coats, 171; V. Fritz, 25), sondern auf die Israeliten. Für die Anhänger Korachs wird in Num 16 der Begriff "Gemeinde" nur mit einem Suffix gebraucht: "seine/deine Gemeinde" (v. 5.6.11.16). Somit bildet der in v. 18 und 19 geschilderte Ablauf keine Schwierigkeiten. Daß die beiden Verse nicht von einer Hand stammen, ergibt sich vielmehr daraus, daß das Suffix bei "gegen sie" in v. 19 den sekundären Schluß von v. 18 voraussetzt.

sche Beziehung. Nun reagiert Jahwe mit 17,10a auf die Kritik der Gemeinde an Mose und Aaron in 17,6: "Ihr habt das Volk Jahwes getötet". Dieser Vorwurf macht es gut verständlich, daß Jahwe die Gemeinde im Nu auslöschen will. Dagegen überrascht, daß Jahwe so hart gegen die Gemeinde vorgehen will, nachdem sie Korach gegen Mose und Aaron versammelte. Das spricht dafür, daß dem Bearbeiter 17,6ff vorgegeben war. Der Abschnitt 17,6-15 ist also nicht in Anlehnung an 16,19-22 gebildet worden, wie z.B. M. Noth und V. Fritz annehmen[289], sondern er ist älter als diese Verse. Dann gehörte er zu der Erzählung von den 250 Männern[290]. Wie er dort im einzelnen lautete, wird in der Analyse von Num 17 zu ermitteln sein. Jedenfalls ist 16,21 eine Nachbildung von 17,10a. Der Bearbeiter bezog durch v. 19 die ganze Gemeinde in den Aufstand Korachs ein. Deshalb kündigte Jahwe bei ihm schon mit 16,20f an, daß er die Gemeinde augenblicklich vernichten will.

Auch v. 23 und v. 24 können nicht zu dem Grundbestand gehören. Selbst ohne die Worte "Korach, Datan und Abiram" in v. 24 wird hier eine andere Situation vorausgesetzt, als sie in der Erzählung von den 250 Männern gegeben war. Dann hätte Mose nach v. 24* zu der Gemeinde sagen sollen: "Zieht euch zurück aus der Umgebung der Wohnung". "Wohnung" wäre eine andere Bezeichnung für das Zelt der Begegnung. Nach dem Grundbestand befand sich aber die Gemeinde nicht am Heiligtum. Dort war sie erst bei dem Bearbeiter, nachdem in v. 19 Korach die ganze Gemeinde am Eingang des Zeltes der Begegnung versammelte. Auch wenn man "Korach, Datan und Abiram" in v. 24 für redaktionell hält, ist somit die Anweisung Jahwes in v. 23f ohne v. 19 unmöglich.

Nun ist im jetzigen Wortlaut von v. 24 mit "Wohnung" nicht das Heiligtum gemeint, sondern die Wohnung von Korach, Datan und Abiram. Damit wird hier die Datan-Abiram-Erzählung vorausgesetzt. Ursprünglich muß aber der Redeauftrag an Mose in v. 23f einen anderen Sinn gehabt haben. Es fällt auf, daß hier für die Zelte von Korach, Datan und Abiram der Singular "Wohnung" (משכן) steht. In der Datan-Abiram-Erzählung wird dagegen der Plural "Zelte"

---

289 M. Noth, Numeri, 108; V. Fritz, 26.

290 So z.B. A.H.J. Gunneweg, 182f; F. Ahuis, 72. Dagegen stammen nach E. Blum, Studien, 268, 16,19-22 und 17,7-10 von der priesterlichen Gesamtkomposition, da "beide Krisenmomente in enger Entsprechung formuliert sind". Aus dieser Beobachtung ergibt sich jedoch nur, daß der Korach-Bearbeitung 17,7-10 vorlag und sie 16,19-22 in Anlehnung an diese Verse gebildet hat. Warum derselbe Verfasser die Aufforderung Jahwes in 16,21 mit בדל, in 17,10a aber mit רמם formuliert haben sollte, läßt sich nicht erklären.

gebraucht (v. 26.27b). Vor allem paßt aber der Begriff "Wohnung" nicht zu der Situation der Israeliten in der Wüste. Er kommt im Pentateuch für die Wohnstätten der Israeliten nur in Num 24,5 vor und steht dort parallel zu "Zelte" ("deine Zelte - deine Wohnungen"). Num 24,5 gehört jedoch zu dem Bileamspruch 24,3b-9, in dem Bileam die künftige Situation der Israeliten nach ihrer Landnahme voraussagt. Auch hier geht es also nicht um Wohnungen der Israeliten während der Wüstenzeit. Dagegen steht der Begriff "Wohnung" in priesterlichen Texten häufig für das Heiligtum. So wird er auch in 16,9 gebraucht. Hier bezieht sich "die Wohnung Jahwes" sicher auf das Zelt der Begegnung. Es wäre eigenartig, wenn der Bearbeiter das Wort "Wohnung" in 16,9 so verwendet, wie es in priesterlichen Texten oft belegt ist, es aber in v. 24 in einer Bedeutung gebraucht, in der es außer dem Ausführungsbericht in v. 27a im Pentateuch sonst nicht vorkommt.

Tatsächlich ist der Befehl in v. 24 nur sinnvoll, wenn Mose hier der Gemeinde gebieten soll, daß sie sich von dem Heiligtum zurückzieht. In v. 19 hatte Korach die ganze Gemeinde gegen Mose und Aaron am Zelt der Begegnung versammelt. Sie hat sich somit der Opposition von Korach und den 250 Männern angeschlossen. Deshalb fordert Jahwe in v. 20f Mose und Aaron auf, sich von der Gemeinde zu trennen, weil er sie plötzlich vernichten will. Darauf wenden sich Mose und Aaron in v. 22 an Jahwe. Es gelingt ihnen anscheinend, durch ihre Worte Jahwe umzustimmen. Er will nun nicht mehr die Gemeinde auslöschen, sondern läßt ihr von Mose befehlen, daß sie sich von dem Heiligtum zurückzieht (v. 23.24*). Damit würde sie sich wieder von dem Aufstand des Korach und der 250 Männer lösen, dem sie sich zunächst angeschlossen hatte. Dagegen ist nicht verständlich, warum sich die Gemeinde von der Wohnung von Korach, Datan und Abiram zurückziehen soll, nachdem sie von Korach am Zelt der Begegnung gegen Mose und Aaron versammelt wurde. Dann ist der Schluß von v. 24 "Korach, Datan und Abiram" jünger als der Rest von v. 19-24. Ursprünglich bezog sich also משכן in v. 24 auf das Heiligtum. Bei dem Bearbeiter endete dieser Vers mit למשכן[291].

---

291 Gelegentlich hat man angenommen, daß in v. 24 ursprünglich למשכן יהוה stand, so z.B. W. Rudolph, 81. Aber משכן wird für das Heiligtum auch ohne Näherbestimmung gebraucht, vgl. z.B. Num 3,7; 7,1.3. Der jetzige Wortlaut von v. 24 wird m.E. leichter verständlich, wenn der Ergänzer nicht "Jahwe" durch "Korach, Datan und Abiram" ersetzt hat, sondern wenn ihm lediglich למשכן vorgegeben war. In einem Teil der LXX-Überlieferung fehlt zwar in v. 24 und in v. 27a "Datan und Abiram". Es wird dort jeweils nur Korach genannt. Das läßt jedoch nicht den Schluß zu, daß hier die hebräische Vorlage von MT abwich (so z.B. W. Rudolph, 81). Anscheinend wurde in LXX teilweise gesehen, daß die Erwähnung von Datan und Abiram in dem

Daraus folgt: Die Geschichte von den 250 Männern wurde durch v. 19-24*
erweitert, bevor sie mit der Datan-Abiram-Erzählung verknüpft wurde. Erst ein
späterer Redaktor hat beide Erzählungen zusammengearbeitet. In der Analyse
der Datan-Abiram-Erzählung wurde dargelegt, daß der Redaktor die Anweisung
des Mose in v. 26 so verstand, daß Mose hier den Redeauftrag ausführte, den
ihm Jahwe in v. 24* erteilt hatte. Nach v. 26 sollen sich die Israeliten "von den
Zelten dieser frevlerischen Männer" entfernen. Deshalb bezog der Redaktor
משכן in v. 24 auf die Zelte von Korach, Datan und Abiram. Er stellte diese
Bedeutung dadurch heraus, daß er die Namen der drei Männer am Ende von v.
24 anfügte. Neben Datan und Abiram mußte von ihm auch Korach genannt
werden, weil Korach in v. 19ff der Hauptschuldige an dem Aufstand ist.

Hat aber erst ein Redaktor die erweiterte Fassung der Geschichte von den
250 Männern mit der Datan-Abiram-Erzählung verbunden, dann folgte v. 27a*
ursprünglich auf v. 24*. In v. 27a* wird die Anweisung Jahwes ausgeführt, die
Mose nach v. 24* der Gemeinde mitteilen sollte. Deshalb geht auch v. 27a im
wesentlichen auf den Bearbeiter zurück. Die Worte "Korach, Datan und Abiram" stammen hier ebenfalls erst von dem Redaktor. Bei dem Bearbeiter zog
sich in v. 27a die Gemeinde von dem Heiligtum zurück. Darauf vernichtete dann
ein Feuer, das von Jahwe ausging, die 250 Männer (v. 35). Da hier Korach nicht
genannt wird, gehört dieser Vers zu dem Grundbestand der Geschichte von den
250 Männern. Er schließt nahtlos an die Worte in v. 18b an "da standen sie am
Eingang des Zeltes der Begegnung".

Allerdings dürfte v. 35bβ nicht ursprünglich sein[292]. Das legt die Formulierung "die das Räucherwerk heranbrachten" nahe. Sie kommt weder in dem
Befehl des Mose in v. 6.7a noch in dem Ausführungsbericht in v. 18 vor. Bei
dem Bearbeiter befiehlt dagegen Mose in v. 17 u.a.: "und ihr sollt heranbringen
vor Jahwe jeder seine Räucherpfanne...". Das entspricht zwar nicht genau dem
Wortlaut in v. 35bβ, es erklärt aber, warum hier die 250 Männer diejenigen sind,
"die das Räucherwerk heranbrachten". In dem Grundbestand war diese Beschreibung der 250 Männer überflüssig, da hier unmittelbar vor v. 35a.bα berichtet

---

Zusammenhang von v. 19-24 eigenartig ist. Deshalb soll sich nach dieser LXX-
Überlieferung in v. 24 die Gemeinde von "der Gemeinde Korachs" trennen. In der
Ausführung des Befehls wird hier freilich in v. 27 "das Zelt Korachs" erwähnt.
Wahrscheinlich fehlen "Datan und Abiram", weil nach v. 34 ganz Israel, das um
Datan und Abiram herum war, floh. Das stand für diese LXX-Überlieferung in
Widerspruch zu v. 27a. Deshalb wurde hier in v. 27a "Datan und Abiram" ausgelas-
sen.

292 So auch F. Ahuis, 65.

wurde, was die 250 Männer getan hatten. Diesen Zusammenhang hat der Bearbeiter durch v. 19-24* und v. 27a* unterbrochen. Das macht es verständlich, daß nun in v. 35bβ die 250 Männer als diejenigen beschrieben werden, die das Räucherwerk heranbrachten. Auch v. 35bβ ist somit dem Bearbeiter zuzuweisen. Mit v. 7b-11.16f.19-24a*.27a* stammen in der Erzählung von Korach und den 250 Männern jene Stücke von einem Bearbeiter, in denen Korach im Mittelpunkt steht. Dann hat es tatsächlich eine Erzählung von 250 Männern gegeben, in der Korach nicht erwähnt wurde. Aus v. 24 hat sich ergeben, daß die Bearbeitung, durch die Korach zum Anführer der Rebellen wurde, älter ist als die Redaktion, die diese Geschichte mit der Datan-Abiram-Erzählung zusammenarbeitete. Aufgrund dieser Ergebnisse ist im folgenden die literarische Schichtung in v. 1a.2aβ-7a zu untersuchen.

In v. 1a wird Korach eingeführt. Diese Einführung ist notwendig, wenn im folgenden Korach eine wichtige Rolle spielt. V. 1a stammt somit von dem Bearbeiter. Die in der älteren Forschung verschiedentlich vertretene Auffassung, daß Korach in dieser Erzählung ursprünglich nicht Levit war[293], ist inzwischen zu Recht aufgegeben worden[294]. Sie setzt voraus, daß Korach in der Erzählung von den 250 Männern fest verankert ist. Das ist jedoch, wie oben gezeigt wurde, nicht der Fall. Aus v. 7b-11 geht hervor, daß Korach Vertreter einer levitischen Opposition gegen Mose ist. Die Erwähnung Korachs und die genealogischen Angaben in v. 1a stammen somit ebenfalls von dem Bearbeiter. Da der ursprüngliche Text in v. 1b und v. 2aα zu der Datan-Abiram-Erzählung gehören, folgte bei dem Bearbeiter v. 2aβ auf v. 1a. Das "und" am Anfang von v. 2aβ geht auf die spätere Redaktion zurück, die mit ihm v. 2aβ mit v. 2aα verknüpfen wollte. Damit wird zumindest teilweise das Problem gelöst, welche Bedeutung in v. 1a וַיִּקַּח hat. Leitet man die Verbform von לָקַח = nehmen ab, dann fehlt im gegenwärtigen Text ein Objekt. Deshalb hat sie M. Noth von einer Wurzel יקה abgeleitet und dafür auf arabisch *waqaha* = unverschämt sein verwiesen[295]. Wenn aber bei dem Bearbeiter v. 2aβ (ohne "und") auf v. 1a folgte, sind die hier erwähnten 250 Männer das Objekt zu dem Verb in v. 1a[296]. Dann muß bei ihm die Verbform nicht auf eine im Hebräischen sonst nicht belegte Wurzel zurückgeführt werden. V. 1a hat also die Bedeutung: "Da nahm

---

293 Vgl. z.B. B. Baentsch, 540; O. Eißfeldt, 173*; W. Rudolph, 81; G.W. Coats, 168.

294 Vgl. z.B. A.H.J. Gunneweg, 173ff.

295 M. Noth, Numeri, 104 Anm. 2.

296 So auch O. Eißfeldt, 173*.

Korach...". Dadurch unterstreicht der Bearbeiter, daß Korach den Aufstand der 250 Männer anführte. Er geht auf seine Initiative zurück. Für diese Deutung spricht, daß im folgenden in der erweiterten Fassung immer wieder Korach und seine Gemeinde erwähnt werden. Außerdem unterstreichen Mose und Aaron in v. 22, daß Korach für die Rebellion verantwortlich war.

In der Exposition der Erzählung von den 250 Männern müssen freilich diese Männer genannt worden sein. Deshalb war v. 2aβ dem Bearbeiter vorgegeben. Allerdings kann die ursprüngliche Erzählung nicht mit v. 2aβ begonnen haben. Es müßte etwa "da waren" vorangegangen sein. Die Einleitung wurde von dem Bearbeiter durch v. 1a ersetzt. Größere Veränderungen hat der Bearbeiter in der Exposition kaum vorgenommen, da v. 2aβ ansonsten die Informationen enthält, die für die Erzählung von den 250 Männern erforderlich sind. Offen ist m.E., ob auch v. 2b aus dieser Erzählung stammt. Die Charakterisierung der Männer in v. 2b ist eigenartig. Sie werden zunächst als נשיאי עדה beschrieben. Diese Formulierung kommt zwar ähnlich an verschiedenen Stellen vor[297], dort steht jedoch עדה immer mit Artikel. Darauf folgt in v. 2b קראי מועד. Dieser Ausdruck ist im Alten Testament sonst nirgends belegt. Er kommt mit העדה anstelle von מועד in Num 1,16 (K) und Num 26,9 (Q) vor. In Num 16,2b steht מועד, weil der Verfasser anscheinend in den beiden ersten Beschreibungen nicht zweimal עדה verwenden wollte. In v. 2b sind die Männer schließlich "Männer eines Namens". Dieser Ausdruck steht nur noch in Gen 6,4[298]. Die Formulierungen in v. 2b sind somit sonst im Alten Testament selten oder überhaupt nicht belegt.

Nach diesem Halbvers handelte es sich bei den 250 Männern um prominente Israeliten. Dieses Element ist für die Erzählung nicht unbedingt erforderlich. Im folgenden spielt es keine Rolle, daß es sich bei den 250 Männern um führende Israeliten handelte. So stammt vielleicht nur v. 2aβ aus der ursprünglichen Exposition der Geschichte, und v. 2b wurde später nachgetragen, weil ein Ergänzer der Meinung war, daß es sich bei den Rebellen um Männer gehandelt haben muß, die eine hervorgehobene Stellung innehatten. Ein ähnliches Phänomen begegnet in der priesterlichen Kundschaftergeschichte. Wie in IV gezeigt wurde, hatte Jahwe bei P Mose beauftragt, Männer zu senden (13,2a). Erst durch die Erweiterung in 13,2b-16 sollte jeder von ihnen ein נשיא sein (13,2b). Nach 13,3 waren sie Häupter der Israeliten. Im Unterschied zu P legte also die priesterliche Erweiterung darauf Wert, daß es sich bei den Kundschaftern um

---

297 Ex 16,22; Num 4,34; 31,13; 32,2; Jos 9,15.18; 22,30.
298 Zu vergleichen ist auch I Chr 5,24; 12,31. Dort steht jedoch שם im Plural.

führende Israeliten handelte. Ein ähnliches Interesse könnte hinter 16,2b stehen. Dann wäre dieser Halbvers von dem Bearbeiter oder einem Späteren nachgetragen worden. Aber auch wenn es Anzeichen dafür gibt, daß Num 16,2b sekundär ist, ist freilich hier kein sicheres Urteil möglich.

V. 3 und v. 4 gehören dagegen eindeutig zu der Erzählung von den 250 Männern. In v. 3 wird berichtet, daß sie sich gegen Mose und Aaron versammelten und ihnen vorwarfen, daß sie sich zu Unrecht über die Versammlung Jahwes erheben. Das hörte Mose und fiel auf sein Angesicht (v. 4). Es mag überraschen, daß hier von einer Reaktion Aarons nichts erzählt wird. Das ist jedoch dadurch bedingt, daß im folgenden nur Mose redet (v. 5-7a). In dieser Rede hat der Bearbeiter die ursprüngliche Fassung erweitert. Nach v. 5 redete Mose "zu Korach und zu seiner ganzen Gemeinde". Diese Worte sind ein Zusatz des Bearbeiters, da hier Korach Anführer der Rebellen ist. Auf den Bearbeiter gehen aber auch die Worte des Mose in v. 5 zurück. Sie greifen v. 7aβ vor. Dort heißt es: "Und es wird geschehen: Der Mann, den Jahwe erwählt, er ist der Heilige". Damit macht Mose deutlich, was er mit seinen Anweisungen in v. 6.7aα erreichen will. Die Männer haben in v. 3 behauptet, daß die ganze Gemeinde heilig ist. Ob das stimmt, soll sich daran zeigen, daß sie vor Jahwe Räucherwerk auf ihre Pfannen legen. Wenn Jahwe das akzeptiert, dann sind sie heilig. Damit würde Jahwe zugleich bestätigen, daß die ganze Gemeinde heilig ist, denn die 250 Männer sind Glieder der Gemeinde. V. 7aβ entspricht somit dem Vorwurf in v. 3.

Dagegen heißt es in v. 5b: "und den, den er erwählt, wird er zu sich nahen lassen". Den Rebellen ging es aber in v. 3 nicht darum, daß jeder Israelit in gleicher Weise Jahwe nahen darf. Im Unterschied zu v. 7aβ wird Jahwe also nach v. 5b entscheiden, ob den Priestern (Aaron) tatsächlich ein Privileg zukommt. Damit liegt v. 5 auf der Linie von v. 8-11. Hier wirft bei dem Bearbeiter Mose den Leviten vor, daß sie das Priestertum anstreben. Sie haben hier allerdings das Vorrecht, daß Jahwe sie zu sich herankommen läßt (v. 9). Sie dürfen aber nur darin Jahwe nahen, daß sie den Dienst an der Wohnung Jahwes verrichten und vor der Gemeinde stehen, um ihr zu dienen. Dagegen geht es in v. 5b darum, ob Jahwe Korach und die 250 Männer so zu sich herankommen läßt, daß sie opfern. Das ergibt sich daraus, daß Jahwe entscheiden wird, wen er zu sich herankommen läßt, wenn Korach und die 250 Männer Räucherwerk darbringen. Die Worte des Mose in v. 5 stammen somit von dem Bearbeiter[299].

---

299 In v. 5a greift "so daß er (ihn) zu sich nahen läßt" v. 5b vor. M. Noth, Numeri, 105, hält deshalb diese Worte für einen Zusatz. Das ist möglich. Andererseits formuliert

Auf ihn geht auch v. 6bβ "Korach und seine ganze Gemeinde" zurück. Daß es sich dabei um einen Zusatz handelt, zeigt sich schon daran, daß v. 6bβ aus der Konstruktion herausfällt. Da Mose in v. 6a.bα eine zweite Pers. Plural anredet, müßte es in v. 6bβ eigentlich heißen: "Korach und *deine* ganze Gemeinde".

In v. 5-7a gehört somit zu der Erzählung von den 250 Männern: "Da redete er folgendermaßen" aus v. 5 und v. 6a.bα.7a[300]. Zu wem Mose redete, wurde hier in v. 5 nicht ausdrücklich erwähnt, weil sich aus dem Zusammenhang ergab, daß Mose zu den Rebellen sprach. Dagegen nennt der Bearbeiter in seinem Einschub "zu Korach und zu seiner ganzen Gemeinde" ausdrücklich die Adressaten. Hier begegnet erstmals jene Formulierung, die für seine Darstellung charakteristisch ist, wie aus v. 6bβ.11.16 hervorgeht. Er will dadurch an der ersten Stelle, an der das möglich war, unterstreichen, daß Korach für den Aufstand gegen Mose und Aaron verantwortlich war. Die 250 Männer sind lediglich seine Anhänger und damit eben seine Gemeinde. Die Worte des Mose hat der Bearbeiter in v. 5 eingefügt, weil für ihn Mose sofort mitteilen sollte, daß Jahwe über die Rebellion entscheiden wird. Erst danach gab Mose seine Anweisungen.

Durch die Erweiterung in v. 5 hat nun die Rede des Mose in v. 5-7a eine ähnliche Struktur wie Ex 16,6f.9. Dort kündigten Mose und Aaron zunächst an, daß Jahwe helfend eingreifen wird (v. 6f). Danach gab Mose Aaron eine Anweisung für die Gemeinde (v. 9). Die Konstruktion in Num 16,5 entspricht darin Ex 16,6f, daß jeweils auf eine Zeitbestimmung ein Verb mit ו folgt. In Num 16,5 heißt es: "Am Morgen und Jahwe wird kundtun", in Ex 16,6f "am Abend und ihr werdet erkennen" - "und am Morgen und ihr werdet sehen". Zwischen Num 16,5 und Ex 16,6f bestehen freilich ansonsten erhebliche formale und inhaltliche Unterschiede. Trotzdem ist beachtenswert, daß in beiden Texten einer Anweisung des Mose später eine Ankündigung vorangestellt wurde, daß Jahwe eingreifen wird[301]. Den Ergänzern war anscheinend wichtig, daß Mose bzw. Mose und Aaron auf eine Kritik an ihrem Wirken damit reagierten, daß sie sofort darauf hinwiesen, daß Jahwe handeln wird. In Num 16,5 hat der Bearbeiter in dieser

---

der Bearbeiter in v. 5 sehr breit. Deshalb ist es denkbar, daß auch diese Worte von ihm stammen, weil er deutlich machen wollte: Der Heilige ist der, den Jahwe zu sich herankommen läßt.

300 Ähnlich A.H.J. Gunneweg, 178, nach dem offen ist, wie v. 5 ursprünglich lautete, und F. Ahuis, 88, der außerdem "morgen" in v. 7a nicht zu dem Grundbestand rechnet.

301 In II wurde gezeigt, daß Ex 16,6f ein Zusatz zu der priesterlichen Murrerzählung in Ex 16,1ff* ist.

Ankündigung außerdem seine Sicht zur Geltung gebracht, worum es in der Auseinandersetzung ging. So steht nun alles, was in der erweiterten Erzählung von den 250 Männern im folgenden berichtet wird, unter dem Thema, ob die priesterlichen Vorrechte Aarons legitim sind.

Als Ergebnis der Analyse von Num 16 ist festzuhalten: In diesem Kapitel sind zwei Erzählungen zusammengearbeitet worden, die zunächst unabhängig voneinander schriftlich tradiert wurden. Zu der vorpriesterlichen Datan-Abiram-Erzählung gehören: Aus v. 1b "Datan und Abiram, die Söhne Eliabs, 'des Sohnes' Rubens", v. 2aα.12-14.25.26*(ohne "zu der Gemeinde").27b.32a.33a.bα. 34. Der priesterlichen Erzählung von den 250 Männern sind zuzuweisen: V. 2aβ.3.4.5*("da redete er folgendermaßen").6a.bα.7a.18*(ohne "und Mose und Aaron").35a.bα. Diese Geschichte endete nicht in Num 16. Zu ihr gehört mindestens ein Grundbestand in 17,6-15. Deshalb kann die Frage, ob die Erzählung schon in der ursprünglichen Fassung der Priesterschrift enthalten war, erst in der Analyse von Num 17 beantwortet werden.

Ein Bearbeiter hat die Geschichte von den 250 Männern erheblich erweitert. Er führte den Leviten Korach ein und machte ihn zum Anführer der Rebellen. Auf die Korach-Bearbeitung gehen zurück: V. 1a, in v. 5 "zu Korach und zu seiner ganzen Gemeinde" und die Worte des Mose, v. 6bβ.7b-11.16f, in v. 18 "und Mose und Aaron", v. 19-23.24*(ohne "Korach, Datan und Abiram").27a*(ohne "Korach, Datan und Abiram").35bβ. Die Korach-Bearbeitung wurde vorgenommen, bevor die Geschichte von den 250 Männern mit der Datan-Abiram-Erzählung verbunden wurde. Von dem Redaktor, der beide Texte zusammengearbeitet hat, stammen: V. 15.28-31.32b.33bβ. Er hat außerdem in v. 24 und v. 27a "Korach, Datan und Abiram" und in v. 26 "zu der Gemeinde" eingefügt. V. 2b stammt sicher nicht aus der Datan-Abiram-Erzählung. Ansonsten ist aber die Zuweisung dieses Halbverses offen.

Die Analyse von Num 16 bestätigt, daß P eine selbständige Quellenschrift war. Auch wenn die Frage, ob P in Num 16 vertreten ist, zurückgestellt wurde, ergibt sich aus dem Befund, daß die durch die Korach-Bearbeitung erweiterte Fassung der Geschichte von den 250 Männern erst redaktionell mit der Datan-Abiram-Erzählung verknüpft wurde, daß der Redaktion zwei schriftliche Werke vorlagen.

2. Num 17

Num 17 beginnt in v. 1-5 mit einem Abschnitt über die Verwendung der Räucherpfannen der 250 Männer. Er ist literarisch nicht einheitlich. Ein Zusatz ist zunächst v. 2aβ[302]. Das geht aus mehreren Beobachtungen hervor. Die Anweisungen Jahwes, die Mose nach v. 2f Eleasar mitteilen soll, werden in v. 4 ausgeführt. Hier wird jedoch nicht berichtet, daß das Feuer zerstreut wurde. Außerdem wird in v. 2aβ der Imperativ gebraucht, für das Aufheben der Pfannen in v. 2aα aber der Jussiv[303]. Die Aussage über die Räucherpfannen in v. 2b "denn sie sind heilig" schließt direkt an v. 2aα an. Mit dem Feuer ist in v. 2aβ jenes Feuer gemeint, das die 250 Männer auf ihre Räucherpfannen getan hatten (16,18). Anscheinend lag einem Ergänzer daran, daß dieses Feuer dem weiteren Gebrauch entzogen wurde. Deshalb fügte er v. 2aβ ein.

Sekundär ist auch der Anfang von v. 3 "die Räucherpfannen dieser Sünder um ihr Leben"[304]. Es handelt sich bei diesen Worten um ein Akkusativobjekt, für das jedoch Verb und Subjekt fehlen. Verschiedentlich hat man allerdings angenommen, daß hier את zu streichen ist und dann der Anfang von v. 3 das Subjekt zu v. 2b ist[305]. Es ist jedoch schwer vorstellbar, daß ein sinnvoller Zusammenhang später durch die Einfügung von את zerstört wurde. את ist somit beizubehalten. Mit ihm wird das את vor "den Pfannen" in v. 2aα wieder aufgenommen. Dann handelt es sich bei den ersten Worten in v. 3 um einen ungeschickt eingefügten Zusatz. Ein Ergänzer wollte durch ihn verdeutlichen, daß es sich bei den in v. 2aα erwähnten Pfannen um die Räucherpfannen der 250 Männer handelte. Ursprünglich folgte "und man soll sie machen..." in v. 3aα² direkt auf v. 2b.

V. 5 ist ebenfalls zum größten Teil später eingefügt worden. In v. 5bβ heißt es: "wie Jahwe durch Mose zu ihm geredet hatte". Das bezieht sich auf die Anweisungen, die Jahwe Eleasar durch Mose übermitteln ließ. Nach B. Baentsch ist zwar mit לו Korach gemeint[306]. Dagegen spricht jedoch, daß in Num 16 Mose nirgends Korach ein Jahwewort übermittelt und ihm auch nicht ausdrücklich den Tod ankündigt. B. Baentsch hat aber anscheinend empfunden, daß das Bezugswort für לו zu weit entfernt steht, wenn damit Eleasar gemeint ist. Eleasar wird in v. 4 genannt. Deshalb muß v. 5bβ ursprünglich auf v. 4 gefolgt sein. In v. 4 werden die Anweisungen ausgeführt, die Mose Eleasar

302 So z.B. auch M. Noth, Numeri, 115; W. Zwickel, 294.

303 Ph.J. Budd, 193, erwägt, ob in v. 2aβ nicht MT in יזרה zu ändern ist. Aber es läßt sich nicht erklären, wie daraus MT entstanden sein soll.

304 So auch M. Noth, Numeri, 106; W. Zwickel, 295.

305 So B. Baentsch, 550; O. Eißfeldt, 175*; vgl. auch Ph.J. Budd, 193.

306 B. Baentsch, 550.

übermitteln sollte. Das wird in v. 5bβ festgestellt. Nun sollten nach v. 3b die Räucherpfannen der 250 Männer als Belag des Altars ein Zeichen für die Israeliten sein. Das mußte in dem Bericht von der Ausführung nicht aufgenommen werden. Hier genügte es, daß aus den Räucherpfannen ein Belag für den Altar gemacht wurde. Ein Ergänzer wollte aber auch in dem Ausführungsbericht zur Geltung bringen, daß die Räucherpfannen nun zu einem Zeichen für die Israeliten wurden. Außerdem wollte er verdeutlichen, wofür die Pfannen ein Zeichen waren. In v. 3b hieß es lediglich, daß die Pfannen ein Zeichen sein werden. Deshalb fügte der Ergänzer v. 5a.bα ein. Der aus den Räucherpfannen angefertigte Belag des Altars ist für die Israeliten eine Warnung, daß niemand außer den Aaroniden vor Jahwe Räucherwerk darbringen darf.

In v. 1-5 gehört somit zu dem Grundbestand: V. 1.2aα.b.3aα².β.b.4.5bβ. W. Zwickel rechnet die ursprüngliche Fassung von v. 1-4 zu der Geschichte von den 250 Männern[307]. Tatsächlich wird aber hier die Korach-Bearbeitung vorausgesetzt. In v. 3aβ heißt es: "denn sie haben sie (die Pfannen) vor Jahwe herangebracht...". Das entspricht der Anweisung des Mose in 16,17, daß jeder seine Pfanne vor Jahwe heranbringen soll. Dagegen wird in der Geschichte von den 250 Männern nie קרב hi. gebraucht. Es steht nochmals in 17,4a, wonach die Verbrannten eherne Pfannen heranbrachten. Für den Verfasser von 17,1ff* ist also charakteristisch, daß die 250 Männer die Pfannen heranbrachten. Das stimmt nicht mit der Erzählung von den 250 Männern überein, sondern liegt auf der Linie der Korach-Bearbeitung. Die Aufnahme des Begriffs קרב aus der Korach-Schicht in Num 16 spricht dafür, daß dieser Abschnitt ebenfalls von diesem Bearbeiter stammt.

Er fügt sich gut in seine Darstellung ein, da durch v. 3b unterstrichen wird, daß das von dem Bearbeiter in Num 16 berichtete Geschehen für die Zukunft von Bedeutung war. Die Pfannen der Männer sind als Belag für den Altar ein Zeichen für die Israeliten. Sie zeigen ihnen also, daß sich ein Widerstand gegen die priesterlichen Rechte der Aaroniden gegen Jahwe richtet und von ihm nicht hingenommen wird. Das Opferprivileg der Priester darf nicht angetastet werden. Das wurde dann später noch durch die Einfügung von v. 5a.bα unterstrichen. In einem Punkt weicht der Ergänzer freilich von der Auffassung der Korach-Bearbeitung ab. In v. 5bα "und er nicht werde wie Korach und seine Gemeinde" ist vorausgesetzt, daß Korach zusammen mit den 250 Männern umgekommen ist. Die Korach-Bearbeitung berichtet jedoch in Num 16 nicht, daß Korach ebenfalls vernichtet wurde. Erst der Ergänzer von v. 5a.bα folgerte aus der Darstellung der Korach-Bearbeitung, daß damals Korach ebenfalls getötet worden sein muß.

---

307 W. Zwickel, 294f.

Es wurde oben schon darauf hingewiesen, daß der Abschnitt 17,6-15 in einem Grundbestand zu der Erzählung von den 250 Männern gehört, weil die Korach-Bearbeitung 16,21 17,10a nachgebildet hat. Das wurde freilich von H. Greßmann bestritten. Er nennt drei Argumente: Die Gemeinde könne dann ihre Vorwürfe nicht gegen Mose und Aaron, sondern nur gegen Jahwe richten. Sie hätte die Rebellen nicht als Volk Jahwes bezeichnen können, weil sie durch ihren Untergang als Sünder erwiesen waren. "Drittens konnte sie überhaupt nicht murren, nachdem Jahve ein so furchtbares Strafgericht gehalten hatte"[308]. Aber der Vorwurf, den die Gemeinde in 17,6 Mose und Aaron macht, paßt durchaus zu der Erzählung von den 250 Männern, wie A.H.J. Gunneweg gezeigt hat[309]. Mose hatte in 16,6a.bα.7a die 250 Männer dazu aufgefordert, ein Gottesurteil darüber einzuholen, ob sie heilig sind. Dadurch waren sie umgekommen. Wenn die Gemeinde in 17,6 Mose und Aaron vorwirft: "Ihr habt das Volk Jahwes getötet", so ist sie der Auffassung, daß Mose die Männer nicht zu einem solchen Gottesurteil hätte auffordern dürfen, weil er wissen mußte, daß die Männer dann sterben. Sie sind also von Mose zu einem Tun verführt worden, das ihnen den Tod bringen mußte. Das wirft die Gemeinde nicht nur Mose, sondern auch Aaron vor, weil für sie ihre beiden Führer zusammengehören. So sahen es auch die 250 Männer in ihrer Kritik von 16,3, die sich gegen Mose und gegen Aaron richtet. Es ist somit sachgemäß, daß sich die Gemeinde in 17,6 nicht gegen Jahwe, sondern gegen Mose und Aaron wendet. Jahwe konnte nicht anders handeln, als es in 16,35a.bα berichtet wird, wenn die Männer mit ihren Räucherpfannen am Zelt der Begegnung standen. Da Mose die Männer zu einem Gottesurteil verführt hat, sind sie für die Gemeinde "das Volk Jahwes", obwohl sie von Jahwe getötet wurden. Deshalb nimmt die Gemeinde ihren Untergang auch nicht schweigend hin, sondern murrt gegen Mose und Aaron. Die Argumente von H. Greßmann lassen sich somit nicht halten. Es zeigt sich im Gegenteil, daß 17,6 hervorragend an die in 16,35a.bα berichtete Vernichtung der 250 Männer anschließt.

F. Ahuis weist freilich 17,6 seinem "DtrT" zu[310]. Auf 16,35a.bα sei ursprünglich 17,7 gefolgt. Dagegen spricht jedoch, daß dann nicht der Grund genannt würde, warum sich die Gemeinde gegen Mose und Aaron wandte. Für F. Ahuis ergibt er sich allerdings aus 17,7. Wenn sich hier die Gemeinde gegen Mose und

---

308 H. Greßmann, 275 Anm. 4; vgl. auch W. Rudolph, 82. Nach H. Greßmann beginnt in 17,6 eine neue Erzählung, deren "Einleitung teilweise verstümmelt ist".

309 A.H.J. Gunneweg, 182f.

310 F. Ahuis, 65f.

Aaron versammle, so erkenne sie das Ordal über die Männer nicht an, sondern sie beharre darauf, daß die ganze Gemeinde heilig ist. Aber wie soll man sich vorstellen, daß die Gemeinde den furchtbaren Tod der 250 Männer einfach übergeht und an ihrer Position festhält? Zudem handelt es sich nach 16,3 bei der Kritik an Mose und Aaron gar nicht um die Meinung der ganzen Gemeinde, sondern lediglich um die Auffassung von 250 Israeliten. Schließlich läßt sich 17,7 nicht mit 16,35a.bα verbinden. Der Anfang von 17,7 "und es geschah, als sich die Gemeinde gegen Mose und gegen Aaron versammelte" setzt voraus, daß schon zuvor von einem Tun der Gemeinde die Rede war. 17,6 gehört somit sicher zu der Erzählung von den 250 Männern.

Der Abschnitt 17,6-15 ist freilich literarisch nicht ganz einheitlich. Es fällt auf, daß v. 13b in v. 15b wieder aufgenommen wird. Zudem wird in v. 14b "außer den Toten wegen der Angelegenheit Korachs" die Korach-Bearbeitung vorausgesetzt. V. 14 und 15 sind deshalb eine spätere Erweiterung[311]. Der Ergänzer wollte mit der Angabe in v. 14, wieviele Menschen starben, verdeutlichen, daß damals zahlreiche Israeliten umgekommen sind. Außerdem war er anscheinend der Meinung, daß Aaron zu Mose zu dem Zelt der Begegnung zurückgekehrt sein mußte. Deshalb fügte er v. 15a ein. In v. 15b nimmt er v. 13b wieder auf. Während aber v. 13b als Bericht formuliert ist ("da wurde die Plage zurückgehalten"), handelt es sich bei v. 15b um eine abschließende Feststellung ("die Plage aber wurde zurückgehalten"). Dadurch hat der Ergänzer in v. 15b eine direkte Dublette zu v. 13b vermieden. Wahrscheinlich ist auch der Schluß von v. 11 "angefangen hat die Plage" sekundär[312]. Diese Worte greifen der Feststellung in v. 12aβ vor: "und siehe, angefangen hatte die Plage unter dem Volk". Der Auftrag, den Mose in v. 11 Aaron erteilt, ist hier durch "denn ausgegangen ist der Zorn von Jahwe" hinreichend begründet. Ein Späterer wollte verdeutlichen, was es bedeutete, daß der Zorn von Jahwe ausgegangen war. Deshalb ergänzte er in v. 11 "angefangen hat die Plage" aus v. 12aβ. Zu der Erzählung von den 250 Männern gehören somit: V. 6-10.11* (ohne "angefangen hat die Plage"). 12.13[313].

---

311 So auch F. Ahuis, 85; E. Aurelius, 199, und für v. 14.15b Ph.J. Budd, 194. Dagegen geht nach E. Blum, Studien, 268 Anm. 147, aus 17,14 hervor, daß 17,6-15 nicht zur Erzählung von den 250 Männern gehört, sondern von der priesterlichen Gesamtkomposition stammt. Daß 17,14 sekundär ist, ergibt sich aber nicht nur daraus, daß hier Korach erwähnt wird, sondern auch aus der Tatsache, daß v. 13b in v. 15b wieder aufgenommen wird.

312 So schon P. Haupt nach B. Baentsch, 551.

313 In v. 9 wird häufig nach LXX "und zu Aaron" ergänzt, weil der Befehl in v. 10a im Plural steht, so z.B. B. Baentsch, 551; O. Eißfeldt, 176*; M. Noth, Numeri, 106. Es

Auf 17,6-15 folgt in v. 16-26 die Erzählung von dem blühenden Stab Aarons. Schon aus ihrer Terminologie geht hervor, daß sie jung ist. In ihr wird für das Zelt sowohl "das Zelt der Begegnung" (v. 19) als auch "das Zelt der עדת" (v. 22f) gebraucht. Die Wendung "das Zelt der עדת" kommt in Num 16f sonst nicht vor. Dasselbe gilt für die Formulierung "vor der עדות" (v. 19.25), die für den Verfasser die gleiche Bedeutung hat wie "vor Jahwe". Das geht daraus hervor, daß in v. 22 mit "vor Jahwe" "vor der עדות" aus v. 19 aufgenommen wird. Dagegen wird in der Erzählung von den 250 Männern und in der Korach-bearbeitung nur "vor Jahwe" gebraucht (16,7.16f).

Vor allem fällt auf, daß in diesem Abschnitt "Vaterhaus" für den Stamm verwandt wird (v. 17.18.21). Das ergibt sich daraus, daß Mose nach v. 17 je einen Stab pro Vaterhaus nehmen soll und daß es sich um zwölf Stäbe handelt. Diese Deutung wird durch v. 23 bestätigt. Danach sproßte der Stab Aarons, der unter den zwölf Stäben war, für das Haus Levi. Hier steht somit für den Stamm Levi "das Haus Levi". Nun mag der Verfasser den Begriff "Vaterhaus" gewählt haben, weil er das Wort מטה für Stamm vermeiden wollte, da er es hier in der Bedeutung "Stab" gebraucht[314]. Trotzdem ist es ungewöhnlich, daß hier "Vater-haus" für "Stamm" steht. E. Jenni stellt zu "Vaterhaus" fest: "In (den sekundären Teilen) der Priesterschrift und im chronistischen Geschichtswerk gliedert sich die ʿēdā, 'Gemeinde' ... in mattōt 'Stämme' und bēt-ʾābōt 'Vaterhäuser'"[315]. Dagegen besteht in Num 17,16-26 der Stamm aus einem Vaterhaus. Er ist hier also eine Großfamilie. Darin unterscheidet sich diese Erzählung deutlich von den meisten Texten aus priesterlichen Kreisen[316].

---

läßt sich aber nicht erklären, wie diese Worte später ausgefallen sein können. Sie sind in v. 9 nicht notwendig. Da nur Mose und Aaron am Zelt der Begegnung sind, ist klar, daß der Befehl in v. 10a Mose und Aaron gilt, auch wenn Jahwe nur zu Mose redet. In Ex 16,11; Num 14,26* (vgl. oben Anm. 182) und Num 20,7 spricht Jahwe ebenfalls nur zu Mose, nachdem die Herrlichkeit Jahwes erschienen ist. Das stützt in Num 17,9 MT. Dann hat hier LXX "und zu Aaron" im Blick auf v. 10a eingefügt. Auch nach der Korach-Bearbeitung redete Jahwe zu Mose und zu Aaron, als er befahl, daß sie sich von der Gemeinde trennen sollen (16,20).

314 B. Baentsch, 552.

315 E. Jenni, 7.

316 Nur an wenigen Stellen wird sonst der Begriff "Vaterhaus" für Stamm gebraucht. In Num 1,44 "je ein Mann für ihre Vaterhäuser" steht Vaterhäuser für die Stämme, da es sich um zwölf Männer handelt. Das wäre anders, wenn hier MT nach 1,4 zu ergänzen ist, so z.B. M. Noth, Numeri, 17. Da aber 1,44aβ.b vermutlich ein Nachtrag ist (vgl. M. Noth, ebd.), könnte MT ursprünglich sein. Auch in 2,2a "jeder bei seinem Fähnlein, bei den Zeichen für ihre Vaterhäuser sollen sich die Israeliten lagern"

Das gilt auch in einem weiteren Punkt. Im Buch Numeri wird Levi in Listen nicht zu den zwölf Stämmen Israels gerechnet. Die Zwölfzahl wird hier dadurch erreicht, daß Josef in Manasse und Efraim aufgeteilt wird[317]. Dagegen ist in 17,16ff Levi einer der zwölf Stämme. Gelegentlich hat man zwar angenommen, daß hier Levi ein weiterer Stamm neben den zwölf Stämmen ist. Dafür wird angeführt, daß in v. 21 der Stab Aarons von den zwölf Stäben der Stammesführer unterschieden werde[318]. Aber diese Deutung läßt sich nicht mit v. 17f vereinbaren. Danach soll Mose von jedem Führer eines Stammes einen Stab nehmen und zwar insgesamt zwölf Stäbe und den Namen des Führers auf seinen Stab schreiben (v. 17)[319]. Darauf heißt es in v. 18a: "Und den Namen Aaron sollst du auf den Stab Levis schreiben". Da Jahwe zuvor nicht befiehlt, daß Mose einen weiteren Stab nehmen soll, wird hier vorausgesetzt, daß der Stab Levis zu jenen zwölf Stäben gehört, die Mose von den Stammesführern nehmen sollte. In v. 18a wird Mose ausdrücklich geboten, auf diesen Stab den Namen Aaron zu schreiben, weil in dieser Erzählung dem Stab Aarons eine besondere Bedeutung zukommt. Das ist auch der Grund, warum dann in v. 21b erwähnt wird, daß der Stab Aarons unter den zwölf Stäben der Stammesführer war. Es handelt sich

---

bezeichnet "Vaterhäuser" die Stämme (so B. Baentsch, 451), da in 2,3ff nur Stämme, nicht jedoch Sippen bzw. Großfamilien erwähnt werden. Es fällt jedoch auf, daß bei "Fähnlein" ein Singularsuffix, bei "Vaterhäuser" aber ein Pluralsuffix steht. Außerdem wechselt zwischen Fähnlein und Zeichen die Präposition. Das spricht m.E. dafür, daß hier "bei den Zeichen für ihre Vaterhäuser" nachgetragen wurde. Offen ist m.E., ob sich in 2,32 Vaterhäuser auf die Stämme bezieht. Mit der Formulierung in 2,32a wird 1,45 aufgenommen, wo mit "nach ihren Vaterhäusern" sicher nicht die Stämme gemeint sind. Nun ist die Lagerordnung in Num 2 später u.a. durch v. 32f ergänzt worden (vgl. z.B. B. Baentsch, 451). Wegen des Kontextes in Num 2 könnte der Ergänzer in v. 32 mit dem Begriff "Vaterhäuser" die Stämme gemeint haben. In Num 18,1 bezieht sich "dein Vaterhaus" auf den Stamm Levi. Auf diese Stelle wird noch zurückzukommen sein. Auch in Jos 22,14 "je einen נשיא für ein Vaterhaus" steht Vaterhaus für Stamm. Hier ist "für ein Vaterhaus" sekundär, vgl. M. Noth, Josua, 130. Aus diesem Überblick geht hervor, daß "Vaterhaus" nur selten für Stamm gebraucht wird und daß es sich bei den wenigen Stellen um spätere Zusätze handelt.

317 Num 1,5-15.20ff; 7,12-83; 13,4ff; 26,5ff.

318 Vgl. B. Baentsch, 552; H. Holzinger, Numeri, 70.

319 Nach M. Noth, Numeri, 115f, spricht v. 18a dafür, daß auf die Stäbe die Namen der Stämme geschrieben werden sollen. Aber daß Mose auf den Stab Levis den Namen Aaron schreiben soll, setzt voraus, daß auf den anderen Stäben die Namen der Stammesführer stehen sollten. Das legt auch die Formulierung in v. 20a "der Mann, den ich erwählen werde, dessen Stab wird sprossen" nahe. Sonst müßte es hier doch wohl heißen "das Vaterhaus, das ich erwählen werde...".

somit hier nicht um einen weiteren Stab. In 17,16ff wird also Levi zu den zwölf israelitischen Stämmen gerechnet.

Nach dieser Erzählung zeichnete Jahwe den Stamm Levi vor den anderen israelitischen Stämmen aus. M. Noth meint freilich, "daß es sich dabei um die Stellung der Aaroniden als der einzigen legitimen Priester handelt". Die anderen Leviten neben den Aaroniden würden einfach ignoriert[320]. Es ist jedoch schwer vorstellbar, daß nach v. 23 der Stab Aarons für das Haus Levi sproßte, wenn es dem Verfasser lediglich um die Aaroniden ging. In der Erzählung von dem blühenden Stab Aarons hat also der *Stamm Levi* eine Sonderstellung[321]. Damit bereitet sie die Bestimmungen über die Aufgaben und Rechte der Aaroniden und der Leviten in Num 18 vor. Hier wird zwar zwischen Aaroniden und Leviten unterschieden. Beide Gruppen werden aber ausdrücklich von den anderen Israeliten abgesetzt (18,4ff). Außerdem wird betont, daß zwischen Aaroniden und Leviten eine verwandtschaftliche Beziehung besteht (vgl. 18,2.6). Daß in der gegenwärtigen Komposition in 17,16ff die Bestimmungen in Num 18 im Blick sind, bestätigt 18,1. Hier beginnt die Rede Jahwes zu Aaron mit den Worten: "Du und deine Söhne und dein Vaterhaus mit dir". Mit "dein Vaterhaus" kann hier nur der Stamm Levi gemeint sein[322]. Das zeigt auch v. 2, wo es von den Leviten, die nicht zu den Aaroniden gehören, heißt: "Und auch deine Brüder, den Stamm Levi, den Stamm deines Vaters...". Mit "den Stamm deines Vaters" wird "dein Vaterhaus" aus v. 1 aufgenommen. In 18,1 wird also wie in 17,16ff "Vaterhaus" für den Stamm gebraucht.

Die Erzählung in 17,16-26 bereitet aber nicht nur die Bestimmungen in 18,1ff vor, sondern sie hat innerhalb von Num 17 auch ein eigenes Ziel. Das wird in v. 20b deutlich, wo Jahwe ankündigt: "und ich will von mir weg zum Aufhören bringen das Murren der Israeliten, das sie gegen euch murren". Das bezieht sich auf v. 6. Dort murrte die ganze Gemeinde der Israeliten gegen Mose und Aaron. Der Verfasser berichtet also in v. 16ff von einem Gottesurteil über dieses Murren der Israeliten. Jahwe hatte zwar nach seiner Vorlage in v. 6ff die Israeliten für ihr Murren bestraft. Durch v. 16ff soll aber gezeigt werden, daß die Kritik der Israeliten an Mose und Aaron falsch ist, weil dem Stamm Levi eine Sonderstellung zukommt. Deshalb soll Mose nun einen Stab pro Stamm in das Heiligtum legen.

---

320 M. Noth, Numeri, 115.

321 So z.B. auch B. Baentsch, 551.

322 So B. Baentsch, 554; H. Holzinger, Numeri, 72; M. Noth, Numeri, 118.

Mit 17,16ff zeichnet der Erzähler ein positives Gegenbild zu dem Gottesurteil in der Erzählung von den 250 Männern. Daß eine solche Entsprechung beabsichtigt ist, geht aus v. 20a hervor. Hier heißt es: "Und es wird
geschehen: Der Mann, den ich erwähle, dessen Stab wird sprossen". Der Anfang
dieses Halbverses stimmt weitgehend mit den ersten Worten in 16,7aβ überein,
wo Mose sagt: "Und es wird geschehen: Der Mann, den Jahwe erwählt, er ist
der Heilige". Nach M. Noth ist zwar 17,20a sekundär: "Mit dem Satz V. 20a wird
die Art des zu erwartenden Wunders unschön vorweggenommen und damit die
in V. 23aβb zum Ausdruck gebrachte Überraschung gemindert"[323]. Aber in
17,16ff muß schon ursprünglich erwähnt worden sein, was Jahwe mit den Stäben
vorhat, die Mose im Heiligtum niederlegen soll. Zudem geht der Bericht in v. 23
über v. 20a hinaus. Der Stab Aarons sproßt nicht nur, wie es der Ankündigung
in v. 20a entsprechen würde, sondern er blüht und er trägt sogar reife Mandeln.
Das ist eine beabsichtigte Steigerung zu v. 20a. An dem Stab Aarons vollzieht
sich ein größeres Wunder, als es Jahwe für den Stab des Mannes, den er erwählen wird, vorausgesagt hatte. V. 20a ist somit kein Nachtrag.

Dann hat aber der Verfasser den Halbvers bewußt in Anlehnung an 16,7aβ
formuliert. In der Erzählung von den 250 Männern sollten sich diese Männer
einem Gottesurteil stellen. Da sie umkommen, hat Jahwe keinen von ihnen
erwählt. Sie sind nicht heilig, und deshalb ist auch nicht die ganze Gemeinde
heilig, wie sie in 16,3 behauptet haben. In 17,16ff ordnet nun Jahwe selbst ein
Gottesurteil an, durch das er erweisen will, wen er erwählt und welchem Stamm
somit eine Sonderstellung unter den Israeliten zukommt. Dadurch will er das
Murren der Israeliten gegen Mose und Aaron beenden. Sein Urteil ist eindeutig.
Es gilt auch für die Zukunft. Deshalb ordnet Jahwe in v. 25 an, daß Mose den
Stab Aarons im Heiligtum deponieren soll "als Zeichen für Widerspenstige,
damit ihr Murren von mir weg aufhöre und sie nicht sterben". Hier bezieht sich
der Verfasser wieder auf seine Vorlage in v. 6ff. Dort hatte Jahwe das Murren
der Israeliten mit dem Tod bestraft. Sie wären alle gestorben, wenn nicht Aaron
für sie Sühne bewirkt hätte. Der Stab Aarons soll nun als Zeichen verhindern,
daß die Israeliten nochmals murren und dann sterben.

Der Abschnitt 17,16-26 setzt somit durchgehend die Erzählung von den 250
Männern voraus, die dem Verfasser wohl schon in der durch die Korach-Bearbeitung erweiterten Fassung vorlag. Dafür spricht, daß erst in 17,16ff der Begriff
עדות gebraucht wird. Dann steht aber hinter 17,16-26 keine Tradition, die auf

---

323 M. Noth, Numeri, 116.

die Erwählung der Leviten abzielte[324]. Das Stück ist vielmehr durchgehend von dem Verfasser gebildet worden, um ein Gegenbild zu dem Gottesurteil in der Erzählung von den 250 Männern zu zeichnen. Außerdem bereitet er mit der von Jahwe bestätigten Sonderstellung des Stammes Levi die Bestimmungen über die Aufgaben und die Rechte der Aaroniden und der Leviten in Num 18 vor. Der Endredaktor setzt in Num 20,1-13 die Erzählung in 17,16-26 voraus, da Mose in 20,9 den Stab vor Jahwe wegnimmt. Es kann sich dabei nur um den Stab Aarons handeln, den Mose nach 17,25f am Heiligtum deponiert hat. Dann ist 17,16-26 in die erweiterte Geschichte von den 250 Männern eingefügt worden, bevor diese mit der Datan-Abiram-Erzählung verbunden wurde.

Num 17 endet mit den Worten der Israeliten an Mose in v. 27 und 28. In den beiden Versen hat man gelegentlich eine redaktionelle Überleitung zu Num 18 gesehen[325]. Das kann jedoch nicht ihre ursprüngliche Funktion gewesen sein. Die Bestimmungen über die Aufgaben und Rechte der Aaroniden und der Leviten schließen eigentlich an 17,16-26 an, da hier von der Sonderstellung des Stammes Levi berichtet wird. Es ist nicht einzusehen, warum dieser sachliche Zusammenhang von einem Redaktor durch v. 27f unterbrochen worden sein sollte. Verschiedentlich hält man v. 27f für die Klimax der Erzählung in 17,16-26. Nach G.J. Wenham zeigen hier die anderen elf Stäbe kein Zeichen von Leben. Ihre Leblosigkeit symbolisiere den Tod, den die Stämme außer Levi erleiden werden, wenn sie versuchen, dem Heiligtum zu nahen. Mit v. 27f werde gezeigt, daß die Israeliten das verstanden haben[326].

In der Tat dürfte mit den beiden Versen im jetzigen Zusammenhang von Num 17 die Einsicht ausgedrückt werden, die die Israeliten aus dem Gottesurteil in 17,16ff gewonnen haben. Trotzdem schließt v. 27f nicht glatt an v. 16-26 an. Wenn die Israeliten hier sagen: "Siehe, wir scheiden dahin, wir kommen um, wir alle kommen um...", so beziehen sie sich damit nicht auf das zuvor geschilderte Gottesurteil, sondern auf die Plage, von der in v. 12f berichtet wurde. Wie aus v. 13 hervorgeht, hat es bei ihr Tote gegeben. Von daher wird verständlich, daß die Israeliten in v. 27f befürchten, daß sie alle umkommen. Dann folgten aber v. 27 und 28 zumindest in einem Grundbestand ursprünglich auf v. 13. Der Verfasser von v. 16-26 hat mit seiner Erzählung von dem Gottes-

---

324 Dagegen hat nach Ph.J. Budd, 198, der Verfasser hier eine levitische Tradition übernommen, die das Recht der Leviten auf das Priestertum begründete. Zurückhaltender ist E. Blum, Studien, 269 Anm. 151: "ob eine auf 'Levi' zielende Tradition *dahinter* steht, muß wohl offen bleiben".

325 So z.B. J. Wellhausen, 180; M. Noth, Numeri, 118.

326 G.J. Wenham, 281; ähnlich Ph.J. Budd, 193; E. Blum, Studien, 269.

urteil diesen Zusammenhang unterbrochen, weil es dazu dienen sollte, daß das Murren der Israeliten gegen Mose und Aaron aufhört (v. 20). Da die Israeliten sich in v. 27f nicht mehr gegen Mose und Aaron wenden, sondern ihre Situation beklagen, mußte das Gottesurteil in v. 16ff vor v. 27f ergehen. Wenn jedoch v. 27 und 28 als Fortsetzung von v. 13 entstanden sind, waren diese beiden Verse ursprünglich der Schluß der Erzählung von den 250 Männern.

Das gilt freilich nicht für v. 28a: "Jeder, der naht, der naht[327] der Wohnung Jahwes, stirbt". In v. 6ff wurde nicht berichtet, daß sich die Gemeinde der Wohnung Jahwes genaht hat. Nach v. 7 wandte sie sich lediglich zu dem Zelt der Begegnung. Das ist jedoch etwas anderes als das Nahen zu der Wohnung Jahwes, das nach Auffassung von 16,9f den Priestern und den Leviten vorbehalten ist. In der Erzählung von den 250 Männern kommen außerdem die Wurzel קרב und der Begriff "die Wohnung Jahwes" nicht vor. Sie werden dagegen von der Korach-Bearbeitung gebraucht[328]. Durch v. 28a wird auch ein anderer Akzent gesetzt als in v. 6ff. Dort greift Jahwe strafend ein, weil die Israeliten gegen Mose und Aaron gemurrt haben. Dagegen besteht in v. 28a ihre Verfehlung darin, daß sie sich der Wohnung Jahwes genaht haben. Der Verfasser von v. 28a ist anscheinend der Meinung, daß die Plage deshalb eintrat, weil die Israeliten bei ihrem Murren sich der Wohnung Jahwes genaht haben, wozu sie nicht berechtigt waren. So hat er die Darstellung in 17,7 verstanden, daß sich die Israeliten zu dem Zelt der Begegnung wandten. Dann ist v. 28a eine nachträgliche Interpretation von v. 6ff, die die Korach-Bearbeitung voraussetzt. Für den Ergänzer haben sich die Israeliten in gleicher Weise verfehlt wie die 250 Männer. Da diese Männer Räucherwerk darbrachten, haben auch sie sich der Wohnung Jahwes genaht und mußten deshalb sterben. V. 28a dürfte sehr spät eingefügt worden sein. Noch in der jungen Erzählung von dem Gottesurteil in v. 16ff spielt es keine Rolle, daß sich die Israeliten bei ihrem Murren der Wohnung Jahwes genaht haben könnten.

Daß es sich bei v. 28a um einen Zusatz handelt, wird durch eine Beobachtung zu der Struktur der Rede der Israeliten in v. 27 und v. 28 bestätigt. Sie stellen hier zunächst fest: "Siehe, wir scheiden dahin (גוע), wir kommen um (אבד)". In der Fortsetzung in v. 27: "Wir alle kommen um (אבד)" geht es dann

---

327 B. Baentsch, 553, hält das zweite "der naht", das u.a. in LXX fehlt, für eine "fehlerhafte Wiederholung des ersten". Wahrscheinlich soll aber durch die Verdoppelung das "der naht" betont werden. Daß LXX die Doppelung beseitigt hat, ist leichter verständlich als die Annahme einer Dittographie im MT.

328 קרב hi. 16,5.9.10.17.35bβ; 17,3aβ.4. קרב qal steht in dem Zusatz 17,5a. Zu dem Begriff "die Wohnung Jahwes" vgl. 16,9 und "Wohnung" in v. 24* und v. 27a*.

darum, daß den Israeliten in ihrer Gesamtheit der Tod droht. Das kommt aber auch in ihrer Frage von v. 28b zum Ausdruck: "Scheiden wir wirklich vollständig dahin (גוע)?". Sie schließt somit unmittelbar an v. 27 an. Dieser Zusammenhang wird durch v. 28a unterbrochen. Durch diesen Halbvers wird die Aussage "wir alle kommen um" dahingehend erläutert, daß jeder stirbt, der der Wohnung Jahwes naht. Damit wird aber die enge Beziehung zwischen v. 27 und 28b zerstört. Sie wird auch daran deutlich, daß in dem zweiten Teil der Rede die Verben גוע und אבד aus dem ersten in umgekehrter Reihenfolge wieder aufgenommen werden, wenn v. 28b direkt auf v. 27 folgt. Das ist eine beabsichtigte Struktur, die jedoch nur ohne v. 28a durchsichtig ist. V. 28a ist also ein sehr später Zusatz, während v. 27 und v. 28b zu der Erzählung von den 250 Männern gehören.

Die Analyse von Num 17 ergibt somit: Hier stammen v. 6-10.11* (ohne "angefangen hat die Plage"). 12.13.27.28b aus der Erzählung von den 250 Männern. Von der Korach-Bearbeitung wurde v. 1.2aα.b.3aα².β.b.4.5bβ eingefügt. Jünger als die Korach-Bearbeitung, aber älter als die Endredaktion, ist die Erzählung von dem blühenden Stab Aarons in v. 16-26. V. 2aβ.3aα¹.5a.bα.14f. 28a sind Zusätze.

3. Die Erzählung von den 250 Männern

In Num 16 und 17 gehören somit zu der Erzählung von den 250 Männern: 16,2aβ(.b?).3.4.5* ("da redete er folgendermaßen"). 6a.bα.7a.18* (ohne "und Mose und Aaron"). 35a.bα; 17,6-10.11* (ohne "angefangen hat die Plage"). 12.13.27.28b. Sie ist fast vollständig erhalten. Nur vor 16,2aβ wurde eine Einleitung zu der Erwähnung der 250 Männer von der Korach-Bearbeitung durch v. 1a ersetzt. Ansonsten besteht jedoch ein lückenloser Zusammenhang. Für die literarische Zuweisung der Erzählung ist m.E. wesentlich, daß Num 17,7 eng mit Ex 16,10 verwandt ist. In Num 17,7aα.β heißt es: "Und es geschah, als sich die Gemeinde gegen Mose und gegen Aaron versammelte, da wandten sie sich zu dem Zelt der Begegnung". Eine ähnliche Struktur hat Ex 16,10a: "Und es geschah, als Aaron zu der ganzen Gemeinde der Israeliten redete, da wandten sie sich zur Wüste". Die Erscheinung der Herrlichkeit Jahwes wird in den priesterlichen Murrerzählungen nur an diesen beiden Stellen auf diese Weise eingeleitet.

Die Fortsetzung wird dann zwar in Num 17,7aγ.b und Ex 16,10b etwas unterschiedlich formuliert. Num 17,7aγ.b lautet: "Und siehe, die Wolke bedeckte es, da erschien die Herrlichkeit Jahwes", in Ex 16,10b heißt es: "Und siehe, die Herrlichkeit Jahwes erschien in der Wolke". Es fällt aber auf, daß an beiden Stellen bei der Erscheinung der Herrlichkeit Jahwes die Wolke erwähnt wird.

Sie wird in den beiden anderen priesterlichen Murrerzählungen in Num
14,10b[329] und 20,6b nicht ausdrücklich genannt, auch wenn sie wohl implizit
mitgedacht ist. Schon aus den Übereinstimmungen zwischen Num 17,7 und Ex
16,10 geht hervor, daß die Erzählung von den 250 Männern bereits in der
ursprünglichen Fassung der Priesterschrift enthalten war. Es ist unwahrscheinlich, daß Num 17,7 später in Anlehnung an Ex 16,10 formuliert wurde. Ein
Ergänzer hätte sich doch wohl an der priesterlichen Kundschaftergeschichte in
Num 13f* orientiert, in der Jahwe ebenfalls auf das Murren damit reagiert, daß
er die Bestrafung der Israeliten ankündigt. Ein Ergänzer hätte also die Erscheinung der Herrlichkeit Jahwes ähnlich wie Num 14,10b geschildert.

Zwischen Num 17,6ff und Ex 16,1ff* besteht aber auch in einem weiteren
Punkt eine Beziehung. In Num 17,6 werfen die Israeliten Mose und Aaron vor:
"Ihr habt das Volk Jahwes getötet!". Dieser Vorwurf ist in dem Zusammenhang
der Erzählung gut verständlich, wie oben gezeigt wurde. Durch ihn wird aber
zugleich die Kritik an Mose und Aaron in Ex 16,3 weitergeführt, wonach die
beiden die Israeliten in die Wüste Sin herausgeführt haben, um sie durch Hunger zu töten. In Ex 16,3 wird Mose und Aaron vorgeworfen, daß sie "diese ganze
Versammlung" töten wollten, in Num 17,6, daß sie das Volk Jahwes getötet
haben. In Num 17,6 wird somit die Kritik von Ex 16,3 gesteigert. Daß beide
Stellen tatsächlich aufeinander angelegt sind, ergibt sich daraus, daß die anderen
priesterlichen Murrerzählungen keinen direkten Tötungsvorwurf enthalten. In
Num 14,3 kritisieren die Israeliten, daß sie Jahwe zu diesem Land gebracht hat,
"um durch das Schwert zu fallen...". In Num 20,4 fragen sie Mose und Aaron,
wozu sie die Versammlung Jahwes zu dieser Wüste gebracht haben, "um dort zu
sterben..."[330]. Deshalb wird der Vorwurf in Ex 16,3, daß Mose und Aaron die
Israeliten töten wollten, am ehesten verständlich, wenn mit ihm Num 17,6
vorbereitet wird.

Für die Zuweisung der Erzählung zu P spricht schließlich, daß 17,27.28b
eine Brücke zwischen der priesterlichen Kundschaftergeschichte und der priesterlichen Murrerzählung in 20,1ff* bildet. In 17,27.28b wird das Verb גוע

---

329 In LXX lautet Num 14,10b zwar: "Und die Herrlichkeit Jahwes erschien in einer
     Wolke über dem Zelt der Begegnung...". Diese Lesart ist z.B. nach B. Baentsch, 525,
     und BHS vielleicht ursprünglich. Aber es läßt sich nicht begründen, warum die
     Erwähnung der Wolke im MT ausgelassen worden sein sollte.

330 In LXX heißt es freilich "um uns ... zu töten". Das ist jedoch sicher nicht ursprüng-
     lich. LXX gleicht hier an Ex 16,3; 17,3; Num 16,13 an. Auch in Num 21,5 hat sie die
     Lesart des MT "um zu sterben in der Wüste" durch "um uns zu töten in der Wüste"
     ersetzt.

gebraucht. Es kommt auch in dem Todeswunsch von 20,3b vor, während es in der Kundschaftergeschichte fehlt. Das spricht dafür, daß sich die Israeliten in 20,3b nicht auf die Bestrafung der Kundschafter, die das Land verleumdeten, beziehen (14,37f), sondern auf den Tod jener Israeliten, die durch die Plage in 17,12f gestorben sind[331]. Dann setzt aber P in 20,3b die Erzählung von den 250 Männern voraus. Außerdem wird in der Frage der Israeliten in 17,28b 14,35 aufgenommen. Dort hatte Jahwe gesagt: "In dieser Wüste werden sie vollständig enden (תמם) und dort werden sie sterben". In 17,28b fragen die Israeliten nach der Plage: "Scheiden wir wirklich vollständig dahin?" (תמם+גוע). Die Erzählung von den 250 Männern ist somit literarisch fest in der Darstellung von P verankert. Sie unterscheidet sich zwar u.a. dadurch von den anderen priesterlichen Murrerzählungen, daß in ihr die Israeliten keinen Todeswunsch äußern. Das ist jedoch durch die andere Ausgangssituation bedingt. Sie besteht nicht in einer tatsächlichen (Ex 16,1ff*; Num 20,1ff*) oder vermeintlichen (Num 13f*) Notlage der Israeliten, sondern hier werfen 250 Männer Mose und Aaron vor, sich ohne Grund über die Versammlung Jahwes zu erheben (16,3), und die Gemeinde murrt dann in 17,6 gegen ihre beiden Führer, weil sie das Volk Jahwes getötet hätten. Damit ist in dieser Erzählung für einen Todeswunsch kein Raum. Die Abweichungen gegenüber den anderen Murrerzählungen bei P sind somit durch das Thema der Erzählung von den 250 Männern bedingt.

Nun wurde schon in der Einleitung zu der Analyse von Num 16f darauf hingewiesen, daß nach M. Noth P hier nicht vertreten ist, weil die Bestreitung und die Bestätigung der am Sinai gegebenen Ordnungen nicht zu P passe. A.H.J. Gunneweg hat diese Argumentation weitergeführt: "Daß die Kinder Israel auch wirklich so taten, wie es Jahwe befohlen hatte, wird P nicht müde immer wieder zu versichern: die ideale Zukunft, welche das priesterschriftliche Programm entwirft, soll der idealen Vergangenheit entsprechen; das ungehorsam gewordene Israel soll dermaleinst wieder tun, 'wie Jahwe befohlen hatte'"[332]. Dabei übersieht A.H.J. Gunneweg jedoch, daß schon in der priesterlichen Kundschaftergeschichte von einem Ungehorsam Israels nach dem Aufenthalt am Sinai berichtet wird (Num 13f*). Zwar verstoßen die Israeliten hier nicht gegen eine Ordnung, die ihnen am Sinai gegeben wurde. Sie verwerfen das Land Kanaan, das ihnen Jahwe geben wollte. Diese Heilsgabe des Landes gehört jedoch, wie in IV gezeigt wurde, bei P zu der Ordnung, die Jahwe für Israel vorgesehen

---

331 So z.B. auch M. Noth, Numeri, 128; S. Mittmann, 109. In III wurde gezeigt, daß gegen M. Noth v. 3b nicht sekundär ist und daß gegen S. Mittmann der Grundbestand in 20,1ff P nicht abgesprochen werden darf.

332 A.H.J. Gunneweg, 171.

hatte. Von da aus ist nicht einzusehen, warum P nicht auch davon berichtet haben soll, daß 250 Israeliten gegen die Israel am Sinai gegebene Heilsordnung verstoßen haben[333].

Da bei P vor Num 16* keine Ortsangabe steht, ereignete sich hier der Aufstand der 250 Männer in der Wüste Paran. Nach E. Aurelius fällt freilich auf, daß die Erzählung "nicht einmal ins P-Itinerar eingeordnet ist, was den Eindruck nachträglicher Hinzufügung des Ganzen verstärkt"[334]. Wenn die Erzählung literarisch fest bei P verankert ist, wie oben gezeigt wurde, ergibt sich aber daraus, daß vor ihr eine Itinerarnotiz fehlt, eine andere Folgerung: Die Wüste Paran ist bei P der Ort, an dem die Israeliten ungehorsam waren. Dort haben sie die Heilsgabe des Landes Kanaan verworfen und dort haben 250 Männer die Ordnung angezweifelt, die Jahwe am Sinai gestiftet hatte. Nach dem Tod dieser Männer verwerfen die Israeliten ihre Führer, die ihnen Jahwe gegeben hatte. Deshalb werden die Israeliten in dieser Wüste von Jahwe bestraft. P beschreibt somit das Verhalten der Israeliten in der Wüste Paran negativ.

Die Situation ändert sich erst, als die Israeliten in Num 20,1aα die Wüste Zin erreicht haben. Sie versammeln sich zwar auch dort gegen Mose und Aaron. Doch das geschieht, weil sie kein Wasser haben. Es ist zwar für P falsch, daß sie deshalb den Sinn ihres Weges in die Wüste Zin anzweifeln, aber weil sie sich in einer echten Notlage befinden, werden sie von Jahwe nicht bestraft, sondern es wird ihr Mangel beseitigt. Dagegen murren sie in der Kundschaftergeschichte

---

333 Den umgekehrten Schluß zieht E. Aurelius, 187f. Er hält auch die priesterliche Kundschaftergeschichte in Num 13f* für einen Nachtrag in P, weil bei P der Weltschöpfung als Eröffnung der Darstellung die Sinaioffenbarung als Höhepunkt und Schluß entspreche. Solche inhaltlichen Überlegungen bedürfen jedoch der literarkritischen Absicherung. Sie ist bei E. Aurelius unzureichend. Er argumentiert: "Nachdem Noth Nu 16f und S. Mittmann Nu 20:1-13 der ursprünglichen Priesterschrift abgesprochen haben, muß nämlich zumindest die Frage gestellt werden, wodurch denn darin der P-Faden der Kundschaftergeschichte Nu 13f noch festgehalten wird" (187). Aber es ist keineswegs so selbstverständlich, wie E. Aurelius annimmt, daß P in Num 20,1ff nicht vertreten ist. Wie in III gezeigt wurde, gehört hier der Grundbestand sicher zu P. Dann fällt das Argument von E. Aurelius, 187, daß der priesterliche Faden in Num 13f sekundär sei, weil er enger mit den priesterlichen Murrerzählungen in Num 16; 17 und 20 verwandt sei als mit der Darstellung von P in Ex 16. Zudem wird das Murren der Israeliten in Ex 16,2f in Num 13f* aufgenommen, wie in IV aufgewiesen wurde. Dann stellt sich aber die Frage, warum die Erzählung von den 250 Männern in Num 16f* eigentlich P abzusprechen ist.

334 E. Aurelius, 189.

und in der Erzählung von den 250 Männern ohne Grund. Da die 250 Männer die am Sinai gegebene Ordnung bestreiten, ist es legitim, daß sie durch ein Gottesurteil umkommen. Deshalb sind die Israeliten mit ihrem Vorwurf gegen Mose und Aaron in 17,6 gegen Jahwe ungehorsam. P berichtet also nach den Sinaiereignissen zunächst, daß die Israeliten Heilsgaben verworfen haben. Sie haben das Land Kanaan abgelehnt und sie haben sich gegen ihre Führer gestellt, die ihnen Jahwe zu ihrem Heil gegeben hatte. Es besteht somit zwischen den beiden Murrerzählungen, die P in der Wüste Paran lokalisiert, eine innere Beziehung.

Die Geschichte von den 250 Männern unterscheidet sich erheblich von der Datan-Abiram-Erzählung. Nun haben die Analysen der priesterlichen Kundschaftergeschichte (Num 13f*) und der priesterlichen Version von dem Wasser aus dem Felsen (Num 20,1ff*) ergeben, daß P hier jeweils vorpriesterliche Erzählungen literarisch neu gestaltet hat[335]. Deshalb stellt sich die Frage, ob P nicht auch die Datan-Abiram-Erzählung in Num 16 kannte. Dafür gibt es Anzeichen. In 16,12-14 werfen Datan und Abiram Mose vor, daß er die Herrschaft über die Israeliten anstrebe. In der Erzählung von den 250 Männern geht es zwar nicht um "politische" Macht. Aber wenn die Rebellen in 16,3 zu Mose und Aaron sagen: "denn die ganze Gemeinde in ihrer Gesamtheit ist heilig... warum erhebt ihr euch über die Versammlung Jahwes?", dann kritisieren sie, daß Mose und Aaron eine Stellung über der Gemeinde beanspruchen. In beiden Erzählungen wird somit ein Herrschaftsanspruch kritisiert. In der Datan-Abiram-Erzählung geht es um die Ausübung "politischer" Macht, in der Erzählung von den 250 Männern um die "geistliche" Herrschaft über die Gemeinde. Bei aller Verschiedenheit sind somit beide Erzählungen in ihrem Thema miteinander verwandt. Das hat auch der Endredaktor so gesehen. Daß er die Datan-Abiram-Erzählung mit der durch die Korach-Bearbeitung und 17,16-26 erweiterten Fassung von den 250 Männern verknüpfte, läßt sich nur so erklären, daß für ihn in beiden Erzählungen Mose bzw. Mose und Aaron fälschlich ein Herrschaftsanspruch unterstellt und nicht anerkannt wurde, daß sie ihre Stellung dem Willen Jahwes verdanken. Diese Verwandtschaft des Themas spricht dafür, daß beide Erzählungen nicht unabhängig voneinander entstanden sind.

Daß der Priesterschrift die Datan-Abiram-Erzählung vorlag, legt aber vor allem ihre Einordnung der Erzählung von den 250 Männern nahe. In der Analyse der Datan-Abiram-Erzählung wurde gezeigt, daß sie im vorpriesterlichen Tetrateuch auf den Bericht von der gescheiterten Landnahme in 14,40-

---

335 Vgl. zu Num 13f S. 106f und zu Num 20,1-13 S. 55f.

45 folgte, der seinerseits eine Art Anhang zu der vorpriesterlichen Kundschaftergeschichte ist. Auch bei P geht der Erzählung von den 250 Männern die
Kundschaftergeschichte voran. Der Ort dieser Erzählung bei P stimmt somit mit
dem Platz überein, den die Datan-Abiram-Erzählung im vorpriesterlichen
Tetrateuch einnimmt. Während sich die Vorwürfe von Datan und Abiram auf
den vorpriesterlichen Kontext beziehen, ergibt sich die Kritik der 250 Männer
nicht aus dem, was P unmittelbar vorher berichtet hat. Aus der priesterlichen
Kundschaftergeschichte läßt sich nicht begründen, warum sie der Meinung sind,
daß die ganze Gemeinde heilig ist und daß sich Mose und Aaron zu Unrecht
über die Versammlung Jahwes erheben. Diese Vorwürfe wären somit bei P auch
vor der Kundschaftergeschichte denkbar. Dann spricht die Stellung der Erzählung bei P dafür, daß der Priesterschrift die Datan-Abiram-Erzählung vorlag. Sie
hat sie in ihrem Werk durch die Geschichte von den 250 Männern ersetzt.

Eine genauere Betrachtung zeigt, daß P hier keine mündliche Einzelüberlieferung aufgenommen hat[336]. Die Erzählung besteht aus zwei Abschnitten. In
dem ersten geht es um die Kritik der 250 Männer (Num 16*), in dem zweiten
um den Vorwurf der Gemeinde, daß Mose und Aaron diese Männer getötet
haben (17,6ff*). Wie oben gezeigt wurde, bezieht sich der zweite Teil deutlich
auf die anderen Murrerzählungen der Priesterschrift. Er kann somit nicht aus
einer selbständigen Tradition stammen. Das gilt aber auch schon für den Aufstand der 250 Männer. In 16,7aβ sagt Mose: "und es wird geschehen, der Mann,
den Jahwe erwählt, er ist der Heilige". Da die 250 Männer umkommen, ist
keiner von ihnen heilig. Damit ist ihre Feststellung in 16,3 widerlegt, daß die
Gemeinde in ihrer Gesamtheit heilig ist. Nicht erwiesen ist jedoch, daß Mose
und Aaron tatsächlich eine Sonderstellung zukommt. Das wird erst in 17,6ff*
aufgezeigt. Wenn Jahwe hier Mose und Aaron auffordert: "Hebt euch hinweg
aus der Mitte dieser Gemeinde" (17,10), und wenn Aaron auf Anweisung des
Mose für die Gemeinde Sühne schaffen kann (17,11*.12f), ist bewiesen, daß
Mose und Aaron wirklich über der Gemeinde stehen und daß sie sich diese
Stellung nicht angemaßt haben. 17,6ff* ist somit das positive Gegenstück zu dem
Aufstand der 250 Männer[337]. Deshalb gehören beide Teile der Erzählung
notwendig zusammen.

Dann ist die Erzählung von den 250 Männern eine literarische Schöpfung
der Priesterschrift, in der sie die ihr bekannte Datan-Abiram-Erzählung neu
gestaltet. In der Vorlage fehlt eine Parallele zu dem zweiten Teil in 17,6ff. P

---

336 Anders z.B. E. Blum, Studien, 266.
337 So z.B. auch A.H.J. Gunneweg, 183.

kam es also darauf an, daß sich damals nicht nur einige Männer, sondern alle Israeliten gegen Mose und Aaron gestellt haben. Dadurch entspricht nun die Erzählung der priesterlichen Kundschaftergeschichte. Dort murren die Israeliten, nachdem die Kundschafter das Land verleumdet haben. In Num 16f* murren sie, nachdem 250 Männer die Sonderstellung von Mose und Aaron bestritten hatten und durch ein Gottesurteil umgekommen waren. Dabei hat P in dem ersten Teil der Erzählung in Num 16* die vorgegebene Datan-Abiram-Erzählung so grundlegend umgestaltet, daß eine völlig neue Darstellung entstanden ist. Das läßt sich nur damit erklären, daß P in dieser Geschichte zu einer Frage Stellung nehmen wollte, die zur Zeit des Verfassers aktuell war.

Es hat anscheinend damals eine Auseinandersetzung darüber gegeben, wer heilig ist. In v. 3 sagen die 250 Männer: "denn die ganze Gemeinde in ihrer Gesamtheit ist heilig". Nach v. 7aβ soll ein Gottesurteil erweisen, wer der Heilige ist. Nun wenden sich die Männer in v. 3 gegen Mose und Aaron. Das läßt sich nur so verstehen, daß es zur Zeit von P Israeliten gegeben hat, die bestritten, daß den aaronidischen Priestern gegenüber der Gemeinde eine Sonderstellung zukommt[338]. Die Priester beanspruchten offenbar das Prädikat "heilig" für sich allein. Das bedeutete, daß ihnen ein höherer Rang als den übrigen Israeliten zukam. Sie waren die Mittler zwischen Jahwe und der Gemeinde. Wenn dagegen die ganze Gemeinde heilig ist, dann üben zwar die Priester besondere Funktionen aus, sie stehen aber trotzdem mit der Gemeinde auf einer Stufe. Mit der Erzählung von den 250 Männern will P zeigen, daß die Sonderstellung der Priester keine priesterliche Anmaßung ist, sondern daß ihnen Jahwe gegenüber der Gemeinde einen besonderen Rang verliehen hat. Zwar richtet sich der Protest der 250 in v. 3 nicht nur gegen Aaron, sondern auch gegen Mose. Das ist jedoch dadurch bedingt, daß in der Wüstenzeit Mose und Aaron die Israeliten führen. Wenn der Führungsanspruch der Priester kritisiert werden sollte, mußten sich deshalb die 250 in der Wüste Paran gegen Mose und Aaron gewandt haben.

Nachdem P in v. 3 das Thema seiner Erzählung angegeben hat, heißt es in v. 4 zunächst "da hörte (es) Mose". Diese Bemerkung fällt auf, da nach "da sagten sie zu ihnen" in v. 3 eigentlich klar ist, daß Mose die Worte der 250 gehört haben muß. P erwähnt in v. 4 ausdrücklich, daß sie Mose hörte, weil im ersten Teil der Erzählung Aaron nach v. 3 nicht mehr erwähnt wird. Die Kritik richtet sich zwar gegen Mose und Aaron, auf sie reagiert jedoch nur Mose. Er fiel nach v. 4 auf sein Gesicht. Das wird oft so gedeutet, daß sich Mose nach

---

338 Vgl. dazu besonders A.H.J. Gunneweg, 179.

dem Protest der 250 an Jahwe wandte[339]. Dagegen spricht jedoch, daß Mose die
in v. 5*.6a.bα.7a folgende Anweisung, daß die Männer ein Gottesurteil einholen
sollen, nicht von Jahwe empfangen hat[340]. Sie gibt Mose aus eigener Initiative.
In 14,5 fallen Mose und Aaron, wie in IV gezeigt wurde, auf ihr Gesicht, weil
sie über die Worte der Israeliten verzweifelt sind. So ist auch das Niederfallen
des Mose in 16,4 zu deuten. Mit ihrem Vorwurf, daß sich Mose und Aaron zu
Unrecht über die Versammlung Jahwes erheben, bestreiten die 250 eine Ordnung, die Jahwe gesetzt hat. Darüber ist Mose verzweifelt. Aber er kann es
dabei nicht belassen. Es muß herauskommen, daß der Protest der 250 Israeliten
falsch ist. Das kann jedoch nur Jahwe erweisen. Deshalb fordert Mose die
Kritiker in v. 5*.6a.bα.7a auf, ein Gottesurteil einzuholen. Sie stellen sich tatsächlich diesem Urteil, das negativ ist. Sie werden von einem Feuer, das von
Jahwe ausgeht, verzehrt (v. 18*.35a.bα). Da somit keiner der 250 heilig ist, ist
ihre Auffassung als falsch erwiesen, daß die ganze Gemeinde heilig ist. Mit
16,35a.bα endet der erste Teil der Erzählung.

Der zweite beginnt in 17,6 damit, daß die ganze Gemeinde gegen Mose und
Aaron murrt und ihnen vorwirft: "Ihr habt das Volk Jahwes getötet". In der
literarischen Analyse von Num 17 wurde bereits ausgeführt, daß die Gemeinde
hier der Meinung ist, daß Mose nicht die 250 Männer zu einem Gottesurteil
auffordern durfte, weil er wissen mußte, daß sie dann sterben. Dieser Vorwurf
der Gemeinde ist schwerwiegend. Er bedeutet, daß für die Israeliten Mose und
Aaron als Führer der Versammlung Jahwes versagt haben. Sie haben eigenmächtig die 250 Männer in den Tod getrieben, um ihre Stellung zu sichern. Es ging
ihnen nicht um Jahwe, sondern um sich selbst. Der Vorwurf, daß Mose und
Aaron eigenmächtig gehandelt haben, verbindet das Murren der Israeliten mit
der Kritik der 250 Männer. Die Vorwürfe in 16,3 und 17,6 sind zwar verschieden. Sie stimmen aber darin überein, daß Mose und Aaron beschuldigt werden,
daß sie nicht den Willen Jahwes befolgen, sondern ihren eigenen Willen durchsetzen wollen. Außerdem ist 17,6 eine Steigerung zu dem Verhalten der Israeliten, das in 14,4 berichtet wurde. Dort planten sie, einen Führer einzusetzen und

---

339 So z.B. H. Holzinger, Numeri, 68; M. Noth, Numeri, 110; F. Ahuis, 64 Anm. 1; E.
       Aurelius, 187.
340 Nach M. Noth, Numeri, 110, beruht sie auf einer Weisung Jahwes. Das besage v. 4.
       Aber weder in v. 4, noch im folgenden wird berichtet, daß Jahwe Mose gesagt hat,
       wie er auf die Kritik reagieren soll. Das ist freilich nach F. Ahuis, 64 Anm. 1, auch
       nicht erforderlich, da die Anordnung in v. 6f* den Formkriterien der priesterlichen
       Tora entspreche, die für Hörer und Leser selbstverständlich Wort Jahwes sei. Aber
       warum wird dann in v. 4 nicht eindeutig gesagt, daß sich Mose an Jahwe wandte?

nach Ägypten zurückzukehren. Schon hier lehnen sie also Mose und Aaron als Führer ab. Das geschieht jedoch in 14,4, weil dort Mose und Aaron für die Israeliten auf der Seite Jahwes stehen. Deshalb benötigen sie einen anderen Führer, wenn sie gegen den Willen Jahwes nach Ägypten zurückkehren wollen. In 17,6 haben nun aber für die Israeliten Mose und Aaron gegen den Willen Jahwes verstoßen. Für sie stimmen ihre Führer nicht mehr mit Jahwe überein.

Diese unberechtigte Kritik nimmt Jahwe nicht hin. Ehe ihn Mose und Aaron um seine Entscheidung bitten können, bedeckt die Wolke das Zelt der Begegnung, und es erscheint die Herrlichkeit Jahwes (17,7). Wie nach dem Murren der Israeliten in 14,2ff die Herrlichkeit Jahwes erscheint (14,10b), ohne daß Mose und Aaron Jahwe um sein Eingreifen gebeten haben, so reagiert Jahwe auch jetzt sofort. Während er aber bei P in 14,26* dann sogleich zu Mose spricht, wird in 17,8 zunächst berichtet, daß Mose und Aaron zu dem Zelt der Begegnung gingen. Das ist dadurch bedingt, daß Mose in 17,11 Aaron beauftragt, Feuer von dem Altar zu nehmen. Deshalb mußten Mose und Aaron an dem Zelt der Begegnung sein, als Jahwe in 17,9.10a Mose die Bestrafung der Israeliten ankündigte. Da Mose und Aaron unschuldig sind, sollen sie sich von der Gemeinde trennen, die Jahwe augenblicklich vernichten will (17,10a). Damit steigert Jahwe die Strafe, die er in der priesterlichen Kundschaftergeschichte verhängt hatte. Dort ließ er den Israeliten ankündigen, daß sie in der Wüste Paran sterben müssen (14,28.29aα¹.35). Jetzt sollen sie sofort umkommen.

Nach der Rede Jahwes fallen Mose und Aaron auf ihr Gesicht (17,10b). Damit bringen sie nicht nur ihre Demut zum Ausdruck[341], sondern sie zeigen zugleich, daß sie über die Worte Jahwes verzweifelt sind. Das ergibt sich daraus, daß in 17,10b.11* ein Gegenbild zu der Reaktion des Mose auf die Kritik der 250 Männer gezeichnet wird. Dort war Mose zunächst verzweifelt niedergefallen (16,4) und hatte dann ein Gottesurteil angeordnet (16,5*.6a.bα.7a). Hier fallen Mose und Aaron verzweifelt nieder, nachdem Jahwe die Vernichtung der Gemeinde angekündigt hat. Darauf beauftragt Mose Aaron, für die Gemeinde Sühne zu schaffen (17,11*). Seine Anweisung in 17,11aα stimmt weitgehend mit 16,6bα.7aα überein. Sie weicht lediglich darin ab, daß Aaron das Feuer, das er auf die Räucherpfanne gibt, von dem Altar nehmen soll. An dieser Übereinstimmung wird deutlich, daß beide Stellen aufeinander angelegt sind. Wenn nach 16,7aβ ein Gottesurteil zeigen sollte, wer von den Männern der Heilige ist, so geht Mose in 17,11* davon aus, daß Aaron der Heilige ist. Nur dann kann er ja

---

341 So M. Noth, Numeri, 115. In Gen 17,3.17 fällt bei P Abraham nieder und drückt dadurch seine Ehrfurcht aus.

für das Volk Sühne wirken. Mit Recht stellt A.H.J. Gunneweg fest: "Was in der
Hand derer, die nicht 'heilig' sind, zum Verderben führt, das schafft durch die
Vermittlung des allein 'heiligen' Aaron dem Volk Sühne"[342].

In 17,12f wird dann berichtet, daß Aaron die Anweisung des Mose ausführte
und daß dadurch der Plage Einhalt geboten wurde. Damit ist erwiesen, daß sich
Mose und Aaron nicht eigenmächtig über die Gemeinde erhoben haben, wie
ihnen die 250 in 16,3 vorwarfen. Zugleich wird damit auch die Kritik der Gemeinde in 17,6 widerlegt. Mose und Aaron treten dem tödlichen Zorn Jahwes
entgegen und besänftigen ihn durch die Sühne, die Aaron bewirkt. Sie wollen
somit nicht, daß die Israeliten sterben, sondern daß sie leben. Das haben die
Israeliten verstanden. Sie wenden sich in 17,27.28b an Mose und klagen, daß sie
umkommen. Sie machen aber nun Mose und Aaron nicht dafür verantwortlich.
In ihrer Frage in 17,28b: "Scheiden wir wirklich vollständig dahin?" beziehen sie
sich auf die Strafe, die ihnen in der priesterlichen Kundschaftergeschichte
angekündigt worden war. Es wird nicht berichtet, daß Mose den Israeliten
geantwortet hätte. Aber was sollte er ihnen auch sagen, nachdem er in der
Kundschaftergeschichte erfahren hatte, daß alle Israeliten, die damals schuldig
geworden sind, in der Wüste Paran sterben müssen?

Mit der Erzählung von den 250 Männern will P also zeigen, daß das Prädikat "heilig" tatsächlich nur den Priestern zukommt. Die 250 Männer, die für die
Heiligkeit aller Israeliten eintreten, verstoßen gegen eine Ordnung, die Jahwe
gesetzt hat, und die er nun bestätigt. Außerdem geht es aber P um das Verhalten der Israeliten. Sie verwerfen mit ihrem Vorwurf in 17,6: "Ihr habt das Volk
Jahwes getötet!" Mose und Aaron als Führer der Gemeinde und werden deshalb
von Jahwe bestraft. Während P mit der Widerlegung der Kritik der 250 Männer
zu einer Auseinandersetzung Stellung nimmt, die zur Zeit des Verfassers aktuell
war, hat das Murren der Gemeinde keinen zeitgeschichtlichen Bezug. Es ist
kaum denkbar, daß man damals den Priestern vorwarf, daß sie das Volk Jahwes
getötet haben. Wenn die Priesterschrift trotzdem entgegen der ihr vorliegenden
Datan-Abiram-Erzählung berichtet, daß sich damals auch alle Israeliten gegen
ihre Führer wandten, so beruht das auf ihrer theologischen Konzeption. Danach
haben die Israeliten in der Wüste Paran die Heilsgabe des Landes Kanaan und
ihre Führer, die ihnen Jahwe gegeben hatte, verworfen. Weil sie ablehnen, was
ihnen Jahwe gegeben hat oder geben wollte, werden sie hier für ihr Murren bestraft.

---

342 A.H.J. Gunneweg, 183.

4. Die Korach-Bearbeitung

Die Erzählung von den 250 Männern bei P ist durch eine Korach-Bearbeitung erweitert worden. Von ihr stammen: 16,1a, in v. 5 "zu Korach und zu seiner ganzen Gemeinde" und die Worte des Mose, v. 6bβ.7b-11.16f, in v. 18 "und Mose und Aaron", v. 19-23.24* (ohne "Korach, Datan und Abiram"). 27a* (ohne "Korach, Datan und Abiram"). 35bβ; 17,1.2aα.b.3aα^2.β.b.4.5bβ.

Der Bearbeiter hat in 16,1a Korach eingeführt und ihn zum Anführer der Rebellen gemacht. Korach "nahm" die 250 Israeliten. Dadurch ist nun der Levit Korach für den Aufstand verantwortlich. Das unterstreicht der Bearbeiter im folgenden immer wieder. Er hat die Rede, mit der Mose auf die Kritik von 16,3 reagiert, erheblich erweitert. Sie umfaßt nun 16,5-11.16f und wird durch die neuen Redeeinleitungen in 16,8 und 16 in drei Teile gegliedert. Während sich Mose in 16,5 an Korach und seine ganze Gemeinde wendet, spricht er in 16,8.16 nur zu Korach. Damit betont der Bearbeiter die führende Rolle des Korach. Daß Mose in v. 5-7 zu Korach und seiner ganzen Gemeinde redet, ist dadurch bedingt, daß hier in der Vorlage eine Mehrzahl von Personen angeredet wurde. Mit seiner Formulierung "zu Korach und zu seiner ganzen Gemeinde" macht der Bearbeiter aber in v. 5 deutlich, daß Korach bei der Rebellion die treibende Kraft war. Die 250 Männer sind lediglich seine Anhänger. Sie werden von dem Bearbeiter noch des öfteren als die Gemeinde Korachs bezeichnet (16,6bβ.11.16). Auch 16,22 zeigt, daß nun der Levit Korach an dem Aufstand schuld ist. So hat der Bearbeiter aus seiner Vorlage eine Korach-Geschichte gemacht.

Verschiedentlich wurde angenommen, daß der Bearbeiter die 250 Männer ebenfalls für Leviten hielt[343]. Das legt v. 7b nahe. Hier nimmt Mose mit "es ist genug für euch, ihr Leviten" die Worte auf, mit denen die Rebellen in v. 3 ihre Kritik an Mose und Aaron begonnen hatten, und kehrt sie gegen die Opponenten. Sie scheinen demnach Leviten zu sein. Trotzdem bereitet diese Deutung erhebliche Schwierigkeiten. In Num 27,3 sagen die Töchter des Manassiten Zelofhad: "Unser Vater ist gestorben in der Wüste, und er war nicht unter der Gemeinde, die sich gegen Jahwe zusammengetan hat, unter der Gemeinde Korachs...". Hier wird die Korach-Bearbeitung in Num 16 vorausgesetzt. Wenn jedoch die Töchter des Zelofhad ausdrücklich bestreiten, daß ihr Vater an diesem Aufstand beteiligt war, so wird hier mit der Möglichkeit gerechnet, daß

---

343 So z.B. B. Baentsch, 545; E. Aurelius, 196.

ein Manassit unter den 250 Männern gewesen sein könnte. Dann waren für den
Verfasser von 27,3 zumindest nicht alle 250 Männer Leviten. Die Korach-
Geschichte des Bearbeiters wurde somit später nicht so verstanden, daß es sich
bei den 250 Israeliten um Leviten handelte. Das geht auch aus 16,2b hervor,
wenn dieser Halbvers nicht schon in der Darstellung von P enthalten war. Hier
sind die 250 Männer führende Israeliten, aber nicht Leviten.

Tatsächlich wird bereits aus der Darstellung des Bearbeiters in Num 16f*
deutlich, daß auch für ihn die 250 Männer keine Leviten waren. Wie schon in
der literarischen Analyse von Num 16 ausgeführt wurde, zeigt v. 5b, wie er die
Kritik an Mose und Aaron in v. 3 verstanden wissen will. Wenn Mose in v. 5b
sagt: "und den, den er erwählt, wird er zu sich nahen lassen", so wird Jahwe
entscheiden, wer Opfer darbringen darf. Für den Bearbeiter haben somit Korach
und seine Gemeinde das Opferprivileg der Priester angefochten. Damit setzt der
Bearbeiter gegenüber P einen neuen Akzent. Nun wird nicht nur die Sonderstellung der Priester bestritten, sondern es wird auch bezweifelt, daß nur sie opfern
dürfen. Mit v. 5 reagiert jedoch Mose auf die Feststellung der Rebellen in v. 3,
daß die ganze Gemeinde heilig und Jahwe in ihrer Mitte ist. Dann kann es dem
Bearbeiter nicht um die Frage gehen, ob außer den Priestern auch die Leviten
Opfer darbringen dürfen. Die israelitischen "Laien" hätten dann ebenfalls nicht
das Recht, zu opfern. Für den Bearbeiter haben offenbar die Kritiker den Anspruch erhoben, daß jeder Israelit opfern darf, weil eben die ganze Gemeinde
heilig ist. Nur dann antwortet Mose in v. 5 tatsächlich auf ihre Vorwürfe in v. 3.

Die 250 Männer sind somit bei dem Bearbeiter ebenfalls Israeliten. So wird
dann auch einsichtig, warum nach v. 19 Korach die ganze Gemeinde gegen
Mose und Aaron versammelte. Er hat zunächst 250 Israeliten und dann die
ganze Gemeinde gegen Mose und Aaron mobilisiert. Das ist eine Steigerung, die
besser verständlich wird, wenn Korach zunächst nicht von 250 Leviten unterstützt wurde, sondern von Anfang an israelitische "Laien" auf seiner Seite hatte.
Dafür spricht schließlich auch 17,3*, wonach die Pfannen der Getöteten zu
einem Zeichen für die Israeliten werden sollen. Dieses Zeichen soll anscheinend verhindern, daß sich Israeliten nochmals gegen die Aaroniden stellen. Es
soll dadurch also nicht nur eine levitische Opposition verhindert werden. Diese
Zeichenbedeutung haben die Pfannen, wenn es sich bei den Männern, die
verbrannten, um "Laien" handelte. Die 250 Männer sind somit in der Korach-
Bearbeitung wie bei P Israeliten.

Dann ist die Formulierung "ihr Leviten" in 16,7b und 8 wohl so zu erklären,
daß Korach mit seinem Aufstand Positionen durchsetzen wollte, die besonders
von den Leviten vertreten wurden. Aus dem Wortlaut von v. 10 geht hervor,

daß nicht nur die Korachiten für sich das Priestertum anstrebten[344]. Hier heißt es: "Und er hat nahen lassen dich und all deine Brüder, die Leviten, mit dir, und ihr sucht auch das Priestertum". Danach haben außer Korach auch die anderen Leviten das Priestertum begehrt. Hier wird nochmals deutlich, daß die 250 Männer keine Leviten waren. Der Bearbeiter bezeichnet sie als die Gemeinde Korachs. Dann beanspruchten sie keine Sonderstellung, wie sie den Priestern zukommt und von den Leviten angestrebt wird. Vielmehr ist Korach ihr Führer. Damit geht es aber bei dem Priestertum um die Leitung der Gemeinde. Der Bearbeiter stellt die Gemeinde, die von Mose und Aaron geführt wird, und die Gemeinde Korachs, die von Korach geleitet wird, einander gegenüber. Nach v. 8ff erhoben außer Korach auch die anderen Leviten den Anspruch auf die Leitung der Gemeinde, die aber für den Bearbeiter den Priestern zukommt. Diesen Anspruch weist Mose mit den Worten "es ist genug für euch, ihr Leviten" in v. 7b und "hört doch, ihr Leviten" in v. 8 zurück. In v. 3 haben die Rebellen bestritten, daß Mose und Aaron die Führung der Gemeinde zukommt. Schon in v. 7b kritisiert Mose den Führungsanspruch der Leviten, den Korach mit seinem Aufstand durchsetzen will.

Dadurch bildet v. 7b die Brücke für die beiden Themen, die der Bearbeiter in seiner Darstellung behandelt. Danach ging es bei dem Aufstand darum, ob nicht allen Israeliten das Recht zukommt, zu opfern, und ob nicht die Leviten die Führung der Gemeinde beanspruchen können. Beide Themen sind dadurch miteinander verbunden, daß der Levit Korach dafür eintritt, daß auch die "Laien" opfern dürfen, und daß andererseits die 250 Männer sich seiner Leitung unterstellen. Deshalb tadelt Mose in v. 11 nach der Kritik, die er zuvor an dem Führungsanspruch der Leviten geäußert hat, daß sich Korach *und* seine Gemeinde gegen Jahwe zusammengetan haben (יעד ni.). Dasselbe hatte Jahwe in der priesterlichen Kundschaftergeschichte von "dieser ganzen bösen Gemeinde" gesagt (14,35). Das Verhalten Korachs und seiner Anhänger entspricht also für den Bearbeiter dem Verhalten der Gemeinde in der Kundschaftergeschichte.

Da der Bearbeiter seine Vorlage durch v. 7b-11 unterbrach, hat er v. 16f gebildet, damit v. 18* aus P einen Anschluß hat. Er mußte in v. 16f Korach erwähnen, da bei ihm Korach den Aufstand anführt. Wichtiger sind jedoch andere Veränderungen, die er hier gegenüber der Anweisung des Mose bei P in v. 5*.6a.bα.7a vorgenommen hat. Nun wird Aaron bei dem Gottesurteil dabei sein. Er soll ebenfalls mit seiner Pfanne vor Jahwe Räucherwerk darbringen (v. 17). Das bestätigt, daß es bei dem Bearbeiter darum geht, ob den Priestern das

---

[344] Gegen W.H. Schmidt, Exodus, 308.

Privileg zu opfern zukommt. Mit dem Gottesurteil wird Jahwe entscheiden, wen er mit einem Opfer zu sich nahen läßt. Freilich berichtet der Bearbeiter im folgenden nicht ausdrücklich, daß Jahwe dieses Vorrecht Aarons bestätigt hat, als er zusammen mit Korach und den 250 Männern vor Jahwe stand. Diese Folgerung ergab sich für ihn offenbar aus dem Tod der 250 Männer von selbst.

Bevor es zu dem Gottesurteil kommt, erzählt der Bearbeiter in v. 19ff von einer dramatischen Zuspitzung der Ereignisse. Korach versammelte gegen Mose und Aaron die ganze Gemeinde am Eingang des Zeltes der Begegnung. Darauf erschien die Herrlichkeit Jahwes der ganzen Gemeinde (v. 19), und Jahwe forderte Mose und Aaron auf, sich von ihr zu trennen; er will sie sofort vernichten (v. 20f). Die Fürbitte von Mose und Aaron in v. 22 bewirkt aber, daß Jahwe seinen Entschluß ändert. Mose soll der Gemeinde mitteilen, daß sie sich aus der Umgebung des Heiligtums zurückziehen soll (v. 23.24*). Diese Anweisung befolgt die Gemeinde (v. 27a*). Der Anfang dieses Abschnitts in v. 19-22aα entspricht weitgehend 17,7-10. Der Bearbeiter will also in 16,19ff ein Gegenbild zu seiner Vorlage in 17,6ff zeichnen[345]. Dort versammelte sich die Gemeinde gegen Mose und Aaron (17,7). In 16,19 versammelt sie Korach gegen ihre beiden Führer. Während somit in 17,7 die Israeliten aus eigenem Antrieb gegen Mose und Aaron opponieren, ist in 16,19 Korach dafür verantwortlich, daß sie sich gegen ihre Führer stellen.

Aus diesem Grund wird die Gemeinde in beiden Texten von Jahwe unterschiedlich behandelt. Er kündigt zwar in 16,21 und in 17,10 an, daß er sie im Nu vernichten will. Nur in 16,22 treten jedoch Mose und Aaron fürbittend für die Gemeinde ein. Sie sagen zunächst in v. 22aβ: "Gott, der Gott der Geister für alles Fleisch". Damit wollen sie nicht nur ausdrücken, daß Gott der Herr alles Lebens ist[346]. Zwischen dieser Anrede Gottes und der Fortsetzung, in der Mose und Aaron zwischen Korach und der Gemeinde differenzieren, besteht doch wohl eine innere Beziehung. Sie ist nur gegeben, wenn mit v. 22aβ gesagt werden soll, daß Gott als Schöpfer der Geister zwischen den Geistern unterscheiden kann[347]. Darum geht es, wenn Mose und Aaron in v. 22b fragen:

---

345 Das haben vor allem F. Ahuis, 79f, und E. Aurelius, 199f, betont.

346 So z.B. B. Baentsch, 547; M. Noth, Numeri, 112f.

347 So E. Aurelius, 202, und schon H. Holzinger, Numeri, 68. Die Wendung "Der Gott der Geister für alles Fleisch" kommt im Alten Testament nur noch in Num 27,16 vor. E. Aurelius, 202, macht mit Recht darauf aufmerksam, daß durch sie Gott dort nicht nur als Schöpfer charakterisiert wird. Es geht auch in Num 27,16 darum, daß Gott als Schöpfer der Geister zwischen den Geistern unterscheiden kann. Das zeigt 27,18,

"'Ein'[348] Mann verfehlt sich und über die ganze Gemeinde zürnst du?'". Damit wird unterstrichen, daß allein Korach für den Aufstand verantwortlich ist. Die 250 Männer werden hier übergangen, weil sie nur die Hilfstruppe Korachs sind. Das Argument, daß Gott nicht wegen der Schuld eines einzelnen die ganze Gemeinde vernichten kann, überzeugt Jahwe. Er ordnet nun in v. 23.24* an, daß sich die Gemeinde aus der Umgebung des Heiligtums zurückziehen soll. Der Bearbeiter möchte in v. 19ff zeigen, daß die Gemeinde nicht wegen der Schuld eines Mannes vernichtet wird. Es genügt, wenn sie sich von seiner Verfehlung lossagt. Dagegen hat in 17,6ff die ganze Gemeinde Schuld auf sich geladen. Deshalb können hier Mose und Aaron nicht mehr für die Gemeinde beten. Sie überlebt nur, weil Aaron für sie Sühne schafft. Der Bearbeiter hat 16,19ff gebildet, weil er diesen Unterschied zwischen der Verfehlung eines einzelnen und dem Vergehen der Gemeinde aufzeigen möchte. Vor den Folgen der Schuld eines Menschen kann die Gemeinde durch Fürbitte bewahrt werden. Ist sie jedoch selbst schuldig geworden, dann hilft nur die Sühnehandlung des Priesters. Zugleich betont der Bearbeiter durch 16,19ff nachdrücklich, daß allein Korach für die Rebellion verantwortlich war.

Nachdem die Gemeinde von dem Heiligtum weggegangen ist (v. 27a*), kommt es zu dem Gottesurteil (v. 35). Hier hat der Bearbeiter seine Vorlage durch v. 35bβ erweitert, weil er verdeutlichen wollte, daß sich Jahwe für das Opferprivileg der Priester entschieden hat. Das Feuer frißt jene 250 Männer, die Räucherwerk darbrachten. Was aber geschah mit Korach? Darüber schweigt der Bearbeiter. In seinem Aufsatz "Korah's Rebellion" nimmt zwar J. Milgrom an, daß in v. 35 Korach zunächst genannt wurde. Erst in der Endfassung von Num 16 sei sein Name hier getilgt worden. Dafür spricht nach J. Milgrom 17,5[349]. Tatsächlich wird in 17,5bα "und er nicht werde wie Korach und seine Gemeinde" vorausgesetzt, daß Korach zusammen mit den 250 Männern umgekommen ist. Nun ist aber 17,5a.bα ein späterer Zusatz. Der Ergänzer kann aus der Korach-Geschichte in Num 16 geschlossen haben, daß auch Korach damals getötet wurde, ohne daß Korach in 16,35 genannt wurde. 17,5bα belegt somit nicht, daß in der Korach-Geschichte Korach in 16,35 erwähnt wurde. Es läßt sich kein Grund erkennen, warum sein Name hier später getilgt worden sein sollte.

---

wo Jahwe Mose befiehlt, daß er Josua nehmen soll, "einen Mann, in dem Geist ist"; vgl. auch S. 226.

348 Gegen die Punktation des MT ist ה vor "Mann" nicht Artikel, sondern ה-interroga-tivum, vgl. B. Baentsch, 548.

349 J. Milgrom, Korah's Rebellion, 137ff.

Der Endredaktor erwähnt zwar in 16,32b, daß die Erde auch "alle Menschen, die zu Korach gehörten" zusammen mit Datan, Abiram und ihren Familien verschlungen hat. Aus 16,32b geht jedoch nicht hervor, daß damals Korach
selbst umgekommen ist[350]. Daß für den Endredaktor Korach ebenfalls am Leben
blieb, wird im folgenden noch gezeigt werden. Das wäre schwer vorstellbar,
wenn ihm in 16,35 vorgegeben war, daß Korach von dem Feuer gefressen wurde.
In der Korach-Geschichte wurde somit in 16,35 Korach nicht genannt. Es ist
unwahrscheinlich, daß der Bearbeiter hier Korach stillschweigend zu den 250
Männern gerechnet hat, da er in v. 17 ausdrücklich zwischen den 250 Männern
und Korach differenziert. Deshalb hätte er in v. 35 Korach erwähnen müssen,
wenn für ihn Korach zusammen mit den 250 Männern vernichtet worden wäre.
Dem Bearbeiter genügte es anscheinend, daß die Anhänger Korachs umgekommen sind. Damit hatte Jahwe das Opferprivileg der Priester bestätigt und den
Führungsanspruch der Leviten, den Korach durchsetzen wollte, abgewiesen.
Wenn die Gemeinde Korachs umkommt, haben sich in der Tat Korach und
seine Gemeinde gegen Jahwe zusammengetan, wie Mose in v. 11 sagte.

Es bleibt freilich merkwürdig, daß der Bearbeiter immer wieder betont, daß
nur Korach für den Aufstand verantwortlich war, und dann den eigentlich
Schuldigen verschont. Das wird m.E. nur verständlich, wenn der Bearbeiter mit
seiner Korach-Geschichte zu Auseinandersetzungen in der nachexilischen
Gemeinde Stellung nimmt, in denen die Korachiten eine wichtige Rolle spielten.
Daß sie zumindest zeitweise unter den Leviten eine führende Position innehatten, geht aus der Liste über die Nachkommen Levis in Ex 6,16-25 hervor.
Danach war Korach einer der Söhne Jizhars (v. 21). Von diesen Söhnen wird
aber nur bei Korach aufgeführt, welche Söhne er hatte (v. 24). Damit haben
hier die Korachiten eine besondere Bedeutung. Die Korach-Geschichte in Num
16 legt es nahe, daß sie gegen die Aaroniden opponierten und dabei von einem
Teil der Gemeinde unterstützt wurden. Deshalb machte der Bearbeiter Korach
für den Aufstand gegen Mose und Aaron verantwortlich. Wegen der Stellung,
die die Korachiten zu seiner Zeit einnahmen, konnte der Bearbeiter jedoch
nicht berichten, daß ihr Ahnherr Korach zusammen mit den 250 Männern
getötet wurde. Die offensichtliche Diskrepanz in der Darstellung des Bearbeiters, daß Korach allein an dem Aufstand schuld ist und trotzdem von Jahwe
verschont wird, läßt sich nur so erklären, daß der Bearbeiter auf die Bedeutung
der Korachiten Rücksicht nehmen mußte.

---

350 Dagegen nimmt J. Milgrom, Korah's Rebellion, 139, an, daß nach 16,32b auch
    Korach von der Erde verschlungen wurde. In der Endfassung von Num 16 sei der
    Tod Korachs aus v. 35 nach v. 32b vorgezogen worden.

Dann ergibt sich aus der Korach-Geschichte in Num 16, daß die Korachiten in zwei Punkten gegen die Aaroniden opponiert haben. Sie wandten sich dagegen, daß das Priestertum den Aaroniden vorbehalten ist. Es steht nach ihrer Meinung allen Leviten zu. Dabei ging es nicht darum, daß die Leviten an dem Opferprivileg der Priester teilhaben sollten. Wie bei P sind bei dem Bearbeiter die 250 Männer "Laien". Es wurde oben gezeigt, daß er den Vorwurf in 16,3, daß die ganze Gemeinde heilig ist, so verstanden wissen will, daß mit ihm Korach und seine Anhänger bestritten, daß lediglich die Priester opfern dürfen. Dieses Recht steht für die Rebellen jedem Israeliten zu. Nur so ist es sinnvoll, daß bei dem Bearbeiter die 250 Männer Räucherwerk darbringen (16,17.35bβ). Deshalb sind die Korachiten wahrscheinlich auch für das Opferrecht der "Laien" eingetreten. Wenn sie für die Leviten den Anspruch auf das Priestertum erheben, haben sie die übrigen priesterlichen Funktionen im Blick wie z.B. die Beurteilung der Opfer und die Belehrung der Israeliten. Es geht ihnen um die geistliche Leitung der Gemeinde.

Die Korachiten vertraten also anscheinend die Position, daß allen Leviten die Führung der Gemeinde zukommt und daß alle Israeliten Opfer darbringen dürfen. Mit ihrem Widerstand gegen den Ausschluß der Leviten von dem Priestertum und gegen das Opferprivileg der Priester wandten sie sich gegen Verhältnisse, die sich in exilisch-nachexilischer Zeit entwickelt hatten. Im deuteronomischen Gesetz haben die Leviten dieselben Rechte wie die Priester[351]. Daß ein Israelit selbst opfern durfte, ist für die vorexilische Zeit im Alten Testament verschiedentlich belegt[352]. Allerdings ist sonst im Alten Testament nicht nachweisbar, daß in nachexilischer Zeit die Position der Aaroniden in der Weise bestritten wurde, wie es hier für die Korachiten angenommen wird. Aber die Korach-Bearbeitung wird m.E. am ehesten verständlich, wenn sie Auffassungen widerlegen wollte, die die Korachiten vertreten haben. Ist das richtig, dann zeigt diese Bearbeitung, daß es in der nachexilischen Zeit gegen das priesterliche Verständnis von der Stellung der Leviten und dem Opferprivileg der Priester Widerstände gab, auch wenn sich die priesterlichen Kreise durchgesetzt haben.

5. Die Endredaktion

Als die Priesterschrift noch als selbständige Quellenschrift tradiert wurde, wurde zumindest auch 17,16-26 eingefügt. Die Geschichte von den 250 Männern

---

351 Vgl. Dtn 18,1-8.
352 Vgl. z.B. Jdc 6,25ff; 13,19; I Sam 1; I Reg 18,21ff.

enthielt somit bereits die wesentlichen Erweiterungen, als sie von dem Endredaktor mit der vorpriesterlichen Datan-Abiram-Erzählung verbunden wurde. Er hat aus beiden Texten eine Erzählung gemacht, weil sie im Thema miteinander verwandt sind. In ihnen wird jeweils die Autorität von Mose bzw. von Mose und Aaron angefochten. In der Endfassung zeigt Num 16 und 17, daß Mose als Führer der Israeliten nicht eigenmächtig handelte und daß Mose und Aaron nicht von sich aus die Leitung der Gemeinde beanspruchten. Beides ist von Jahwe gewollt, wie er durch ein Gottesurteil bestätigt. Von dem Endredaktor stammen in Num 16: V. 15, "Korach, Datan und Abiram" in v. 24 und v. 27a, "zu der Gemeinde" in v. 26 und v. 28-31.32b.33bβ.

Der Endredaktor hat seine priesterliche Vorlage durch 16,1b*.2aα aus der Datan-Abiram-Erzählung unterbrochen, weil er schon zu Beginn die Hauptpersonen des Aufstandes nennen wollte. Wie er "da nahm" in 16,1a, für das nun ein Objekt fehlt, verstanden hat, ist unklar. Jedenfalls wird dadurch, daß v. 2aα der Erwähnung der 250 Männer in v. 2aβ vorangeht, die führende Rolle von Korach, Datan und Abiram unterstrichen. Im folgenden hat der Redaktor zunächst v. 12-14 aus der Datan-Abiram-Erzählung in die Korach-Geschichte eingeschaltet und durch v. 15 eine Beziehung zwischen beiden hergestellt. Wenn Mose hier bittet, daß sich Jahwe ihrem Opfer nicht zuwenden möge, werden auch Datan und Abiram opfern. Außerdem wendet sich Mose in v. 15b gegen den Vorwurf, daß er herrschen wolle.

Während der Redaktor hier seine Vorlagen nur locker miteinander verbunden hat, hat er sie in v. 23-27a eng miteinander verzahnt. Dazu erweiterte er zunächst v. 24 durch "Korach, Datan und Abiram". Nun soll Mose der Gemeinde nicht mehr mitteilen, daß sie sich von dem Heiligtum wegbegeben soll, sondern sie soll sich von der Wohnung dieser drei Männer entfernen. Damit geht es im folgenden vor allem um jene drei Männer, die bei der Rebellion führend waren. Dadurch entspricht v. 24 jetzt der Exposition in v. 1*, wo die drei Hauptakteure aufgeführt werden. Seine Ergänzung in v. 24 ermöglichte es dem Redaktor, v. 25f aus der Datan-Abiram-Erzählung an v. 24 anzuschließen. Daß Mose in v. 26 die Anweisung befolgt, die ihm Jahwe in v. 24 gegeben hat, unterstrich der Redaktor dadurch, daß er in v. 26 "zu der Gemeinde" einfügte. Damit spricht Mose nun ausdrücklich zu der Gemeinde. Da sie bei dem Redaktor in v. 27a den Befehl Jahwes ausführt, den ihr Mose in v. 26 übermittelte, hat er auch hier "Korach, Datan und Abiram" ergänzt. Dabei nahm er in Kauf, daß sich die Gemeinde nach v. 19 am Zelt der Begegnung befand und sich somit eigentlich nicht von der Wohnung der drei Rebellen entfernen konnte. Das zeigt, daß der Redaktor seine beiden Vorlagen nicht nahtlos miteinander verbinden konnte.

Der Redaktor hat dann v. 28-31 eingefügt. Da Mose nun in v. 28-30 ein Gottesurteil ankündigt, liegt in der Komposition des Redaktors auf dem Tod der Übeltäter, wie er in der Datan-Abiram-Erzählung geschildert wurde, das ganze Gewicht. Das lag nahe, da in der Korachgeschichte nur kurz erwähnt wurde, daß die 250 Männer umgekommen sind, während in der Datan-Abiram-Erzählung der Tod der Frevler ausführlicher dargestellt wurde. Der Redaktor setzte aber mit v. 28-30 einen neuen Akzent, weil nun Mose durch ein Gottesurteil gegenüber den Israeliten legitimiert wird. Sie sollen an diesem Urteil erkennen, daß Jahwe Mose gesandt hat, "um alle diese Taten zu tun" und daß sie nicht seinem eigenen Willen entspringen (v. 28). Durch dieses Gottesurteil werden sowohl die Kritik von 16,3, daß sich Mose und Aaron eigenmächtig über die Versammlung Jahwes erhoben haben, als auch die Vorwürfe von Datan und Abiram in 16,12-14 widerlegt werden.

Aber es geht noch um mehr. Bei der Alternative, die in v. 29f aufgestellt wird, sind die Nachsätze jeweils verschieden formuliert. Wenn die Männer einen gewöhnlichen Tod sterben, hat Jahwe Mose nicht gesandt (v. 29). Dem würde in v. 30 entsprechen, daß Jahwe Mose gesandt hat, wenn sie durch eine Schöpfungstat Jahwes umkommen. Es heißt hier jedoch: "werdet ihr erkennen, daß diese Männer Jahwe verächtlich behandelt haben". Mit ihrer Kritik an Mose haben also diese Männer Jahwe verächtlich behandelt (נאץ pi.). Diese Aussage entspricht Num 14,11.23b, wo ebenfalls נאץ pi. gebraucht wird. Dieses Verb ist in Genesis bis Numeri sonst nicht belegt. Dann hat der Redaktor durch v. 30 bewußt eine Beziehung zwischen dem Aufstand in Num 16 und der Kundschaftergeschichte in Num 13f hergestellt. Schon in der Korach-Bearbeitung hatten sich nach 16,11 Korach und seine Gemeinde wie die Gemeinde in der priesterlichen Kundschaftergeschichte (14,35) gegen Jahwe zusammengetan. Diese Linie nimmt der Endredaktor in v. 30 auf. Auch für ihn handelt es sich bei dem Aufstand in Num 16 um eine Parallele zu dem Verhalten der Israeliten in der Kundschaftergeschichte. So wie dort das Volk Jahwe verächtlich behandelte, haben sich die Rebellen mit ihrer Opposition gegen Mose gegen Jahwe gestellt. Das soll den Israeliten an der Art ihres Todes deutlich werden.

Von diesem Gottesurteil mußte nach v. 23-27a eigentlich auch Korach betroffen sein. Tatsächlich wird er von dem Redaktor in v. 32b erwähnt. Das geschieht allerdings auf eigenartige Weise. Danach hat die Erde auch "alle Menschen, die zu Korach gehörten" verschlungen. Diese Formulierung kann nur bedeuten, daß Korach selbst verschont wurde. Verschiedentlich hat man allerdings angenommen, daß mit v. 32b angedeutet werden soll, daß Korach ebenfalls

von der Erde verschlungen wurde[353]. Dafür wird auf Num 26,10 verwiesen.
Danach hat die Erde Datan, Abiram *und* Korach verschlungen. In dem Abschnitt 26,9b-11 ist die Endfassung von Num 16 vorausgesetzt. Nach v.
9b stritten Datan und Abiram unter der Gemeinde Korachs gegen Mose und
Aaron. Nach v. 10 erlitten die Opponenten, die in Num 16 namentlich genannt
werden, alle dasselbe Geschick. Hier wird also 16,32b so gedeutet, daß Korach
zusammen mit Datan und Abiram umgekommen ist. Diese Interpretation liegt
zwar nahe, da Korach auch in der Endfassung von Num 16 eine zentrale Rolle
spielt. Sie entspricht jedoch nicht dem Wortlaut von 16,32b. Hier heißt es eben
nicht, daß die Erde Korach verschlang. Mit der Formulierung "alle Menschen,
die zu Korach gehörten" kann nur gemeint sein, daß die Leute, die zu seinem
Haushalt gehörten, verschlungen wurden. Damit will der Endredaktor einen
Unterschied zu Datan und Abiram anzeigen. Datan und Abiram wurden mit
ihren Häusern, also ihren Familien, verschlungen. Korach und seine Familie
wurden dagegen von dem Untergang verschont. Lediglich "alle Menschen, die zu
Korach gehörten" sind umgekommen. Dabei ist wahrscheinlich an die Sklaven im
Haushalt des Korach gedacht[354].

Daß für den Endredaktor damals Korach nicht gestorben ist, ergibt sich
nicht nur aus dem Wortlaut von v. 32b, sondern auch aus seiner Darstellung in
v. 27bff. Da sich nach dem Redaktor die Gemeinde von der Wohnung Korachs,
Datans und Abirams entfernte (v. 27a), wäre zu erwarten, daß er in v. 27b vor
Datan und Abiram Korach nennt. Das ist jedoch nicht der Fall. Anscheinend
blieb für den Redaktor Korach bei dem Zelt der Begegnung. Nach v. 27b kann
sich "diese" in v. 29 und "sie" in v. 30 nur auf Datan und Abiram beziehen. Das
Gottesurteil wird also diese beiden Männer und ihre Familien treffen. Das steht
in Spannung zu v. 24 und 27a, wo der Redaktor darauf Wert legt, daß den drei
Hauptübeltätern dasselbe Geschick zuteil wurde. Offenbar konnte aber auch er
es nicht wagen, zu berichten, daß Korach damals umgekommen ist. Korach kam
zwar nicht ungeschoren davon. Die Erde hat aber lediglich die Menschen, die zu
ihm gehörten, und allen Besitz verschlungen.

Das läßt sich nur so erklären, daß der Endredaktor ebenfalls auf die Korachiten Rücksicht nehmen mußte. Sie werden auch von dem Verfasser von 26,9b-
11 berücksichtigt. Nach ihm wurde zwar Korach von der Erde verschlungen (v.
10). Er hält jedoch in v. 11 fest: "Aber die Söhne Korachs starben nicht". Für
ihn mußte Korach umgekommen sein, weil er bei dem Aufstand eine führende

---

353 J. Liver, 202; J. Milgrom, Korah's Rebellion, 137ff; E. Blum, Studien, 264.

354 Nach A. Dillmann, 95, hat אדם hier etwa dieselbe Bedeutung wie נפש in Gen 12,5.

Rolle spielte. Sein Geschlecht aber existierte weiter. Abgesehen von dem Zusatz
17,5a.bα, wo es aber nicht ausdrücklich heißt, daß Korach umgekommen ist, hat
man somit entweder die Aussage vermieden, daß Korach bei seinem Aufstand
vernichtet wurde, oder zumindest festgehalten, daß die Söhne Korachs überleb-
ten. Daran wird deutlich, daß den Korachiten in der nachexilischen Gemeinde
eine wichtige Rolle zukam.

Von dem Endredaktor stammt auch v. 33bβ. Er hatte bei dieser Erwei-
terung die Kritik an Mose und Aaron in 16,3 im Blick, an der ja nach seiner
Darstellung Datan und Abiram beteiligt waren. In 16,3 wurde Mose und Aaron
vorgeworfen, daß sie sich über die Versammlung Jahwes erheben. Nach v. 33bβ
sind Datan und Abiram aus der Mitte der Versammlung zugrundegegangen.
Damit schließt sich der Kreis. Es fehlt lediglich, daß die Israeliten an diesem
Geschehen erfahren haben, daß Jahwe Mose gesandt hat, bzw. daß die Rebellen
Jahwe verächtlich behandelt haben. Das wird aber für den Redaktor in v. 34
berichtet, den er aus der Datan-Abiram-Erzählung übernommen hat. Wenn die
Israeliten fliehen, weil sie befürchten, daß die Erde auch sie verschlingen könnte, dann ist ihnen klar, daß die Übeltäter tatsächlich Jahwe verächtlich behandelt
haben. Aus v. 33bβ geht somit hervor, daß bei dem Redaktor in Num 16 der
Spannungsbogen seiner Erzählung von v. 1-34 reicht. Der Tod der 250 Männer
in v. 35 ist hier lediglich ein Anhang, der für die Bedeutung der Ereignisse nicht
mehr wesentlich ist. Für den Redaktor besteht der Höhepunkt darin, daß sich
durch eine Schöpfungstat Jahwes der Erdboden spaltete (v. 31b) und dadurch
Menschen lebend in die שאל hinabsteigen mußten, die Jahwe verächtlich
behandelt hatten, weil sie Mose kritisierten.

6. Ergebnis

Das Ergebnis der Analyse von Num 16 und 17 lautet somit: Hier hat ein
Redaktor zwei Darstellungen zusammengearbeitet, die zunächst jeweils für sich
schriftlich tradiert wurden. Es handelt sich um die vorpriesterliche Datan-Abiram-Erzählung und um die Geschichte von 250 Männern aus der Priesterschrift,
die aber dem Redaktor in einer erheblich erweiterten Gestalt vorlag.

Die vorpriesterliche Datan-Abiram-Erzählung ist vermutlich in Num 16 noch
vollständig erhalten. Zu ihr gehören hier: Aus v. 1b "Datan und Abiram, die
Söhne Eliabs, 'des Sohnes' Rubens", v. 2aα.12-14.25.26* (ohne "zu der Gemeinde").27b.32a.33a.bα.34. Sie folgte im vorpriesterlichen Tetrateuch auf 14,40-
45. Entgegen einer verbreiteten Annahme stammt sie nicht aus der Zeit des
frühen Königtums, sondern ist erheblich jünger. Eine genauere Datierung ist

m.E. gegenwärtig jedoch nicht möglich. In dieser Erzählung geht es um die Autorität des Mose: Wer Mose Versagen bei der Führung der Israeliten vorwirft und ihm gar Herrschaftsansprüche unterstellt, kommt um. Es ist fraglich, ob sich in der Erzählung konkrete Auseinandersetzungen spiegeln. Vielleicht wollte ihr Verfasser durch sie einfach die Autorität des Mose nachdrücklich betonen.

Die Priesterschrift hat die Datan-Abiram-Erzählung gekannt, sie jedoch in ihrer Geschichte von den 250 Männern völlig neu gestaltet. P sind zuzuweisen: 16,2aβ(.b?).3.4.5* ("da redete er folgendermaßen"). 6a.bα.7a.18* (ohne "und Mose und Aaron"). 35a.bα; 17,6-10.11* (ohne "angefangen hat die Plage"). 12.13.27.28b. P nimmt hier zu einer Auseinandersetzung in der frühnachexilischen Gemeinde[355] Stellung, ob die ganze Gemeinde oder nur die Priester heilig sind. Nach P kommt das Prädikat "heilig" nur den Priestern zu. Die 250 Männer, die meinen, daß die ganze Gemeinde heilig ist, verstoßen gegen eine Ordnung, die Jahwe gesetzt hat. Außerdem geht es P hier um das Verhalten der Israeliten. Sie verwarfen mit 17,6 Mose und Aaron als Führer. Damit haben bei P die Israeliten in der Wüste Paran die Heilsgabe des Landes Kanaan und die Führer, die ihnen Jahwe gegeben hat, abgelehnt.

Als P noch als eigene Quellenschrift tradiert wurde, hat ein Bearbeiter die Erzählung von den 250 Männern zu einer Korachgeschichte erweitert. Von ihm stammen in Num 16: V. 1a, in v. 5 "zu Korach und zu seiner ganzen Gemeinde" und die Worte des Mose, v. 6bβ.7b-11.16.17, in v. 18 "und Mose und Aaron", v. 19-23.24* (ohne "Korach, Datan und Abiram"). 27a* (ohne "Korach, Datan und Abiram"). 35bβ und in Num 17: V. 1.2aα.b.3aα².β.b.4.5bβ. Im Hintergrund stehen wahrscheinlich Auseinandersetzungen in der nachexilischen Gemeinde. Die Erzählung legt es nahe, daß die Korachiten gegen den Ausschluß der Leviten vom Priestertum opponiert haben und daß sie außerdem dafür eingetreten sind, daß jedem Israeliten, und nicht nur den Priestern, das Recht zusteht, Opfer darzubringen. Dagegen wendet sich der Bearbeiter.

Diese Korachgeschichte ist dann durch die Erzählung von dem blühenden Stab Aarons in 17,16-26 ergänzt worden. Ihr Verfasser berichtet hier von einem Gottesurteil. Es erweist das Murren der Israeliten gegen Mose und Aaron als falsch, weil dem Stamm Levi eine Sonderstellung zukommt. Dadurch werden

---

355 Zu dieser Datierung von P vgl. L. Schmidt, Pentateuch, 88, und unten S. 259ff. Für sie spricht auch die priesterschriftliche Darstellung in Num 16. Es ist unwahrscheinlich, daß es bereits in der Zeit des Exils eine Auseinandersetzung darüber gegeben hat, ob die ganze Gemeinde oder nur die Priester heilig sind. Dagegen kann man sich gut vorstellen, daß diese Frage nach der Errichtung des zweiten Tempels eine Rolle spielte.

hier außerdem die in 18,1ff folgenden Bestimmungen über die Priester und die Leviten vorbereitet.

Zusätze, die zumindest teilweise von verschiedenen Händen vorgenommen wurden, sind: 17,2aβ.3aα[1].5a.bα.14f.28a. Bei ihnen ist unsicher, ob sie schon alle in der priesterlichen Vorlage des Endredaktors enthalten waren. Fraglich ist außerdem, woher 16,2b stammt. Einige Beobachtungen sprechen m.E. dafür, daß der Halbvers wahrscheinlich nicht zu P gehörte.

Der Endredaktor, der aus der Datan-Abiram-Erzählung und aus der erweiterten Geschichte von den 250 Männern eine Erzählung machte, hat seine Vorlagen in Num 16 erweitert. Von ihm stammen hier: V. 15, "Korach, Datan und Abiram" in v. 24 und v. 27a, "zu der Gemeinde" in v. 26 und v. 28-31.32b.33bβ. Er sah darin, daß die Erde Menschen verschlungen hatte, ein Gottesurteil, durch das Jahwe Mose vor den Israeliten als Führer legitimierte und die Kritik der Rebellen an Mose als gegen ihn gerichtet erwies.

Es hat sich somit gezeigt, daß P in Num 16f vertreten ist. Die Geschichte von den 250 Männern gehört zu den Murrerzählungen von P. Aus dieser Erzählung geht außerdem hervor, daß die Priesterschrift eine selbständige Quellenschrift war, in der verschiedene Erweiterungen vorgenommen wurden, als sie noch für sich tradiert wurde.

VI. Aufbau und Komposition der priesterschriftlichen Murrerzählungen

Die literarkritischen Analysen haben ergeben, daß in den vier Murrerzählungen der priesterlichen Schicht des Pentateuch jeweils ein Grundbestand schon in der ursprünglichen Fassung der Priesterschrift enthalten war. P sind zuzuweisen:

1. Aus der Wachtel-Manna-Erzählung in Ex 16,1ff: Von v. 1 mindestens v. 1aβ; v. 2f.9-14a.bα.15.

2. Aus der Kundschaftergeschichte in Num 13f: 13,1.2a.17a.21.25.32.33aα.b; 14,1aα.2-7.9aα[2].β.b.10.26* (ohne "und zu Aaron"). 27b-29aα[1].31.35.37.38.

3. Aus der Erzählung von dem Aufstand gegen Mose und Aaron in Num 16f: 16,2aβ(.b?).3.4.5* "da redete er folgendermaßen".6a.bα.7a.18* (ohne "und Mose und Aaron"). 35a.bα; 17,6-10.11* (ohne "angefangen hat die Plage"). 12.13.27.28b.

4. Aus der Erzählung von dem Wasser aus dem Felsen in Num 20,1ff: V. 1aα.2.3b.4.6.7.8aα[2].β.10.11b.12.

In diesen Erzählungen hat die Darstellung des Murrens der Israeliten und der Reaktion Jahwes weitgehend dieselbe Struktur[356]. Sie besteht aus sechs Elementen:

1. Die Israeliten murren oder versammeln sich gegen Mose und Aaron (Ex 16,2; Num 14,2a; 17,6a; 20,2b).
2. Rede der Israeliten (Ex 16,3; Num 14,2b-4; 17,6b; 20,3b.4).
3. Die Reaktion von Mose und Aaron (Ex 16,9.10a; Num 14,5; 20,6a).
4. Die Erscheinung der Herrlichkeit Jahwes (Ex 16,10b; Num 14,10b; 17,7b; 20,6b)[357].
5. Rede Jahwes zu Mose (Ex 16,11f; Num 14,26*.27b-29aα^1.31.35; 17,9.10a; 20,7.8aα^2.β)[358].
6. Ereignis, mit dem geschieht oder beginnt, was Jahwe angekündigt hatte (Ex 16,13.14a.bα.15; Num 14,37f; 17,11*-13; 20,11b).

In der Regel werden die Schilderung, daß die Israeliten murrten, und die Mitteilung ihrer Worte nur als ein Strukturelement angesehen. Es wird aber zwischen dem Erscheinen der Herrlichkeit Jahwes und seiner Rede unterschieden[359]. Jahwe bezieht sich jedoch in seinen Worten an Mose auf die Rede der Israeliten. Dann entspricht das Erscheinen seiner Herrlichkeit dem Bericht, daß die Israeliten gegen Mose und Aaron gemurrt haben. Diese Schilderung ist somit ein eigenes Element. Dafür spricht auch, daß die Herrlichkeit Jahwes fast immer den Israeliten erscheint. Nur in Num 20,6b erscheint sie lediglich Mose und Aaron. Diese Ausnahme ist dadurch bedingt, daß Jahwe in Num 20,7.8aα^2.β anordnet, daß Mose und Aaron vor der Gemeinde ein Demonstrationswunder

---

356 Sie liegt nach B.S. Childs, 279, und C. Westermann, 128, auch der P-Fassung von Num 16* zugrunde. Aber P hat den Aufstand der 250 Männer nicht nach dem Muster des Murrens der Israeliten gestaltet. In Num 16* fehlen bei P die Erscheinung der Herrlichkeit Jahwes und eine Jahwerede, mit denen Jahwe auf das Murren der Israeliten reagiert. Auch der Vorwurf in 16,3 hat bei P einen anderen Charakter als die Worte der Israeliten bei ihrem Murren, wie später gezeigt werden soll.

357 C. Westermann, 129, hebt die Lokalisierung am Zelt der Begegnung als eigenes Strukturelement von der Erscheinung der Herrlichkeit Jahwes ab (so auch E. Ruprecht, 295; E. Blum, Studien, 267). Aber diese Lokalisierung ist in diesen Erzählungen kein eigenes Element, sondern sie gehört mit der Erscheinung der Herrlichkeit Jahwes zusammen (so z.B. B.S. Childs, 280; U. Struppe, 210ff; A. Schart, 138). Das geht aus Num 14,10b hervor. Hier sind das Erscheinen der Herrlichkeit Jahwes und das Zelt der Begegnung als Ort dieser Erscheinung eng miteinander verbunden.

358 Da in Num 14,26 "und zu Aaron" sekundär ist (vgl. oben IV), redet Jahwe in den Murrerzählungen von P immer nur zu Mose, anders C. Westermann, 129.

359 So z.B. B.S. Childs, 280; C. Westermann, 129; U. Struppe, 209.211; A. Schart, 138.

ausführen sollen. Da den Israeliten die Majestät Jahwes an diesem Wunder deutlich werden soll, erscheint die Herrlichkeit Jahwes in dieser Erzählung nur Mose und Aaron. Ansonsten reagiert aber Jahwe auf das Murren der Israeliten gegen Mose und Aaron so, daß ihnen zunächst die Herrlichkeit Jahwes erscheint. Ehe Jahwe zu Mose spricht, erweist er also durch die Erscheinung seiner Herrlichkeit seine Majestät. Wie wichtig P diese Aussage war, wird daran deutlich, daß die Herrlichkeit Jahwes auch in Ex 16,10 erscheint, obwohl zu diesem Zeitpunkt das Zelt der Begegnung noch nicht errichtet war.

Von der Grundstruktur weicht die Darstellung in Num 17,6ff ab. Hier wird nicht geschildert, wie Mose und Aaron auf das Murren der Israeliten reagiert haben[360]. In 17,8 wird zwar berichtet, daß die beiden Führer zu dem Zelt der Begegnung gegangen sind. Das entspricht Num 20,6a. Während aber dort die Herrlichkeit Jahwes erscheint, als sich Mose und Aaron schon am Zelt der Begegnung befinden (20,6b), gehen sie in 17,8 erst zu diesem Zelt, nachdem die Herrlichkeit Jahwes schon erschienen war (17,7aγ.b). Damit greift hier Jahwe ein, bevor Mose und Aaron auf das Murren der Israeliten reagieren können. Das läßt sich nur so erklären, daß für P ihr Murren hier so schwerwiegend war, daß es von Jahwe umgehend beantwortet wurde. Tatsächlich kündigt Jahwe in 17,10a an, daß er die Gemeinde augenblicklich vernichten will. Aus dieser Ankündigung ergibt sich außerdem, warum in 17,9.10a die Rede Jahwes an Mose nicht wie an den anderen Stellen unmittelbar auf die Erscheinung der Herrlichkeit Jahwes folgt. Die Plage fing sofort an, nachdem Jahwe zu Mose geredet hatte. Das geht aus 17,11b hervor, wo Mose zu Aaron sagt: "denn der Zorn ist von Jahwe ausgegangen". Wenn somit Aaron dieser Plage noch Einhalt gebieten konnte, mußten Mose und Aaron schon am Zelt der Begegnung sein, als Jahwe Mose seinen Entschluß mitteilte. Aaron erhielt ja von Mose den Auftrag, auf die Räucherpfanne Feuer von dem Altar zu legen, um für die Israeliten Sühne zu wirken. Deshalb konnten Mose und Aaron nicht erst zu dem Zelt der Begegnung gehen, nachdem Jahwe die Vernichtung der Gemeinde angekündigt hatte. Damit ergab sich für den Ablauf das Problem, daß Jahwe in 17,6ff sofort auf das Murren der Israeliten reagieren sollte, daß jedoch Mose und Aaron am Zelt der Begegnung sein mußten, als Jahwe zu Mose redete. Diese Schwierigkeit hat P so gelöst, daß in 17,8 Mose und Aaron zu dem Zelt der Begegnung gingen, nachdem die Herrlichkeit Jahwes erschienen war, und

---

360 In Num 17,7aβ "da wandten sie sich zu dem Zelt der Begegnung" ist das Subjekt nicht Mose und Aaron, sondern die Gemeinde. Das geht daraus hervor, daß die Formulierung Ex 16,10aβ entspricht. Hier ist eindeutig "die ganze Gemeinde der Israeliten" das Subjekt.

Jahwe danach zu Mose sprach. P hat somit in 17,6ff die Grundstruktur aus inhaltlichen Gründen abgewandelt.

Sie wurde von P in Num 14* ebenfalls modifiziert. In 14,5 wird geschildert, wie Mose und Aaron auf das Murren der Israeliten reagiert haben. Nach dem Aufbau der anderen Murrerzählungen bei P müßte danach die Herrlichkeit Jahwes erschienen sein. Hier berichtet aber P zunächst, daß Josua und Kaleb das Land Kanaan verteidigt und die Israeliten zur Furchtlosigkeit aufgefordert haben (14,6.7.9aα².β.b). Erst als die Israeliten Josua und Kaleb steinigen wollten (14,10a), erschien die Herrlichkeit Jahwes (14,10b). Auch hier ist P aus inhaltlichen Gründen von der Grundstruktur abgewichen. In 14,2 murren die Israeliten, nachdem die Kundschafter das Land Kanaan verleumdet haben. Damit stellte sich für P anscheinend die Frage, ob die Israeliten für ihr Murren haftbar gemacht werden können. Sie konnten sich damit entschuldigen, daß sie nur gemurrt haben, weil die Kundschafter das Land verleumdet hatten. Diese Ausrede haben sie nach den Worten von Josua und Kaleb nicht mehr. Zwei der Kundschafter bezeugen den Israeliten, daß das Land Kanaan sehr gut ist. Sie wollen jedoch die beiden Männer steinigen. Die Reaktion der Israeliten nach der Rede von Josua und Kaleb entspricht somit ihrem Murren nach dem Bericht der Kundschafter. P hat in dieser Erzählung das Motiv des Murrens gleichsam verdoppelt, um herauszuarbeiten, daß die Israeliten für ihr Murren voll verantwortlich sind. Nachdem sie in 14,10a auf ihrer Auffassung beharren, erscheint dann die Herrlichkeit Jahwes. Wie in 17,7 ist nun auch hier das Verhalten der Israeliten so schwerwiegend, daß Jahwe sofort eingreift. P weicht somit in Num 14* und 17,6ff teilweise von der Struktur seiner Murrerzählungen ab. Es handelt sich dabei aber lediglich um Abwandlungen, die P aus inhaltlichen Gründen vorgenommen hat.

In Ex 16,1ff*; Num 14* und Num 20,1ff* stimmt auch die Rede der Israeliten im Aufbau überein. Sie besteht jeweils aus zwei Teilen. Zuerst wünschen sich die Israeliten, daß sie gestorben wären, bevor sie das Gebiet erreicht haben, in dem sie nach ihrer Meinung umkommen werden. Sie sind nach ihrer Errettung am Meer zunächst in die Wüste Sin gekommen. Dort möchten sie im Land Ägypten gestorben sein (Ex 16,3a). In der Kundschaftergeschichte sind sie in der Wüste Paran. Dort wünschen sie, daß sie im Land Ägypten oder in dieser Wüste gestorben wären (Num 14,2). Ihre nächste Station ist die Wüste Zin. Nun sagen sie: "O daß wir doch verschieden wären, als unsere Brüder vor Jahwe verschieden" (Num 20,3b). Damit beziehen sie sich auf die in Num 17,11ff* berichtete Plage. Sie wollen somit auch hier in der Wüste Paran gestorben sein. Nur in Num 14,2 erwähnen die Israeliten in ihrem Todeswunsch nicht nur eine Gegend, in der sie früher waren, sondern mit der Wüste Paran auch das Gebiet, in dem sie sich gegenwärtig aufhalten. Das ist dadurch bedingt, daß sie hier im Unterschied zu Ex 16,3 und Num 20,3b nicht befürchten, an ihrem jetzigen Ort umzukommen. Sie haben Angst, im Land Kanaan durch das Schwert zu fallen. Deshalb halten sie es für besser, wenn sie in Ägypten *oder* in dieser Wüste gestorben wären. In der Formulierung des Todeswunsches berücksichtigt P, daß die Israeliten weitergezogen sind, als sie sich erneut wünschen, früher gestorben zu sein. Dabei spielt aber ihr Aufenthalt in der Wüste Sinai keine Rolle. Sie wünschen sich nie, daß sie dort gestorben wären.

Auf den Todeswunsch folgt in der Rede der Israeliten als zweiter Teil eine Begründung (Ex 16,3b) oder eine Frage (Num 14,3; 20,4), in der sie an dem Sinn ihres Weges zweifeln. Während der Todeswunsch der Israeliten nur bei P belegt ist, gibt es zu ihren vorwurfsvollen Fragen Parallelen. In Ex 17,3 fragt das Volk Mose: "Wozu hast du uns denn aus Ägypten heraufgeführt, um mich und meine Söhne und mein Vieh zu töten durch Durst?". Datan und Abiram sagen in Num 16,13: "Ist es zu wenig, daß du uns aus dem Land, das von Milch und Honig fließt, heraufgeführt hast, um uns in der Wüste zu töten...?". In Num 21,5 redet das Volk "gegen Gott und gegen Mose: Wozu habt ihr uns aus Ägypten heraufgeführt, um zu sterben in der Wüste...?". Hier steht jeweils עלה hi. = her.führen. Außerdem wird immer Ägypten als Ausgangspunkt der Heraufführung genannt. In Num 16,13 ist mit dem Land, das von Milch und Honig fließt, Ägypten gemeint. Weil sie erwarten, daß sie in der Wüste sterben müssen, sehen die Israeliten oder Datan und Abiram keinen Sinn in dem Weg aus Ägypten. Dabei spielt es keine Rolle, daß sie sich in Num 16,13 und 21,5 schon längere Zeit in der Wüste aufhalten. Von diesen Stellen unterscheidet sich die Formulierung in Num 11,20, wo Jahwe den Israeliten vorwirft, daß sie vor ihm geweint haben: "Wozu sind wir aus Ägypten ausgezogen?". Hier wird das Verb יצא gebraucht. Außerdem befürchteten die Israeliten nach dieser Stelle nicht, daß sie sterben müssen, sondern es fehlte ihnen lediglich Fleisch. Num 11,20 stimmt aber darin sachlich mit den anderen Texten überein, daß die Israeliten auch hier in der Wüste bezweifeln, daß ihr Weg aus Ägypten sinnvoll war[361].

Das ist bei P anders. Hier zweifeln die Israeliten lediglich in der Wachtel-Manna-Erzählung an dem Sinn ihrer Befreiung aus Ägypten. Sie sagen in Ex 16,3b: "denn ihr habt uns zu dieser Wüste herausgeführt (יצא hi.), um diese ganze Versammlung durch Hunger zu töten". Dagegen heißt es in Num 14,3

---

361 Num 16,13 ist sicher vorpriesterlich, vgl. oben V. Die Datierung der anderen Stellen muß hier offen gelassen werden.

"Wozu bringt uns Jahwe zu diesem Land..." und in Num 20,4 "Wozu habt ihr die
Versammlung Jahwes zu dieser Wüste gebracht...". Hier steht jeweils בוא hi.
Mit diesem Verb fragen die Israeliten sonst nur noch in Num 20,5 nach dem
Sinn ihres Weges. Hier heißt es jedoch: "Und wozu habt ihr uns aus Ägypten
heraufgeführt (עלה hi.), um uns zu bringen (בוא hi.) zu diesem bösen Ort...?".
Das ist eindeutig eine Mischform zwischen den Fragen mit עלה hi. und denen
mit בוא hi. Das stimmt mit dem literarkritischen Ergebnis überein, daß Num
20,5 von dem Endredaktor stammt[362]. Er hat hier zwei ihm überlieferte Formen
der Frage, mit der die Israeliten nach dem Sinn ihres Weges fragen, miteinander
verbunden. Daß die Israeliten in solchen Fragen בוא hi. gebrauchen, geht somit
auf P zurück[363].

Dadurch haben diese Fragen bei P einen anderen Akzent. In ihnen stellen
die Israeliten nicht ihren Weg von der Befreiung aus Ägypten an in Frage,
sondern sie bezweifeln seinen Sinn im Blick auf das Ziel, zu dem sie geführt
werden. Das ist in Num 20,4 eindeutig. Wenn die Israeliten hier fragen: "Wozu
habt ihr die Versammlung Jahwes in diese Wüste gebracht...?", dann halten sie
es für sinnlos, daß Mose und Aaron sie aus der Wüste Paran in die Wüste Zin
geführt haben, weil sie dort sterben müssen. Ihr Auszug aus Ägypten spielt hier
keine Rolle. In Num 14,3 erwarten die Israeliten, daß sie im Land Kanaan
umkommen werden. Deshalb fragen sie hier: "Wozu bringt uns Jahwe zu diesem
Land...?". Danach sagen die Israeliten zwar: "Wäre es nicht besser für uns, nach
Ägypten zurückzukehren?". Aber diese zweite Frage ist von der ersten deutlich
abgehoben. Mit ihr ziehen die Israeliten aus ihrer Wozu-Frage die Konsequenz.
Weil sie in dem Ziel ihres Weges keinen Sinn erkennen können, erwägen sie die
Rückkehr nach Ägypten. Die Kritik der Israeliten in Num 14,3; 20,4 unterscheidet sich somit deutlich von ihrem Vorwurf in Ex 16,3. Sie sind auf ihrem Weg
aus Ägypten bei P zunächst in die Wüste Sin gekommen. Dort bezweifeln sie in
Ex 16,3 auch bei P, daß ihre Befreiung aus Ägypten einen Sinn hatte. Im
folgenden stellen die Israeliten dagegen bei P ihren Weg in Frage, weil sie
meinen, daß sie an dem Ziel ihres jeweiligen Weges sterben müssen. P unterscheidet somit zwischen der Herausführung aus Ägypten und der weiteren
Führung der Israeliten.

---

362 Vgl. oben S. 70ff.

363 In Num 16,14 werfen zwar Datan und Abiram Mose vor: "Wahrlich, nicht zu einem
    Land, das von Milch und Honig fließt, hast du uns gebracht" (בוא hi.). Aber diese
    Feststellung ist von der Frage in v. 13 abgehoben. In den Darstellungen des Auf-
    enthaltes in der Wüste kommt in einer Frage nach dem Sinn des Weges בוא hi. also
    nur bei P und in Num 20,5 vor.

Das entspricht dem Redeauftrag an die Israeliten, den bei P Mose bei seiner Berufung in Ex 6,6-8 erhält. Nach v. 6 und v. 7 soll Mose ankündigen, daß Jahwe die Israeliten aus Ägypten befreien wird. Darauf heißt es in v. 8: "Und ich werde euch bringen (בוא hi.) zu dem Land, von dem ich meine Hand erhoben habe, es zu geben dem Abraham, dem Isaak und dem Jakob, und ich werde es euch zum Besitz geben, ich bin Jahwe". In Ex 6,6-8 markiert die Erkenntnisaussage in v. 7b einen Einschnitt. Durch sie wird die Herausführung der Israeliten aus Ägypten von ihrer Führung zu dem Land und der Gabe dieses Landes abgehoben. Es handelt sich dabei um *zwei* Heilstaten Jahwes. Wie in Num 14,3; 20,4 steht auch in Ex 6,8 בוא hi. für die Führung der Israeliten.

Allerdings hat F. Kohata Ex 6,8 P abgesprochen. Sie meint: "In 6,8 kommen Ausdrücke und Begriffe vor, die sich in P sonst nicht finden, aber dtn-dtr Tradition nahestehen"[364]. Außerdem sei der Vers "auch der Sache nach priesterschriftlichem Landverständnis fremd". Bei P sei das Land bereits den Erzvätern gegeben worden (Ex 6,4). Hier werde somit nicht zwischen den Empfängern der Verheißung und des Landes unterschieden. Das sei jedoch in Ex 6,8 der Fall: "Die bereits den Erzvätern geschworene Landgabe wird mit der Hineinführung Israels ins Land verwirklicht"[365]. Aber Ex 6,8 muß P zugewiesen werden. Nach 6,4 hatte Jahwe seine ברית mit den Erzvätern aufgerichtet, ihnen das Land Kanaan zu geben. An diese ברית hat er gedacht, als er das Seufzen der Israeliten in Ägypten hörte (v. 5). Da die Gabe des Landes nach v. 4 Inhalt seiner ברית war, kann Jahwe die Israeliten nicht nur aus Ägypten befreien wollen, wenn er dieser ברית gedenkt. Es ist vielmehr zu erwarten, daß er ihnen auch das Land Kanaan zusagt. Das geschieht in v. 8. Dieser Vers ist somit durch v. 4f bei P fest verankert.

Tatsächlich besteht zwischen v. 4 und v. 8 keine Spannung. Die Nennung der Erzväter in v. 8 wird zwar häufig so verstanden, daß mit ihr der Adressat des Schwurs angegeben wird[366]. Das ist aber schon wegen der Satzstellung wenig wahrscheinlich. Die Worte "dem Abraham, dem Isaak und dem Jakob" folgen nicht auf "ich habe meine Hand erhoben", sondern sie stehen nach "es zu geben". Deshalb sind sie mit dieser Infinitivkonstruktion zu verbinden. Das wird durch v. 8b bestätigt. Hier heißt es: "und ich werde es euch geben...". Diese Ankündigung hat dieselbe Struktur wie der in v. 8a genannte Inhalt des Eides. Den Worten "Ich werde es geben" entspricht in v. 8a "es zu geben", "euch" der

---

364 F. Kohata, Jahwist, 29.

365 F. Kohata, Jahwist, 31f.

366 So z.B. B. Baentsch, 47; M. Noth, Exodus, 41; F. Kohata, Jahwist, 31.

Nennung der Erzväter in v. 8a. Dann hat Jahwe nach v. 8a geschworen, den Erzvätern das Land zu geben[367]. Die Erzväter sind hier somit nicht die Adressaten des Schwurs, sondern die Empfänger des Landes. Wie in v. 4 ist also auch nach v. 8 das Land Kanaan bereits den Erzvätern gegeben worden.

W.H. Schmidt hat außerdem mit Recht darauf hingewiesen, daß P in Num 20,12 Ex 6,8 aufnimmt[368]. Zwischen der Formulierung in Num 20,12 "deshalb werdet ihr diese Versammlung nicht zu dem Land bringen, das ich ihnen gegeben habe" und den Worten in Ex 6,8 "und ich werde euch zu dem Land bringen... und es euch als Besitz geben" besteht deutlich eine Beziehung. Ex 6,8 wird zudem von P auch in Num 14,3 und 14,31 aufgenommen. In 14,3 entspricht die Frage der Israeliten: "Wozu bringt uns Jahwe zu diesem Land" den Worten Jahwes in Ex 6,8 "und ich werde euch zu dem Land bringen"[369]. Wenn Jahwe in 14,31 ankündigt, daß er die Kinder der Israeliten bringen wird und sie das Land kennen werden, das die Israeliten verworfen haben, so macht er deutlich, daß er an seiner Ankündigung in Ex 6,8 festhält. Die erwachsenen Israeliten haben zwar in Num 14* das Land durch ihr Murren verspielt. Aber für ihre Kinder hält Jahwe an seinem Plan fest. Ex 6,8 gehört somit sicher zu P. Gerade aus der priesterschriftlichen Darstellung in Ex 6,6-8 wird verständlich, warum die Israeliten in Ex 16,3 ihre Herausführung aus Ägypten kritisieren, in Num 14,3 und 20,4 aber mit בוא hi. das Ziel ihres Weges in Frage stellen. Auf der ersten Station, die sie nach der Errettung am Meer erreicht haben, bezweifeln sie, daß die Heilstat ihrer Befreiung aus Ägypten einen Sinn hatte. Danach wenden sie sich nur noch gegen ihre Führung. Sie ist eine weitere Heilstat, die in der Gabe des Landes Kanaan ihr Ziel erreichen sollte.

Charakteristisch ist für P, daß die Israeliten in Ex 16,3; Num 14,2f und 20,3b.4 nicht nur den Sinn ihres Weges anzweifeln, sondern daß sie zuvor wünschen, daß sie gestorben wären. Dann ergibt sich aus dieser Verbindung von Todeswunsch und Todesangst der Israeliten, die nur bei P belegt ist, welchen Charakter ihr Murren bei P hat. Nach G.W. Coats zeigt eine formkritische Analyse der Erzählungen, in denen die Israeliten in der Wüste murren, daß mit dem Motiv des Murrens nicht eine verärgerte Klage ausgedrückt werde. Es

---

367 So z.B. auch B.S. Childs, 108.

368 W.H. Schmidt, Exodus, 275. Dort nennt W.H. Schmidt weitere Argumente gegen die Auffassung von F. Kohata.

369 F. Kohata, Jahwist, 32 Anm. 136, meint: "Das Ziel der Hineinführung in Num 14,3 ist nicht das Kulturland, sondern die Wüste". Das widerspricht eindeutig dem Wortlaut. Nach ihm geht es um das Bringen "zu diesem Land".

beschreibe vielmehr eine offene Rebellion[370]. Das ergibt sich nach G.W. Coats vor allem aus der in verschiedenen Erzählungen belegten Frage der Israeliten. Aus ihr gehe hervor, daß es sich bei dem Murren der Israeliten um eine vorgerichtliche Auseinandersetzung handelt[371]. Nun ist zwar die mit למה eingeleitete Frage, die P in Num 14,3 und 20,4 verwendet, als vorwurfsvolle Frage der Beschuldigung in der vorgerichtlichen Auseinandersetzung belegt[372]. Sie kommt aber auch in Klageliedern vor[373]. Daß für P die Israeliten bei ihrem Murren klagen, ergibt sich aus ihrem Todeswunsch. Er paßt nicht zu einer vorgerichtlichen Auseinandersetzung, sondern ist eindeutig eine Klage. Die Israeliten haben somit bei P eine vorwurfsvolle Klage angestimmt, als sie gegen Mose und Aaron murrten oder sich gegen ihre Führer versammelten[374].

Das Murren der Israeliten in der Wüste ist aber nicht nur bei P eine Klage. In der vorpriesterlichen Kundschaftergeschichte weinte nach Num 14,1b das Volk die ganze Nacht, nachdem die anderen Kundschafter in 13,31 auf die Worte Kalebs mit der Feststellung geantwortet hatten, daß die Israeliten nicht zu den Bewohnern des Landes hinaufziehen können, weil sie zu stark sind. Aus dem Begriff "weinen" geht eindeutig hervor, daß die Israeliten in Num 14,1b klagen.

Auch in der Wachtelerzählung von Num 11,4ff weinen die Israeliten und sagen: "Wer wird uns Fleisch essen lassen?" (11,4). In dieser Erzählung werden allerdings zwei Themen behandelt. Hier beklagt sich auch Mose, daß er das Volk nicht tragen kann (11,11.14.15). Auf die Klage des Volkes antwortet Jahwe mit den Wachteln. Er bestraft aber auch das Volk durch eine Plage (v. 31ff). Die Klage des Mose beantwortet Jahwe damit, daß Mose 70 von den Ältesten Israels als seine Helfer einsetzen soll (v. 16f.25-30). Dieses Thema ist mit dem ersten nur locker verbunden. Das läßt sich nur so erklären, daß in Num 11,4ff zunächst nur die Wachtelerzählung schriftlich vorlag. Sie wurde später durch die Klage des Mose und die Einsetzung der 70 Ältesten ergänzt[375]. Eine Rekonstruktion des Grundbestandes von Num 11,4ff ist im Rahmen dieser Untersu-

---

370 G.W. Coats, 249.

371 G.W. Coats, 29ff; so auch R. Knierim, לון, 870-872.

372 H.J. Boecker, Redeformen, 67 Anm. 4, nennt als Beispiele: Gen 44,4; Ex 2,13; 17,3;
     I Sam 26,15.

373 Vgl. z.B. Ps 10,1; 22,2; 44,24f; 74,1; 88,15.

374 Dann hat gegen R. Knierim, 871, לון nicht die Bedeutung "rebellieren gegen jem.",
     sondern "murren".

375 So mit Recht z.B. M. Noth, Numeri, 75.

chung nicht möglich. Sicher gehörte zu ihm aber aus 11,4, daß die Israeliten
weinten und sagten: "Wer wird uns Fleisch essen lassen?". Das ist der Ausgangspunkt für die Wachtelerzählung, ohne den sie nicht denkbar ist. Nun ist in Num
11,4ff zumindest die Wachtelerzählung vorpriesterlich[376]. Aus ihr stammt das
Motiv, daß Jahwe den Israeliten als Fleisch Wachteln gab, das P in seiner
Wachtel-Manna-Erzählung (Ex 16,1ff*) aufgegriffen hat[377]. In zwei vorpriesterlichen Erzählungen, die P neu gestaltet hat, wird somit berichtet, daß die Israeliten geweint haben. Hier haben sie also geklagt. In seiner Neugestaltung dieser
Erzählungen hat P "weinen" durch "murren" ersetzt. Daß aber in den Vorlagen
die Israeliten geklagt haben, ist ein weiteres Argument dafür, daß für P die
Israeliten bei ihrem Murren eine vorwurfsvolle Klage angestimmt haben. P
unterstreicht durch den Begriff "murren", daß die Israeliten unzufrieden waren.
Sie murren gegen Mose und Aaron, weil sie ihre Führer für ihre Situation
verantwortlich machen.

In der vorpriesterlichen Geschichte von dem Wasser aus dem Felsen in Ex
17,1ff*, die P ebenfalls in ihrem wesentlichen Bestand vorlag[378], wird freilich
nicht berichtet, daß die Israeliten geweint haben. Hier heißt es in Ex 17,2: "Da
stritt (רִיב) das Volk mit Mose". Wie aus dem Verb רִיב hervorgeht, handelt es
sich hier um eine vorgerichtliche Auseinandersetzung. Dafür spricht auch, daß
Mose in v. 4 befürchtet, daß ihn das Volk steinigen könnte. Dagegen erheben
die Israeliten in der priesterlichen Fassung von dem Wasser aus dem Felsen in
Num 20,3b.4 gegen Mose und Aaron keine vorgerichtliche Beschuldigung. Ihr
Todeswunsch in 20,3b zeigt, daß sie bei P auch hier klagen. P hat somit das
Verhalten der Israeliten in den drei Murrerzählungen von Ex 16,1ff*; Num 14*
und Num 20,1ff* gegenüber seinen Vorlagen vereinheitlicht. In den vorpriester-
lichen Erzählungen von den Wachteln und von den Kundschaftern hatten die
Israeliten geklagt, während es in der Geschichte von dem Wasser aus dem
Felsen um eine vorgerichtliche Auseinandersetzung des Volkes mit Mose ging.
Dagegen wenden sich bei P die Israeliten in allen drei Erzählungen mit einer
vorwurfsvollen Klage gegen Mose und Aaron.

---

376 In Num 11,4ff wird meist ein Grundbestand J zugewiesen, vgl. z.B. B. Baentsch,
     503ff; M. Noth, Numeri, 75.

377 Häufig wird angenommen, daß in Ex 16,1ff auch noch Fragmente einer vorpriesterli-
     chen Mannaerzählung enthalten sind. Auf sie werden z.B. Ex 16,4a.bα zurückgeführt.
     Daß dieses Stück vorpriesterlich ist, ist jedoch bestritten worden, vgl. oben S. 37
     Anm. 3.

378 Vgl. dazu die Analyse von Ex 17,1bβff S. 56ff.

Für die hier vertretene Deutung des Murrmotivs bei P spricht schließlich auch die Struktur der Jahwerede an Mose in der Wachtel-Manna-Erzählung und in der priesterlichen Kundschaftergeschichte. Sie besteht jeweils aus zwei Teilen. Im ersten wendet sich Jahwe nur an Mose (Ex 16,12; Num 14,27b). Darauf erteilt Jahwe Mose dann einen Redeauftrag für die Israeliten (Ex 16,12; Num 14,28). Genauso ist die Jahwerede in Ex 6,2-8 aufgebaut. Auch hier wendet sich Jahwe zunächst nur an Mose (Ex 6,2-5) und beauftragt ihn danach zu einer Rede an die Israeliten (Ex 6,6-8). Mit den Worten in Ex 6,5 "ich habe das Seufzen der Israeliten gehört..." macht Jahwe deutlich, daß er auf die Klage der Israeliten reagiert. Dem entspricht in Ex 16,12 "ich habe das Murren der Israeliten gehört". Deshalb antwortet Jahwe auch in Ex 16,12 auf eine Klage der Israeliten. Nun ist Num 14,27b, wo Jahwe sagt: "Das Murren der Israeliten, das sie gegen mich murren, habe ich gehört", mit Ex 16,12 verwandt. Dann kündigt Jahwe hier ebenfalls an, daß er auf die Klage der Israeliten reagieren wird. Durch die betonte Voranstellung des Wortes "Murren" und durch die Erläuterung "das sie gegen mich murren" wird freilich bereits angedeutet, daß dieses Mal die Antwort Jahwes nicht positiv ausfallen wird. Daß aber der Aufbau der Jahwerede auch hier mit Ex 6,2-8 und 16,12 übereinstimmt, zeigt, daß Jahwe in der priesterlichen Kundschaftergeschichte ebenfalls auf eine Klage der Israeliten antwortet[379]. Wenn somit die Israeliten in Ex 16,1ff* und Num 14* gegen Mose

---

379 In Num 14* geht es somit bei P nicht um einen Rechtsfall, wie gelegentlich angenommen wird. So schreibt C. Westermann, 131 Anm. 25: "Ein Rechtsentscheid ist in Num 14 damit angedeutet, daß die beabsichtigte Steinigung in 10a als Urteilsvollzug dargestellt ist, nachdem vorher anklagende und verteidigende Stimmen zu Wort kamen". Aber wie oben gezeigt wurde, sind die Worte der Israeliten in 14,2f keine Anklage, sondern eine vorwurfsvolle Klage. Mit der beabsichtigten Steinigung in v. 10a soll kein Urteil vollzogen werden, sondern die Israeliten wollen jene Stimmen zum Verstummen bringen, die ihrer Auffassung widersprechen. Daß es bei P um keinen Rechtsentscheid geht, zeigt sich auch daran, daß Jahwe in seiner Rede Josua und Kaleb nicht erwähnt. Bei einem umstrittenen Rechtsfall müßte Jahwe doch wohl ausdrücklich Josua und Kaleb recht geben. Er beantwortet aber nur die vorwurfsvolle Klage der Israeliten. Auch nach E. Ruprecht, 296, geht es in Num 14* bei P um einen Rechtsfall. Er meint jedoch: "Höhepunkt und Ziel dieses Geschehens ist aber nicht ein Rechtsentscheid, sondern daß die unschuldig angeklagten und vom Tode durch Steinigung bedrohten Führer Mose und Aaron zum Heiligtum fliehen und dort Asylschutz erhalten". Diese Deutung läßt sich mit dem Text nicht vereinbaren. In v. 10a sind nicht Mose und Aaron, sondern Josua und Kaleb von der Steinigung bedroht. Daß Mose und Aaron zum Heiligtum fliehen, steht nicht im Text. Folglich erhalten sie dort auch nicht Asylschutz.

und Aaron murren oder sich in Num 20,1ff* gegen ihre beiden Führer versammeln, bringen sie jeweils eine vorwurfsvolle Klage vor.

Im Unterschied zu diesen Erzählungen besteht die Rede der Israeliten bei ihrem Murren in Num 17,6b nicht aus zwei Teilen. Sie bezweifeln hier auch nicht den Sinn ihres Weges, sondern sie sagen: "Ihr habt das Volk Jahwes getötet". Diese Unterschiede sind dadurch bedingt, daß die Israeliten hier in einer anderen Situation murren. Durch den Tod der 250 Männer sehen sie nicht ihr eigenes Leben bedroht. Sowohl der Todeswunsch als auch der Zweifel an dem Sinn ihres Weges beruhen aber in den anderen drei Erzählungen darauf, daß die Israeliten erwarten, daß sie sterben müssen. Deshalb fehlen diese Elemente in Num 17,6b. Es wurde oben bereits darauf hingewiesen, daß P in Num 17,6ff* die Grundstruktur seiner Murrerzählungen aus inhaltlichen Gründen abgewandelt hat. Zu diesen Modifikationen gehört auch, wie die Israeliten in v. 6b gegen Mose und Aaron murren. Aus den anderen priesterlichen Murrerzählungen ergibt sich aber, daß die Worte der Israeliten in Num 17,6b ebenfalls eine vorwurfsvolle Klage sind. Die Israeliten beklagen hier den Tod der 250 Männer und machen für ihn Mose und Aaron verantwortlich.

Dagegen ist die Kritik der 250 Männer an Mose und Aaron in Num 16,3 keine vorwurfsvolle Klage. Diese Männer haben sich zwar wie die Israeliten in Num 20,2b gegen Mose und Aaron versammelt. Ihre Worte haben jedoch einen anderen Charakter. Sie sagen: "Es ist genug für euch, denn die ganze Gemeinde ist in ihrer Gesamtheit heilig und in ihrer Mitte ist Jahwe; warum erhebt ihr euch über die Versammlung Jahwes?". Hier werden Mose und Aaron *beschuldigt*, daß sie sich über die Versammlung Jahwes erheben. Für die vorgerichtliche Auseinandersetzung sind verschiedentlich Fragen mit "warum" (מדוע) als Beschuldigung belegt[380]. Es geht somit in Num 16,3 um einen Rechtsstreit. Das wird dadurch bestätigt, daß Mose die 250 Rebellen dazu auffordert, ein Gottesurteil einzuholen. Daß P den Aufstand der 250 Männer von dem Murren der Israeliten unterschieden hat, geht daraus hervor, daß in Num 16* Elemente fehlen, die für die priesterschriftlichen Murrerzählungen konstitutiv sind. Es erscheint nicht die Herrlichkeit Jahwes, und Jahwe redet nicht zu Mose. Die Erzählung von den 250 Männern beginnt bei P somit mit einem Rechtsstreit. Sein Ergebnis ist der Tod der 250 Rebellen. Darauf wenden sich die Israeliten in einer vorwurfsvollen Klage gegen Mose und Aaron. Erst der zweite Teil dieser Geschichte, der in 17,6 beginnt, ist bei P eine Murrerzählung.

---

380 Vgl. die Beispiele bei H.J. Boecker, Redeformen, 30f.

Dagegen hat die Korach-Bearbeitung bereits ihre Schilderung von dem Aufstand des Korach und seiner Gemeinde in Num 16* als Murrerzählung angesehen. Nach 16,11 haben Korach und seine Gemeinde gegen Aaron gemurrt. Das bezieht sich auf 16,3. Mit dieser Beschuldigung "murren" nun also Korach und seine Gemeinde. Der Bearbeiter hat außerdem in seinen Erweiterungen Strukturelemente der priesterschriftlichen Murrerzählungen aufgegriffen. Nachdem Korach die ganze Gemeinde gegen Mose und Aaron versammelt hatte, erschien ihr die Herrlichkeit Jahwes (16,19). Darauf redete Jahwe zu Mose und - im Unterschied zu den Murrerzählungen von P - auch zu Aaron (16,20). Durch die Korach-Bearbeitung wurde also in Num 16* die Darstellung von P zu einer Murrerzählung erweitert[381]. R. Knierim meint zwar zu dem Begriff לון: "Der Ursprung der Verwendung des Begriffes ist in der Überlieferung von der Rebellion der Korahiten gegen die Führerschaft Moses in der Wüste zu suchen (Num 16f.)". Das Murren der Israeliten sei demgegenüber eine spätere Ausweitung des ursprünglich auf diese Gruppe beschränkten Murrens[382]. Die literarische Analyse von Num 16f in V hat aber ergeben, daß Num 16,7b-11 jünger ist als P[383]. Dieser Abschnitt ist somit nicht der Ausgangspunkt für die

---

381 In der Fassung der Korach-Bearbeitung entspricht die Struktur von Num 16* weitgehend den priesterschriftlichen Murrerzählungen:

1. Korach und 250 Israeliten versammeln sich gegen Mose und Aaron: V. 1a.2aβ (b?).3aα[1].
2. Ihre Rede: V. 3aα[2].β.b.
3. Die Reaktion des Mose: V. 4-11.16f.
4. Die Erscheinung der Herrlichkeit Jahwes (v. 19b).
5. Rede Jahwes zu Mose (und zu Aaron): V. 20f.23.24* (ohne "Korach, Datan und Abiram").
6. Ereignis: V. 27a* (ohne "Korach, Datan und Abiram"). 35.

Die Abweichungen sind durch die Vorlage und inhaltlich bedingt. Wegen der P-Darstellung reagiert in v. 4ff nur Mose auf die Vorwürfe von Korach und seiner Gemeinde. Da Jahwe bei dem Bearbeiter in v. 21 ankündigt, daß er die Gemeinde im Nu vernichten will, wurde sie in v. 19a von Korach gegen Mose und Aaron versammelt. Wegen dieser Ankündigung redet Jahwe nun zweimal. Auf seine erste Rede antworten Mose und Aaron mit einer Fürbitte (v. 22). Darauf erhält Mose von Jahwe einen Redeauftrag. Er soll die Gemeinde auffordern, sich von der Wohnung wegzubegeben (v. 23.24*).

382 R. Knierim, 871. Ihm hat sich K.-D. Schunck, 529f, angeschlossen. Beide halten die Überlieferung von einem Aufstand der Korachiten während der Wüstenwanderung für historisch glaubwürdig.

383 Dann hat es gegen R. Knierim, 871, und K.-D. Schunck, 529f, auch keinen Aufstand der Korachiten während der Wüstenwanderung gegeben. Schon in der Opposition

Verwendung des Begriffes לון. Innerhalb der priesterlichen Schicht von Num 16f* hat erst die Korach-Bearbeitung dieses Wort für die vorgerichtliche Beschuldigung in 16,3 gebraucht.

Auch in der Erzählung von dem blühenden Stab Aarons (Num 17,16-26) geht es bei dem Murren darum, daß Mose und Aaron beschuldigt werden. Hier will Jahwe "das Murren der Israeliten, das sie gegen euch murren" durch ein Gottesurteil beenden (17,20). In dieser Erweiterung der Priesterschrift werden somit die Worte der Israeliten in 17,6 nicht mehr als vorwurfsvolle Klage, sondern als Beschuldigung verstanden. Sie will Jahwe durch ein Gottesurteil widerlegen. Daß für den Verfasser dieser Erzählung die Israeliten bei ihrem Murren Mose und Aaron beschuldigen, geht auch aus 17,25 hervor. Danach soll der Stab Aarons am Heiligtum "als Zeichen für Widerspenstige" deponiert werden, "damit ihr Murren von mir weg aufhöre und sie nicht sterben". Der Stab Aarons soll also verhindern, daß Israeliten weiterhin Mose und Aaron beschuldigen, weil Jahwe ein solches Verhalten mit dem Tod bestrafen wird.

Nach Ex 16,6f haben die Israeliten, als sie in der Wüste Sin gegen Mose und Aaron murrten, ebenfalls eine Beschuldigung erhoben. Das ergibt sich eindeutig aus v. 7b. Wenn Mose und Aaron hier sagen: "Was aber sind wir, daß ihr gegen uns murrt?", dann bestreiten sie, daß sie von den Israeliten zu Recht beschuldigt wurden. Nun wurde aber in der Analyse von Ex 16,1-15 gezeigt, daß die Rede in Ex 16,6f nicht von P stammt, sondern später eingefügt wurde[384]. Erst ein Ergänzer hat hier also die Worte der Israeliten in 16,3 nicht mehr als vorwurfsvolle Klage, sondern als Beschuldigung verstanden. Für ihn warfen die Israeliten damals Mose und Aaron vor, daß die beiden Männer sie gegen den Willen Jahwes aus dem Land Ägypten herausgeführt haben. Deshalb kündigen nun Mose und Aaron in v. 6f ein Gottesurteil an. Das wird an v. 6 deutlich. Danach werden die Israeliten am Abend erkennen, daß sie Jahwe aus dem Land Ägypten herausgeführt hat. Jahwe wird also die Beschuldigung der Israeliten widerlegen.

In Erweiterungen der priesterschriftlichen Darstellung wird somit bei dem Murren gegen Mose und Aaron eine Beschuldigung erhoben. Sie widerlegt Jahwe jeweils durch ein Gottesurteil. Diese spätere Deutung des Murrens bei P war möglich, weil in der vorwurfsvollen Klage und in der vorgerichtlichen Beschuldigung ein Vorwurf erhoben wird. Insofern sind sie miteinander ver-

---

der 250 Männer bei P spiegelt sich kein Ereignis der Wüstenzeit, sondern eine Auseinandersetzung in der nachexilischen Gemeinde, wie in V gezeigt wurde.

384 Vgl. S. 37ff.

wandt. Das zeigt sich auch daran, daß in beiden der Vorwurf durch eine Frage ausgedrückt werden kann, die mit למה eingeleitet wird. Außerdem hatte Jahwe bei P in der Kundschaftergeschichte und in Num 17,6ff auf die vorwurfsvolle Klage der Israeliten mit der Ankündigung ihrer Bestrafung geantwortet. Er verurteilte also hier ausdrücklich das Murren der Israeliten gegen Mose und Aaron. Das macht es verständlich, daß in Erweiterungen von P das Murren als vorgerichtliche Auseinandersetzung angesehen wird. Bei P selbst murrten die Israeliten dagegen gegen Mose und Aaron mit einer vorwurfsvollen Klage[385].

Auf sie antwortet Jahwe bei P unterschiedlich. In Ex 16,1ff* und Num 20,1ff* wird die Not beseitigt, wegen der sich die Israeliten gegen Mose und Aaron stellten. Dagegen werden die Israeliten in Num 14* und 17,6ff* für ihr Murren bestraft. In der Anordnung dieser Murrerzählungen wird eine bewußte Komposition sichtbar. Im Verlauf dieser Untersuchung wurde schon mehrfach darauf hingewiesen, daß die beiden Murrerzählungen in Ex 16,1ff* und Num 20,1ff* bei P den Rahmen für die Darstellung des Aufenthalts der Israeliten in der Wüste bilden. Zu Beginn und gegen Ende ihrer Wüstenwanderung wird den Israeliten geholfen. Diese Erzählungen sind somit aufeinander angelegt. Das geht auch daraus hervor, daß P die Wachtel-Manna-Erzählung in der Wüste Sin lokalisiert, die Geschichte von dem Wasser aus dem Felsen aber in der Wüste Zin. Der wohl von P geschaffene Begriff "die Wüste Sin" ist ein bewußter Anklang an die Wüste Zin.

---

385 Außer an den besprochenen Stellen kommt das Wort "murren" im Pentateuch nur noch in Ex 15,24 und 17,3 vor. Danach hat das Volk jeweils gegen Mose gemurrt. In Ex 15,24 stellt das Volk bei seinem Murren die Frage: "Was sollen wir trinken?". Dabei handelt es sich um eine Klage. Das bestätigt die Fortsetzung in v. 25a. Danach schrie Mose zu Jahwe, und Jahwe zeigte ihm ein Mittel, durch das er die Not beseitigen konnte. Mose brachte also die Not der Israeliten vor Jahwe. Das Volk *murrte* mit seiner Frage in v. 24 gegen Mose, weil es anscheinend ihn für die Not verantwortlich machte. In Ex 15,24 wird also mit dem Begriff לון wie bei P eine vorwurfsvolle Klage bezeichnet. Dagegen erheben die Israeliten in Ex 17,3 bei ihrem Murren gegen Mose eine vorgerichtliche Beschuldigung. Das geht aus v. 4 hervor. Mose schreit hier zwar wie in 15,25a zu Jahwe. Aber er sagt dabei: "Was soll ich diesem Volk tun? Noch ein wenig und sie steinigen mich". Mose bringt hier also nicht die Not des Volkes vor Jahwe, sondern er trägt Jahwe die Notlage vor, in die er durch die Kritik des Volkes geraten ist. Dann handelt es sich in v. 3 um eine vorgerichtliche Beschuldigung des Mose. Eine genauere zeitliche Einordnung der Belege für לון in Ex 15,24 und 17,3 ist im Rahmen dieser Untersuchung leider nicht möglich. Die Mara-Episode in Ex 15,23-25a dürfte vorpriesterlich sein. Zu Ex 17,3 vgl. oben S. 62.

Bei P entsprechen sich aber auch die Kundschaftergeschichte (Num 13f*) und die Erzählung von den 250 Männern (Num 16f*). Sie stimmen nicht nur darin überein, daß Jahwe jeweils die Israeliten bestraft, sondern in beiden Erzählungen befinden sie sich in der Wüste Paran. Sie murren hier also an demselben Ort. Außerdem stellt P hier jeweils ausführlich dar, wie es dazu kam, daß die Israeliten murrten. Dadurch bestehen diese beiden Erzählungen aus zwei Teilen. In dem ersten schildert P das Verhalten einer Gruppe von Israeliten, in dem zweiten das Murren der Israeliten und seine Folgen. Sie murren in Num 14,1aα.2-4, nachdem die Kundschafter das Land Kanaan, das sie erforscht hatten, verleumdet haben. In Num 17,6 murren die Israeliten nach dem Tod der 250 Männer. Dagegen stellt P in Num 20,2a lediglich fest, daß der Gemeinde Wasser fehlte. Daß die Israeliten in Not waren, geht in Ex 16,2f nur aus ihrem Vorwurf hervor, daß sie Mose und Aaron in die Wüste Sin herausgeführt haben, um sie durch Hunger zu töten. Dieser Unterschied zu der zweiten und dritten Murrerzählung ist dadurch bedingt, daß Hunger oder Durst tatsächlich das Leben der Israeliten bedrohen. Dagegen besteht für sie in Num 14* und 17,6ff* keine Gefahr. Deshalb berichtet P hier, wie es trotzdem dazu kam, daß die Israeliten murrten.

Dabei macht P deutlich, daß die Israeliten hier mit ihrem Murren schuldig wurden. Ihre Schuld besteht in der Kundschaftergeschichte darin, daß sie sich die Verleumdung des Landes Kanaan durch die Kundschafter zu eigen machen und an dieser Auffassung festhalten, obwohl Josua und Kaleb das Land verteidigt und sie unter Hinweis auf den Beistand Jahwes zur Furchtlosigkeit aufgefordert haben. Auch in Num 17,6 ist ihr Murren Schuld. In Num 16,3 hatten die 250 Männer Mose und Aaron beschuldigt, sich ohne Grund über die Versammlung Jahwes zu erheben. Sie bestritten somit, daß die Sonderstellung von Mose und Aaron auf dem Willen Jahwes beruht. Es mußte entschieden werden, ob dieser Vorwurf berechtigt war. Diese Entscheidung konnte aber nur Jahwe fällen. Deshalb war es notwendig, daß Mose die Rebellen dazu aufforderte, ein Gottesurteil einzuholen, auch wenn sie dadurch umkamen. Mose setzte nicht seinen eigenen Willen durch, sondern er ließ Jahwe urteilen. Aus diesem Grund ist die vorwurfsvolle Klage in 17,6, daß Mose und Aaron das Volk Jahwes getötet haben, völlig unberechtigt. Mit ihr stellen sich die Israeliten schuldhaft gegen ihre Führer. Deshalb will Jahwe die Gemeinde vernichten. Wenn also die Israeliten murren, obwohl für sie keine Gefahr besteht, werden sie von Jahwe bestraft. Dagegen hilft ihnen Jahwe, wenn sie in Not sind und sich deshalb gegen ihre Führer stellen. Die vier Murrerzählungen in der Priesterschrift sind so angeordnet, daß in der ersten und vierten der Mangel der Israeliten beseitigt wird, während Jahwe in der zweiten und dritten die Israeliten bestraft.

Nun gibt es aber auch zwischen der Wachtel-Manna-Erzählung und der Kundschaftergeschichte Übereinstimmungen, durch die sich diese beiden Erzählungen von den folgenden Murrgeschichten abheben. Nur in der ersten und zweiten Erzählung wendet sich Jahwe zunächst lediglich an Mose, ehe er ihm einen Auftrag erteilt. Jahwe stellt hier jeweils fest, daß er das Murren der Israeliten gehört hat (Ex 16,12; Num 14,27b). Außerdem besteht zwischen dem Vorwurf, den sie jeweils in ihrer Klage erheben, eine Beziehung. Worum es bei ihm geht, wird in der Kundschaftergeschichte besonders deutlich. Nach Num 14,2 haben die Israeliten gegen Mose und Aaron gemurrt. Sie sagen jedoch in 14,3: "Wozu bringt uns *Jahwe* zu diesem Land...". Die Israeliten sehen somit keinen Sinn darin, daß sie Jahwe zu dem Land Kanaan bringt. Trotzdem richten sie ihre vorwurfsvolle Klage nicht an Jahwe, sondern an Mose und Aaron. Das läßt sich nur so erklären, daß für die Israeliten Mose und Aaron auf der Seite Jahwes stehen. Deshalb wenden sie sich gegen ihre Führer, obwohl es um das Handeln Jahwes geht. Diese Deutung wird durch 14,4 bestätigt. Hier planen die Israeliten, einen Führer einzusetzen und nach Ägypten zurückzukehren. Von Mose erwarten sie somit nicht, daß er sie nach Ägypten zurückbringt. Sie sind hier überzeugt, daß Mose und Aaron nicht gegen den Willen Jahwes handeln werden.

Auch in der Wachtel-Manna-Erzählung geht es bei dem Vorwurf der Israeliten eigentlich um das Tun Jahwes. Sie sagen in Ex 16,3b: "denn ihr habt uns zu dieser Wüste herausgeführt, um diese ganze Versammlung durch Hunger zu töten". Damit kritisieren die Israeliten zwar Mose und Aaron. Wie jedoch in II gezeigt wurde, ergibt sich aus v. 3a, daß es auch hier um das Handeln Jahwes geht. Die Israeliten bezweifeln, daß es sinnvoll war, daß sie Mose und Aaron im Auftrag Jahwes aus Ägypten herausgeführt haben. Implizit (Ex 16,3) oder explizit (Num 14,3) richtet sich somit der Vorwurf der Israeliten in diesen beiden Erzählungen gegen Jahwe. Darin unterscheiden sie sich von den folgenden Murrerzählungen, wie noch zu zeigen sein wird. Mit ihren Vorwürfen stellen die Israeliten in den beiden ersten Murrgeschichten in Frage, was ihnen Jahwe in Ex 6,6-8 ankündigen ließ. Er will nach Ex 6,6f die Israeliten aus Ägypten herausführen. In Ex 16,3 bezweifeln die Israeliten, daß ihre Herausführung aus dem Land Ägypten einen Sinn hatte. Jahwe kündigte in Ex 6,8 an, daß er die Israeliten zu dem Land bringen wird, das er bereits den Erzvätern mit einem Eid gegeben hatte. In Num 14,3 halten es die Israeliten für sinnlos, daß sie Jahwe zu dem Land Kanaan bringt. Die Israeliten stellen also in der Wachtel-Manna-Erzählung den Anfang und in der Kundschaftergeschichte das Ziel jenes Handelns Jahwes in Frage, das er ihnen nach Ex 6,6-8 durch Mose ankündigen ließ[386]. Dann bilden diese beiden Erzählungen bei P ein Paar. Während die Israeliten in der Wachtel-Manna-Erzählung aus Not murren und ihnen geholfen wird, machen sie sich in der Kundschaftergeschichte mit ihrem Murren schuldig und werden von Jahwe bestraft. Die Kundschaftergeschichte ist somit bei P das Gegenbild zu der Wachtel-Manna-Erzählung.

Auch die Erzählung von den 250 Männern (Num 16f*) und die Geschichte von dem Wasser aus dem Felsen (Num 20,1ff*) bilden bei P ein Paar. Hier erteilt Jahwe jeweils in seiner Rede an Mose sofort einen Auftrag (Num 17,9.10a; 20,7.8aα^2.β)[387]. Wesentlich ist aber vor allem, daß in diesen beiden Erzählungen die Israeliten nicht das Handeln Jahwes kritisieren, sondern Mose und Aaron Eigenmächtigkeit vorwerfen. Für die Israeliten stehen nun Mose und Aaron nicht mehr auf der Seite Jahwes, sondern sie haben gegen den Willen Jahwes verstoßen. Das ist in Num 17,6 eindeutig. Hier enthält die vorwurfsvolle Klage "Ihr habt das Volk Jahwes getötet" keine indirekte Kritik an Jahwe. Mose und Aaron wird vorgeworfen, daß sie die 250 Männer zu einem Gottesurteil aufgefordert haben, durch das sie umkommen mußten. An ihrem Tod ist nicht Jahwe schuld, sondern für ihn sind allein Mose und Aaron verantwortlich. Das unterstreichen die Israeliten dadurch, daß sie die Rebellen als "das Volk Jahwes" bezeichnen. Auch aus der Reaktion Jahwes geht hervor, daß die Israeliten in Num 17,6 Mose und Aaron Eigenmächtigkeit vorgeworfen haben. Wenn Jahwe die Gemeinde augenblicklich vernichten, Mose und Aaron jedoch verschonen will (17,9.10a), so wird er bestätigen, daß Mose und Aaron bei dem Aufstand der 250 Männer immer auf seiner Seite standen.

In der Geschichte von dem Wasser aus dem Felsen werfen die Israeliten ebenfalls Mose und Aaron Eigenmächtigkeit vor. Das zeigen ihre Worte in Num 20,4: "Wozu habt ihr die Versammlung *Jahwes* zu dieser Wüste gebracht, um zu sterben...". Das ist keine Kritik an Jahwe. Aus der Formulierung "die Versamm-

---

386 Diese Beobachtung bestätigt nochmals, daß Ex 16,6f nicht P zugewiesen werden kann. Nach diesen beiden Versen vertreten die Israeliten die Auffassung, daß sie von Mose und Aaron gegen den Willen Jahwes aus Ägypten herausgeführt wurden.

387 Mit diesem Auftrag wird der Redeauftrag an die Israeliten in Ex 16,12; Num 14,28 abgewandelt. In Num 20,7.8aα^2.β befiehlt Jahwe Mose, daß er und Aaron die Gemeinde versammeln und vor ihren Augen zu dem Felsen reden sollen. Mose soll hier nicht zu der Gemeinde reden, weil er und Aaron vor der Gemeinde ein Demonstrationswunder ausführen sollen. In Num 17,9.10a befiehlt Jahwe Mose, daß er und Aaron sich von der Gemeinde wegbegeben sollen. Da Jahwe die Gemeinde vernichten will, fehlt hier ein Auftrag für die Gemeinde.

lung Jahwes" geht vielmehr hervor, daß für die Israeliten nicht Jahwe an ihrer Notlage schuld ist. Es sind ausschließlich Mose und Aaron, die ihre Existenz als "die Versammlung Jahwes" gefährden, weil sie die Israeliten in die Wüste Zin gebracht haben[388]. Daß die Israeliten in Num 20,4 nur Mose und Aaron kritisieren, wird auch hier durch die Reaktion Jahwes bestätigt. Er befiehlt, daß Mose und Aaron vor der Gemeinde ein Demonstrationswunder ausführen sollen. Damit würde klar, daß Mose und Aaron die Israeliten nicht gegen den Willen Jahwes in die Wüste Zin gebracht haben. Die Wachtel-Manna-Erzählung und die Geschichte von dem Wasser aus dem Felsen stimmen darin überein, daß den Israeliten geholfen wird. Während aber in der Wachtel-Manna-Erzählung das Wunder, durch das die Not beseitigt wird, von Mose lediglich angekündigt wird, will Jahwe in der Geschichte von dem Wasser aus dem Felsen, daß Mose und Aaron das Wunder bewirken. An diesem Unterschied wird deutlich, daß der Vorwurf der Israeliten verschieden ist. Er richtet sich in der Wachtel-Manna-Erzählung eigentlich gegen Jahwe. Deshalb werden hier Mose und Aaron nicht an dem Wunder beteiligt. Dagegen werfen die Israeliten in der Geschichte von dem Wasser aus dem Felsen Mose und Aaron Eigenmächtigkeit vor. Deshalb sollen sie hier das Wunder bewirken.

Dazu kommt es freilich nicht, weil Mose und Aaron dieses Wunder Jahwe nicht zutrauen. Aber auch Mose versteht in den Worten, die er in Num 20,10b an die Israeliten richtet, ihre Kritik so, daß sie sich mit ihr nicht gegen Jahwe, sondern gegen ihn und Aaron wandten. Mose sagt: "Hört doch, ihr Widerspenstigen, können wir aus diesem Felsen für euch Wasser herausgehen lassen?". Er hält hier die vorwurfsvolle Klage der Israeliten in Num 20,3b.4 für unberechtigt, weil sie wissen mußten, daß er und Aaron ihren Mangel an Wasser nicht beheben können. Deshalb ist für ihn diese Klage eine offene Rebellion gegen die beiden Führer der Israeliten. Das bringt er dadurch zum Ausdruck, daß er die Israeliten als "Widerspenstige" anredet. In der Erzählung von den 250 Männern und in der Geschichte von dem Wasser aus dem Felsen werfen die Israeliten somit Mose und Aaron vor, daß sie nicht auf der Seite Jahwes stehen, sondern eigenmächtig gehandelt haben. Deshalb sprechen die Israeliten hier von dem Volk Jahwes oder der Versammlung Jahwes. Dann bilden aber diese beiden Murrerzählungen bei P tatsächlich ein zweites Paar. Bei ihm ist die Reihenfolge umgekehrt wie im ersten. Hier ist das Murren in der ersten Erzählung schuld-

---

388 Ein Vergleich von Num 20,4 mit Ex 16,3 bestätigt, daß der Vorwurf der Israeliten einen unterschiedlichen Akzent hat. Auch in Ex 16,3 steht קהל. Während aber hier die Existenz "dieser Versammlung" auf dem Spiel steht, ist in Num 20,4 die Existenz "der Versammlung Jahwes" bedroht.

haft und wird von Jahwe bestraft, während sich die Israeliten in der zweiten aus Not gegen Mose und Aaron versammeln und Jahwe ihren Mangel beseitigt.

Die Anordnung der priesterschriftlichen Murrerzählungen in zwei Paare ist wohl auch der Grund, warum zwischen der Darstellung in Num 17,6ff* und der Wachtel-Manna-Erzählung ebenfalls Beziehungen bestehen. Aus ihnen wurde in V begründet, daß die Erzählung von den 250 Männern in Num 16f* P zuzuweisen ist. Num 17,7 ist ähnlich wie Ex 16,10 formuliert. Nur an diesen beiden Stellen erwähnt P in seinen Murrerzählungen bei der Erscheinung der Herrlichkeit Jahwes die Wolke[389]. Außerdem wurde in V gezeigt, daß der Vorwurf der Israeliten in Num 17,6, daß Mose und Aaron das Volk Jahwes getötet haben, eine Steigerung der Kritik in Ex 16,3 ist, daß die beiden Führer die Israeliten in die Wüste Sin herausführten, um sie durch Hunger zu töten. Die Wachtel-Manna-Erzählung und die Erzählung von den 250 Männern sind in den beiden Paaren jeweils die erste Erzählung. In ihr steht somit jeweils ein Tötungsvorwurf der Israeliten. Außerdem wird die Erscheinung der Herrlichkeit Jahwes ausdrücklich mit der Wolke verbunden. Die Übereinstimmungen zwischen diesen beiden Erzählungen lassen sich somit mit der Beobachtung vereinbaren, daß P seine Murrerzählungen in zwei Paare gegliedert hat.

Die vier priesterschriftlichen Murrerzählungen sind also eine kunstvolle Komposition, in der diese Erzählungen auf vielfältige Weise aufeinander bezogen sind. Sie bilden aber deutlich zwei Paare, in denen in umgekehrter Reihenfolge dargestellt wird, daß Jahwe einen Mangel der Israeliten beseitigte, sie jedoch für ein schuldhaftes Murren bestrafte. Das erste Paar besteht aus der Wachtel-Manna-Erzählung (Ex 16,1ff*) und der priesterlichen Kundschaftergeschichte (Num 13f*). In ihrer vorwurfsvollen Klage gegen Mose und Aaron machen die Israeliten indirekt (Ex 16,3) oder direkt (Num 14,3) Jahwe einen Vorwurf. Mose und Aaron stehen hier für die Israeliten ganz auf der Seite Jahwes. Dagegen kritisieren die Israeliten in dem zweiten Paar, zu dem die 250 Männer-Erzählung (Num 16f*) und die Geschichte von dem Wasser aus dem

---

389 Demgegenüber schließt U. Struppe, 99 (vgl. auch 228.231.235 Anm. 12), aus der Beobachtung, daß die Wolke bei den Erscheinungen der Herrlichkeit Jahwes in Lev 9; Num 14,10 und 20,6 nicht erwähnt wird, daß sie nach der Errichtung des Zeltes der Begegnung am Sinai ihre Funktion verloren habe. Mit dem Zelt der Begegnung habe Jahwe ein neues, unmittelbares Verhältnis zu sich gestiftet. A. Schart, 142f.146, hat sich U. Struppe angeschlossen. Da jedoch Num 17,7 P nicht abgesprochen werden darf, war in der Priesterschrift auch noch nach der Errichtung des Zeltes der Begegnung die Erscheinung der Herrlichkeit Jahwes mit der Wolke verbunden. Das ist dann auch für die Stellen anzunehmen, an denen P die Wolke nicht ausdrücklich erwähnt.

Felsen (Num 20,1ff*) gehören, in ihrer vorwurfsvollen Klage Mose und Aaron, weil ihre beiden Führer eigenmächtig gehandelt hätten.

Mit der Wachtel-Manna-Erzählung in Ex 16,1ff* beginnt P seine Darstellung der Wüstenwanderung der Israeliten. Sie sind nach ihrer Errettung am Meer (Ex 14*) in die Wüste Sin gekommen. Dort murrten sie erstmals. Schon mit dem Begriff "murren" in Ex 16,2 macht P deutlich, daß sich das Verhalten der Israeliten gegenüber früher verändert hat. Sie hatten in Ägypten über die ihnen auferlegte Zwangsarbeit geseufzt und geschrien (Ex 2,23aβ). Jahwe hatte ihr Seufzen gehört und Mose beauftragt, ihnen anzukündigen, daß er sie herausführen und in das Land Kanaan bringen wird (Ex 6,5-8). Als sich der Pharao den Israeliten am Meer genähert hatte, schrien sie zu Jahwe (Ex 14,10a.bβ). Anscheinend hatte ihnen die Tatsache, daß sie aus Ägypten ausziehen durften (Ex 12,41), gezeigt, daß es Jahwe mit ihrer Befreiung aus Ägypten ernst ist. Deshalb wenden sie sich hier an Jahwe. Auf ihre Klage antwortet Jahwe mit einer Rede an Mose (Ex 14,15ff*).

In der Wüste Sin "schreien" dagegen die Israeliten nicht, sondern sie "murren". Nun wird ihre Klage zu einer vorwurfsvollen Klage. Die Israeliten bezweifeln in Ex 16,3, daß ihre Befreiung aus Ägypten einen Sinn hatte. Da sie nach ihrer Meinung lediglich dazu führt, daß sie in der Wüste Sin qualvoll durch Hunger sterben müssen, hätten sie es vorgezogen, wenn Jahwe sie plötzlich in Ägypten getötet hätte, wo sie genug zu essen hatten. Ihre jetzige Notlage entstand somit durch die Herausführung aus Ägypten. Deshalb murren sie nun gegen Mose und Aaron und stimmen eine vorwurfsvolle Klage an, in der sie diese Heilstat in Frage stellen. Weil sie nicht "schreien", sondern "murren", antwortet Jahwe nicht mehr nur mit einer Rede an Mose, sondern es erscheint zuvor die Herrlichkeit Jahwes. Damit erweist Jahwe hier wie in den folgenden Murrerzählungen seine Majestät, ehe er zu Mose spricht. In seinen Worten kritisiert Jahwe hier nicht die Israeliten. Er kündigt vielmehr an, daß sie Fleisch und Brot erhalten sollen. Daran werden die Israeliten erfahren, daß er ihr Gott ist (Ex 16,12). Nach Ex 6,7 sollten die Israeliten an ihrer Befreiung erfahren, daß Jahwe ihr Gott ist, "der euch herausführt weg von dem Frondienst Ägyptens". Nun werden sie in der Wüste Sin erfahren, daß Jahwe auch jetzt der ihnen gnädig zugewandte Gott ist. Ihre Herausführung hat nicht ihren Tod zur Folge, sondern Jahwe bleibt ihr Gott.

Das Gegenbild zu der Wachtel-Manna-Erzählung zeichnet P in der priesterlichen Kundschaftergeschichte. Nachdem die Kundschafter in der Wüste Paran das Land Kanaan verleumdet haben, murren die Israeliten wieder gegen Mose und Aaron (Num 14,1aα.2-4). In ihrer vorwurfsvollen Klage bezweifeln sie jetzt, daß es einen Sinn hat, daß Jahwe sie zu dem Land Kanaan bringt, da sie dort umkommen werden. Weil der Weg in das Land Kanaan für sie ein Weg in den Tod ist, wollen sie nach Ägypten zurückkehren (Num 14,3f). Da sie trotz der Worte von Josua und Kaleb auf ihrem Standpunkt beharren, werden sie durch ihr Murren schuldig. Sie lehnen das Land Kanaan ab, das ihnen Jahwe geben wollte. Wer jedoch die Heilsgabe Jahwes ablehnt, kann sie nicht empfangen. Deshalb wird hier das Murren der Israeliten von Jahwe bestraft. Er läßt ihnen ankündigen, daß sie in der Wüste Paran sterben werden. Erst ihre Kinder wird er in das Land bringen, das sie verworfen haben (Num 14,28.29aα[1].31).

In der ersten Murrerzählung bezweifeln also die Israeliten den Sinn der Heilstat, die sie kurz zuvor erlebt haben, in der zweiten den Sinn jener Heilstat, die unmittelbar bevorsteht. Sie vergleichen jeweils die Situation, die durch diese Heilstaten entsteht, mit ihrer Lage in Ägypten. Da sie nach ihrer Meinung durch die Heilstaten in eine Gegend kommen, in der sie sterben müssen, halten sie ihre Vergangenheit in Ägypten für besser als den Aufenthalt in dem Gebiet, zu dem sie herausgeführt wurden oder gebracht werden. Während Jahwe seine vergangene Heilstat dadurch bestätigt, daß er sich auch in der Wüste Sin als der Gott der Israeliten erweist, hat die Ablehnung seiner bevorstehenden Heilstat zur Folge, daß die schuldigen Israeliten nicht die Gabe des Landes Kanaan empfangen werden.

Während in den ersten beiden priesterschriftlichen Murrerzählungen Mose und Aaron für die Israeliten auf der Seite Jahwes stehen, werfen sie ihren Führern in dem folgenden Paar vor, daß sie eigenmächtig gehandelt haben. In der Erzählung von den 250 Männern (Num 16f*) murren die Israeliten in der Wüste Paran gegen Mose und Aaron mit der vorwurfsvollen Klage: "Ihr habt das Volk Jahwes getötet" (Num 17,6). Mit ihrem Murren machen sie sich hier schuldig, weil sie durch den Tod der 250 Männer nicht selbst in Gefahr sind. Sie kritisieren unberechtigt und ohne Not die Führer, die ihnen Jahwe gegeben hatte. Deshalb werden sie von Jahwe bestraft. Er will die Gemeinde sofort vernichten, Mose und Aaron aber verschonen (Num 17,10a). Damit wird Jahwe bestätigen, daß Mose und Aaron auf seiner Seite stehen. Nur weil Aaron auf Anweisung des Mose für die Israeliten Sühne schafft, wird der Plage Einhalt geboten, durch die bereits Menschen umgekommen waren.

Das Gegenbild zu der Erzählung von den 250 Männern zeichnet P in der Geschichte von dem Wasser aus dem Felsen (Num 20,1ff*). Als die Israeliten in die Wüste Zin gekommen sind, haben sie dort kein Wasser. Anscheinend verfügten sie aber in der Wüste Paran über genügend Wasser. Deshalb bezweifeln sie nun mit ihrer vorwurfsvollen Klage in Num 20,3b.4, daß es sinnvoll war, daß Mose und Aaron sie in die Wüste Zin gebracht haben. In diesem Weg sehen sie einen Weg in den Tod. Er beruht für sie nicht auf dem Willen Jahwes, sondern er ist von Mose und Aaron eigenmächtig gewählt worden. Da sich die Israeliten hier wie in der Wachtel-Manna-Erzählung in einer Notlage befinden, werden sie von Jahwe nicht bestraft. Er will vielmehr ihren Mangel durch das Demonstrationswunder beheben, daß Mose und Aaron vor der Gemeinde zu dem Felsen reden, daß er sein Wasser gebe (Num 20,7.8aα².β). Dadurch würden die Israeliten erfahren, daß Jahwe wie einst in der Wüste Sin auch in der Wüste Zin der ihnen gnädig zugewandte Gott ist. Außerdem will Jahwe mit diesem Wunder bestätigen, daß Mose und Aaron die Israeliten nicht gegen seinen Willen in die Wüste Zin gebracht haben, sondern auch dabei in Übereinstimmung mit ihm handelten.

Doch Jahwe erreicht nicht, was er mit dem Wunder beabsichtigte, weil ihm Mose und Aaron nicht glauben. Aus dem Felsen fließt zwar viel Wasser, und die Gemeinde und ihr Vieh trinken (Num 20,11b). Damit ist ihr Mangel behoben. Aber Mose und Aaron haben nicht zu dem Felsen geredet, weil sie es Jahwe nicht zutrauten, daß der Felsen Wasser spendet, wenn sie zu ihm sprechen. Mose redet nicht zu dem Felsen, sondern er kritisiert die Israeliten (Num 20,10b). Damit verstoßen Mose und Aaron erstmals bei P gegen den Willen Jahwes. Der Vorwurf der Israeliten, daß Mose und Aaron sie eigenmächtig in die Wüste Zin gebracht haben, ist zwar falsch. Aber Mose und Aaron führen den Auftrag Jahwes zu dem Demonstrationswunder bewußt nicht aus. Hier handeln sie nun so, wie es ihnen die Israeliten vorher zu Unrecht vorgeworfen hatten. Deshalb werden Mose und Aaron von Jahwe bestraft. Sie dürfen die Israeliten nicht in das Land Kanaan bringen (Num 20,12). Durch ihre Eigenmächtigkeit in der Geschichte von dem Wasser aus dem Felsen haben somit auch Mose und Aaron die Heilsgabe des Landes Kanaan verspielt.

Wie aus diesem Überblick hervorgeht, haben die Ereignisse am Sinai für die Komposition der priesterschriftlichen Murrerzählungen keine konstitutive Bedeutung. Die priesterliche Sinaiperikope wird freilich von P in seinen drei Murrerzählungen in Numeri vorausgesetzt. Hier erscheint jeweils die Herrlichkeit Jahwes an dem Zelt der Begegnung (Num 14,10; 17,7; 20,6), das am Sinai errichtet wurde. In der Erzählung von den 250 Männern (Num 16f*) bestreiten die Rebellen in Num 16,3, weil sie die ganze Gemeinde für heilig halten, eine Ordnung, die Jahwe am Sinai gegeben hat. Die Art, wie hier das Gottesurteil ergeht, und das sühnewirkende Tun Aarons wären vor dem Sinai nicht möglich, da sie die Stiftung des Kults voraussetzen. Aber für die Komposition der Murrerzählungen spielt die priesterliche Sinaiperikope keine Rolle. Das ergibt sich eindeutig daraus, daß sie zwischen der Wachtel-Manna-Erzählung und der priesterlichen Kundschaftergeschichte steht, die bei P ein Paar bilden. Außerdem erscheint die Herrlichkeit Jahwes bereits in Ex 16,10, obwohl hier das Zelt der Begegnung noch nicht errichtet ist. Auch das zeigt, daß P in seinen Murrerzählungen ein eigenes Thema behandelt. Es geht um das Verhalten der Israeliten während ihrer Wüstenwanderung.

Dieses Thema ist keine Konsequenz der Sinaiereignisse, sondern es ergibt sich für P aus der Berufung des Mose in Ex 6,2ff. Hier kündigt Jahwe an, daß er die Israeliten aus Ägypten herausführen und zu dem Land Kanaan bringen wird. In Ex 16,3 bezweifeln die Israeliten, daß die Heilstat ihrer Herausführung, die sie kurz zuvor erlebt haben, sinnvoll war. In Num 14,3 stellen sie den Sinn der unmittelbar bevorstehenden Heilstat in Frage, daß Jahwe sie zu dem Land Kanaan bringt. Die Offenbarung am Sinai spielt also bei ihrem Murren keine Rolle. Auch mit ihrer Kritik an Mose und Aaron in Num 17,6 und 20,4 wenden sich die Israeliten - im Unterschied zu den 250 Männern in Num 16,3 - nicht gegen eine Ordnung, die Jahwe erst am Sinai gegeben hat. Bereits in der Berufung des Mose gibt Jahwe Mose den Auftrag, daß er und Aaron von dem Pharao die Entlassung der Israeliten fordern sollen (Ex 6,11; 7,1ff*). Von da an sind Mose und Aaron die Führer der Israeliten. Für das Murren der Israeliten ist also bei P durchgehend die Berufung des Mose in Ex 6,2ff der Hintergrund.

Ob Jahwe den Israeliten hilft oder ihr Murren bestraft, hängt ebenfalls nicht von der Offenbarung am Sinai ab. Gelegentlich wird zwar angenommen, daß Jahwe das Murren der Israeliten nach ihrem Aufenthalt am Sinai bestraft[390]. Es wurde jedoch schon darauf hingewiesen, daß sich Num 20,1ff* mit dieser Auffassung nicht vereinbaren läßt[391]. Hier bestraft Jahwe nicht die Israeliten, sondern er beseitigt ihren Mangel an Wasser. Tatsächlich ist die Reaktion Jahwes davon abhängig, ob die Israeliten murren, wenn sie in Not sind, oder ob für sie keine Gefahr besteht. In der Wachtel-Manna-Erzählung und in der Geschichte von dem Wasser aus dem Felsen leiden sie Mangel. Hier hilft ihnen Jahwe. Dagegen ist in der priesterlichen Kundschaftergeschichte und in Num 17,6ff ihr Leben nicht bedroht. Hier machen sich die Israeliten mit ihrem Murren schuldig und werden deshalb von Jahwe bestraft. Diesen Unterschied hat P mit verschiedenen Orten verbunden. In der Wüste Sin (Ex 16,1ff*) und in der Wüste Zin (Num 20,1ff*) wenden sich die Israeliten in einer Notlage gegen Mose und Aaron. Dagegen werden sie mit ihrem Murren in der Wüste Paran schuldig (Num 14*;

---

390 So z.B. A. Schart, 140ff.

391 Vgl. S. 63f.

17,6ff*). Bei P ist somit die Wüste Paran der Ort, an dem die Israeliten während ihrer Wanderung in der Wüste schuldhaft gemurrt haben und von Jahwe bestraft wurden.

An der Komposition der priesterschriftlichen Murrerzählungen wird nochmals deutlich, daß P als selbständige Quellenschrift entstanden ist. Die Gliederung dieser Erzählungen in zwei Paare setzt voraus, daß bei P zwischen Ex 16,1ff* und Num 13f* nicht weitere Erzählungen standen, in denen sich die Israeliten gegen Mose wandten oder ihre Situation in der Wüste beklagten. Auch die Tatsache, daß die Israeliten in den ersten beiden priesterschriftlichen Murrerzählungen eine Heilstat Jahwes in Frage stellen, in den zwei folgenden aber Mose und Aaron Eigenmächtigkeit vorwerfen, zeigt, daß in der Priesterschrift nur diese vier Murrerzählungen standen.

VII. Zusammenfassung

Die Priesterschrift berichtete in vier Erzählungen, daß die Israeliten in der Wüste gegen Mose und Aaron gemurrt oder sich gegen ihre beiden Führer versammelt haben. Diese Erzählungen bilden zwei Paare. Das erste Paar besteht aus der *Wachtel-Manna-Erzählung* in Ex 16,1*.2f.9-14a.bα.15 und der *Kundschaftergeschichte* in Num 13,1.2a.17a.21.25.32.33aα.b; 14,1aα.2-7.9aα².β.b.10.26* (ohne "und zu Aaron"). 27b-29aα¹.31.35.37.38. Hier kritisieren die Israeliten indirekt (Ex 16,3) oder direkt (Num 14,3) das Handeln Jahwes. Während Jahwe in der Wachtel-Manna-Erzählung die Not der Israeliten beseitigt, bestraft er sie in der Kundschaftergeschichte für ihr Murren.

Zu dem zweiten Paar gehören *die Erzählung von den 250 Männern* in Num 16,2aβ(.b?).3.4.5* "da redete er folgendermaßen".6a.bα.7a.18* (ohne "und Mose und Aaron"). 35a.bα; 17,6-10.11* (ohne "angefangen hat die Plage"). 12.13.27. 28b und *die Geschichte von dem Wasser aus dem Felsen* in Num 20,1aα.2.3b.4.6. 7.8aα².β.10.11b.12. Hier werfen die Israeliten Mose und Aaron vor, daß sie eigenmächtig gegen den Willen Jahwes gehandelt hätten. Die Reaktion Jahwes ist umgekehrt wie im ersten Paar. Er bestraft in der Erzählung von den 250 Männern die Israeliten, dagegen behebt er in der Geschichte von dem Wasser aus dem Felsen ihren Mangel an Wasser.

Die priesterschriftlichen Murrerzählungen bestätigen, daß P ursprünglich eine eigene Quellenschrift war, die zunächst für sich tradiert wurde. In Num 13f und 16f ist P eindeutig keine Ergänzungsschicht. Hier ist die Darstellung von P teilweise erheblich erweitert worden, als die Priesterschrift noch für sich tradiert wurde. Erst eine spätere Redaktion hat dann diese erweiterte Fassung mit vorpriesterlichen Erzählungen verbunden. Auch aus der Komposition der priesterschriftlichen Murrerzählungen geht hervor, daß P ein eigenes Werk war. Die Gliederung in zwei Paare setzt voraus, daß zwischen Ex 16,1ff* und Num 13f* nicht weitere Erzählungen standen, in denen sich die Israeliten gegen Mose wandten oder ihre Situation beklagten. Außerdem bilden bei P die Wachtel-Manna-Erzählung und die Geschichte von dem Wasser aus dem Felsen den Rahmen für die Darstellung des Aufenthalts der Israeliten in der Wüste. Dem Mangel an Nahrung in Ex 16,1ff* entspricht das fehlende Wasser in Num 20,1ff*. Deshalb kann bei P nicht schon vor der Geschichte von dem Wasser aus dem Felsen berichtet worden sein, daß die Israeliten kein Wasser hatten. Die Murrerzählungen bei P stammen somit aus einer Darstellung der Wüstenzeit, die unabhängig von der vorpriesterlichen Schilderung tradiert wurde.

Aus diesen Erzählungen geht freilich auch hervor, daß der vorpriesterliche Tetrateuch die literarische Vorlage von P war[392]. In der priesterlichen Kundschaftergeschichte von Num 13f* verteidigt außer Josua auch Kaleb das Land Kanaan. Da Kaleb sonst bei P keine Rolle spielt, hat P die vorpriesterliche Version gekannt. Wichtig ist aber vor allem, daß P in Num 14,28 die Schwurformel "so wahr ich lebe" gebraucht, die sonst bei P im Mund Jahwes nicht belegt ist. Sie wurde hier dann von P aus der vorpriesterlichen Kundschaftergeschichte (Num 14,21a) übernommen. Das zeigt, daß P die vorpriesterliche Erzählung nicht nur in Umrissen kannte, sondern daß sie P schriftlich vorlag. Das gilt ebenfalls für die nichtpriesterliche Erzählung von dem Wasser aus dem Felsen in Ex 17,1ff*, die P zumindest in ihrem wesentlichen Bestand kannte. Hier erhält Mose von Jahwe den Auftrag, vor einigen Ältesten Israels ein Demonstrationswunder auszuführen. Bei P sollen dann Mose und Aaron in Num 20,7.8aα^2.β ein Demonstrationswunder vor der Gemeinde vollbringen. Das ist gegenüber Ex 17,1ff* eine Steigerung. Außerdem hat P das Wunder vergrößert, weil nun der Felsen nicht mehr Wasser geben soll, wenn Mose an ihn schlägt, sondern wenn Mose und Aaron zu ihm reden. Auch sonst hat P Wunder gegenüber seiner jehowistischen Vorlage gesteigert[393].

---

392 So u.a. R. Smend, Entstehung, 53. Dagegen war z.B. nach W.H. Schmidt, Einführung, 93, das jehowistische Werk nicht die schriftliche Vorlage von P. Er meint: "Vermutlich lassen sich Gemeinsamkeiten und Unterschiede am besten verstehen, wenn man nur einen mündlichen Überlieferungsprozeß als vermittelnde Größe annimmt". –

393 Das geht z.B. aus der Plagenerzählung von P in Ex 7,8ff* hervor, vgl. L. Schmidt, Beobachtungen, 79f.

Die Priesterschrift kannte wohl auch die vorpriesterliche Datan-Abiram-
Erzählung in Num 16*. Sie ist im vorpriesterlichen Tetrateuch die Fortsetzung
von Num 14,40-45*. Daraus erklärt sich, daß bei P die Erzählung von den 250
Männern in Num 16f* auf die Kundschaftergeschichte folgt. Allerdings weicht
P hier erheblich von seiner Vorlage ab. In ihr hatten Datan und Abiram die
Autorität des Mose bestritten. In seiner Erzählung von den 250 Männern nimmt
P dagegen zu einer Auseinandersetzung in der nachexilischen Gemeinde Stel-
lung, ob das Prädikat "heilig" nur den Priestern zukommt. Außerdem berichtet
P in Num 17,6 zusätzlich, daß damals alle Israeliten gegen Mose und Aaron
murrten. Aber daß P von diesem Konflikt über die Autorität von Mose und
Aaron nach der Kundschaftergeschichte berichtet, zeigt, daß P hier dem Aufriß
in dem vorpriesterlichen Tetrateuch folgte. Für die Wachtel-Manna-Erzählung
in Ex 16,1ff* dürfte zumindest die vorpriesterliche Wachtelerzählung in Num
11,4ff* die Vorlage von P gewesen sein[394]. Zu allen vier Murrerzählungen bei P
gibt es somit vorpriesterliche Parallelen. P hat in ihnen Erzählungen aus dem
vorpriesterlichen Tetrateuch literarisch neu gestaltet. Damit bestätigen die
priesterschriftlichen Murrerzählungen, daß der vorpriesterliche Tetrateuch P
schriftlich vorlag.

In den vorpriesterlichen Parallelen zu den Murrgeschichten von P hatten die
Israeliten in der Wachtelerzählung (Num 11,4) und in der Kundschaftergeschichte (Num 14,1b) ihre Situation beklagt. Dagegen stritt in Ex 17,2 das Volk mit
Mose, und Datan und Abiram machten Mose Vorwürfe (Num 16,12-14). Bei P
wenden sich die Israeliten demgegenüber immer mit einer vorwurfsvollen Klage
gegen Mose und Aaron. Daß ihre Worte so zu deuten sind, zeigt der Todeswunsch, den sie in Ex 16,3; Num 14,2; 20,3b aussprechen. P hat somit das
Verhalten der Israeliten gegenüber seinen Vorlagen vereinheitlicht. Nur die 250
Männer erheben bei P in Num 16,3 gegen Mose und Aaron eine Beschuldigung.
Hier berichtet also auch P von einer vorgerichtlichen Auseinandersetzung. Sie
ist aber lediglich die Voraussetzung für das Murren der Israeliten in Num 17,6,
bei dem die Israeliten wieder eine vorwurfsvolle Klage äußern. Erst in späteren
Erweiterungen von P wird das Murren als vorgerichtliche Auseinandersetzung
angesehen. Sie wird hier nun durch ein Gottesurteil entschieden. So wird das
Murren in der Korach-Bearbeitung (Num 16f*), in der Erzählung von dem
blühenden Stab Aarons (Num 17,16-26) und in dem Zusatz Ex 16,6f verstanden.
Bei P selbst besteht jedoch das Murren in einer vorwurfsvollen Klage. In ihr
bezweifeln die Israeliten entweder den Sinn der vergangenen (Ex 16,3) oder

---

394 Vgl. S. 188.

bevorstehenden (Num 14,3) Heilstat, die ihnen Jahwe in Ex 6,6-8 ankündigen ließ, oder sie werfen ihren Führern Mose und Aaron Eigenmächtigkeit vor (Num 17,6; 20,4), die seit der Berufung des Mose in Ex 6,2ff bei P die Israeliten führen. Bei P sind somit die Murrerzählungen auf die Berufung des Mose in Ex 6,2ff bezogen.

Auf die vorwurfsvolle Klage der Israeliten reagiert Jahwe bei P verschieden. In der Wachtel-Manna-Erzählung und in der Geschichte von dem Wasser aus dem Felsen wird der Mangel der Israeliten beseitigt. Dagegen werden sie in der Kundschaftergeschichte und in der Erzählung von den 250 Männern bestraft. Das ist nicht dadurch bedingt, daß die Israeliten hier nach der Offenbarung am Sinai murren. Vielmehr unterscheidet P, ob sich die Israeliten gegen Mose und Aaron wenden, weil sie in Not sind, oder ob sie gegen ihre Führer murren, ohne daß ihr Leben bedroht ist. Sind sie in Not, dann hilft ihnen Jahwe. Murren sie dagegen, obwohl sie nicht in Gefahr sind, dann laden sie mit ihrem Murren Schuld auf sich und werden von Jahwe bestraft.

Die Israeliten verwerfen in der Kundschaftergeschichte das Land Kanaan, obwohl Josua und Kaleb der Verleumdung dieses Landes durch die anderen Kundschafter widersprochen und die Israeliten unter Hinweis auf den Beistand Jahwes zur Furchtlosigkeit aufgefordert hatten. In Num 17,6 werfen die Israeliten Mose und Aaron vor, daß sie das Volk Jahwes getötet haben, obwohl Mose über den Vorwurf der 250 Männer in 16,3 Jahwe entscheiden ließ. Ein solches Murren nimmt Jahwe nicht hin. Er kündigt in der Kundschaftergeschichte an, daß die erwachsenen Israeliten, die für ihr Murren verantwortlich sind, in der Wüste Paran sterben müssen. Er hätte die Gemeinde wegen ihrer vorwurfsvollen Klage in Num 17,6 vernichtet, wenn nicht Aaron auf Anweisung des Mose für die Israeliten Sühne geschaffen hätte. Dabei murren die Israeliten jeweils in der Wüste Paran schuldhaft, während sie sich in der Wüste Sin und in der Wüste Zin aus Not gegen Mose und Aaron wenden. Der Aufenthalt in der Wüste Paran hebt sich also bei P dadurch von den anderen Stationen in der Wüste ab, daß die Israeliten hier schuldhaft gemurrt haben.

C. Das Ende der Priesterschrift

P zwischen Num 20,12 und Dtn 34,9

I. Die Fragestellung

In den beiden vorangegangenen Studien wurde an dem priesterlichen Faden in Ex 1-14 und an den Murrerzählungen von P gezeigt, daß die Priesterschrift ursprünglich ein selbständiges Werk war. Von den Vertretern einer Quellenschrift P wird freilich die Frage nach ihrem Ende unterschiedlich beantwortet. M. Noth trat nachdrücklich dafür ein, daß P mit Dtn 34,9 schloß[1], und die neuere Forschung ist ihm darin weithin gefolgt[2]. Gelegentlich wird aber in modifizierter Aufnahme einer früher vertretenen Position[3] angenommen, daß aus P auch einige Stücke im Buch Josua stammen[4]. Eine Entscheidung hängt m.E. davon ab, wie P seine Darstellung nach der Geschichte von dem Wasser aus dem Felsen in Num 20,1ff* weitergeführt hat[5]. Diese Erzählung endete bei P mit Num 20,12[6]. Danach kündigte Jahwe Mose und Aaron an, daß sie wegen ihres Unglaubens die Israeliten nicht in das Land bringen werden, das er den Israeliten gegeben hat. Das legt es nahe, daß P im folgenden berichtete, daß Mose und Aaron gestorben sind. Die Erzählung von dem Tod Aarons in Num 20,22bff* wird auch meist P zugewiesen. Ansonsten gehen aber die Auffassungen über den Bestand von P auseinander. So ist umstritten, welche der beiden Jahwereden an Mose in Num 27,12-14 und Dtn 32,48-52, in denen Jahwe Mose den Tod ankündigt, aus P stammt. Aus den zahlreichen wörtlichen Übereinstimmungen zwischen diesen beiden Texten geht hervor, daß zwischen ihnen sicher

---

1 M. Noth, Studien, 182ff.

2 Vgl. z.B. K. Elliger, 175; G.Chr. Macholz, 28; R. Kilian, 226; W. Brueggemann, 399f; P. Weimar, Struktur, 85 Anm. 18; E. Zenger, Gottes Bogen, 36ff; R. Smend, Entstehung, 58.

3 Vgl. zu ihr z.B. R. Smend, Entstehung, 58; G.Chr. Macholz, 27 Anm. 76.

4 So u.a. J. Blenkinsopp, 287ff; N. Lohfink, Priesterschrift, 222 Anm. 29; ders., Schichten, 284ff; H. Seebass, 55ff.

5 Nach E. Aurelius, 187f, endete P freilich mit der Darstellung der Sinaiereignisse. Zur Kritik an dieser These vgl. oben S. 160 Anm. 333.

6 Zur Analyse von Num 20,1-13 vgl. Murrerzählungen, III.

eine literarische Beziehung besteht. Doch die Frage, welche Fassung älter ist, wird unterschiedlich beantwortet. Verschiedene Meinungen gibt es auch darüber, ob die Schilderung der Einsetzung Josuas in Num 27,15-23 bereits in P enthalten war. Weitgehende Übereinstimmung besteht dagegen darin, daß der priesterschriftliche Bericht von dem Tod des Mose in Dtn 34 noch fragmentarisch enthalten ist[7]. Das hat jedoch L. Perlitt energisch bestritten[8]. Deshalb sollen im folgenden die Texte Num 20,22b-29; Num 27,12-14 mit der Parallele Dtn 32,48-52 und die P in Dtn 34 zugewiesenen Stücke analysiert und die Frage gestellt werden, was sich aus ihnen für das Ende der Priesterschrift ergibt.

II. Der Tod Aarons (Num 20,22b-29)

Die Erzählung von dem Tod Aarons in Num 20,22bff ist eng auf die Jahwerede in Num 20,12 bezogen. Es wurde schon erwähnt, daß dort Jahwe ankündigt, daß Mose und Aaron die Israeliten nicht in das Land bringen werden. In Num 20,22bff wird Eleasar auf dem Berg Hor, unmittelbar bevor Aaron stirbt, als dessen Nachfolger eingesetzt. Damit ergibt sich bereits aus dem Inhalt, daß diese Erzählung zu P gehört. Sie begann bei P mit 20,22b, wonach die Israeliten zu dem Berg Hor kamen. Dieser Halbvers folgt nun auf die Notiz in 20,22a, daß die Israeliten von Kadesch aufbrachen. Sie stammt nicht von P. Durch sie wurde vielmehr die priesterliche Angabe in v. 22b mit dem Abschnitt v. 14-21 verklammert, in dem sich die Israeliten in Kadesch aufhalten (v. 14). Es ist allgemein anerkannt, daß v. 14-21 nicht zu P gehört. Bei P stand also die Erzählung von dem Tod Aarons direkt hinter 20,12.

In ihr sind v. 23aβ.b.24 sekundär[9]. In v. 25f redet Jahwe eindeutig nur zu Mose. Deshalb kann v. 23aβ nicht ursprünglich sein, wonach Jahwe auch zu Aaron gesprochen hat. Die Angabe in v. 23b, daß der Berg Hor an der Grenze des Landes Edom liegt, steht zu spät. Diese nähere Bestimmung müßte bereits in v. 22b vorgenommen werden, da hier der Berg Hor erstmals erwähnt wird. Schließlich kommt die Ankündigung in v. 24, daß Aaron sterben wird, vor v. 26b zu früh. V. 23aβ.b.24 sind somit eine spätere Erweiterung. Da in v. 24 die Wasser von Meriba erwähnt werden, setzt der Ergänzer bereits Num 20,13

---

7   Hier werden P meist v. 1aα und v. 7-9 zugewiesen, vgl. die Übersicht bei L. Perlitt, Priesterschrift, 65f.

8   L. Perlitt, Priesterschrift, 76-86.

9   Vgl. zum Folgenden z.B. M. Noth, Numeri, 134.

voraus. Der Einschub ist somit nicht älter als die Endredaktion[10]. Der Ergänzer hat in v. 24aβ.γ 20,12b abgewandelt, weil es nun um den Tod Aarons geht. Deshalb sagt Jahwe hier nicht, daß Aaron die Israeliten nicht in das Land bringen wird, sondern daß er nicht in das Land kommen soll. In v. 24b verweist der Ergänzer mit eigenen Worten auf die Verfehlung von Mose und Aaron in Num 20,1ff als Begründung dafür, daß Aaron jetzt sterben muß. Er wollte somit unterstreichen, daß Aaron wegen der Schuld, die er und Mose dort auf sich geladen haben, jetzt außerhalb des Landes zu seinen Verwandten versammelt wird. Das hatte P in der Erzählung von dem Tod Aarons nicht erwähnt, weil es sich schon aus Num 20,12 ergab.

L. Perlitt hält auch v. 29b, wonach das ganze Haus Israel Aaron 30 Tage beweinte, für sekundär, da die Bezeichnung "das Haus Israel" nicht zu P gehöre. Dieser Halbvers stamme von einem Glossator, der "dem Aaron die Ehre erweisen wollte, von der er bei Mose gelesen hatte"[11]. Es ist in der Tat eigenartig, daß in Dtn 34,8a *die Israeliten* Mose beweinen, Aaron jedoch von *dem ganzen Haus Israel* beweint wird. Diese Beobachtung reicht jedoch nicht zu, um Num 20,29b P ganz abzusprechen. Es fällt auf, daß hier das Subjekt am Ende des Satzes steht. Eigentlich müßte es direkt auf das Verb folgen[12]. Daraus geht hervor, daß am Schluß von v. 29b "das ganze Haus Israel" später nachgetragen wurde, um das Subjekt zu verdeutlichen. Es muß in v. 29b nicht ausdrücklich genannt werden, weil es sich schon aus v. 29a ergibt. Danach sah die ganze Gemeinde, daß Aaron verschieden war. Sie war also ursprünglich auch in v. 29b das Subjekt. Ein Ergänzer wollte aber sicherstellen, daß tatsächlich alle Israeliten Aaron beweinten. Deshalb ergänzte er "das ganze Haus Israel". Damit wollte er "die ganze Gemeinde" aus v. 29a aufnehmen. Zu der priesterschriftlichen Erzählung vom Tod Aarons gehören somit: V. 22b.23aα.25-28.29* (ohne "das ganze Haus Israel").

In ihr folgt auf die Jahwerede an Mose (v. 23aα.25f) die Ausführungsformel "da tat Mose, wie Jahwe befohlen hatte" (v. 27a). Mit ihr wird festgestellt, daß Mose die Anweisungen Jahwes befolgt hat. Das wird dann im folgenden noch ausdrücklich geschildert. Dabei enthält der Ausführungsbericht ein Element, das in dem Befehl Jahwes fehlt. Nach v. 27b sind Mose, Aaron und Eleasar "vor den Augen der ganzen Gemeinde" zu dem Berg Hor hinaufgestiegen. Daß sie vor

---

10 Auf sie geht Num 20,13 zurück, vgl. oben S. 71f.

11 L. Perlitt, Priesterschrift, 79f.

12 B. Baentsch, 573, berücksichtigt die eigenartige Konstruktion von v. 29b in seiner Übersetzung: "beweinten sie Aharon dreissig Tage lang, das ganze Haus Israel".

den Augen der Gemeinde hinaufsteigen sollen, hatte Jahwe nicht angeordnet. Die Israeliten sind aber in v. 27b Zeugen des Aufstiegs, damit sie später erkennen, daß Aaron tot ist. Da lediglich Mose und Eleasar von dem Berg herabsteigen (v. 28b), ist der ganzen Gemeinde klar, daß Aaron verschieden ist (v. 29a), und sie beweint nun Aaron 30 Tage.

Es stellt sich die Frage, warum Aaron bei P gerade auf dem Gipfel eines Berges stirbt (v. 28a), da der Tod auf einem Berggipfel im Alten Testament kein geläufiges Motiv ist. Nun ist es auch in der vorpriesterlichen Darstellung von dem Tod des Mose in Dtn 34,1ff* belegt. Danach bestieg Mose vor seinem Tod den Gipfel des Pisga, und Jahwe zeigte ihm das verheißene Land (34,1*). Daß Mose auf einem Berg stirbt, ist also hier darin begründet, daß er zuvor noch das Land sehen sollte. P berichtet jedoch nicht, daß Aaron von dem Berg Hor aus das Land sah. Daß er bei P auf einem Berggipfel stirbt, wird dann nur verständlich, wenn P die Erzählung von dem Tod Aarons in Anlehnung an die vorpriesterliche Schilderung des Todes von Mose in Dtn 34,1ff* gebildet hat[13]. Sie stammt, wie M. Noth gezeigt hat, von dem Verfasser des deuteronomistischen Geschichtswerks[14]. Er hat sie durch den Befehl Jahwes an Mose "Besteige den Gipfel des Pisga" in Dtn 3,27 vorbereitet.

Aus Dtn 34,1ff* erklärt sich auch, warum P nicht berichtet, daß Aaron begraben wurde. Da das Begräbnis zu einem ehrenvollen Tod gehört, wäre eine solche Notiz eigentlich für Aaron zu erwarten. Seine Strafe besteht nicht darin, daß er einen bösen Tod sterben muß, sondern daß er außerhalb des Landes Kanaan stirbt. Nun wurde zwar Mose nach Dtn 34,6 begraben. Aber hier wird ausdrücklich festgestellt, daß niemand sein Grab kannte. Das ist anscheinend der Grund, warum P nicht berichtet, daß Aaron begraben wurde. Als er stirbt, sind Mose und Eleasar dabei. Von ihnen müßten deshalb die Israeliten erfahren haben, wo sein Grab liegt, wenn er begraben worden wäre. Für P waren aber Mose und Aaron anscheinend darin gleich, daß niemand ihr Grab kannte. Das Fehlen einer Begräbnisnotiz für Aaron bestätigt somit, daß P den Tod Aarons in Anlehnung an die deuteronomistische Darstellung von dem Tod des Mose in Dtn 34,1ff* schilderte. Nach G.Chr. Macholz sind zwar das deuteronomistische Geschichtswerk und P unabhängig voneinander entstanden. Es gebe keine Spuren, "die darauf wiesen, daß eines der beiden Werke das andere kennt oder gar als bekannt voraussetzt"[15]. Wie gezeigt wurde, geht jedoch aus der priesterli-

---

13   So u.a. H. Greßmann, 342f; M. Noth, Numeri, 134.

14   M. Noth, Studien, 213 Anm. 1; vgl. schon C. Steuernagel, 182f.

15   G.Chr. Macholz, 7.

chen Erzählung von dem Tod Aarons hervor, daß P die Darstellung von DtrH kannte. Das werden auch die folgenden Analysen bestätigen.

Der Priesterschrift lag offenbar daran, daß Mose und Aaron auf ähnliche Weise gestorben sind. Dabei hat P mit dem Tod Aarons die Einsetzung Eleasars verknüpft, weil er die Kleider Aarons tragen sollte. Da Jahwe Mose befahl, Eleasar die Kleider Aarons anzuziehen, hat Jahwe Eleasar zum Nachfolger Aarons bestimmt. Mit dieser Anweisung sorgte Jahwe außerdem dafür, daß für das Amt des Hohepriesters die Kontinuität auch nicht einen Augenblick unterbrochen wurde.

III. Die Ankündigung des Todes von Mose
(Num 27,12-14; Dtn 32,48-52)

Wenn P in seiner Erzählung von dem Tod Aarons Aaron auf einem Berg sterben läßt, damit er auf ähnliche Weise stirbt wie Mose, dann ist auch bei P Mose auf einem Berg gestorben. Das spricht dafür, daß einer der beiden Jahwebefehle in Num 27,12 und Dtn 32,49 "Steige hinauf zu diesem Abarimberg" von P stammt. Nun wird häufig angenommen, daß Dtn 32,48ff von Num 27,12-14 literarisch abhängig ist[16]. Dieser Abschnitt wäre dann entstanden, als das Deuteronomium mit der Priesterschrift verbunden wurde. Dadurch steht nun der Bericht von dem Tod des Mose in Dtn 34 von Num 27,12-14 zu weit entfernt. Deshalb hätte der Redaktor diese Verse in Dtn 32,48-52 wiederholt. Andere meinen dagegen, daß Num 27,12-14 später in Anlehnung an Dtn 32,48ff gebildet wurde, um die in Num 27,15-23 geschilderte Einsetzung Josuas vorzubereiten, von der P nicht erzählt habe[17]. Diese Auffassung hat in neuerer Zeit vor allem R. Lux vertreten. Er weist Dtn 32,48-50aα.52; 34,1a.bα.5-8 P zu[18]. Sein wesentliches Argument ist, daß die Gottesrede in 32,48ff auf den Bericht in 34,1ff* angelegt sei. In 34,1 und 5 werde die Ausführung der Imperative "steige hinauf... und sieh... und stirb..." aus 32,49.50aα berichtet[19]. Da der vierte Imperativ "und werde versammelt..." von 32,50aβ in dem Ausführungsbericht nicht aufgenom-

---

16 So z.B. M. Noth, Numeri, 185; S. Mittmann, 111f; A.G. Auld, 99f; H. Seebass, 58f; L. Perlitt, Priesterschrift, 72ff.

17 Vgl. u.a. H. Holzinger, Numeri, 138; C. Steuernagel, 172; M. Rose, Pentateuque, 143.

18 R. Lux, 409.

19 R. Lux, 401.

men werde, sei 32,50aβ.b.51 später von P^s eingefügt worden, "um die Erzählung vom Tod des Mose mit der vom Tode Aarons (Num 20,22-29) zu verknüpfen"[20]. Gegen die Auffassung von R. Lux spricht aber bereits, daß er in Dtn 34 v. 5 und v. 6 im wesentlichen zu P rechnet. Es wurde oben schon darauf hingewiesen, daß bei P eine Begräbnisnotiz für Aaron fehlt, weil nach der deuteronomistischen Erzählung vom Tod des Mose in Dtn 34,1ff* niemand sein Grab kannte. Aus ihr stammt dann v. 6. Das geht auch daraus hervor, daß die geographischen Angaben in v. 6 und v. 8 verschieden sind. In v. 8 beweinen die Israeliten Mose "in den Steppengebieten von Moab". Nach v. 6 wurde Mose dagegen "im Tal gegenüber von Bet-Pegor" begraben[21]. Diese Ortsangabe kommt bei P nicht vor. Bei DtrH blieben dagegen nach Dtn 3,29 die Israeliten "im Tal gegenüber von Bet-Pegor". Somit stammt v. 6 von DtrH. Das gilt im wesentlichen auch für v. 5[22]. Der Schluß dieses Verses "auf den Befehl Jahwes hin" bezieht sich zwar auf den Sterbebefehl in 32,50. Aber ansonsten gehört auch v. 5 zu DtrH. Hier wird Mose als "der Knecht Jahwes" bezeichnet. Diesen Ehrentitel hat Mose bei P nicht. Außerdem wird der ursprüngliche Bericht von v. 5 in Jos 1,2a aufgenommen. Dort sagt Jahwe zu Josua: "Mose, mein Knecht, ist gestorben". Das zeigt, daß v. 5 - abgesehen vom Schluß - DtrH zuzuweisen ist[23].

In v. 5 erwähnt DtrH ausdrücklich, daß Mose "im Land Moab" starb. Das ist anscheinend der Grund, warum in 32,49a angegeben wird, daß der Berg Nebo im Land Moab liegt. Durch den Relativsatz "der im Land Moab ist" soll also hier die deuteronomistische Darstellung von dem Tod des Mose vorbereitet werden. Nun ist 32,49a überhaupt sehr schwerfällig formuliert. Der Anfang von v. 49a "Steige hinauf zu diesem Abarimberg" stimmt wörtlich mit dem Aufstiegsbefehl in Num 27,12a überein. Darauf folgt aber in Dtn 32,49a "dem Berg Nebo", und danach wird die Lage dieses Berges noch durch zwei Relativsätze näher bestimmt. Aus der gegenüber Num 27,12a sehr umständlichen Formulierung des

---

20   R. Lux, 402f.

21   Die zusammengehörende Angabe "im Tal gegenüber von Bet-Pegor" (vgl. Dtn 3,29; 4,46) wird hier durch "im Land Moab" unterbrochen. Diese Worte sind somit sekundär, vgl. C. Steuernagel, 183. Dagegen ist nach R. Lux, 407 Anm. 53, "im Tal gegenüber von Bet-Pegor" ein "dtr Zusatz". Aber warum wurden diese Worte dann nicht an "im Land Moab" angefügt?

22   Dagegen rechnet auch S. Mittmann, 113 und 173 Anm. 5, v. 5 zu P.

23   Nach R. Lux, 409, gehörte das Deuteronomium nicht zum deuteronomistischen Geschichtswerk. In Dtn 34,5 könne "der Knecht Jahwes" ein theologisierender Zusatz sein (405f). Aber m.E. hat M. Noth, Studien, 12ff, überzeugend begründet, daß das deuteronomistische Geschichtswerk mit Dtn 1,1 begann.

Aufstiegsbefehls geht hervor, daß dem Verfasser schon Num 27,12a vorgegeben war. Er hat diese Vorlage im Blick auf den Bericht von dem Tod des Mose in Dtn 34,1ff erweitert. Nach Dtn 34,1aα ist Mose zu dem Berg Nebo hinaufgestiegen. Der Relativsatz in 34,1aγ "der gegenüber Jericho ist" kommt auch in 32,49aβ vor.

Nach M. Noth ist freilich die Erwähnung des Berges Nebo in Dtn 34,1aα und 32,49 "an beiden Stellen schlecht dem Zusammenhang eingefügt und wohl ein später Zusatz auf Grund einer bestimmten Meinung über die Lage des Mosegrabes"[24]. Nun wird aber in Dtn 34,1ff der Abarimberg nicht erwähnt. Das spricht m.E. dagegen, daß der Berg Nebo in 32,49a ein Zusatz ist. Wie aus der Formulierung "zu diesem Abarimberg, dem Berg Nebo" hervorgeht, heißt für den Verfasser der Berg, den Mose besteigen soll, nicht Abarimberg, sondern Nebo. Für ihn sollte also Mose zu diesem Abarimberg, dessen Name Nebo ist, hinaufsteigen. Das wird am ehesten verständlich, wenn dem Verfasser außer dem deuteronomistischen Bericht von dem Tod des Mose noch eine andere Tradition vorgegeben war, nach der Mose auf dem Berg Nebo starb. Ihre Herkunft wird bei der Analyse von Dtn 34,1a zu erörtern sein[25]. Aus Dtn 32,49a geht jedenfalls hervor, daß der Verfasser hier beide Überlieferungen zur Geltung bringen will. Er hat den Aufstiegsbefehl aus Num 27,12 durch den Berg Nebo und seine Näherbestimmungen ergänzt, damit Dtn 34,1ff der Ausführungsbericht zu den Anweisungen ist, die Mose in 32,48ff erhält. Allerdings wird in 32,49a der Gipfel des Pisga aus 34,1aβ nicht aufgenommen. Das wird verständlich, wenn für den Verfasser der Gipfel des Berges Nebo Pisga heißt. Dann konnte er in 32,49a auf die Nennung des Pisga verzichten. Damit ergibt sich aber aus der Analyse von v. 49a, daß Dtn 32,48ff nicht P zugewiesen werden kann. Dem Verfasser dieses Abschnitts lag vielmehr Num 27,12-14 bereits vor.

Das bestätigt eine weitere Beobachtung. In Num 27,13 kündigt Jahwe Mose an, daß er zu seinen Verwandten versammelt werden wird, wenn er das Land gesehen hat. Dagegen *befiehlt* Jahwe Mose in Dtn 32,50, daß er auf dem Berg, zu dem er hinaufsteigt, sterben und zu seinen Verwandten versammelt werden soll. Dieser Sterbebefehl ist eigenartig. Kann man jemand befehlen, zu sterben? Tatsächlich ist ein Imperativ von מות qal nur noch in Hi 2,9 belegt. Dort wird Hiob von seiner Frau aufgefordert: "Segne Gott und stirb". Wie an anderen Stellen des Alten Testaments gibt hier der zweite Imperativ die Folge des ersten

---

24   M. Noth, Studien, 213 Anm. 2; vgl. ders., Stämme, 401 Anm. 37.

25   Vgl. S. 249f.

an: "Segne Gott, so daß du stirbst"[26]. Die beiden Imperative in Dtn 32,50a geben
dagegen keine Folge an. Sie sind den Imperativen in 32,49 "steige hinauf... und
sieh..." nicht unter-, sondern nebengeordnet. Die eigenartigen Imperative in
32,50 zeigen, daß der Verfasser hier Num 27,13 umformuliert hat. Er machte aus
der Ankündigung Jahwes, daß Mose zu seinen Verwandten versammelt werden
wird, einen Befehl, damit in 34,1ff ausgeführt wird, was Jahwe Mose geboten
hat. Da es in 34,5 aber nicht heißt, daß Mose zu seinen Verwandten versammelt
wurde, stellte er in 32,50 den Imperativ "und stirb auf dem Berg, wohin du
hinaufsteigst" voran. Dadurch wollte er erreichen, daß der Bericht in 34,5 der
Anweisung in 32,50 entspricht. Da der Sterbebefehl an Mose zweigliedrig ist,
besteht in 32,50b auch der Hinweis auf den Tod Aarons aus zwei Gliedern.
Außerdem gibt der Verfasser im Unterschied zu Num 27,13 ausdrücklich an,
daß Aaron am Berg Hor gestorben ist, weil die Erzählung von dem Tod Aarons
in Num 20,22bff* nun zu weit zurückliegt.

Aus dem Vergleich zwischen der Ankündigung des Todes von Mose in Num
27,13 und dem Sterbebefehl in Dtn 32,50 ergibt sich somit, daß diese Ankündigung die Vorlage für Dtn 32,50 war, die der Verfasser von 32,48ff im Blick auf
den Bericht in 34,1ff umgestaltet hat. Daß der zweite Imperativ von Dtn 32,50
in 34,1ff nicht aufgenommen wird, zeigt also gegen R. Lux nicht an, daß
32,50aβ.b.51 sekundär ist[27]. Vielmehr ist der Abschnitt 32,48-52 literarisch
einheitlich. Da in ihm alle Elemente enthalten sind, die in Num 27,12-14 vorkommen, lag dieser Text dem Verfasser vor. Er hat Dtn 32,48-52 gebildet, weil
nun die Erzählung von dem Tod des Mose in Dtn 34,1ff zu weit von der Anweisung Jahwes in Num 27,12-14 entfernt steht. Von ihm stammen auch die Worte
"auf den Befehl Jahwes hin" in Dtn 34,5, da sie den Sterbebefehl in 32,50
voraussetzen.

Freilich ist neuerdings auch M. Rose dafür eingetreten, daß Dtn 32,48ff
gegenüber Num 27,12-14 die Priorität zukommt[28]. Das ergibt sich für ihn aus
einem Vergleich von Dtn 32,51 mit Num 27,14. Die Worte "Dies sind die
Wasser..." in Num 27,14b seien im Mund Jahwes kaum verständlich. Die Formulierung entspreche aber der in Dtn 32,51 und dort sei sie gut in die Jahwerede

---

26 Vgl. Ges.-K., § 110f.

27 Die weiteren Argumente, die R. Lux, 403, für seine Auffassung anführt, laufen darauf
    hinaus, daß die Erzählung vom Tod Aarons ursprünglich nicht zu P gehörte. Die
    Priesterschrift kann aber nicht nur von dem Tod des Mose berichtet haben, wenn
    hier Jahwe in Num 20,12 Mose und Aaron ankündigt, daß sie die Israeliten nicht in
    das Land bringen werden.

28 M. Rose, Pentateuque, 135f.

integriert. Folglich sei Dtn 32,51 älter. Das wird nach M. Rose auch an Num 27,14a deutlich. Dieser Halbvers gebe eine Reihe von Problemen auf. M. Rose nennt u.a., daß der Infinitiv "um mich zu heiligen" von seinem Bezugswort "meinem Mund" getrennt sei, und dasselbe gelte für "vor ihren Augen", das sich auf "um mich zu heiligen" bezieht. Num 27,14 sei eine künstliche Konstruktion, in der mehrere Elemente der Tradition vereinigt seien. Die Argumentation von M. Rose kann jedoch nicht überzeugen. Gerade seine Beobachtung, daß die Angaben von Num 27,14b in Dtn 32,51 besser in die Jahwerede integriert sind, zeigt, daß dem Verfasser von Dtn 32,51 Num 27,14b vorgegeben war. Es ist verständlich, daß ein späterer Autor seine Vorlage glättet. Dagegen läßt sich nicht erklären, warum ein Ergänzer bei der Aufnahme eines vorgegebenen Textes einen guten Zusammenhang zerstört haben sollte. Diese Überlegung gilt auch für Num 27,14a. Die wesentlichen Aussagen dieses Halbverses, daß Mose und Aaron ungehorsam waren und daß sie Jahwe heiligen sollten, stehen auch in Dtn 32,51. Dabei enthält Dtn 32,51 wieder die einfachere Fassung. Num 27,14 war also die Vorlage für Dtn 32,51. Sie wurde hier so aufgenommen, daß die Schwierigkeiten, die Num 27,14 bietet, vermieden werden.

Der redaktionelle Charakter von Dtn 32,48-52 wird durch weitere Beobachtungen bestätigt. Nach 32,48 redete Jahwe "genau an diesem Tag" zu Mose. Diese Angabe bezieht sich auf 32,45-47[29]. Für den Verfasser erteilte Jahwe also dem Mose an genau dem Tag die folgenden Anweisungen, an dem dieser seine Worte an die Israeliten beendet hatte. Damit soll in 32,48 unterstrichen werden, daß für Mose nun die Stunde seines Todes gekommen war, weil er seine Aufgabe abgeschlossen hatte. In v. 52, zu dem es in Num 27,12-14 keine Parallele gibt, wird Dtn 34,4b aufgenommen. Dort sagt Jahwe zu Mose von dem Land: "Ich habe (es) dich mit deinen Augen sehen lassen, aber dorthin wirst du nicht hinüberziehen". In 32,52 kündigt Jahwe an, daß Mose das Land von gegenüber sehen, aber nicht dorthin kommen wird. In 32,52 wird also eine Aussage von DtrH in 34,4 aufgegriffen, die dort bereits in 3,27 vorbereitet wurde: Mose durfte zwar das künftige Land der Israeliten sehen, es jedoch nicht betreten[30]. Der Abschnitt Dtn 32,48-52 kann somit nicht P zugewiesen werden. Seinem Verfasser lag Num 27,12-14 bereits in seiner jetzigen Gestalt vor.

Dann stammt Num 27,12-14 im wesentlichen von P. Das gilt freilich nicht für v. 14. In diesem Vers wird die Geschichte von dem Wasser aus dem Felsen (Num 20,1ff) in der erweiterten Fassung des Endredaktors vorausgesetzt. Nach

---

29   Vgl. H. Seebass, 59 Anm. 19; L. Perlitt, Priesterschrift, 74.

30   S. Mittmann, 112; H. Seebass, 59; L. Perlitt, Priesterschrift, 74f.

v. 14 ereignete sich damals der Streit (מריבה) der Gemeinde. Erst für den Endredaktor haben aber hier die Israeliten "gestritten" (20,3a.13a). Er hat in 20,13 das Wasser, das aus dem Felsen floß, als "Wasser eines Streits" bezeichnet[31]. V. 14 ist somit sekundär. Das zeigen auch die schwierigen Konstruktionen in diesem Vers, auf die vor allem M. Rose hingewiesen hat[32]. Sie lassen sich mit einer Verfasserschaft von P nicht vereinbaren, sondern erklären sich so, daß hier ein Ergänzer die Aussagen in Num 20,12f und 20,24 aufnehmen wollte. Daß v. 14 ein Zusatz ist, geht schließlich auch daraus hervor, daß in v. 13b und in v. 14 כאשר in unterschiedlicher Bedeutung gebraucht wird[33]. Nach S. Mittmann sind freilich der Schluß von v. 13a ("auch du") und v. 13b ebenfalls nachträglich angehängt worden[34]. Das wird von ihm jedoch nicht begründet. Der unterschiedliche Gebrauch von כאשר in v. 13b und v. 14 weist eher darauf hin, daß hier verschiedene Verfasser zu Wort kommen. Zudem hat der ganze v. 13 bei P einen guten Sinn. Hier hatte Jahwe Mose und Aaron angekündigt, daß sie die Israeliten nicht in das Land bringen werden (20,12). Nachdem Aaron bereits gestorben ist, wird nun auch Mose zu seinen Verwandten versammelt werden. Gerade der Rückverweis auf den Tod Aarons in v. 13b zeigt, daß 27,12f aus P stammt.

Das wird dadurch bestätigt, daß in v. 12 eine Formulierung aus 20,12 aufgenommen wird. Dort heißt es "zu dem Land, das ich ihnen gegeben habe". In 27,12 befiehlt Jahwe dem Mose, das Land zu sehen, "das ich den Israeliten gegeben habe". L. Perlitt, der sich der Analyse von S. Mittmann angeschlossen hat, meint zwar, "daß als 'Bestandteil der priesterschriftlichen Geschichtserzählung' allenfalls Num 27,12.13a anzusehen wäre"[35]. Er führt leider nicht aus, worauf seine Skepsis beruht. Es dürfte schwerfallen, zureichend zu begründen, daß 27,12f nicht zu P gehört. Für P spricht: Die Erzählung von dem Tod Aarons

---

31 Zur Begründung im einzelnen, vgl. Murrerzählungen, III.

32 M. Rose, Pentateuque, 136.

33 Darauf hat S. Mittmann, 108, hingewiesen.

34 S. Mittmann, 108.

35 L. Perlitt, Priesterschrift, 75. Die Position von M. Noth wird von L. Perlitt, a.a.O. 75 Anm. 25, nicht korrekt wiedergegeben. Danach rechnete M. Noth Num 27,12-14 zunächst zu P. In seinem Numerikommentar "gehört auch für Noth Num 20,12-14 (wie 20,15-23) nur noch 'in irgendeiner Weise zur P-Erzählung'" [gemeint sind 27,12-14 und 27,15-23]. Das ist jedoch nicht richtig. Nach einem Vergleich von Num 27,12-14 mit Dtn 32,48-52 stellt M. Noth, Numeri, 185, ausdrücklich fest: "Aus diesem Sachverhalt ist der Schluß zu ziehen, daß nur das Stück 27,12-14 zum ursprünglichen Bestand der P-Erzählung gehört hat".

enthält einen Aufstiegsbefehl, der hier die Form hat, daß Mose Aaron und Eleasar auf den Berg Hor bringen soll (20,25). Da P diese Erzählung in Anlehnung an den deuteronomistischen Bericht vom Tod des Mose gestaltet hat, ist zu erwarten, daß Jahwe bei P auch Mose vor seinem Tod einen Aufstiegsbefehl erteilt hat. Der ausdrückliche Rückverweis auf den Tod Aarons in 27,13 und die Aufnahme der Charakterisierung des Landes aus 20,12 in 27,12 sind ebenfalls deutliche Hinweise darauf, daß 27,12f in der Priesterschrift enthalten war[36].

Diese Jahwerede folgte bei P auf die Erzählung von dem Tod Aarons. Allerdings geht aus dem Befehl Jahwes in 27,12 "Steige hinauf zu diesem Abarimberg" hervor, daß sich Mose und die Israeliten nun nicht mehr am Berg Hor aufhalten. Deshalb kann P 27,12 nicht direkt an 20,29* angeschlossen haben. Dazwischen muß eine Wandernotiz stehen. Aus diesem Grund werden häufig auch Num 21,4aα[1] ("da brachen sie auf vom Berg Hor"); 22,1b[37] oder 21,4aα[1].10f; 22,1[38] P zugewiesen. P. Weimar hält diese Stellen freilich für nachpriesterschriftliche Bildungen. Da auch nach ihm vor 27,12 bei P eine Wandernotiz zu erwarten wäre, sei zu fragen, "ob nicht dem Befehl an Mose zum Besteigen des Abarim-Gebirges eine entsprechende Funktion zukommt". Das Fehlen einer direkten Wandernotiz hänge möglicherweise damit zusammen, "daß P[g] nicht die ganze Gemeinde bis an das Abarim-Gebirge kommen lassen wollte, sondern ein Interesse daran gehabt hat, Mose allein das Abarim-Gebirge besteigen zu

---

36 P. Weimar, Struktur, 145 Anm. 166, und E. Zenger, Gottes Bogen, 42 Anm. 36, meinen, daß in 27,12f auf die priesterliche Kundschaftergeschichte in Num 13f* verwiesen wird. Nach P. Weimar bezieht sich 27,12b "explizit" auf 13,2a. In 13,2a steht jedoch im Unterschied zu 20,12 und 27,12 das Verb "geben" im Partizip. Somit wird in 27,12 20,12 aufgenommen. Für Anspielungen auf die priesterliche Kundschaftergeschichte halten P. Weimar und E. Zenger in 27,12 das Verb עלה (vgl. 13,21) und den Begriff "Abarimberg" (vgl. עבר in 13,32). Das kann jedoch nicht überzeugen. Das Verb עלה wird für das Besteigen eines Berges gebraucht. So heißt es in Num 20,27: "Da stiegen sie hinauf zum Berg Hor". Darin sehen auch P. Weimar und E. Zenger keinen Hinweis auf die priesterliche Kundschaftergeschichte. Auf sie verweist auch nicht der Begriff "Abarimberg". In 13,32 und 14,7 gibt P mit dem Verb עבר an, daß die Kundschafter das Land Kanaan durchzogen haben. Ein solches Durchziehen des Landes ist in Num 27,12 nicht im Blick. Es ist zwar wahrscheinlich, daß P bewußt den Begriff "dieser Abarimberg" gewählt hat. Aber damit will P verdeutlichen, daß Mose auf einen Berg steigen sollte, der jenseits des Landes Kanaan liegt (vgl. unten S. 249f). Mit dem Abarimberg wird also nicht auf die Kundschaftergeschichte angespielt.

37 So z.B. M. Noth, Pentateuch, 19; K. Elliger, 175.

38 N. Lohfink, Priesterschrift, 222 Anm. 29.

lassen"[39]. Diese Überlegung leuchtet jedoch nicht ein. Mose kann den Abarim-berg auch dann allein besteigen, wenn sich die Israeliten in seiner Umgebung aufhalten. Außerdem ersetzt der Aufstiegsbefehl in 27,12 keine Wandernotiz, da der Ort, von dem aus Mose aufsteigen soll, nicht genannt wird. P muß somit zwischen 20,29* und 27,12 eine Wandernotiz enthalten haben. Nun waren nach Dtn 34,1.8 die Israeliten in den Steppengebieten von Moab, als Mose starb. Diese Angabe stammt aus P, wie später zu zeigen sein wird[40]. Dann hat P vor Num 27,12 berichtet, daß die Israeliten in die Steppengebiete von Moab gekom-men sind. Das steht in Num 22,1. Dieser Vers gehört somit ebenfalls zu P[41]. Er stand hier zwischen 20,29* und 27,12. P hat also die Erzählung vom Tod Aarons und die Jahwerede an Mose in 27,12f jeweils mit einer Wandernotiz eingeleitet (20,22b; 22,1).

In 27,12f befiehlt Jahwe dem Mose, "zu diesem Abarimberg" hinaufzusteigen und das Land zu sehen, das er den Israeliten gegeben hat. Wenn Mose es gesehen hat, wird er wie Aaron zu seinen Verwandten versammelt werden. P begründet hier nicht, warum Mose vor seinem Tod das Land sehen soll. Dieses Motiv ist jedoch nicht selbstverständlich. Mose und Aaron haben sich bei P gemeinsam verfehlt. Aaron darf jedoch das Land vor seinem Tod nicht schauen. Daß dagegen Mose das Land sehen soll, ist dann nur verständlich, wenn P hier eine Überlieferung aufgreift, nach der Mose das Land gesehen hat, bevor er starb. Tatsächlich hat Jahwe nach dem deuteronomistischen Bericht von dem Tod des Mose in Dtn 34,1ff* Mose das ganze Land gezeigt, ehe er starb (34,1b*.4.5.*). Diese Darstellung wird von DtrH in Dtn 3,23ff vorbereitet. Hier begründet DtrH, warum Mose das Land nur schauen durfte. Nach 3,25 hatte Mose Jahwe gebeten: "Ich will doch hinüberziehen und das gute Land sehen, das jenseits des Jordans ist". Diese Bitte wurde ihm aber von Jahwe abgeschla-gen, weil Jahwe wegen der Israeliten ("um euretwillen") über ihn zürnte (3,26). Jahwe hatte ihm befohlen, auf den Gipfel des Pisga zu steigen und in die vier Himmelsrichtungen zu schauen, "denn du wirst diesen Jordan nicht überschrei-ten" (3,27). Bei DtrH durfte somit Mose wegen der Schuld der Israeliten, die sie wohl durch ihr Verhalten in der Kundschaftergeschichte von Dtn 1,19ff began-gen hatten, das verheißene Land nicht betreten. Aber Jahwe gewährte ihm, daß

---

39 P. Weimar, Struktur, 143 Anm. 162.

40 Vgl. die Analyse von Dtn 34,1.7-9 auf S. 241ff.

41 Num 21,4a.10-20 sind nach M. Noth, Numeri, 136.139, redaktionell. Er hält auch 22,1a für eine redaktionelle Überleitung (151). Aber da sich die Israeliten nach 22,1b in den Steppengebieten von Moab lagerten, muß zuvor berichtet werden, daß sie aufbrachen.

er es wenigstens schauen durfte. Bei DtrH ist somit im Unterschied zu P gut verankert, daß Mose vor seinem Tod das Land immerhin gesehen hat.

Dann kannte P die deuteronomistische Darstellung. Aus ihr entnahm der Verfasser, daß Jahwe Mose geboten hat, einen Berg zu besteigen und umherzuschauen. Dadurch darf Mose das künftige Land der Israeliten sehen, wie DtrH in Dtn 3,28 und Dtn 34,1b*.4 deutlich macht. Wenn bei P Mose "zu diesem Abarimberg" hinaufsteigen soll, so will P damit vermutlich anzeigen, daß dieser Berg jenseits des Landes der Israeliten liegt. Da es um die Schau dieses Landes geht, weist Jahwe in Num 27,12 Mose ausdrücklich an, das Land zu sehen, das er den Israeliten gegeben hat. Nach Dtn 34,4.5* ist Mose gestorben, nachdem ihm Jahwe das Land gezeigt hatte. Deshalb kündigt Jahwe bei P bereits in Num 27,13 an, daß Mose zu seinen Verwandten versammelt wird, wenn er das Land gesehen hat. P konnte dagegen nicht übernehmen, daß bei DtrH der Anweisung Jahwes in Dtn 3,27 die Bitte des Mose vorausging, hinüberziehen zu dürfen. Bei P hatte Jahwe Mose und Aaron bereits in Num 20,12 angekündigt, daß sie die Israeliten nicht in das Land bringen dürfen. Deshalb konnte hier Mose nicht bitten, daß er das Land betreten darf. P ist somit in Num 27,12f von der deuteronomistischen Darstellung abhängig. Sie wurde hier von P neu gestaltet.

Dagegen ist nach S. Mittmann Dtn 3,23ff von Num 27,12.13a abhängig. Mit diesem Abschnitt solle begründet werden, warum Mose nach Num 27,12.13a das Land nur sehen durfte[42]. Dabei setzt S. Mittmann jedoch voraus, daß die Geschichte von dem Wasser aus dem Felsen in Num 20,1ff* ursprünglich nicht in der Priesterschrift enthalten war. Auch er ist nämlich der Auffassung, daß die Begründung in Dtn 3,26, wonach Mose das Land wegen der Schuld des Volkes nicht betreten durfte, älter ist als die Ankündigung in Num 20,12, daß Mose und Aaron wegen ihres Unglaubens die Israeliten nicht in das Land bringen werden[43]. In der Tat ist Dtn 3,26 nicht verständlich, wenn es eine Überlieferung gab, in der Mose wegen einer eigenen Verfehlung nicht in das Land kam. In Dtn 3,26 haftet Mose für die Schuld des Volkes, obwohl er für sie nicht verantwortlich gemacht werden kann. Das zeigt, daß hier erstmals der Versuch unternommen wurde, zu begründen, warum Mose das Land nicht betreten durfte. Nun hat die Analyse von Num 20,1-13 ergeben, daß der Grundbestand dieser Erzählung aus P stammt und daß zu ihm v. 12 gehört[44]. Dann ist Dtn 3,23ff älter als die Priesterschrift. Das ergibt sich, wie schon erwähnt wurde, zudem daraus,

---

42 S. Mittmann, 113f.

43 S. Mittmann, 112.

44 Vgl. Murrerzählungen, III.

daß Jahwe in Num 27,12f nicht begründet, warum Mose vor seinem Tod das
Land sehen soll. Die deuteronomistische Darstellung in Dtn 3,23ff und 34,1ff*
war also die Vorlage für P in Num 27,12f.

Das Ergebnis der Analyse von Num 27,12-14 und Dtn 32,48-52 lautet somit:
Num 27,12f gehört zu P. Diese Jahwerede an Mose folgte in der Priesterschrift
auf die Wandernotiz in 22,1. Für den Aufstiegsbefehl an Mose und die Ankündigung seines Todes war die deuteronomistische Darstellung in Dtn 3,23ff und
34,1ff* die Vorlage von P. Wie schon die Erzählung von dem Tod Aarons in
Num 20,22bff* zeigt auch Num 27,12f, daß P das Werk von DtrH gekannt hat.
Num 27,14 ist ein Zusatz, der frühestens von der Endredaktion stammt. Er wird
in Dtn 32,48-52 bereits vorausgesetzt. Dieser Abschnitt stammt dann von jener
Redaktion, die das Deuteronomium von dem deuteronomistischen Geschichtswerk getrennt und mit jenem Werk verbunden hat, das durch die Einarbeitung
der jehowistischen Darstellung in die Priesterschrift entstanden war.

In der Forschung wird allerdings verschiedentlich die Auffassung vertreten, daß das
jehowistische Werk zunächst ohne die Priesterschrift durch das Deuteronomium ergänzt
wurde. H. Holzinger rechnete z.B. mit einer deuteronomistischen Erweiterung des
jehowistischen Werks, durch die auch das Deuteronomium mit JE verbunden wurde. Erst
von einer priesterlichen Schlußredaktion sei JED mit P verknüpft worden[45]. Gegenwärtig
wird diese Auffassung in der modifizierten Form vertreten, daß zunächst das jehowistische
Werk mit dem deuteronomistischen Geschichtswerk zusammengearbeitet wurde. Dann
hätte es ein Geschichtswerk gegeben, das von Gen 2,4b bis II Reg 25 reichte, bevor es
mit der Priesterschrift verbunden wurde. Erst in diesem Endstadium der Entwicklung
wäre der Pentateuch als eigene Größe entstanden[46]. Demgegenüber wurde nach M. Noth
zunächst das jehowistische Werk in die Priesterschrift eingearbeitet. Erst danach sei das
Deuteronomium von dem deuteronomistischen Geschichtswerk getrennt und mit JEP
verbunden worden[47].

Dtn 32,48-52 spricht m.E. für die These von M. Noth. Es wurde oben gezeigt, daß
dem Verfasser dieses Abschnitts bereits Num 27,14 vorgegeben war. Daß beide Stücke
nicht von demselben Autor stammen, geht übrigens auch daraus hervor, daß in Dtn 32,51
für den Ungehorsam von Mose und Aaron das Verb מעל, in Num 27,14 aber wie in Num
20,24 das Verb מרה gebraucht wird. Num 27,14 setzt jedoch seinerseits Num 20,13 voraus.
Nun stammt Num 20,13 von jenem Redaktor, der das jehowistische Werk in die Priesterschrift eingearbeitet hat[48]. Da Dtn 32,48-52 jünger ist, wurde damals aber die Priesterschrift noch nicht mit der deuteronomistischen Darstellung im Deuteronomium verbunden. Das geschah erst durch jene weitere Redaktion, von der Dtn 32,48-52 stammt. Die

---

45 H. Holzinger, Einleitung, 492ff; so z.B. schon J. Wellhausen, 207.

46 R. Smend, Entstehung, 64 und 38ff (zur Endredaktion).

47 M. Noth, Studien, 211ff.

48 Vgl. S. 71f.

Priesterschrift wurde also erst durch das Deuteronomium ergänzt, als bereits das jehowistische Werk in sie eingearbeitet worden war.

IV. Die Einsetzung Josuas (Num 27,15-23)

Der Bericht über die Einsetzung Josuas in Num 27,15-23 ist literarisch nicht einheitlich. Die Feststellung in v. 23b "wie Jahwe durch Mose geredet hatte" ist überflüssig, nachdem es bereits in v. 22a heißt: "Da tat Mose, wie ihm Jahwe geboten hatte". Sie paßt außerdem schlecht zu v. 23a. Danach stemmte Mose seine Hände auf Josua und beauftragte ihn. Die Formulierung in v. 23b setzt aber streng genommen voraus, daß Josua nicht von Mose, sondern von einem anderen Mann eingesetzt wurde, der damit eine Anweisung Jahwes befolgte, die ihm Mose übermittelt hatte. V. 23b ist somit sekundär[49]. Der Ergänzer wollte am Schluß der Erzählung nochmals ausdrücklich festhalten, daß Josua so eingesetzt wurde, wie es Jahwe Mose befohlen hatte. Ob er wegen v. 21 der Auffassung war, daß Josua von dem Priester Eleasar eingesetzt wurde[50], oder ob er lediglich ungenau formuliert hat, kann nicht sicher entschieden werden.

Auch H. Seebass hält v. 23b für einen Zusatz. Er vermutet hier aber "die Amtsbeschreibung Josuas, daß Jahwe durch ihn wie vorher durch Mose reden werde". Durch v. 23b sei der ursprüngliche Schluß der Erzählung ersetzt worden[51]. Die Formulierung in v. 23b hat aber sonst nie den Sinn, den H. Seebass für diese Stelle annimmt. So wird z.B. in Num 17,5bβ mit den Worten "wie Jahwe durch Mose zu ihm geredet hatte" festgestellt, daß Eleasar jene Anweisungen Jahwes ausgeführt hat, die ihm Mose nach 17,2f* übermitteln sollte. In gleicher Weise soll durch 27,23b festgehalten werden, daß die Einsetzung Josuas so geschah, wie es Jahwe Mose befohlen hatte. Dann gibt es jedoch keinerlei Anhaltspunkte dafür, daß durch v. 23b der Schluß der Erzählung ersetzt wurde. Gerade aus der Ergänzung in v. 23b geht hervor, daß diese Erzählung ursprünglich mit dem letzten Wort von v. 23a "und er beauftragte ihn" endete.

Erhebliche Schwierigkeiten bereitet v. 21, da hier Josua eine andere Stellung als im Kontext zugewiesen wird. Mose bittet in v. 16, daß Jahwe einen Mann *über* die Gemeinde bestellen möge. Seine Aufgabe wird in v. 17 folgendermaßen beschrieben: "der vor ihnen ausziehe und der vor ihnen einziehe und

---

49 Vgl. S. Mittmann, 110.

50 So S. Mittmann, 110.

51 H. Seebass, 60 Anm. 22.

der sie herausführe und der sie hineinbringe". Hier wird das Bild eines militärischen Führers gezeichnet. In v. 18-20 ordnet Jahwe dann die Einsetzung Josuas
an. Mose soll etwas von seiner Hoheit auf Josua legen, damit die ganze Gemeinde der Israeliten hört (v. 20). Die Israeliten sollen also dadurch, daß Mose einen
Teil seiner Hoheit auf Josua überträgt, erfahren, daß dieser Mann der Führer
ist, den Mose für sie in v. 16f erbeten hat. Völlig überraschend ordnet Jahwe
dann aber in v. 21 an, daß Josua von der Weisung des Priesters Eleasar abhängig sein soll. Eleasar soll für Josua das Orakel befragen, und nach der Weisung
des Priesters sollen Josua und die Israeliten aus- und einziehen. Zudem steht
Josua in v. 21 nicht mehr über der Gemeinde, wie es Mose in v. 16 für seinen
Nachfolger erbeten hatte, sondern er steht mit ihr auf einer Stufe. Das geht aus
v. 21b hervor: "Auf seine Weisung sollen sie ausziehen, und auf seine Weisung
sollen sie einziehen, er und alle Israeliten mit ihm und die ganze Gemeinde".
Hier ist "und die ganze Gemeinde" doch wohl eine Apposition, durch die "er
und alle Israeliten mit ihm" unter dem Begriff "die ganze Gemeinde" zusammengefaßt werden[52]. Zwischen v. 21 und der übrigen Erzählung besteht somit eine
erhebliche Spannung. Dann ist dieser Vers ein Zusatz[53]. Der Ergänzer wollte
herausstellen, daß nach dem Tod des Mose der Priester Eleasar die Führung der
Gemeinde übernehmen würde, und auch Josua an seine Weisungen gebunden
war.

Das hat freilich N. Lohfink, der Num 27,15ff zur Priesterschrift rechnet,
bestritten[54]. Auch nach ihm erbittet Mose in v. 15-17 einen militärischen Anführer für Israel. Aber v. 21 zeige, daß P die Aufgabe Josuas anders gesehen habe:
"Hier wird nicht nur der Feldherr dem Priester untergeordnet, sondern sein
Feldherrntum selbst wird gewissermaßen aus der Sprache herausgespült". Das
gehe daraus hervor, daß Josua in v. 21 nicht mehr an der Spitze der Israeliten
aus- und einziehe. Hier habe P "in höchst beziehungsreichem Sprachspiel die
Tradition von der gewaltsamen Landeseroberung unter Josua hinweginterpre-
tiert". Nun wurde aber in der Analyse der priesterlichen Kundschaftergeschichte

---

52 Vgl. N. Lohfink, Schichten, 283.

53 So z.B. S. Mittmann, 110; P. Weimar, Struktur, 85 Anm. 18; E. Zenger, Gottes
    Bogen, 40 Anm. 30. Schon M. Noth, Studien, 191 Anm. 2, sah in v. 19.21a und in
    "durch Mose" in v. 23b "die Elemente einer an V. 22b anknüpfenden 'klerikalisieren-
    den' späteren Bearbeitung". V. 21b setzt jedoch v. 21a voraus. Die Formulierung "er
    und alle Israeliten mit ihm" zeigt, daß es hier nicht um die Weisung Josuas geht. Das
    müßte man aber annehmen, wenn v. 21b ursprünglich wäre. V. 21 ist somit insgesamt
    sekundär.

54 N. Lohfink, Schichten, 283f.

(Num 13f*) aufgewiesen, daß, entgegen der Auffassung von N. Lohfink, die Israeliten auch für P das Land Kanaan erobern mußten. Das zeigen die Worte von Josua und Kaleb in Num 14,9aα^2.β.b, mit denen sie die Israeliten auffordern, das Volk des Landes nicht zu fürchten[55]. Als Nachfolger des Mose müßte somit Josua auch bei P die Israeliten in den bevorstehenden militärischen Auseinandersetzungen angeführt haben. Es wäre zudem eigenartig, wenn Mose in Num 27,16f einen militärischen Führer erbittet, Josua jedoch eine andere Funktion wahrnehmen soll, ohne daß Jahwe das näher begründet. Tatsächlich werden in v. 21 die Begriffe "ausziehen" und "einziehen" aus v. 17 aufgenommen. Dort bezeichnen sie eindeutig militärische Aktionen[56]. In v. 21 geht es nicht um eine andere Deutung dieser Begriffe, sondern hier wird die Rolle Josuas interpretiert. Das ergibt sich deutlich aus v. 21a, wie im folgenden noch zu zeigen sein wird. Dann ist in v. 21 doch primär an militärische Aktionen gedacht[57]. Außerdem läßt sich die Interpretation von N. Lohfink nicht mit v. 20 vereinbaren. Mose war nicht von der Weisung Aarons abhängig. Wenn er in v. 20 etwas von seiner Hoheit auf Josua legen soll, kann Josua nicht an die Weisung Eleasars gebunden sein.

Für H. Seebass widerspricht freilich v. 21 nicht v. 20. Er hält wie andere v. 15-17 für einen Zusatz[58], durch den später die deuteronomistische Auffassung von Josua als dem militärischen Führer in diese priesterschriftliche Erzählung eingetragen worden sei. Bei P würden Josua in v. 20 und v. 21 *zwei* Funktionen zugewiesen. Er werde in v. 20 mit der Weiterführung des mosaischen Amtes beauftragt, bei dem es im wesentlichen um die Übermittlung von Ordnungen und Regelungen Jahwes gegangen sei. Dagegen werde in v. 21 die spezielle Funktion der Führung aus dem Lager und in das Lager geregelt, die Josua nur zusammen mit dem Priester Eleasar wahrnehmen könne[59]. Aber v. 21 bezieht sich eindeutig auf v. 20. In v. 21a soll der Priester Eleasar für Josua ("für ihn") das Orakel befragen. Damit wird hier vorausgesetzt, daß die Israeliten auf Josua hören werden (v. 20b). Es geht in v. 21a also darum, wie Josua die Entscheidungen treffen soll, die dann die Israeliten befolgen. Josua hat somit in v. 20 und v.

---

55 Vgl. oben S. 109.

56 Nach H.D. Preuss, יצא, 800, werden zwar die beiden Begriffe in Num 27,17.21 "kultisch uminterpretiert". Sie haben aber in v. 17 eindeutig einen militärischen Sinn, da der erbetene Führer vor den Israeliten aus- und einziehen soll.

57 So z.B. auch M. Noth, Numeri, 187.

58 Zur Beurteilung von v. 15-17 vgl. unten S. 226.

59 H. Seebass, 59-61.

21 nicht zwei verschiedene Funktionen. In beiden Versen führt er die Israeliten, wobei freilich in v. 21 deutlich gemacht wird, daß er mit ihnen auf einer Stufe steht.

Auch formale Beobachtungen, auf die bereits S. Mittmann hingewiesen hat[60], zeigen, daß in v. 21 v. 20 nachträglich interpretiert wird. In v. 21 steht "aber vor dem Priester Eleasar" betont voran. Das weist darauf hin, daß hier v. 20 erläutert werden soll. Außerdem wird in v. 21aα ein Element aus dem Ausführungsbericht aufgegriffen. In v. 22b heißt es: "Da ließ er ihn treten vor den Priester Eleasar und vor die ganze Gemeinde". Das wird in v. 21aα teilweise aufgenommen: "Aber vor dem Priester Eleasar soll er stehen". Wie Josua bei seiner Einsetzung vor dem Priester stand, so soll er immer wieder vor Eleasar stehen, damit dieser für ihn das Orakel befragt. V. 21 ist somit ein späterer Zusatz, durch den Josua dem Priester Eleasar untergeordnet wird.

Sekundär ist auch die Anweisung Jahwes in v. 19. Danach soll Mose Josua vor den Priester Eleasar und vor die ganze Gemeinde treten lassen und ihn vor ihren Augen beauftragen. Dieser Vers unterbricht eindeutig den Zusammenhang zwischen v. 18b und v. 20a. Mit Recht stellt S. Mittmann fest: "Die Handaufstemmung (v. 18b) und die Übertragung der Führungsvollmacht (v. 20a) sind der äußere und innere Vorgang ein und desselben Aktes"[61]. Tatsächlich läßt Mose in dem Ausführungsbericht (v. 22b.23a) Josua vor den Priester Eleasar und die ganze Gemeinde treten, ehe er seine Hände auf ihn stemmt. Dagegen ist nach H. Seebass nicht v. 19, sondern v. 18b später eingefügt worden. V. 18b komme im Kontext deutlich zu früh: "Das sachgemäße Korrelat zu V. 23a bildet jedoch V. 20a, die Übertragung vom *hōd* des Mose"[62]. Ohne v. 18b würde Jahwe aber Mose nicht die Handlung gebieten, durch die dieser etwas von seiner Hoheit auf Josua übertragen soll. Das ist recht unwahrscheinlich, weil das Aufstemmen der Hände bei der Bestellung zu einem Amt nur in Num 27,15ff und Dtn 34,9 für die Einsetzung Josuas belegt ist[63]. Deshalb muß Jahwe diese ungewöhnliche Art der Einsetzung befohlen haben. Dann ist aber v. 19 ein Zusatz. Der Ergänzer

---

60 S. Mittmann, 110.

61 S. Mittmann, 110. Auch E. Zenger, Gottes Bogen, 40 Anm. 30, und P. Weimar, Struktur, 85 Anm. 18, halten v. 19 für sekundär.

62 H. Seebass, 59 Anm. 20.

63 In Num 8,10 sollen zwar die Israeliten bei der Weihe der Leviten ihre Hände auf die Leviten stemmen. Hier handelt es sich aber um einen Übereignungsritus, mit dem die Israeliten die Leviten Jahwe übergeben, vgl. B. Janowski, 202 Anm. 19. Davon unterscheidet sich Num 27,15ff, weil hier durch das Aufstemmen der Hände Mose seine Vollmacht zur Führung auf Josua übertragen soll.

ging anscheinend davon aus, daß alles, was in dem Ausführungsbericht geschildert wurde, von Jahwe geboten worden war. Deshalb trug er in v. 19 jene Elemente als Anweisung Jahwes nach, die ursprünglich in dem Befehl an Mose fehlten, die aber in v. 22b.23a enthalten waren. Nach v. 19 soll die Beauftragung Josuas ausdrücklich "vor ihren Augen" erfolgen. Das wird in v. 23a nicht berichtet. Mit dieser Aussage unterstreicht der Ergänzer, daß Josua öffentlich vor Eleasar und vor der Gemeinde beauftragt wurde.

Nach S. Mittmann stammt freilich der Ausführungsbericht in v. 22b.23a erst von jenem Ergänzer, der v. 19 eingefügt hat, da diese Schilderung v. 19 korrespondiere[64]. Dagegen spricht aber, daß die Darstellung ab v. 18 in gleicher Weise aufgebaut ist wie die Erzählung von dem Tod Aarons (Num 20,22bff*). Zunächst gibt Jahwe Mose eine Handlungsanweisung, die mit "nimm" beginnt (v. 18.20; 20,25f). Darauf folgt jeweils eine Ausführungsformel, die weitgehend wörtlich übereinstimmt (v. 22a; 20,27a). Nach ihr kommt der Ausführungsbericht (v. 22b.23a; 20,27b-29). Danach war die Gemeinde jeweils zumindest bei einem Teil des Geschehens dabei, obwohl davon in dem Befehl Jahwes nicht die Rede war. Nach der Erzählung von dem Tod Aarons stiegen Mose, Aaron und Eleasar vor den Augen der ganzen Gemeinde zum Berg hinauf (20,27b), und später sah sie, daß Aaron verschieden war und beweinte ihn 30 Tage (20,29*). Bei der Einsetzung Josuas ließ Mose Josua vor den Priester Eleasar und vor die ganze Gemeinde treten (27,22b). Da somit beide Erzählungen im Aufbau übereinstimmen, gehört in 27,15ff der Ausführungsbericht in v. 22b.23a zum Grundbestand.

Er ist zudem sachlich notwendig. Nach v. 20b soll die ganze Gemeinde der Israeliten auf Josua hören. Dann muß er öffentlich eingesetzt werden. Nur dann wissen die Israeliten, daß jetzt Josua ihr Führer ist. Die öffentliche Einsetzung wurde jedoch in der Jahwerede an Mose ursprünglich nicht erwähnt. Darauf konnte hier nur verzichtet werden, wenn später geschildert wurde, daß Mose Josua vor der Gemeinde zum Führer bestellt hat. Außer ihr wird freilich in v. 22b auch der Priester Eleasar genannt. Das kann jedoch nicht überraschen. Bei P gehört Aaron nicht zu der Gemeinde, sondern steht ihr als Hohepriester gegenüber. Dasselbe gilt dann für seinen Nachfolger Eleasar. Deshalb wird in v. 22b zwischen dem Priester Eleasar und der ganzen Gemeinde unterschieden. Anders als in v. 21 wird hier also Josua nicht Eleasar untergeordnet. Das bestätigt die Formulierung "vor den Priester Eleasar und vor die ganze Gemeinde". Mit ihr wird lediglich Eleasar von der Gemeinde abgehoben.

---

64   S. Mittmann, 110.

Während der Aufbau ab v. 18 mit der Erzählung von dem Tod Aarons übereinstimmt, fehlt dort zu der Bitte des Mose in v. 15-17 eine Parallele. Auch diese Verse hat man gelegentlich für eine spätere Erweiterung gehalten[65]. Nun ist aber v. 18 auf v. 16 bezogen. In v. 16 sagt Mose: "Es möge bestellen Jahwe, der Gott der Geister für alles Fleisch, einen Mann über die Gemeinde". Hier bittet Mose, daß Jahwe, der als "der Gott der Geister für alles Fleisch" zwischen den Geistern unterscheiden kann, einen geeigneten Mann über die Gemeinde einsetzen möge. Darauf nimmt Jahwe in v. 18 Bezug, wo er Mose anweist: "Nimm dir Josua, einen Mann, in dem Geist ist". Als der Gott, der zwischen den Geistern unterscheiden kann, bestimmt Jahwe mit Josua einen Mann, in dem Geist ist, zum Nachfolger des Mose. Josua ist eben zu dieser Aufgabe fähig, weil in ihm Geist ist. In v. 18 wird somit v. 16 vorausgesetzt. Außerdem soll Mose in v. 20 etwas von seiner Hoheit auf Josua legen, damit die ganze Gemeinde der Israeliten hört. Wie dieses Hören zu verstehen ist, ist nur nach der Bitte des Mose klar, weil er in v. 17 ausführlich dargelegt hat, welche Aufgabe der von ihm erbetene Führer wahrnehmen soll. Aus der Bitte des Mose erklärt es sich auch, daß er in v. 20 etwas von seiner Hoheit auf Josua übertragen soll. Das wird später gezeigt werden. Die Frage, warum Josua erst nach einer Bitte des Mose eingesetzt wird, obwohl der Verfasser diese Erzählung ansonsten parallel zu der Erzählung vom Tod Aarons gestaltet hat, muß vorläufig zurückgestellt werden. Schon aus den bisher genannten Beobachtungen folgt aber, daß v. 15-17 in dem Grundbestand enthalten war.

Zu dem Bericht von der Einsetzung Josuas in Num 27,15ff gehören somit ursprünglich: V. 15-18.20.22.23a. Daß er von P stammt, ist vor allem aus drei Gründen bestritten worden. In diesem Stück gibt es Formulierungen, die sonst bei P nicht belegt sind. Dafür wird insbesondere auf die Wendung "der Gott der Geister für alles Fleisch" in v. 16 verwiesen[66]. Sie kommt im Alten Testament nur noch in Num 16,22 vor. Dieser Vers gehört jedoch nicht zu P, sondern zu der Korach-Bearbeitung in Num 16f[67]. Weiter fällt auf, daß hier Mose die Initiative ergreift[68]. Aus seinen Worten geht hervor, daß die Israeliten dringend einen Führer brauchen. Wäre dann aber bei P nicht zu erwarten, daß Jahwe von sich aus einen Mann bestimmt, der nach dem Tod des Mose die Israeliten führen wird? In Num 20,22bff* ordnet Jahwe die Einsetzung Eleasars an. Hier

---

65   R. Smend, Erzählung, 247f; P. Weimar, Struktur, 85 Am. 18; H. Seebass, 59.61.

66   Vgl. H. Holzinger, Numeri, 138; S. Mittmann, 111; L. Perlitt, Priesterschrift, 82.

67   Vgl. S. 137ff.

68   H. Holzinger, Numeri, 138; M. Noth, Numeri, 186.

sorgt er aus eigenem Entschluß dafür, daß die Kontinuität im Amt des Hohe-priesters auch nicht für einen Augenblick unterbrochen wird. Als drittes Argu-ment wird schließlich genannt, daß ein Nachfolger für Mose kein Thema der Priesterschrift sei[69]. Vielmehr werde in der deuteronomistischen Literatur der Tod des Mose mit der Einsetzung Josuas als sein Nachfolger verbunden[70].

Gegen das dritte Argument spricht jedoch die priesterliche Kundschaf-tergeschichte in Num 13f*. In der vorpriesterlichen Fassung trat lediglich Kaleb dafür ein, daß die Israeliten das Land erobern können (13,30*). Dagegen verteidigen bei P Josua und Kaleb das Land Kanaan, und sie fordern die Israeli-ten auf, das Volk des Landes nicht zu fürchten (14,6f.9aα^2.β.b). Hier hebt sich somit auch Josua von den murrenden Israeliten ab. Das wird nur verständlich, wenn P mit dem Verhalten Josuas in der Kundschaftergeschichte erklären will, warum gerade dieser Mann die Israeliten nach dem Tod des Mose führte. Darauf wurde bereits in der Analyse der Kundschaftergeschichte hingewiesen[71].

In Num 14* kommt zwar bei P Josua noch nicht als Nachfolger des Mose in den Blick. Das würde aber dem Aufbau der Priesterschrift widersprechen. Zu diesem Zeitpunkt hatten sich bei P Mose und Aaron noch nicht verfehlt. Dann würde aber hier Jahwe sie mit den Kindern jener Israeliten, die wegen ihres Murrens in der Wüste Paran sterben müssen, in das Land bringen. Erst in der Geschichte von dem Wasser aus dem Felsen (Num 20,1ff*) werden Mose und Aaron schuldig. Hier kündigt ihnen nun Jahwe an, daß sie wegen ihres Unglaubens die Israeliten nicht in das Land bringen werden. Deshalb kann Josua von P nicht schon zuvor als Nachfolger des Mose gezeichnet werden. Aber daß die Priesterschrift in ihrer Kundschaftergeschichte Josua Kaleb zur Seite, ja sogar voranstellt, muß einen Grund haben. Er kann nur darin bestehen, daß für P Josua später noch eine besondere Bedeutung bekommen sollte. Sie mußte dann aber von P auch erwähnt werden. Dafür kommt nur die Erzählung von der Einsetzung Josuas in Num 27,15ff* in Frage. Aus der priesterlichen

---

69 Vgl. z.B. H. Holzinger, Numeri, 138; M. Noth, Numeri, 185; S. Mittmann, 111; L. Perlitt, Priesterschrift, 81f.

70 M. Noth, Numeri, 185, weist außerdem darauf hin, daß in Dtn 32,48-52 lediglich Num 27,12-14 wiederholt wird. Daraus folge, daß "das Stück 27,15-23 erst im Zuge der Vereinigung des Pentateuch mit dem deuteronomistischen Geschichtswerk hinzugekommen ist". Gegen dieses Argument spricht aber, daß in Dtn 31 von der Einsetzung Josuas berichtet wird. Deshalb konnte der Verfasser von Dtn 32,48ff Num 27,15ff nicht aufnehmen, auch wenn ihm dieser Abschnitt vorlag, vgl. z.B. S. Mitt-mann, 112; H. Seebass, 58f.

71 Vgl. S. 108f.

Kundschaftergeschichte ergibt sich somit, daß P in Num 27,15ff* von der Einsetzung Josuas berichtet hat[72]. Anders läßt sich nicht erklären, warum P Josua in die Kundschaftergeschichte einführte. Dieser Überlegung kommt m.E. erheblich größeres Gewicht zu als den Argumenten, die gegen eine Zuweisung von Num 27,15ff* an P genannt werden.

In diesem Abschnitt dürfte zudem ein Rückverweis auf die priesterliche Kundschaftergeschichte enthalten sein. Nach Num 27,18a ist Josua ein Mann, "in dem Geist (רוח) ist". Diese Beschreibung ist schwer zu deuten, wenn man die Erzählung für sich betrachtet, da hier nicht näher bestimmt wird, was mit "Geist" gemeint ist. Darin unterscheidet sich die Stelle von Gen 41,38. Dort hält der Pharao Josef für einen Mann, "in dem רוח אלהים ist". Num 27,18a wird meist so verstanden, daß mit der Beschreibung Josuas ausgedrückt werden soll, daß ihn Jahwe zur Führung der Israeliten befähigt hat[73]. Aber Jahwe sagt hier nicht, daß er Josua "Geist" gegeben hat. Nach dem Wortlaut wird mit der Formulierung "in dem Geist ist" anscheinend eine Eigenschaft Josuas beschrieben. Nach H.W. Wolff ist für die Deutung dieser Stelle Dtn 34,9 heranzuziehen. Dort interpretiere die Priesterschrift diese Aussage. Nach Dtn 34,9 war Josua mit dem Geist der Weisheit erfüllt. Daraus schließt H.W. Wolff: "Der Mann, 'in dem r. ist', weist also hier auf den hin, der mit der Lebenskraft der Weisheit begabt ist"[74]. Aber Dtn 34,9 unterscheidet sich in einem wichtigen Punkt von Num 27,18. In Dtn 34,9 ist Josua mit dem Geist der Weisheit erfüllt, weil Mose seine Hände auf ihn gestemmt hatte. Dagegen war nach Num 27,18a schon zuvor in Josua "Geist"[75]. Dann darf für die Deutung dieser Aussage in Num 27,18 nicht Dtn 34,9 herangezogen werden. Deshalb stellt L. Perlitt zu Num 27,18a fest: "Es bleibt eine Preisfrage, wie hier רוח als einziges Eignungsmerkmal und ohne jede Näherbestimmung zu übersetzen ist"[76].

Diese Frage läßt sich aber m.E. beantworten, wenn man die Kundschaftergeschichte heranzieht. In ihrer vorpriesterlichen Fassung sagt Jahwe in Num 14,24 über Kaleb: "Weil ein anderer Geist mit ihm war und er völlig hinter mir her war". Hier bezieht sich Jahwe darauf, daß Kaleb dafür eintrat, daß das Land

---

72 Auch P. Weimar, Struktur, 145 Anm. 166, sieht darin, daß hier gerade Josua als Nachfolger des Mose eingesetzt wird, einen Rückverweis auf die priesterliche Kundschaftergeschichte.

73 Vgl. z.B. B. Baentsch, 639; M. Noth, Numeri, 186.

74 H.W. Wolff, 65.

75 Auf diesen Unterschied wird immer wieder hingewiesen, vgl. z.B. B. Baentsch, 639; B. Janowski, 201f.

76 L. Perlitt, Priesterschrift, 82.

erobert werden kann (13,30*). Die anderen Kundschafter hielten dagegen seine Bevölkerung für zu stark (13,31). Ihnen fehlte also der Mut, und sie entmutigten auch das Volk, so daß es nun weinend seine Situation beklagte (14,1aβ.b). In der vorpriesterlichen Erzählung war also mit Kaleb ein anderer Geist, weil er mutig daran festhielt, daß das Land erobert werden kann. Dadurch war er völlig hinter Jahwe her, während die anderen Kundschafter und das Volk Jahwe verächtlich behandelten (14,11a), weil sie nicht den Mut hatten, zu dem Volk des Landes hinaufzuziehen. In der priesterlichen Kundschaftergeschichte wird zwar der Begriff רוח nicht gebraucht. Aber auch hier haben die Israeliten nach der Verleumdung des Landes durch die Kundschafter den Mut verloren. Das geht aus ihrem Todeswunsch und seiner Begründung in 14,2f hervor. Mit der Aufforderung, das Volk des Landes nicht zu fürchten, wollen ihnen Josua und Kaleb wieder Mut machen. Damit erweisen sich diese beiden Männer aber auch selbst als mutig.

Bezieht man die Angabe in Num 27,18, daß es sich bei Josua um einen Mann handelt, in dem Geist ist, auf die priesterliche Kundschaftergeschichte, dann ist ihr Sinn klar. Josua hatte dort gezeigt, daß er ein mutiger Mann ist. Deshalb ist er geeignet, die Israeliten nach dem Tod des Mose zu führen. Die Formulierung erklärt sich daraus, daß P hier anscheinend die Feststellung, die Jahwe in der vorpriesterlichen Kundschaftergeschichte über Kaleb traf, abgewandelt und auf Josua übertragen hat. Da in Num 27,18 der Gegensatz zu den anderen Israeliten keine Rolle spielt, heißt es hier nicht, daß ein anderer Geist mit Josua war, sondern Josua ist für Jahwe "ein Mann, in dem Geist ist". Daß die Aussage von P so gemeint sein kann, geht aus Ex 6,9 hervor. Danach hörten die Israeliten nicht auf Mose "wegen Kürze an Geist und wegen schwerer Arbeit". Mit der Formulierung, daß der Geist von jemand kurz ist, oder mit dem Ausdruck "kurz an Geist" wird zwar sonst im Alten Testament beschrieben, daß jemand ungeduldig ist[77]. Diese Bedeutung paßt jedoch für Ex 6,9 nicht. Daß die Israeliten nicht auf Mose hörten, weil sie ungeduldig waren, ergibt keinen Sinn. Mit "Kürze an Geist" muß hier gemeint sein, daß die Israeliten verzagt waren[78]. Wenn P mit den Worten "Kürze an Geist" ausdrückt, daß kein Mut mehr vorhanden war, so kann hier die Formulierung "ein Mann, in dem Geist ist" bedeuten, daß jemand mutig ist. Mit ihr verweist P in Num 27,18a auf das Verhalten Josuas in der priesterlichen Kundschaftergeschichte. Dadurch fügt sich der Grundbestand in Num 27,15ff* gut in die Darstellung der Priesterschrift ein.

---

77 So z.B. Hi 21,4; Prov 14,29.

78 So z.B. auch W.H. Schmidt, Exodus, 288; H.W. Wolff, 64.

Mit dem Argument, daß der Tod des Mose sonst nur in der deuteronomistischen Literatur mit der Einsetzung Josuas verbunden wird, kann Num 27,15ff* nach den bisherigen Ergebnissen unserer Untersuchung P nicht abgesprochen werden. In der Analyse von Num 27,12f wurde gezeigt, daß hier die deuteronomistische Darstellung in Dtn 3,23ff und 34,1ff* die Vorlage von P war. In Dtn 3,23ff folgt aber auf den Befehl Jahwes an Mose, den Gipfel des Pisga zu besteigen und in die vier Himmelsrichtungen zu schauen (v. 27), die Anweisung, daß er Josua als Führer der Israeliten einsetzen soll (v. 28). Dieses Thema ist also hier mit dem Aufstiegsbefehl verbunden. Das spricht dafür, daß P ebenfalls nach dem Aufstiegsbefehl in Num 27,12f von der Einsetzung Josuas berichtet hat.

Allerdings unterscheidet sich die Darstellung in Num 27,15ff* erheblich von der Anweisung Jahwes in Dtn 3,28 und dem Ausführungsbericht von DtrH in Dtn 31,1.2.7.8[79]. In Dtn 3,28 ordnet Jahwe von sich aus die Einsetzung Josuas an. Dagegen muß Mose in Num 27,15-17 für die Israeliten einen Führer erbitten. Schon aus diesem Unterschied geht hervor, daß der Abschnitt Num 27,15ff* nicht entstanden ist, weil man später die priesterschriftliche Darstellung an das deuteronomistische Geschichtswerk angleichen wollte. In diesem Fall wäre zu erwarten, daß auch in Num 27,15ff* Jahwe die Initiative zur Einsetzung Josuas ergreift. Es handelt sich somit bei dieser Erzählung um eine eigene Gestaltung eines vorgegebenen Themas. Das bestätigt die Fortsetzung in Num 27,18.20.22.23a. Auch sie weicht erheblich von der Darstellung bei DtrH ab. In Dtn 3,28 ordnet Jahwe an, daß Mose Josua beauftragen, stärken und festigen soll, weil Josua vor dem Volk hinüberziehen und ihm das Land zum Besitz geben wird. In den Worten, die Mose in Dtn 31,7 an Josua "vor den Augen von ganz Israel" richtet, wird diese Anweisung mit einigen Abwandlungen aufgenommen. In 31,8 sagt Mose Josua außerdem den Beistand Jahwes zu und fordert ihn zur Furchtlosigkeit auf. In Dtn 31,7f wird somit Josua ausschließlich durch eine Rede eingesetzt, die Mose vor den Israeliten an ihn richtet. Eine Einsetzungshandlung wird nicht erwähnt. Dagegen setzt Mose in Num 27,22b.23a Josua dadurch zum Führer der Israeliten ein, daß er ihn vor den Priester Eleasar und vor die ganze Gemeinde treten läßt und seine Hände auf ihn stemmt. Hier wird nicht von einem beauftragenden Wort berichtet.

Dieser auffällige Unterschied zu DtrH wird nur verständlich, wenn P zwischen der Bestellung Josuas und der Einsetzung Eleasars eine Analogie herstellen wollte. Es wurde bereits darauf hingewiesen, daß der Aufbau von Num 27,18ff* mit der Erzählung von dem Tod Aarons (Num 20,22bff*) überein-

---

79 Dtn 31,3-6 ist sekundär, vgl. z.B. M. Noth, Studien, 39 Anm. 4.

stimmt, in der von der Einsetzung Eleasars berichtet wird. Zwischen beiden
Texten bestehen auch sachliche Beziehungen. Mose setzt Eleasar ebenfalls nur
durch eine Handlung ein, ohne ihm ein beauftragendes Wort zu sagen (Num
20,28). Außerdem haben beide Einsetzungshandlungen denselben Charakter.
Mose zieht Eleasar die Kleider Aarons an. Damit überträgt er ihm das Amt und
die Autorität Aarons. Auf Josua stemmt Mose seine Hände. Wie aus der Anweisung Jahwes in 27,20 hervorgeht, legt Mose damit etwas von seiner Hoheit auf
Josua. Mit dem Aufstemmen der Hände überträgt also Mose Josua die Führung
der Israeliten und einen Anteil an seiner Autorität[80]. Während auf Eleasar die
volle Autorität Aarons übertragen wird, bekommt freilich Josua nur einen Teil
der Hoheit des Mose. Damit bringt P zum Ausdruck, daß Mose eine einzigartige
Stellung zukommt. Im Unterschied zu Aaron kann es für Mose keinen Nachfolger geben, der mit ihm auf einer Stufe steht. Aber weil Josua einen Anteil an
der Hoheit des Mose erhalten hat, hat er die Vollmacht, als Nachfolger des
Mose die Israeliten zu führen, wenn Mose tot ist. Die beiden Erzählungen vom
Tod Aarons (Num 20,22bff*) und von der Einsetzung Josuas (Num 27,15ff*)
sind somit bewußt analog gestaltet. Das ist ein weiteres Argument, daß Num
27,15ff* P zuzuweisen ist[81].

Bei P hat also nach dem Tod des Mose nicht der Hohepriester Eleasar die
Leitung der Gemeinde übernommen. Das ist dadurch bedingt, daß nach dem
deuteronomistischen Geschichtswerk Josua die Israeliten führte, als Mose
gestorben war. Deshalb berichtet auch P, daß Josua zu ihrem Führer bestellt
wurde. Dadurch hat aber bei P Israel nach dem Tod des Mose eine doppelte
Spitze: Den Hohepriester Eleasar und den "weltlichen" Führer Josua. Das
erinnert an die Verfassung, die Israel nach dem Propheten Sacharja in der
unmittelbar bevorstehenden Heilszeit haben wird. In dem Nachtgesicht von dem
Leuchter und den beiden Ölbäumen sieht Sacharja einen Leuchter, neben dem
zwei Ölbäume stehen. Sie werden ihm von dem Deuteengel als die zwei Ölsöh-
ne, die vor Gott stehen, gedeutet (Sach 4,1-6aα.10b-14)[82]. An der Spitze Israels

---

80   Vgl. z.B. B. Janowski, 202.

81   Auch nach G.Chr. Macholz, 81, darf die Bestellung Josuas in Num 27,15ff nicht P
     abgesprochen werden, weil P bei dem Tod Aarons von der Einsetzung Eleasars
     berichtet. Er macht hier außerdem zurecht darauf aufmerksam, "daß die Notiz Num
     20,12b nicht den Tod, sondern die Amtsentsetzung Moses und Aarons ankündigt".
     Damit weise sie literarisch auf Num 20,22ff und 27,12-23 voraus.

82   Sach 4,6aβ-10a gehört ursprünglich nicht zu diesem Nachtgesicht, da v. 10b direkt an
     v. 6aα anschließt. Das ist weitgehend anerkannt, vgl. z.B. K.-M. Beyse, 70f (Anm. zu
     v. 6ᵃ); K. Seybold, Bilder, 14f. A.S. van der Woude, 143f, hält freilich Sach 4,1-14 für

werden also nach Sacharja künftig der messianische Herrscher und der Hohepriester stehen[83]. Nun stammte Sacharja wahrscheinlich aus einer Priesterfamilie
und war wohl auch selbst Priester[84]. Dann hat hier ein Mann aus priesterlichen
Kreisen die Auffassung vertreten, daß Israel von dem messianischen Herrscher
und dem Hohepriester geleitet werden wird.

Daß für die Stellung von Eleasar und Josua bei P ein Vergleich mit der
doppelten Spitze Israels bei Sacharja berechtigt ist, zeigt die Beschreibung des
erbetenen Führers in Num 27,17. Vorlage für P waren hier die Worte des Mose
in Dtn 31,2: "Ich kann nicht mehr ausziehen und einziehen". P benutzt die
Wendung vom Aus- und Einziehen für den Mann, den Mose erbittet, und
entfaltet sie dabei so, daß es nun eindeutig um einen Führer geht, der auch in
militärischen Konflikten an der Spitze der Gemeinde stehen wird[85]. Die Angabe,
daß dieser Mann die Israeliten heraus- und hineinführen soll, paßt jedoch nicht
nur für einen Heerführer. So weisen z.B. die Israeliten in II Sam 5,2, als sie
David das Königtum anbieten, darauf hin, daß er schon, als Saul König war,
Israel heraus- und hineingeführt hat. Das ist somit an dieser Stelle eigentlich die
Aufgabe des Königs.

Daß in Num 27,17 der erbetene Führer tatsächlich königliche Züge trägt,
geht aus dem Hinweis des Mose hervor, daß die Gemeinde nicht sein soll wie
Schafe, die keinen Hirten haben. In I Reg 22,17 teilt der Prophet Micha einem

---

literarisch einheitlich. Aber die Deutung der Vision, zu der v. 6aα die Einleitung ist,
beginnt sicher erst in v. 10b.

83 Vgl. z.B. K.-M. Beyse, 70ff; K. Seybold, Königserwartung, 74f; A.S. van der Woude,
155. Diese weithin vertretene Deutung der beiden Ölbäume hat H.-G. Schöttler,
235ff, bestritten. Er meint: "Die fruchtbaren Ölbäume..., von der die Vision 'Leuchter' spricht, sind Zeichen dafür, daß Jahwe seinem Volk das Land als Heilsgabe
sozusagen zurückgibt" (254). Eine eingehende Auseinandersetzung mit H.-G. Schöttler ist hier nicht möglich. Gegen seine Interpretation spricht aber m.E. schon der
Wortlaut von v. 14. Danach sind die beiden Ölbäume "die zwei Söhne des Öls, die
vor dem Herrn der ganzen Erde stehen". Damit kann nur gemeint sein, daß die
beiden Ölbäume ein Symbol für zwei besondere Menschen sind, die vor Gott stehen.

84 Vgl. z.B. K.-M. Beyse, 67; K. Seybold, Bilder, 11. Sacharja war nach Sach 1,1.7 ein
Enkel des Iddo, nach Esr 5,1; 6,14 dagegen dessen Sohn. Nach Neh 12,16 gehörte ein
Sacharja zur Priesterfamilie des Iddo. Das spricht dafür, daß Sacharja tatsächlich aus
dieser Priesterfamilie stammte. Dagegen hält H.-G. Schöttler, 404ff, alle genealogischen Angaben über Sacharja für spätere Konstruktionen. Aber seine Auffassung,
daß z.B. in Sach 1,1 Sacharja von Iddo hergeleitet wird, weil er später zu einem
Nachkommen des in II Chr 12,15; 13,22 erwähnten Propheten Iddo gemacht werden
sollte (H.-G. Schöttler, 411), ist m.E. nicht überzeugend.

85 So auch N. Lohfink, Schichten, 282f.

israelitischen König, der ihn wegen eines Kriegszugs befragt, mit: "Ich sah Israel zerstreut 'auf'[86] den Bergen wie Schafe, die keinen Hirten haben. Da sagte Jahwe: Diese haben keinen Herrn, ein jeder kehre zu seinem Haus in Frieden zurück". Im folgenden wird berichtet, daß der König umkam und darauf im Lager die Aufforderung erging, daß jeder zu seiner Stadt und zu seinem Land zurückkehren soll (I Reg 22,34-36). In dieser Erzählung sind die Israeliten wie Schafe ohne Hirten, wenn sie keinen König haben, der sie führt. Der Begriff "Hirte" und das Verb "weiden" (רעה) werden im Alten Testament verschiedentlich für den König und seine Funktion gebraucht[87]. Der erbetene Führer wird zwar in Num 27,16f nicht als Hirte bezeichnet. Doch der Vergleich, daß die Gemeinde ohne einen solchen Mann wäre wie Schafe, die keinen Hirten haben, zeigt, daß hier Anschauungen vom König eine Rolle spielen. Mose erbittet zwar keinen König für die Gemeinde, aber der von ihm für notwendig gehaltene Führer hat Ähnlichkeit mit einem König.

Auf diesem Hintergrund ist m.E. die ungewöhnliche Aussage zu verstehen, daß Mose etwas von seiner Hoheit auf Josua übertragen soll, damit die ganze Gemeinde der Israeliten hört (v. 20). Der Begriff הוד ist sonst in Genesis - II Regum nicht belegt[88]. Im Alten Testament wird meist Gott "Hoheit" zugeschrieben, an einigen Stellen aber auch dem König[89]. In Sach 6,9-15 erhält Sacharja den Auftrag zu einer symbolischen Krönungshandlung. Er soll in ihrem Rahmen über den Herrscher der Heilszeit ankündigen, daß er הוד tragen wird (Sach 6,13). Nur hier wird in einer Beschreibung des künftigen messianischen Regenten der Begriff הוד gebraucht. Der Abschnitt Sach 6,9-15 bereitet freilich erhebliche Schwierigkeiten, die wohl darauf beruhen, daß er später überarbeitet wurde. Der Grundbestand wird unterschiedlich rekonstruiert[90]. Wie aus v. 13 hervorgeht, wurde aber schon in ihm angekündigt, daß Israel eine doppelte

---

86 Zum Text vgl. BHS.

87 Vgl. z.B. J.A. Soggin, רעה, 794.

88 Vgl. zu הוד D. Vetter, 472-474, und G. Warmuth, 375-379.

89 Jer 22,18; Sach 6,13; Ps 21,6; 45,4; Dan 11,21; I Chr 29,25.

90 So ist z.B. umstritten, wem Sacharja im Grundbestand die Krone aufsetzen sollte. Nach dem MT in v. 11b soll er den Hohepriester Josua krönen. Das hält z.B. K. Seybold, Königserwartung, 77, für ursprünglich. Josua werde hier stellvertretend für den künftigen König gekrönt. Dagegen sollte nach K.-M. Beyse, 39f.78, Sacharja Serubbabel und Josua krönen. Die Erwähnung Serubbabels sei später ausgelassen worden. Häufig wird die Auffassung vertreten, daß in v. 11b ursprünglich Serubbabel und nicht Josua genannt wurde (so z.B. A. Deissler, 285f).

Spitze haben wird[91]. Sie wird aus dem König und dem Priester bestehen, und zwischen beiden wird es keine Auseinandersetzung geben. In v. 13 unterscheidet sich der König u.a. dadurch von dem Priester, daß nur von ihm gesagt wird, daß er "Hoheit" tragen wird[92].

Derselbe Unterschied besteht bei P zwischen Josua und Eleasar. Auf Josua wird "Hoheit" übertragen, auf Eleasar nicht. Nun soll Mose in Num 27,20 etwas von seiner Hoheit auf Josua legen. Lediglich an dieser Stelle erwähnt P "die Hoheit" des Mose. Dann redet aber P von ihr nur, damit Josua etwas von der Hoheit des Mose erhalten kann. Nicht daß Mose Hoheit hatte, ist wichtig, sondern es ging P darum, daß Josua Hoheit erhielt, damit die Israeliten auf ihn hören. P war wohl bekannt, daß den Königen, die später in Israel regierten, Hoheit zugeschrieben wurde. Sie war Ausdruck der königlichen Autorität. Eine solche Autorität kam aber für P anscheinend auch Josua zu, wenn er die Israeliten nach dem Tod des Mose führen sollte. Freilich setzt P durch Num 27,20 Josua zugleich deutlich von den späteren Königen ab. Josua ist zwar weniger als Mose, weil Mose nur einen Teil seiner Hoheit auf ihn übertragen soll. Er überragt aber bei weitem die israelitischen Könige, weil er einen Anteil an der Hoheit des Mose erhalten hatte. Nach dem Tod des Mose kann kein Anteil an seiner Hoheit weitergegeben werden. Eine Kontinuität besteht also nur zwischen Mose und Josua. Damit ist die Einsetzung Josuas bei P ein einmaliger Vorgang.

91　H.-G. Schöttler, 163, rechnet freilich nur 6,9.10bβ.11.13a zum Grundbestand. Er habe von der Krönung des Hohepriesters gehandelt. Auf den Hohepriester sei auch die Ankündigung in v. 13a zu beziehen. Nach H.-G. Schöttler, 398, ist der Grundbestand zwischen dem Ende des 5. und der Mitte des 2. Jh.s entstanden. Der Inhalt spreche eher für eine frühe Ansetzung. In dieser Zeichenhandlung "will sich das in königliche Funktionen aufgestiegene bzw. aufsteigen wollende zadokidische Hohepriestertum seine Legitimation geben und knüpft dazu an seinen nachexilischen Ursprung im Hohenpriester Jeschua an" (H.-G. Schöttler, 397). In Anm. 83 wurde aber schon darauf hingewiesen, daß entgegen der Auffassung von H.-G. Schöttler Israel in dem Nachtgesicht von dem Leuchter und den beiden Ölbäumen (Sach 4,1-6aα.10b-14) eine doppelte Spitze haben wird. Bereits das spricht dagegen, daß in Sach 6,9ff zwischen dem königlichen Herrscher und dem Hohepriester erst von einem späteren Bearbeiter unterschieden wurde. Diese Differenzierung in v. 13 war also bereits in dem Grundbestand enthalten.

92　Die Ankündigungen des Tempelbaus in v. 12bβ und v. 13aα[1] sind eine Dublette. K.-M. Beyse, 82, hält v. 13aα für sekundär. Aber gerade die ungewöhnliche Aussage, daß der künftige Herrscher Hoheit tragen wird, legt es nahe, daß v. 13aα ursprünglich ist und v. 12bβ nachgetragen wurde. Im Rahmen dieser Untersuchung spielt es keine Rolle, ob v. 13aα von Sacharja oder von einem Ergänzer stammt. Wesentlich ist, daß hier "Hoheit" auf jeden Fall ein Prädikat des Königs und nicht des Hohepriesters ist.

Für diese Deutung spricht auch die Handlung, durch die Josua bei P zum
Führer bestellt wird: Mose stemmte seine Hände auf Josua (Num 27,23a)[93]. Wie
schon erwähnt wurde, ist dieser Ritus für die Einsetzung in ein Amt nur für
Josua in Num 27,15ff und Dtn 34,9 belegt. Es wird noch zu zeigen sein, daß Dtn
34,9 ebenfalls von P stammt[94]. Dann wählte P für die Einsetzung Josuas einen
besonderen Ritus, weil es sich dabei für P um einen einzigartigen Vorgang
handelte. Das könnte m.E. auch der Grund sein, warum in Num 27,15-17 Mose
die Initiative ergreift. Dieses Stück fällt besonders auf, weil P ansonsten die
Bestellung Josuas zum "weltlichen" Führer der Israeliten bewußt in Analogie zur
Einsetzung Eleasars als Hohepriester schildert. Mit Num 27,15-17 wollte P wohl
zum Ausdruck bringen, daß ein solcher Führer, wie ihn Mose hier erbittet, für
die Gemeinde nicht zu allen Zeiten erforderlich ist. Das ist bei dem Hohepriester anders. Nachdem Jahwe am Sinai den Kult gestiftet hat, können die Israeliten als Gemeinde nicht ohne Priester sein. Es muß somit bei P für den Hohepriester Aaron einen Nachfolger geben. Deshalb sorgt hier Jahwe mit der
Anweisung zur Einsetzung Eleasars in Num 20,25f selbst dafür, daß für das Amt
des Hohepriesters die Kontinuität auch nicht einen Augenblick unterbrochen
wird.

Dagegen hatte Israel als Gemeinde nicht immer einen "weltlichen" Führer.
Bei P kündigt Gott in den Verheißungen an Abraham und Jakob diesen beiden
Erzvätern an, daß von ihnen Könige ausgehen werden (Gen 17,6; 35,11). Diese
Ankündigung soll aber lediglich die Mehrungsverheißung veranschaulichen. Sie
ist im Rückblick auf die israelitische Königszeit formuliert. Die Nachkommen
der Patriarchen werden so zahlreich sein, daß es bei ihnen sogar Könige geben
wird. Freilich werden die Zusagen in Gen 17,6 und 35,11 verschiedentlich so
interpretiert, daß P erwartet hat, daß künftig wieder ein König an der Spitze
Israels stehen wird[95]. Selbst wenn man dieser Deutung folgt[96], kann aber bei P
die Gemeinde ohne einen König bestehen. Die Priesterschrift ist in der Zeit
nach 587 entstanden, als die Israeliten keinen König mehr hatten. Sie waren nun
eine Gemeinde ohne einen "weltlichen" Führer. Da P m.E. sein Werk verfaßt

---

93   In der Anweisung an Mose steht in v. 18b ידך. Dieses Wort ist hier vermutlich Dual,
     da nach v. 23a und Dtn 34,9 Mose seine Hände auf Josua stemmte, vgl. z.B. B.
     Janowski, 201.

94   Vgl. unten S. 246ff.

95   Vgl. zu den unterschiedlichen Auslegungen dieser Stellen die Übersicht bei W. Groß,
     89ff. Nach W. Groß, 98, besteht "die gottgewollte Existenzform Israels" u.a. darin,
     daß es ein גוי unter einem König ist.

96   Sie läßt sich aber m.E. nicht halten, vgl. unten S. 263ff.

hat, als der zweite Tempel bereits errichtet war[97], waren damals für die Existenz
der Gemeinde jene Bedingungen gegeben, die Jahwe am Sinai gestiftet hatte.
Jedenfalls kann die Gemeinde bei P nicht ohne einen Hohepriester, aber ohne
einen "weltlichen" Führer existieren.

Eine andere Situation bestand freilich, als Mose starb. Damals waren die
Israeliten noch auf dem Weg in das Land Kanaan, das sie erobern mußten.
Deshalb brauchte die Gemeinde in dieser Zeit auch für P einen Führer, der in
den kriegerischen Konflikten an ihrer Spitze stand. Das legt Mose in Num
27,15-17 Jahwe dar. Nachdem ihm Jahwe seinen Tod angekündigt hat, bittet
Mose, daß Jahwe über die Gemeinde einen Mann bestellen möge, daß sie nicht
sei wie Schafe, die keinen Hirten haben. In dieser Situation wäre also die
Existenz der Gemeinde gefährdet, wenn sie keinen "weltlichen" Führer hat. Daß
Josua bei P erst auf die Bitte des Mose hin eingesetzt wird, beruht somit wahrscheinlich darauf, daß Josua hier kein Amt bekleidet, das es in der Gemeinde
immer geben wird. Die Bestellung Josuas durch einen für die Einsetzung in ein
Amt ungewöhnlichen Ritus und die Tatsache, daß auf ihn etwas von der Hoheit
des Mose übertragen wird, zeigen jedenfalls, daß die Einsetzung Josuas für P ein
einmaliger Vorgang war.

Das ist die Bestellung Josuas schon bei DtrH. Sie wird hier von Jahwe in
Dtn 3,28 angeordnet. Nach dem Tod Josuas hatte Jahwe aber für die Israeliten
keinen Führer mehr vorgesehen. Er gibt ihnen die Richter nur, weil sie von ihm
abfallen und deshalb von ihm in die Hand ihrer Feinde gegeben werden, bis sie
in ihrer Not zu ihm schreien (Jdc 2,11ff*). Bei DtrH war also für Israel ebenfalls
nur in der Zeit unmittelbar nach dem Tod des Mose ein Führer notwendig. Die
Kontinuität zwischen Mose und Josua wird hier dadurch unterstrichen, daß
Mose Josua eingesetzt hat, und daß Josua wie Mose den Ehrentitel "der Knecht
Jahwes" erhält[98]. Er bleibt den Richtern versagt. Erst David, mit dem Jahwe
eine neue Heilssetzung gestiftet hat, wird dann wieder als der Knecht Jahwes
bezeichnet. Mit der Auffassung, daß es sich bei der Einsetzung Josuas um einen
einmaligen Vorgang handelte, ist P also der Darstellung von DtrH gefolgt. Die
Kontinuität zwischen Mose und Josua unterstreicht P dadurch, daß auf Josua
etwas von der Hoheit des Mose übertragen wurde.

Daß in Num 27,15ff* Formulierungen vorkommen, die sonst in der Priesterschrift nicht belegt sind, erklärt sich nun eben daraus, daß P hier von einem

---

97   Zur Datierung von P vgl. S. 259ff.

98   Jos 24,29; Jdc 2,8. Der Abschnitt Jos 24,28-31 kommt in etwas anderer Reihenfolge
     und mit einigen Veränderungen in Jdc 2,6-9 nochmals vor. Die Frage, welche der
     beiden Fassungen von DtrH stammt, muß hier offen gelassen werden.

einmaligen Vorgang berichtet. L. Perlitt stellt zwar zu dem Gottesprädikat "der Gott der Geister für alles Fleisch" in v. 16 die Frage: "Ist diese singuläre Titelei denkbar in der Priesterschrift, die in solchen zentralen Aussagen sonst keinen Spaß versteht?"[99]. Aber für die Bitte des Mose in 27,15-17 gibt es bei P weder eine Parallele noch eine Analogie. Es ist somit durch die besondere Situation bedingt, daß P in 27,16 dieses Gottesprädikat verwendet. Mit ihm bereitet P die Aussage in v. 18a vor, daß es sich bei Josua um "einen Mann, in dem Geist ist" handelt. Auf die Beziehung zwischen v. 16 und v. 18a wurde bereits oben hingewiesen. Dann hat die Korachbearbeitung in Num 16,22 dieses Gottesprädikat aus 27,16 für die Fürbitte von Mose und Aaron übernommen.

Auch der Ausdruck "die Gemeinde Jahwes" (27,17) ist sonst nicht bei P belegt. Er kommt nur noch in den späten Stellen Num 31,16 und Jos 22,16f vor. In Num 27,17 verwendet ihn P, um einen bestimmten Akzent zu setzen. Das zeigt ein Vergleich mit 27,16. Hier steht "die Gemeinde", wie es dem sonstigen Sprachgebrauch von P entspricht. In v. 17 sagt dann Mose, daß die Gemeinde Jahwes nicht sein soll wie Schafe, die keinen Hirten haben. Mit der Formulierung "die Gemeinde Jahwes" will Mose hier bei P unterstreichen, daß die Existenz der Gemeinde nicht gefährdet werden soll, weil sie die Gemeinde Jahwes ist. Dazu gibt es bei P eine Analogie. In der Regel verwendet P nicht die Konstruktusverbindung קְהַל יְהוָה. Es gibt jedoch zwei Ausnahmen. In Num 16,3 stellen die 250 Männer Mose und Aaron die Frage: "Warum erhebt ihr euch über die Versammlung Jahwes?". Mit diesem Begriff wollen sie unterstreichen, daß die Versammlung Jahwe gehört. Aus diesem Grund darf sich für sie niemand über diese Versammlung erheben. In Num 20,4 werfen die Israeliten Mose und Aaron vor, daß sie die Versammlung Jahwes in die Wüste Zin gebracht haben, um dort zu sterben. Sie betonen hier mit dem Ausdruck "die Versammlung Jahwes", daß Mose und Aaron eigenmächtig die Existenz der Versammlung gefährdet und damit gegen den Willen Jahwes verstoßen haben, weil diese Versammlung sein Eigentum ist. Die Existenz der Versammlung darf also nicht auf das Spiel gesetzt werden, weil sie Jahwe gehört. Dasselbe bringt Mose mit dem Begriff "die Gemeinde Jahwes" in Num 27,17 zum Ausdruck. Er stellt hier Jahwe vor Augen, daß die Existenz der Gemeinde ohne einen Führer bedroht wäre. Das kann aber nicht die Absicht Jahwes sein, weil die Gemeinde eben die Gemeinde Jahwes ist. Die von dem sonstigen Sprachgebrauch der Priesterschrift abweichenden Formulierungen in Num 27,15ff* sind somit da-

---

99 L. Perlitt, Priesterschrift, 82.

durch bedingt, daß P hier von einem einmaligen Vorgang berichtet. Sie sind kein Beweis, daß dieses Stück in der Priesterschrift nicht enthalten war.

Zusammenfassend ist für Num 27,15-23 festzuhalten: Zu dem Bericht von der Einsetzung Josuas gehörten ursprünglich nur v. 15-18.20.22.23a. Dieser Grundbestand ist P zuzuweisen, weil sonst nicht erklärt werden kann, warum in der priesterlichen Kundschaftergeschichte (Num 13f*) entgegen der P überkommenen Überlieferung außer Kaleb auch Josua das Land Kanaan verteidigt und die Israeliten ermutigt. P bereitet mit dem Verhalten Josuas in der Kundschaftergeschichte seine spätere Einsetzung zum Führer der Israeliten vor. Tatsächlich schließt der Bericht in Num 27,15ff* sowohl literarisch als auch sachlich gut an die Jahwerede in 27,12f an. Dort befahl Jahwe dem Mose, zu dem Abarimberg hinaufzusteigen und das Land zu sehen, das er den Israeliten gegeben hat. Wenn Mose es gesehen hat, wird er sterben. Da Mose nun weiß, daß sein Tod unmittelbar bevorsteht, bittet er Jahwe um einen Mann, der die Gemeinde nach seinem Tod führen wird. Mit der Anweisung zur Bestellung Josuas erfüllt ihm Jahwe diese Bitte, und Mose setzt Josua vor dem Priester Eleasar und der ganzen Gemeinde ein. Die Vorlage von P war in Num 27,15ff* die deuteronomistische Darstellung, daß Mose auf einen Befehl Jahwes hin vor seinem Tod Josua zum Führer der Israeliten bestellt hat (Dtn 3,28; 31,1.2.7.8). Dieses Thema hat P jedoch eigenständig gestaltet. Ab Num 27,18 schildert P die Bestellung Josuas analog zu der Einsetzung Eleasars als Hohepriester in Num 20,22bff*. Damit hat die Gemeinde nach dem Tod des Mose bei P einen Hohepriester, Eleasar, und einen "weltlichen" Führer, Josua. Beide stehen nebeneinander.

Das entspricht der Erwartung, die der Prophet Sacharja für die bevorstehende Heilszeit hatte. Ihm wurde in dem Nachtgesicht von dem Leuchter und den beiden Ölbäumen (Sach 4,1-6aα.10b-14) und in dem Auftrag zu einer Krönungshandlung (Sach 6,9-15) angekündigt, daß Israel eine doppelte Spitze haben wird. Sie besteht aus dem König und dem Hohepriester. Tatsächlich hat P in Num 27,15ff* königliche Vorstellungen auf Josua übertragen. In seiner Darstellung macht P aber deutlich, daß es sich bei der Einsetzung Josuas um einen einmaligen Vorgang handelte. Das Aufstemmen der Hände ist lediglich bei Josua für die Einsetzung in ein Amt belegt. Für P war somit nur in der Zeit unmittelbar nach dem Tod des Mose die Existenz der Gemeinde gefährdet, wenn sie nicht neben dem Hohepriester noch einen "weltlichen" Führer hatte. Dagegen hat der Ergänzer, der Num 27,21 einfügte, Josua dem Priester Eleasar untergeordnet. Für ihn wurde also die Gemeinde von dem Hohepriester geleitet, als Mose gestorben war. Im Unterschied zu seiner Auffassung war jedoch bei P Josua nicht von der Weisung Eleasars abhängig. Mose hatte etwas von seiner

Hoheit auf Josua übertragen. Dadurch ist nun Josua der bevollmächtigte Führer der Israeliten, bei dem eine Kontinuität zu der Führung Israels durch Mose besteht. Dadurch hebt sich Josua auch von den späteren Königen Israels ab. Aus der priesterschriftlichen Darstellung in Num 27,12.13.15ff* ergeben sich m.E. wichtige Folgerungen für die Frage, was P nach diesem Abschnitt berichtete. In ihm erbittet Mose einen Führer für die Gemeinde, nachdem ihm Jahwe angekündigt hatte, daß er jetzt sterben muß. Das war offenbar bei P der einzige Punkt, der vor dem Tod des Mose noch geregelt werden mußte. Dann hat aber P direkt nach dem Ende des Berichts über die Einsetzung Josuas in Num 27,23a geschildert, daß Mose den Befehl Jahwes von Num 27,12 ausführte und starb. Für eine Rede des Mose an die Israeliten ist hier kein Raum. In der deuteronomistischen Darstellung führt zwar Mose die Anweisungen Jahwes, von denen in Dtn 3,27f berichtet wird, erst in Dtn 31,1ff* und 34,1* aus. Das ist jedoch dadurch bedingt, daß Mose hier den Israeliten erst noch das deuteronomische Gesetz mitteilen sollte, ehe er Josua als Führer einsetzte und den Gipfel des Pisga bestieg[100]. Aber auch im deuteronomistischen Geschichtswerk folgte der Bericht von dem Tod des Mose ursprünglich direkt auf die Einsetzung Josuas[101]. Hier waren somit die Bestellung des Nachfolgers und der Tod des Mose eng miteinander verbunden. Aus Num 27,12ff* ergibt sich, daß das auch bei P der Fall gewesen sein muß.

---

100 Gelegentlich wird angenommen, daß das deuteronomistische Geschichtswerk ursprünglich nicht das deuteronomische Gesetz enthielt (so z.B. H.D. Preuss, Deuteronomium, 22.84; T. Veijola, 253ff). Nun ist aber bei DtrH die Kultuszentralisation die Norm, an der die Könige gemessen werden. Dann muß schon DtrH berichtet haben, daß sie Jahwe den Israeliten mitteilen ließ. Bereits daraus geht hervor, daß das deuteronomische Gesetz im Werk von DtrH enthalten war. Das wird auch an einem anderen Punkt deutlich. In seiner Darstellung der Entstehung des Königtums setzt DtrH in I Sam 8-11 das Königsgesetz von Dtn 17,14ff voraus. In dem Wunsch des Volkes nach einem König wird in I Sam 8,5 Dtn 17,14b abgewandelt. Die Szene von der Loswahl Sauls (I Sam 10,17.20.21a.bα) hat DtrH aufgrund von Dtn 17,15a.bα gebildet. Saul wurde durch das Los als der Erwählte Jahwes in der Mitte seiner israelitischen Brüder zum König bestimmt, vgl. L. Schmidt, Deuteronomistisches Geschichtswerk, 107. DtrH kannte also nicht nur das deuteronomische Gesetz, sondern er hat es in sein Werk aufgenommen.

101 Nach M. Noth, Studien, 39f, stand im deuteronomistischen Geschichtswerk zwischen Dtn 31,8 und 34,1* ursprünglich lediglich, daß Mose das Gesetz aufschrieb und das Gesetzbuch von den Leviten neben die Lade legen ließ (Dtn 31,9aα.24-26a). Es sei aber möglich, daß auch Dtn 31,24-26a erst später nachgetragen wurde (M. Noth, Studien, 40 Anm. 1).

Dann ist P in Num 28-36 nicht vertreten. Auf eine Analyse dieser Kapitel muß hier verzichtet werden. Sie würde aber im Blick auf die Priesterschrift m.E. kein anderes Ergebnis erbringen, da aus der Darstellung in Num 27,12ff* eindeutig hervorgeht, daß bei P auf die Einsetzung Josuas nur der Bericht von dem Tod des Mose gefolgt sein kann. In der neueren Forschung wird auch überwiegend die Auffassung vertreten, daß für Num 28-36 nicht mit einem Anteil von P zu rechnen ist[102]. Dem haben freilich z.B. N. Lohfink und H. Seebass widersprochen. Für N. Lohfink stehen nach der Einsetzung Josuas bei P "also nur noch die allerletzten Gottesworte an Mose aus, und dann sein Tod". Hier sei die Beschreibung der Grenzen des Landes, das die Israeliten besitzen sollten, in Num 34,1-12 direkt auf Num 27,12-23 gefolgt, und danach habe P von dem Tod des Mose berichtet[103]. Ähnlich stellt H. Seebass fest: "27,23a verlangte nicht nur eine Fortsetzung, sondern hat sie auch sachlich in 34,2b-12, dem nur die Worteinführungsformel fehlt"[104]. Nun wurde aber oben auf S. 221 bereits darauf hingewiesen, daß entgegen der Auffassung von H. Seebass der priesterschriftliche Bericht von der Bestellung Josuas ursprünglich mit Num 27,23a endete. Für den Auftrag, den Israeliten die Grenzen ihres Landes mitzuteilen, ist danach kein Raum. Daß Gott bei P nochmals zu Mose gesprochen haben müsse, wie N. Lohfink meint, ist eine Voraussetzung, die sich mit der priesterschriftlichen Darstellung in Num 27,12.13.15ff* nicht vereinbaren läßt. Gegen diese These spricht zudem die priesterliche Kundschaftergeschichte (Num 13f*). In Num 13,2a gibt hier Jahwe dem Mose den Auftrag: "Sende Männer, daß sie das Land Kanaan erforschen, das ich im Begriff bin, den Israeliten zu geben". Dieses Land haben die Kundschafter nach Num 13,21 "von der Wüste Zin bis nach Rehob..." erforscht. Ihnen waren also die Grenzen des Landes Kanaan bekannt. Dann ist aber nicht einzusehen, warum Mose den Israeliten bei P vor seinem Tod noch die Grenzen ihres Landes mitteilen mußte. Es ist somit daran festzuhalten, daß in Num 28-36 nicht mit einem Anteil von P gerechnet werden kann.

Auch Dtn 1,3 stammt nicht von P. Die Datierung erfolgt zwar hier in einer Form, zu der es gerade in der Priesterschrift Parallelen gibt[105]. Deshalb ist dieser

---

102 Vgl. z.B. M. Noth, Studien, 201; ders., Numeri, 10; K. Elliger, 175; G.Chr. Macholz, 27f; P. Weimar, Struktur, 85 Anm. 18.

103 N. Lohfink, Schichten, 302f. Hier hat N. Lohfink seine frühere Auffassung modifiziert, daß Num 34,1-18 P zuzuweisen ist (so N. Lohfink, Priesterschrift, 222 Anm. 29).

104 H. Seebass, 62. Er rechnet außerdem mit einem Anteil von P in Num 32, der bei P auf Num 34,12 gefolgt sei (vgl. H. Seebass, 63f). Seine Analyse von Num 32 hat jedoch zur Voraussetzung, daß Num 34,2b-12 zu P gehört.

105 Vgl. die Belege bei S. Mittmann, 12.

Vers oft P zugewiesen worden[106]. Nun redete aber nach v. 3b Mose zu den Israeliten "gemäß allem, was Jahwe ihm für sie geboten hatte". Hier ist somit vorausgesetzt, daß Jahwe Mose einen Redeauftrag für die Israeliten erteilt hatte. Wenn jedoch die Grenzbeschreibungen in Num 34,1-12 nicht von P stammen, ist ein solcher Auftrag bei P nicht verankert. Deshalb rechnete C. Steuernagel lediglich v. 3a zu P. Er nahm an, daß diese Datierung ursprünglich die Einleitung zu Dtn 32,48ff war[107]. In der Analyse von Dtn 32,48ff wurde jedoch gezeigt, daß dieser Abschnitt nicht P zugewiesen werden kann[108]. Dann ist Dtn 1,3 ein Zusatz. Mit diesem Vers sollte die Rede des Mose, die in v. 6 beginnt, genau datiert und ausdrücklich auf eine Anweisung Jahwes zurückgeführt werden[109]. In Num 28 - Dtn 33 ist somit P nicht vertreten. Auf die Einsetzung Josuas folgte in der Priesterschrift direkt der Bericht von dem Tod des Mose.

V. Der Tod des Mose (Dtn 34,1a*.7-9)

Wenn der priesterschriftliche Bericht von dem Tod des Mose nicht ganz verlorenging, müßte er in Dtn 34,1-9 zumindest noch fragmentarisch enthalten sein. Tatsächlich werden hier meist v. 1aα.7-9 P zugewiesen[110]. Nach v. 1aα ist Mose von den Steppengebieten von Moab zu dem Berg Nebo hinaufgestiegen. In v. 1aβ wird dagegen der Gipfel des Pisga genannt. Diese Angabe stimmt mit Dtn 3,27 überein. Dort befahl Jahwe dem Mose, den Gipfel des Pisga zu besteigen. In v. 1aα stammt somit "zu dem Berg Nebo" nicht von DtrH. Das gilt auch für die Erwähnung der Steppengebiete von Moab. Sie wird von DtrH nicht vorbereitet. Hier hielten sich Mose und die Israeliten "im Tal gegenüber von Bet-Pegor" auf (Dtn 3,29; 34,6*). In v. 1aα werden also der Ausgangspunkt und das Ziel des Mose bei seinem Aufstieg anders als bei DtrH angegeben. Dagegen waren bei P die Israeliten in den Steppengebieten von Moab (Num 22,1), als Jahwe Mose den Tod ankündigte (Num 27,12f)[111]. Dort haben sie nach v. 8 Mose beweint. In v. 7a steht eine Notiz über das Alter des Mose bei seinem

---

106 Vgl. z.B. die Übersicht bei L. Perlitt, Priesterschrift, 65f, und N. Lohfink, Priesterschrift, 222 Anm. 29.

107 C. Steuernagel, 49.

108 Vgl. oben S. 211ff.

109 Vgl. L. Perlitt, Priesterschrift, 68ff.

110 Vgl. z.B. die Übersicht bei L. Perlitt, Priesterschrift, 65f.

111 Num 22,1 stand bei P direkt vor Num 27,12f, vgl. oben S. 218.

Tod, die genauso formuliert ist wie die chronologische Angabe der Priesterschrift in Ex 7,7. Darauf wird in v. 7b berichtet, daß das Auge des Mose nicht schwach geworden und seine Frische nicht gewichen war. Das widerspricht Dtn 31,2. Dort sagt Mose, daß er nicht mehr aus- und einziehen kann. Mose wurde nach v. 8 von den Israeliten 30 Tage lang beweint wie Aaron in Num 20,29*. In v. 9 wird erwähnt, daß Mose seine Hände auf Josua gestemmt hatte. Davon berichtet lediglich die priesterschriftliche Erzählung von der Einsetzung Josuas in Num 27,15ff*. Mit ihr stimmt außerdem überein, daß die Israeliten nach v. 9b auf Josua hörten. In Num 27,20 soll ja Mose etwas von seiner Hoheit auf Josua legen, damit die ganze Gemeinde der Israeliten hört. In v. 1aα und v. 7-9 bestehen somit deutliche Beziehungen zu der Darstellung von P.

Trotzdem hat L. Perlitt bestritten, daß P in Dtn 34 vertreten ist[112]. Er weist zunächst darauf hin, daß hier der Tod des Mose nicht von P, sondern von Dtr erzählt wird (v. 5*). Daraus zieht er den Schluß: "In diesem Darstellungsverzicht liegt, vor jeder näheren Betrachtung, eine so extrem unwahrscheinliche Annahme, daß von einer Unterordnung des Stoffes unter P oder auch von einer Einordnung in P nicht die Rede sein kann"[113]. Diese grundsätzliche Überlegung ist jedoch nicht überzeugend. Wenn P in Dtn 34 vertreten ist, stammt die gegenwärtige Fassung von einem Redaktor, der die deuteronomistische Darstellung mit der priesterschriftlichen verband. Auch P müßte natürlich zwischen v. 1aα und v. 7 zumindest berichtet haben, daß Mose starb. Das wäre jedoch nicht mehr erhalten, weil der Redaktor für den Tod des Mose die deuteronomistische Schilderung aufgenommen hätte. Das ist nicht so unwahrscheinlich, wie L. Perlitt anscheinend annimmt. Wenn einer Redaktion zwei Erzählungen vorlagen, die sie nicht vollständig zusammenarbeiten konnte, gab sie der jeweils ausführlicheren Darstellung den Vorzug[114]. Deshalb ist gelegentlich auch sonst die Priesterschrift nicht mehr lückenlos erhalten. So stammen z.B. in der Erzählung von der Geburt Jakobs und Esaus in Gen 25,19-26 v. 19.20.26b aus P[115]. Hier muß P aber zwischen v. 20 und v. 26b berichtet haben, daß Jakob und Esau geboren wurden. Darauf hat die Redaktion zugunsten der offenbar ausführlicheren vorpriesterlichen Erzählung in v. 21-26a verzichtet.

---

112 L. Perlitt, Priesterschrift, 76-86.

113 L. Perlitt, Priesterschrift, 76.

114 Das läßt sich z.B. an der Redaktion in Gen 27,1-45 zeigen, vgl. L. Schmidt, Jakob, 178.

115 Vgl. z.B. M. Noth, Pentateuch, 17.

In Dtn 34 konnte nur entweder nach Dtr oder nach P erzählt werden, daß Mose starb, weil sein Tod nicht zweimal berichtet werden konnte. Dann hat der Redaktor hier der deuteronomistischen Darstellung den Vorzug gegeben, weil sie in v. 1b-6[116] breiter war als der priesterliche Bericht. Tatsächlich ist es unwahrscheinlich, daß bei P Jahwe auf dem Berg nochmals zu Mose geredet hat, wie es DtrH in v. 4 berichtet. Bei P befahl Jahwe in Num 27,12 dem Mose, das Land zu sehen, "das ich den Israeliten gegeben habe". Außerdem kündigte er ihm in 27,13 an, daß er sterben wird, wenn er das Land gesehen hat. Die Aussagen von Dtn 34,4 sind somit bei P in eigener Gestaltung bereits in Num 27,12f enthalten. Das läßt sich kaum erklären, wenn in dem priesterlichen Bericht von dem Tod des Mose eine Parallele zu Dtn 34,4 enthalten war. In Dtn 34,5 wird Mose "der Knecht Jahwes" genannt. Diesen Ehrentitel hat er bei P nicht. Auf ihn hat aber ein Redaktor schwerlich verzichtet, wenn er in einer seiner Vorlagen stand. Außerdem war die priesterliche Parallele zu v. 5* wohl kürzer, weil sie die Angabe "im Lande Moab" nicht enthielt. Dieser Ausdruck ist bei P nicht belegt. Der Redaktor hat somit in v. 5* die deuteronomistische Schilderung von dem Tod des Mose aufgenommen, weil sie ausführlicher war als P[117]. Daß in dem angenommenen priesterlichen Faden zwischen v. 1aα und v. 7 eine Lücke besteht, ist somit kein Gegenargument, daß P in Dtn 34 vertreten ist.

L. Perlitt will allerdings auch im einzelnen nachweisen, daß die hier P zugewiesenen Stücke nicht aus dieser Quellenschrift stammen. Deshalb müssen seine weiteren Argumente im folgenden überprüft werden. Zu der Angabe in v. 7a, daß Mose bei seinem Tod 120 Jahre alt war, verweist L. Perlitt auf Dtn 31,2. Dort sagt Mose: "Ich bin jetzt 120 Jahre alt". Dtn 34,7a stamme zwar "gewiß nicht von derselben Hand, aber auch nicht notwendig aus einem anderen Traditionskreis"[118]. Nun war nach Ex 7,7 Mose 80 Jahre alt, als er und Aaron zu dem Pharao redeten. Diese Angabe beruht, worauf L. Perlitt mit Recht hinweist, auf der Vorstellung, daß Mose 120 Jahre alt wurde und daß sich die Israeliten 40 Jahre in der Wüste aufhielten. Ex 7,7 darf jedoch P nicht abgesprochen werden. Mit diesem Vers markiert P, daß seine Darstellung von der Berufung des Mose

---

116 Die Beschreibung des Landes in v. 1bβ-3 dürfte ein Zusatz sein, vgl. C. Steuernagel, 182; M. Noth, Studien, 213 Anm. 1. Ob er der Redaktion bereits vorlag, muß hier offen gelassen werden. Der Schluß von v. 5 "auf den Befehl Jahwes hin" stammt von dem Verfasser von Dtn 32,48-52, vgl. S. 214.

117 In der priesterlichen Parallele zu v. 5 dürfte es etwa geheißen haben: "Da starb dort Mose".

118 L. Perlitt, Priesterschrift, 78.

(Ex 6,2-12; 7,1.2.4-7) abgeschlossen ist[119]. Aus Ex 7,7 ergibt sich somit, daß Mose auch bei P 120 Jahre alt wurde. Das wußte P offenbar aus Dtn 31,2. In den Analysen der Erzählung von dem Tod Aarons, der Jahwerede in Num 27,12f und der Einsetzung Josuas in Num 27,15ff* wurde gezeigt, daß P hier jeweils die deuteronomistische Darstellung als Vorlage benutzte. Dann läßt sich nicht begründen, warum P für das Alter des Mose auf eine andere Tradition zurückgegriffen haben sollte. P errechnete also aus der Angabe über das Alter des Mose in Dtn 31,2, daß Mose bei seinem Auftreten vor dem Pharao 80 Jahre alt war. Da die Formulierung in Dtn 34,7a Ex 7,7 entspricht, gehört dann dieser Halbvers ebenfalls zu P. Es ist doch schwerlich Zufall, daß die chronologischen Notizen über das Alter des Mose bei seinem Auftreten vor dem Pharao und bei seinem Tod dieselbe Struktur haben[120].

Dtn 34,7b setzt v. 7a voraus, da hier Mose nicht ausdrücklich als Subjekt genannt wird. Auch sachlich schließt die Angabe, daß Mose bei seinem Tod noch im Vollbesitz seiner Kräfte war, gut an v. 7a an. Dann stammt v. 7b ebenfalls von P. L. Perlitt stellt freilich mit Recht fest: "Aus der Sprache von V. 7b kann man schlechterdings auf keine bestimmte Herkunft oder gar Quelle schließen"[121]. Für die Zuweisung von v. 7b an P spricht aber nicht nur, daß dieser Halbvers glatt an v. 7a anschließt, sondern auch eine inhaltliche Überlegung. Es wurde schon erwähnt, daß sich v. 7b nicht mit Dtn 31,2 vereinbaren läßt. Dort war Mose altersschwach, dagegen hatten nach 34,7b seine Kräfte noch nicht nachgelassen. Für L. Perlitt sind freilich diese unterschiedlichen Angaben über den Zustand des Mose "nicht gegeneinander auszuspielen und schon gar nicht für Quellen-Differenzen auszuschlachten"[122]. Aber in ihnen kommt doch eindeutig eine verschiedene Sicht von der körperlichen Verfassung des Mose bei seinem Tod zum Ausdruck. Deshalb stellt sich die Frage, warum nach Dtn 34,7b Mose damals noch im Vollbesitz seiner Kräfte war.

Das ist nun gerade bei P gut verständlich. Auch hier war zwar Mose bei seinem Tod schon 120 Jahre alt. Er starb jedoch nicht wegen seines hohen Alters, sondern weil ihn Jahwe wegen seiner Verfehlung in der Geschichte von dem Wasser aus dem Felsen damit bestrafte, daß er die Israeliten nicht in das Land Kanaan bringen durfte (Num 20,12). Sein körperlicher Zustand hätte es

---

119 Vgl. dazu oben S. 33.

120 Diese Struktur hat bei P auch die chronologische Angabe in Gen 25,26b. Diese Stelle hat L. Perlitt, Priesterschrift, 77 Anm. 31, übersehen.

121 L. Perlitt, Priesterschrift, 78.

122 L. Perlitt, Priesterschrift, 78.

Mose bei P also durchaus ermöglicht, die Israeliten in das Land zu führen. Das hatte ihm jedoch Jahwe wegen seiner Schuld verwehrt. Aus diesem Grund betont P in Dtn 34,7b, daß Mose bei seinem Tod noch im Vollbesitz seiner Kräfte war. Hier hat P bewußt Dtn 31,2 korrigiert, um deutlich zu machen, daß Mose eben nicht wegen seines hohen Alters gestorben ist. Daß Dtn 34,7b gerade bei P einen guten Sinn ergibt, mag nicht sofort erkennbar sein, weil nun die priesterlichen Fragmente in Dtn 34 zu weit von ihrem ursprünglichen Kontext entfernt stehen. Es wird aber deutlich, wenn man beachtet, daß bei P zwischen der Geschichte von dem Wasser aus dem Felsen und dem Bericht von dem Tod des Mose nur die Erzählungen in Num 20,22bff* und 22,1; 27,12ff* standen, die ihrerseits eng auf Num 20,12b bezogen sind. Nun hat L. Perlitt gegen die Zuweisung von Dtn 34,7 an P ein weiteres Argument angeführt. Er schreibt: "Wer in V. 7 P auch nur vermutet, sollte sich dann auch darüber wundern, daß Mose nicht so formelhaft und feierlich verabschiedet wird wie Abraham bei P"[123]. Doch in der Priesterschrift besteht eben zwischen dem Tod Abrahams und dem des Mose ein erheblicher Unterschied. Abraham starb in gutem Alter, alt und lebenssatt (Gen 25,8). Auch Mose war zwar bei seinem Tod alt, aber er mußte wegen seiner Verfehlung sterben. Dtn 34,7 darf somit P nicht abgesprochen werden.

Daß Dtn 34,8 nicht zu P gehört, folgt für L. Perlitt aus der Parallele zu v. 8a in Num 20,29b. In der Analyse der Erzählung von dem Tod Aarons wurde bereits darauf hingewiesen, daß L. Perlitt wegen der Formulierung "das ganze Haus Israel" Num 20,29b für einen Nachtrag hält. Seine Folgerung lautet: "Daraus folgt etwas sehr Einfaches: Ist schon Num 20,29b nicht von P, so erst recht nicht Dtn 34,8a"[124]. Diese Argumentation ist m.E. nicht überzeugend. Selbst wenn Num 20,29b P abzusprechen wäre, ergibt sich daraus lediglich, daß Dtn 34,8 nicht unter Verweis auf Num 20,29b P zugewiesen werden darf. Es müßte aber geprüft werden, ob sich nicht aus anderen Gründen ergibt, daß Dtn 34,8 von P stammt, zumal L. Perlitt in Dtn 34,8 die Vorlage für Num 20,29b sieht. Dtn 34,8 läßt sich z.B. kaum P absprechen, wenn in Dtn 34 v. 7 und v. 9 zu P zu rechnen sind. Daß v. 7 P zuzuweisen ist, wurde oben gezeigt. Für v. 9 wird der Nachweis noch erbracht werden. Aber auch die Voraussetzung, von der L. Perlitt in seiner Beurteilung von Dtn 34,8 ausgeht, läßt sich nicht halten. Die Untersuchung von Num 20,29b hat ergeben, daß dieser Halbvers nicht im Ganzen sekundär ist, sondern daß hier lediglich die Worte am Schluß ("das

123 L. Perlitt, Priesterschrift, 78.
124 L. Perlitt, Priesterschrift, 79.

ganze Haus Israel") nachgetragen wurden[125]. Schon P berichtete also, daß Aaron
30 Tage lang beweint wurde. Dann ist aber zu erwarten, daß P auch erzählte,
daß die Israeliten ebenfalls 30 Tage um Mose trauerten. P hat die Erzählung
von dem Tod Aarons in Anlehnung an den deuteronomistischen Bericht von
dem Tod des Mose gestaltet. Zwischen dem Tod dieser beiden Männer bestand
dann aber auch bei P eine Parallele. Das bestätigt der Aufstiegsbefehl an Mose
in Num 27,12.

Da nach L. Perlitt die Erzählung von der Einsetzung Josuas in Num 27,15ff*
nicht in der Priesterschrift enthalten war, spricht er auch Dtn 34,9 P ab[126]. Für
ihn ist sogar dieser Vers "weder eine Fortführung oder Wiederaufnahme noch
auch ein Extrakt aus Num 27,15-23"[127]. Dieses Urteil befremdet, da nur in
diesen beiden Texten das Aufstemmen der Hände für die Einsetzung in ein Amt
belegt ist. Schon daraus geht hervor, daß in Dtn 34,9 der Bericht von der
Einsetzung Josuas in Num 27,15ff aufgenommen wird. Das bestreitet L. Perlitt,
weil er nicht erkannt hat, daß Num 27,21 sekundär ist. Deshalb meint er zu
Num 27,15ff: "... in V. 19-23 läuft der Text darauf hinaus, daß Josua vom Priester Eleasar und seinem priesterlichen Amt abhängig gemacht wird"[128]. Die
Intention von Num 27,21 wird in Dtn 34,9 in der Tat nicht aufgenommen. Hier
liegt aber ein deutlicher Rückbezug auf den Grundbestand in Num 27,18ff* vor.
Die Übereinstimmung zwischen beiden Texten beschränkt sich nicht darauf, daß
Mose seine Hände auf Josua stemmte, wie L. Perlitt meint[129], sondern in Dtn
34,9b wird außerdem ausdrücklich auf Num 27,20 verwiesen. Es heißt in Dtn
34,9b: "Da hörten die Israeliten auf ihn und sie taten, wie Jahwe dem Mose
geboten hatte". Das ist keine "dtr Phraseologie"[130]. Im Deuteronomium wird
sonst nirgends erwähnt, daß die Israeliten auf Josua hören sollten. Eine ver-
gleichbare Formulierung steht im deuteronomistischen Geschichtswerk erstmals
in Jos 1,17. Dort sagen die 2½ Stämme, die im Ostjordanland ihre Wohngebiete erhalten hatten, zu Josua: "Ganz wie wir auf Mose gehört haben, so wollen
wir auf dich hören". Aber auch hier wird nicht erwähnt, daß Jahwe diesen
Gehorsam dem Mose geboten hatte. In Jos 1,7.13 wird zwar auf Anweisungen

---

125 Vgl. oben S. 209.

126 L. Perlitt, Priesterschrift, 80ff. Auch S. Mittmann, 112, und R. Lux, 409, rechnen Dtn
     34,9 nicht zu P, da sie Num 27,15ff der Priesterschrift absprechen.

127 L. Perlitt, Priesterschrift, 82.

128 L. Perlitt, Priesterschrift, 82.

129 L. Perlitt, Priesterschrift, 81.

130 So L. Perlitt, Priesterschrift, 80.

des Mose verwiesen. Aber diese Stellen unterscheiden sich charakteristisch von Dtn 34,9b. In Jos 1,13 erinnert Josua die 2½ Stämme an das Wort, "das euch Mose, der Knecht Jahwes, geboten hat". Jahwe ermutigt in 1,7 Josua, "zu bewahren zu tun 'wie' Mose, mein Knecht, dir geboten hat"[131]. Im Unterschied zu Dtn 34,9b wird hier also nicht ausdrücklich erwähnt, daß Jahwe diese Anweisungen dem Mose geboten hatte.

Dann kann sich Dtn 34,9b nur auf Num 27,20 beziehen. Dort befahl Jahwe dem Mose, etwas von seiner Hoheit auf Josua zu legen, damit die ganze Gemeinde der Israeliten hört. In Dtn 34,9b wird nun festgestellt, daß die Israeliten nach dem Tod des Mose auf Josua hörten und damit taten, "wie Jahwe dem Mose geboten hatte". Diese Formulierung setzt nicht voraus, daß Mose den Israeliten befohlen hatte, auf Josua zu hören. Es wird nur erwähnt, daß sie eine Anweisung ausführten, die Jahwe Mose gegeben hatte. Auch darin stimmt Dtn 34,9b mit Num 27,20 überein. Dort erhielt Mose nicht den Auftrag, den Israeliten zu gebieten, daß sie auf Josua hören sollen. Vielmehr wird die ganze Gemeinde der Israeliten auf Josua hören, wenn Mose etwas von seiner Hoheit auf Josua legt. Diese Hoheitsübertragung hat die zwangsläufige Folge, daß die Israeliten auf Josua hören werden. Es bedarf dazu keines ausdrücklichen Befehls. In Dtn 34,9 wird somit deutlich auf den priesterschriftlichen Bericht von der Einsetzung Josuas Bezug genommen.

Freilich war Josua nach Dtn 34,9aα mit dem Geist der Weisheit erfüllt. Das wird in Num 27,15ff nicht erwähnt. L. Perlitt macht zu Recht darauf aufmerksam, daß es zu dieser Aussage für Mose oder Josua im Pentateuch keine Parallele gibt. Er verweist auf die messianische Weissagung in Jes 11,2. Diese königliche Linie könne der Verfasser auf Josua ausgezogen haben[132]. In der Tat dürfte hier ein königliches Element auf Josua übertragen worden sein. Daraus folgt jedoch gegen L. Perlitt nicht, daß Dtn 34,9 nicht der Priesterschrift zugewiesen werden kann. In der Analyse von Num 27,15ff wurde oben gezeigt, daß P hier auf Josua Vorstellungen überträgt, die aus dem königlichen Bereich stammen. Dann ist auch Dtn 34,9aα bei P möglich. Allerdings wird in Dtn 34,9a die Folge davon, daß Mose auf Josua seine Hände stemmte, anders beschrieben als in Num 27,20. Dieser Ritus bewirkt hier, daß Mose mit dem Geist der Weisheit auf Josua ein Charisma überträgt, das ihn zur Führung der Israeliten befähigt. Dagegen sollte in Num 27,20 Mose durch das Aufstemmen seiner Hände etwas von seiner Hoheit auf Josua legen. Hier wird somit auf Josua Autorität übertra-

---

131 Zum Text vgl. BHS. Jos 1,7 stammt von DtrN, vgl. R. Smend, Entstehung, 114f.

132 L. Perlitt, Priesterschrift, 81.

gen. Beide Stellen lassen sich aber durchaus miteinander vereinbaren. In Num 27,20 und Dtn 34,9a wird die Wirkung des Ritus unter zwei verschiedenen Aspekten beschrieben, die sich ergänzen. Als Führer der Israeliten benötigte Josua eine bestimmte Autorität und eine besondere Befähigung. Gerade daß in Num 27,20 und in Dtn 34,9a jeweils königliche Vorstellungen auf Josua übertragen werden, zeigt, daß zwischen diesen Stellen ein innerer Zusammenhang besteht.

Freilich war Josua nach Num 27,18a schon vor seiner Einsetzung "ein Mann, in dem Geist ist", während er nach Dtn 34,9a erst bei seiner Bestellung zum Führer der Israeliten mit dem Geist der Weisheit erfüllt wurde. Auf diesen Unterschied ist oft hingewiesen worden[133]. Auch diese Angaben lassen sich aber durchaus miteinander vereinbaren. Mit den beiden Begriffen "Geist" und "Geist der Weisheit" wird ein verschiedener Sachverhalt ausgedrückt. In Num 27,18a beschreibt P mit den Worten "ein Mann, in dem Geist ist" eine Eigenschaft Josuas. Er war also schon vor seiner Bestellung zum Führer der Israeliten ein mutiger Mann[134]. Bei seiner Einsetzung wurde ihm aber nach Dtn 34,9a der Geist der Weisheit verliehen. Erst dadurch war Josua imstande, die Israeliten zu führen. Das mutige Verhalten Josuas in der Kundschaftergeschichte sollte zwar in der Priesterschrift erklären, warum Jahwe gerade Josua mit der Führung der Israeliten betraute. Aber für diese Aufgabe brauchte Josua bei P noch als besondere Befähigung den Geist der Weisheit. Ihn erhielt Josua erst, als er von Mose zum Führer der Israeliten eingesetzt wurde. Darin unterscheidet sich P wieder deutlich von der deuteronomistischen Darstellung. In ihr hat Mose Josua lediglich zu seiner Aufgabe ermutigt und ihm den Beistand Jahwes zugesagt.

Die Überprüfung der Argumente, mit denen L. Perlitt Dtn 34,7-9 P abspricht, hat ergeben, daß diese Verse doch aus der Priesterschrift stammen. Mit ihnen endete bei P der Bericht von dem Tod des Mose. Durch v. 9 markiert P einen Einschnitt. Hier steht die Ausführungsformel "da taten sie, wie Jahwe dem Mose geboten hatte" erst nach dem Bericht, daß die Israeliten auf Josua hörten. Diese Stellung ist ungewöhnlich. Wenn P außer der Ausführungsformel auch einen Bericht bietet, geht in der Regel diese Formel dem Bericht voran[135]. Die umgekehrte Reihenfolge in Dtn 34,9 läßt sich dann nur so erklären, daß P hier mit der Ausführungsformel einen Abschluß betonen wollte. Jahwe hatte das Ziel erreicht, das er nach Num 27,20 mit der Einsetzung Josuas verfolgte: Nach dem

---

133 Vgl. oben S. 228 Anm. 75.

134 Vgl. oben S. 228f.

135 Vgl. z.B. Gen 50,12f; Num 20,27f; 27,22.23a.

Tod des Mose hörten die Israeliten auf Josua. Der Hohepriester Eleasar wird in Dtn 34,9 nicht erwähnt. Daran wird nochmals deutlich, daß Josua für P nicht an die Weisung Eleasars gebunden war. Auf sie war Josua nicht angewiesen, weil er eben seit seiner Einsetzung mit dem Geist der Weisheit erfüllt war. Damit bestätigt Dtn 34,9, daß bei P nach dem Tod des Mose Josua als "weltlicher" Führer neben dem Hohepriester Eleasar stand.

Es bleibt noch zu prüfen, ob P auch in Dtn 34,1a vertreten ist. Hier stammt v. 1aβ sicher von DtrH, da Jahwe nach Dtn 3,27 Mose gebot, den Gipfel des Pisga zu besteigen. Dann dürfte bei DtrH der Bericht von dem Tod des Mose mit den Worten begonnen haben: "Da bestieg Mose den Gipfel des Pisga". Nun heißt es jedoch in Dtn 34,1aα, daß Mose "von den Steppengebieten von Moab zu dem Berg Nebo" hinaufstieg. Nach L. Perlitt ist der Berg Nebo in 34,1a und 32,49 deutlich ein Zusatz[136]. Deshalb könnten in 34,1a höchstens "von den Steppengebieten von Moab" und die Näherbestimmung in v. 1aγ P zugewiesen werden. Aber daß P nur für diese Elemente überhaupt in Frage komme, zeige, daß es sich auch bei ihnen um spätere Ergänzungen handle[137].

Nun wurde aber oben gezeigt, daß Dtn 34,7-9 von P stammt. Dann geht die Verbindung der deuteronomistischen und der priesterschriftlichen Darstellung von dem Tod des Mose in Dtn 34 auf jenen Redaktor zurück, der Dtn 32,48-52 geschaffen hat. Er setzt hier eine Überlieferung voraus, in der Mose auf dem Berg Nebo starb[138]. Dann stammt 34,1aα von P. Es läßt sich kaum erklären, daß der Abarimberg in Dtn 34 überhaupt nicht erwähnt wird, wenn P berichtete, daß Mose auf diesem Berg gestorben ist. Der Redaktor hat ja sonst die P-Fassung berücksichtigt, so weit er sie mit der deuteronomistischen Version verbinden konnte. Daß Jahwe Mose bei P in Num 27,12 befahl, "zu diesem Abarimberg" hinaufzusteigen, Mose jedoch in Dtn 34,1aα "zu dem Berg Nebo" hinaufstieg, läßt sich miteinander vereinbaren. Schon der Redaktor war in 32,49 der Meinung, daß Abarim nicht der Name des Berges ist, auf dem Mose starb, sondern daß dieser Berg Nebo heißt[139]. Das war anscheinend schon die Auffassung von P. Tatsächlich ist es schwer vorstellbar, daß bei P Abarim der Name eines Berges sein sollte. In Num 33,47f werden die Abarimberge erwähnt. Hier ist Abarim nicht der Name eines einzelnen Berges, sondern des Gebirges östlich des Toten Meeres. Auch die Wortbildung Abarim, die doch wohl eine Plural-

---

136 L. Perlitt, Priesterschrift, 84f; so schon M. Noth, vgl. oben S. 213.
137 L. Perlitt, Priesterschrift, 85f.
138 Vgl. S. 213.
139 Vgl. dazu S. 213.

form ist, weist darauf hin, daß Abarim nicht die Bezeichnung eines Berges ist, sondern die jenseitigen Berge "von der Sicht des westjordan. Gebirges her" meint[140]. Dann hat P in Num 27,12 den Begriff "Abarimberg" gewählt, um zu verdeutlichen, daß Mose einen Berg besteigen soll, der jenseits des Landes Kanaan liegt, das Jahwe den Israeliten gegeben hat. Durch die Formulierung "*diesen* Abarimberg" besteht für Mose kein Zweifel darüber, welchen Berg er besteigen soll. Der Leser erfährt aber erst in dem Ausführungsbericht zu Num 27,12, daß es sich um den Berg Nebo handelte[141]. Die unterschiedlichen Angaben in Num 27,12 und Dtn 34,1aα lassen sich somit miteinander vereinbaren.

Zudem ist die Angabe in v. 1aα, daß Mose "von den Steppengebieten von Moab" hinaufstieg, gerade bei P gut verankert. Hier wird in v. 8 ausdrücklich erwähnt, daß die Israeliten Mose in den Steppengebieten von Moab beweinten. Dadurch sind der Anfang (v. 1aα) und das Ende (v. 8) des priesterlichen Berichts von dem Tod des Mose aufeinander bezogen. Mose stieg "von den Steppengebieten von Moab" zu dem Berg Nebo hinauf, und die Israeliten haben ihn "in den Steppengebieten von Moab" beweint. Das ist eine bewußte Gestaltung. Aus den genannten Beobachtungen geht somit hervor, daß v. 1aα P zuzuweisen ist.

Von P dürfte auch v. 1aγ stammen[142]. Die Angabe paßt gut zu der Notiz von P in Num 22,1, wonach die Israeliten "in den Steppengebieten von Moab jenseits des Jordans von Jericho" lagerten. In Dtn 3,27 wird der Gipfel des Pisga ohne geographische Näherbestimmung erwähnt. Dagegen kommt der Relativsatz "der gegenüber von Jericho ist" auch in Dtn 32,49 vor. Dort wird durch ihn die Lage des Berges Nebo genauer bestimmt. Das legt es nahe, daß der Verfasser von Dtn 32,49 diese Angabe in dem priesterschriftlichen Bericht von dem Tod des Mose vorgefunden hat. In Dtn 32,49 wird die Lage des Nebo durch zwei Relativsätze näher bestimmt, die unmittelbar aufeinander folgen. Das ist eine sehr schwerfällige Konstruktion. Sie wird am ehesten verständlich, wenn dem Verfasser "der gegenüber von Jericho ist" als Näherbestimmung des Berges Nebo vorgegeben war. Er hat ihr den Relativsatz "der im Land Moab ist" vorangestellt, um die Angabe in 34,5 vorzubereiten, daß Mose im Land Moab starb. Darauf wurde bereits in der Analyse von Dtn 32,48ff aufmerksam gemacht[143]. In Dtn 34,1a gehören somit v. 1aα.γ zu P.

---

140 H.W. Hertzberg, 3.

141 Ähnlich S. Mittmann, 114. Danach hat P in Dtn 34,1aα "das 'Abarimgebirge' von Num 27,12 präzisierend durch den 'Berg Nebo' ersetzt".

142 Dagegen hält z.B. C. Steuernagel, 182, 34,1aγ für eine Glosse.

143 Vgl. S. 212.

Nun wurde oben bereits darauf hingewiesen, daß die Einleitung zu dem Bericht von dem Tod des Mose bei DtrH wahrscheinlich lautete: "Da bestieg Mose den Gipfel des Pisga". Sie stimmte also mit dem Anfang der priesterlichen Darstellung darin überein, daß Mose einen Berg bestieg. Der Redaktor konnte aber nicht zweimal erzählen, daß Mose zu einem Berg hinaufstieg. In diesem Punkt mußte er sich also zwischen DtrH und P entscheiden. Er nahm v. 1aα.γ aus P auf, weil die priesterliche Fassung ausführlicher war als DtrH. Nur P erwähnte, von wo Mose aufstieg, und hier wurde außerdem die Lage des Berges genauer bestimmt. Die Formulierung in v. 1a legt es nahe, daß für den Redaktor mit dem Berg Nebo und dem Gipfel des Pisga nicht verschiedene Berge genannt wurden. Durch v. 1aβ wird nun "zu dem Berg Nebo" in v. 1aα näher bestimmt. Anscheinend hat der Redaktor die deuteronomistische Angabe in v. 1aβ so verstanden, daß der Gipfel des Berges Nebo Pisga hieß. So erklärt es sich auch am einfachsten, daß der Redaktor in Dtn 32,49 den Gipfel des Pisga nicht erwähnt. In v. 1a bildet somit die priesterliche Fassung die Grundlage, in die der Redaktor lediglich v. 1aβ aus DtrH eingefügt hat, weil er dadurch seine beiden Vorlagen zur Geltung bringen konnte. Dagegen hat er, wie oben gezeigt wurde, für den Tod des Mose in v. 5 die deuteronomistische Darstellung aufgenommen, weil sie hier ausführlicher war als P. Daß v. 5 im wesentlichen von DtrH stammt, beweist somit nicht, daß v. 1aα.γ nicht zu P gehört. Vielmehr wollte der Redaktor seine Vorlagen möglichst weitgehend aufnehmen. Diese Absicht bestimmte, welcher Fassung er jeweils den Vorzug gab. Zu Dtn 34,1-9 ist somit festzuhalten: Hier ist in v. 1aα.γ und v. 7-9 der priesterschriftliche Bericht von dem Tod des Mose noch fragmentarisch erhalten.

VI. Ergebnisse und Folgerungen

Aus den analysierten Texten ergibt sich, daß die Priesterschrift nach Num 20,12 berichtete, daß Mose und Aaron gestorben sind. Sie ist zwischen Num 20,12 und Dtn 34,9 noch weitgehend erhalten. Zu P gehören: Num 20,22b.23aα. 25-28.29* (ohne "das ganze Haus Israel"); 22,1; 27,12.13.15-18.20.22.23a; Dtn 34,1aα.γ.7-9. P hat hier seine Darstellung in zwei Abschnitte gegliedert. Der erste Teil besteht aus der Erzählung von dem Tod Aarons und der Einsetzung Eleasars in Num 20,22bff*. Sie beginnt bei P mit einer Wandernotiz (20,22b). Mit der Wandernotiz in 22,1 leitet P den zweiten Teil ein. Nach ihr lagerten die Israeliten in den Steppengebieten von Moab. Dort haben sie aber auch Mose beweint (Dtn 34,8). Schon das legt es nahe, daß der zweite Teil in der Priesterschrift erst mit Dtn 34,9 endete. Sein Thema ist der Tod des Mose und die Einsetzung Josuas. Tatsächlich ist der Bericht über die Bestellung Josuas in Num 27,15ff* keine eigene Erzählung, da er eng auf die Jahwerede in Num 27,12f bezogen ist. Mose erbittet in 27,15-17 einen Führer für die Gemeinde, weil ihm Jahwe in 27,12f angekündigt hatte, daß er jetzt sterben muß. In der Priesterschrift folgten also auf Num 20,12 zwei Erzählungen. In der kürzeren ersten schilderte P den Tod Aarons und die Einsetzung Eleasars, in der umfangreicheren zweiten die Einsetzung Josuas und den Tod des Mose.

In beiden Erzählungen wird also jeweils von dem Tod eines der beiden Führer der Israeliten und der Einsetzung seines Nachfolgers berichtet. Dadurch sind sie bei P eng aufeinander bezogen. Das wird auch daran deutlich, daß P den Tod Aarons und den des Mose in ähnlicher Weise schildert. Sie sind beide auf einem Berg gestorben und wurden von den Israeliten 30 Tage beweint. Dann bilden diese zwei Erzählungen bei P ein Paar. P hat also nicht nur seine vier Murrerzählungen paarweise angeordnet[144], sondern auch die Erzählungen von dem Tod von Aaron und Mose als Paar gestaltet. Ihre Komposition ist ein weiteres Argument gegen die Auffassung, daß P auch in Num 28-36 vertreten ist[145]. Aaron hat den Israeliten vor seinem Tod nichts mehr zu sagen. Deshalb würde die Parallele zwischen beiden Erzählungen empfindlich gestört, wenn P berichtet hätte, daß Mose nach der Einsetzung Josuas den Israeliten noch weitere Anweisungen Jahwes mitzuteilen hatte, ehe er starb.

Nun hat auch P. Weimar betont, daß die Erzählungen von dem Tod von Aaron und Mose einander paarweise zugeordnet sind. Er nimmt aber außerdem an, daß sie bei P auf zwei Murrerzählungen bezogen sind, die nach ihm ihrerseits ein Paar bilden. Die Erzählung von dem Tod des Mose sei der priesterlichen Kundschaftergeschichte (Num 13f*) zugeordnet, die Erzählung von dem Tod Aarons der Geschichte von dem Wasser aus dem Felsen (Num 20,1ff*)[146]. Das läßt sich jedoch nicht halten. In Num 27,15ff* wird zwar Josua zum Führer der Israeliten bestellt, weil er sich in der priesterlichen Kundschaftergeschichte als mutig erwiesen hatte. Die Zuordnungen von P. Weimar setzen aber voraus, daß P in Num 16f nicht vertreten ist. Nur in diesem Fall bilden die Kundschaftergeschichte und die Erzählung von dem Wasser aus dem Felsen bei P ein Paar. In der Analyse von Num 16f wurde aber gezeigt, daß hier ein

---

144 Vgl. dazu oben S. 195ff.

145 Das ergibt sich auch schon aus der Darstellung von P in Num 27,12ff*, vgl. oben S. 240.

146 P. Weimar, Struktur, 144f.

Grundbestand P zuzuweisen ist[147]. Zudem sind die Erzählungen von dem Tod von Aaron und Mose in gleicher Weise auf die Geschichte von dem Wasser aus dem Felsen bezogen. Aaron und Mose müssen außerhalb des Landes Kanaan sterben, weil sie damals schuldig geworden sind. Ihre Verfehlung bestand in den Worten, die nach Num 20,10 Mose an die Israeliten richtete. Dann beginnt bei P mit der Wandernotiz in Num 20,22b ein neuer Abschnitt. In ihm berichtet P in zwei einander paarweise zugeordneten Erzählungen, daß Jahwe erfüllt hat, was er Mose und Aaron in Num 20,12 angekündigt hatte: Sie starben außerhalb des Landes Kanaan und haben somit die Israeliten nicht in dieses Land gebracht.

An die Stelle von Mose und Aaron treten bei P Josua und Eleasar. Eleasar, dem bei seiner Investitur die Kleider Aarons angezogen wurden, ist der neue Hohepriester. Er führt jedoch nicht die Israeliten. Diese Aufgabe ist bei P vielmehr Josua vorbehalten. Er ist der Führer, den Mose in Num 27,15-17 für die Gemeinde erbittet. Nach Num 27,20 sollte Mose etwas von seiner Hoheit auf Josua legen, damit die ganze Gemeinde der Israeliten hört. P berichtet dann in Dtn 34,9, daß die Israeliten nach dem Tod des Mose auf Josua hörten. Hier wird Eleasar nicht erwähnt. Erst ein Ergänzer, der Num 27,21 einfügte, machte Josua von der Weisung Eleasars abhängig. Bei P ist dagegen Josua nicht Eleasar untergeordnet, sondern er steht als "weltlicher" Führer der Israeliten neben dem Hohepriester Eleasar. Damit hat Israel nach dem Tod des Mose eine doppelte Spitze, die aus dem "weltlichen" Führer und dem Hohepriester besteht. Das entspricht der Auffassung, die der Prophet Sacharja für die künftige Heilszeit vertreten hat. Danach wird Israel von dem messianischen Herrscher und dem Hohepriester geleitet werden. Allerdings macht P in Num 27,15ff* deutlich, daß lediglich in der Epoche, die unmittelbar auf den Tod des Mose folgte, die Existenz der Gemeinde ohne einen "weltlichen" Führer gefährdet gewesen wäre. Mose stemmte seine Hände auf Josua und übertrug damit auf Josua etwas von seiner Hoheit. Damit zeigt P, daß die Einsetzung Josuas ein einmaliger Vorgang war. Mit der Bestellung Josuas zum Nachfolger des Mose trägt die Priesterschrift der Überlieferung Rechnung, daß nach dem Tod des Mose Josua die Israeliten führte. Tatsächlich konnte in den Analysen gezeigt werden, daß für den priesterschriftlichen Bericht von dem Tod des Mose und der Einsetzung Josuas die deuteronomistische Darstellung in Dtn 3,23ff; 31,1ff* und 34,1aβ.b-6* die literarische Vorlage war. Sie wurde von P neu gestaltet.

---

147 Vgl. oben Murrerzählungen, V.

Dabei fällt auf, daß P die Aufgabe Josuas anders beschreibt als DtrH. Nach Dtn 3,28 soll Josua vor dem Volk hinüberziehen und ihm das Land zum Besitz geben. In Jos 1,2 fordert Jahwe Josua auf, daß er und das ganze Volk den Jordan zu dem Land überschreiten sollen, und er kündigt in v. 6 dem Josua an, daß er diesem Volk das Land zum Besitz geben soll. Damit stimmt Dtn 31,7 weitgehend überein. Hier fordert Mose Josua auf: "Sei fest und stark, denn du sollst dieses Volk 'bringen'[148] zu dem Land... und du sollst es ihnen zum Besitz geben". Bei DtrH ist also Josua durchgehend der Führer, der die Israeliten in das den Vätern verheißene Land bringen und es ihnen zum Besitz geben soll. Dazu wird jedoch Josua bei P nicht beauftragt. Hier bittet Mose Jahwe lediglich um einen Mann, der die Gemeinde auch in militärischen Auseinandersetzungen leitet (Num 27,15-17), und Josua wird dann zu dem Führer bestellt, auf den die Israeliten hören (Num 27,20; Dtn 34,9). P erwähnt somit nicht, daß Josua die Israeliten in das Land bringen soll. Das überrascht nicht nur wegen der deuteronomistischen Vorlage von P, sondern auch wegen Num 20,12. Dort kündigte bei P Jahwe Mose und Aaron an, daß sie "diese Versammlung" nicht in das Land bringen werden. Da Josua als Führer Nachfolger des Mose ist, müßte er eigentlich auch bei P den Auftrag erhalten, die Israeliten zu dem Land zu bringen. Diese Aussage hat dann aber P bewußt vermieden. Daraus schloß M. Noth, "daß *das Thema Landnahme außerhalb des Kreises, der von ihm für sein Werk in das Auge gefaßten Stoffe lag*"[149]. Dadurch wurde für M. Noth seine literarische Analyse des Buches Josua bestätigt, wonach die Priesterschrift in ihm nicht vertreten ist[150]. Deshalb endete die Priesterschrift nach M. Noth mit Dtn 34,9. Seine Auffassung hat sich weitgehend durchgesetzt[151].

N. Lohfink hat freilich bestritten, daß aus Num 27,15ff folge, daß P auf eine Darstellung der Landnahme verzichtet hat[152]. Aus diesem Bericht über die Bestellung Josuas ergebe sich lediglich, daß P nicht von der Eroberung Kanaans erzählt habe. In der Priesterschrift könne aber eine kurze Darstellung des Einzugs in dieses Land enthalten gewesen sein, die man auch erwarte, da in der Priesterschrift zu vieles auf sie hin angelegt sei. Aus ihr stammen nach N. Lohfink die Texte Jos 4,19; 5,10-12; 14,1f; 18,1 und 19,51, die stilistisch mit P übereinstimmen. Da die Priesterschrift im Buch Josua, das von der deuteronomi-

---

148 Hier ist statt בוא qal hi. zu lesen, vgl. z.B. C. Steuernagel, 161.

149 M. Noth, Studien, 191.

150 M. Noth, Studien, 182-190; vgl. ders., Josua, 10f.

151 Vgl. oben Anm. 2.

152 N. Lohfink, Schichten, 284-286; vgl. ders., Priesterschrift, 223 Anm. 30.

stischen Auffassung der Eroberung des Landes geprägt ist, nicht mehr die Basis
für die Redaktion bilden konnte, seien hier von ihrer Darstellung nur noch
Bruchstücke erhalten. Daß aber die genannten Verse tatsächlich P zuzuweisen
seien, ergebe sich aus Jos 18,1. Erst hier würden zwei Themen, denen bei P eine
zentrale Rolle zukomme, an ein Ende gebracht. Das heilige Zelt werde nun in
Schilo an einem festen Ort aufgeschlagen. Außerdem werde für das Volk Israel
die Besitzergreifung der Erde konstatiert. Damit sei nun der Auftrag von Gen
1,28, die Erde in Besitz zu nehmen, verwirklicht. Nur für diesen Auftrag habe P
zuvor noch nicht von seiner Erfüllung berichtet.

Die Überlegungen von N. Lohfink haben jedoch zur Voraussetzung, daß die
Israeliten für P das Land Kanaan nicht erobern mußten. Diese Auffassung läßt
sich aber weder mit der priesterlichen Kundschaftergeschichte (Num 13f*) noch
mit dem Bericht von der Einsetzung Josuas in Num 27,15ff* vereinbaren. Darauf
wurde in dieser Untersuchung bereits mehrfach hingewiesen[153]. Dann müßten
jedoch im Buch Josua zumindest noch Spuren von der priesterlichen Darstellung
der kriegerischen Einnahme des Landes erhalten sein, wenn P von dem Einzug
in Kanaan berichtet hätte. Das ist aber sicher nicht der Fall. Zudem kann N.
Lohfink nicht erklären, warum Josua bei P, obwohl es nach der deuteronomistischen Vorlage und nach Num 20,12 zu erwarten wäre, nicht dazu beauftragt
wird, die Israeliten in das Land zu bringen. Das wird eben nur verständlich,
wenn P nicht von der Landnahme berichten wollte[154]. Mit der Ausführungsnotiz
zu Num 27,20 in Dtn 34,9b "da hörten auf ihn die Israeliten und sie taten, wie
Jahwe dem Mose geboten hatte" hat P somit nicht nur den Abschnitt über den
Tod von Aaron und Mose, sondern sein ganzes Werk abgeschlossen.

Dann stellt sich die Frage, warum P nicht von der Landnahme der Israeliten
erzählt hat. Sie wird in der Forschung unterschiedlich beantwortet. Nach M.
Noth war P an dem Thema Land nicht interessiert. Es gehe P um die "Konstitu-
ierung der israelitischen Volks- und Kultgemeinde mit allen zugehörigen Satzun-

---

153 Vgl. z.B. S. 222f.

154 Nach E. Zenger, Gottes Bogen, 37-41, ergibt auch eine Analyse von Jos 18,1 und
     19,51, daß diese Verse nicht zur Priesterschrift gehören können. H. Seebass, 55ff,
     rechnet einen Grundbestand in Jos 18,1-10a zu P. Wenn es aber P offenbar bewußt
     vermieden hat, daß Josua zum Führer in das Land bestellt wurde, kann in der
     Priesterschrift Josua nicht die Verteilung des Landes geregelt haben. H. Seebass, 58,
     meint zwar: "Denn Dtn 34,9b kann kaum als Einlösung der Bestellung gelten,
     sondern nur als Abbreviatur von Angaben, die noch mitzuteilen waren und dem
     hohen Amt eines Mosenachfolgers Kontur geben würden". Aber in Dtn 34,9b wird
     festgestellt, daß die Israeliten das taten, wozu ihnen Jahwe Josua gegeben hatte.
     Deshalb sind bei P keine weiteren Angaben über das Wirken Josuas zu erwarten.

gen und Ordnungen", die am Sinai erfolge. Da hier Mose und Aaron als Mittler zwischen Gott und der Volksgemeinde eine wichtige Rolle spielen, habe P am Ende seines Werkes noch von dem Tod dieser beiden Männer berichtet[155]. Das Interesse von P gelte auch sonst zeitlos gültigen Satzungen und Ordnungen. "Darum kam es ihm auch nur auf die Einrichtungen und Statuten für die Volks- und Kultgemeinde Israel an, die nach alter Überlieferung am Sinai gegeben worden waren, aber nicht mehr auf die Frage, auf welchem Boden und unter was für geschichtlichen Bedingungen Israel danach würde zu leben haben"[156].

Auch sonst wird verschiedentlich die Auffassung vertreten, daß das Thema Land in der Priesterschrift am Rand steht[157]. So ist nach G.Chr. Macholz Dtn 34,9 "ein 'offener Schluss', mit dem in die Zukunft hineingewiesen wird. Diese Zukunft ist Zeit des Lebens in den am Sinai gesetzten Ordnungen". Deshalb werde die Existenz Israels für P von dem Verlust des Landes nicht wirklich in Frage gestellt. Allerdings nimmt G.Chr. Macholz im Unterschied zu M. Noth an, daß P erwarte, daß Israel wieder das Land besitzen wird[158]. Noch einen Schritt weiter geht R. Smend. Er findet in den Aussagen über das Land bei P "die negativen Erfahrungen und die positiven Hoffnungen des Exils reflektiert". Die negative Seite trete in der Kundschaftergeschichte und in Num 20,12 hervor. Dagegen unterstreiche P bei den Erzvätern mit der Formulierung "das Land ihrer Fremdlingsschaft" (Gen 17,8; 28,4; 36,7; 37,1; Ex 6,4) und mit der Erzählung von dem Kauf der Begräbnisstätte durch Abraham (Gen 23), "daß das Land in der Hauptsache Gegenstand der Hoffnung ist". Diese Hoffnungen hätten "in dem verbliebenen Jerusalem-Juda ebenso ein Unterpfand wie die der Väter im Besitz ihres Erbbegräbnisses". Trotzdem gilt auch nach R. Smend: "Aufs Ganze gesehen steht das Thema in P am Rande, nicht in der Mitte; schon in P^g ist die Sinaiperikope der eigentliche Skopus"[159].

Nun dürfte allgemein anerkannt sein, daß der Sinaiperikope in der Priester- schrift zentrale Bedeutung zukommt. Bestritten wird jedoch, daß in ihr das Thema Land am Rand steht. So erscheint nach K. Elliger bei P "als das eigentli-

---

155 M. Noth, Studien, 206f.

156 M. Noth, Studien, 209. Nach M. Noth, Studien, 209 Anm. 2, beruht die Aufnahme der Kundschafter- und der Korachgeschichte, die M. Noth hier entgegen seiner späteren Auffassung (vgl. oben S. 115) noch zu P rechnet, "einfach auf Abhängigkeit von der übernommenen Überlieferung".

157 Vgl. z.B. A.G. Auld, 115; F. Kohata, Jahwist, 31ff; E. Zenger, Gottes Bogen, 45; L. Perlitt, Priesterschrift, 86f.

158 G.Chr. Macholz, 144f.

159 R. Smend, Entstehung, 58.

che Ziel, als Inbegriff der göttlichen Geschichtslenkung der Besitz des Landes
Kanaan als der materiellen und ideellen Basis, auf der das Leben des Volkes
und selbstverständlich der Kultus als wichtigste Funktion sich erst richtig entfal-
ten kann"[160]. Daß P trotzdem auf eine Darstellung der Landnahme verzichtet
habe, sei durch die Situation des Exils bedingt: "Sollte sich nicht gerade der
eigentümliche Schluß, der unüberhörbar warnend und mahnend die alte Generation in der Wüste sterben und die junge ebenfalls noch nicht ins Land der
Verheißung hineinkommen läßt, daraus erklären, daß er die eigene Lage des
Zeugen und seiner Gemeinde widerspiegelt?"[161]. Dann wäre es ein zentrales
Anliegen von P "Hoffnung auf Heimkehr", wie R. Kilian seine Darstellung der
Priesterschrift überschreibt[162], wachzuhalten und zu stärken. Für R. Kilian zieht
sich "in Pg das *Thema 'Land'* gleichsam als roter Faden vom Anfang der Geschichte Israels an (Gen 17) bis zum Mosestod" hin. Wie K. Elliger ist er eben-
falls der Auffassung, daß die am Sinai gestiftete Ordnung auf das Land Kanaan
angelegt sei[163]. P berichte nicht von der Landnahme, weil sich der Verfasser in
der Situation des Mose auf dem Nebo wisse und die Exilsgeneration in der
Mosegeneration verstehe: "Die Exilierten stehen wie einst die Alten vor der
Landnahme, sie ist ihnen zwar im Augenblick verwehrt, aber sie ist ihnen
zugesagt"[164]. Auch für P. Weimar bildet in der Priesterschrift der Sinai das
Zentrum, das Land aber das Ziel, und dieses Ziel sei noch nicht erreicht, wie
aus dem offenen Schluß in Dtn 34,9 hervorgehe[165].

Tatsächlich steht in der Priesterschrift das Thema Land nicht am Rand. Das
wird etwa an Ex 6,2-8 deutlich. Hier erteilt Jahwe dem Mose den Auftrag, den
Israeliten ihre Befreiung aus Ägypten anzukündigen, weil er seiner ברית mit
den Erzvätern gedachte. Inhalt dieser ברית war aber nach v. 4, daß er den
Patriarchen das Land Kanaan gegeben hat, auch wenn es für sie "das Land ihrer
Fremdlingsschaft" blieb, in dem sie als Fremdlinge weilten. Daß Jahwe bereits
den Erzvätern dieses Land in seiner ברית gegeben hat, ist also bei P der Grund

---

160 K. Elliger, 182.

161 K. Elliger, 196.

162 R. Kilian, 226.

163 R. Kilian, 228.

164 R. Kilian, 230.

165 P. Weimar, Struktur, 161. Nach W. Brueggemann, 409, drückt sogar schon die
Segensformel in Gen 1,28 die Hoffnung der Exilierten auf eine erneute Eroberung
des Landes Kanaan aus. Dagegen spricht aber bereits, daß das Thema Mehrung von
P nach Ex 1,7 nicht mehr aufgenommen wird, vgl. R. Klein, 59; E. Zenger, Gottes
Bogen, 38f.

dafür, daß er ihre Nachkommen aus Ägypten herausführen will. Deshalb soll Mose den Israeliten nicht nur sagen, daß sie Jahwe aus Ägypten befreien wird, sondern er soll ihnen nach v. 8 auch ankündigen, daß sie Jahwe zu dem Land bringen und es ihnen zum Besitz geben wird. Das Land kann für P kein untergeordnetes Thema sein, wenn hier die Zusage des Landes an die Patriarchen begründet, warum Jahwe das Geschick ihrer Nachkommen in Ägypten wenden will.

Auch in der priesterlichen Kundschaftergeschichte (Num 13f*) kommt dem Land Kanaan eine große Bedeutung zu. Hier müssen die murrenden Israeliten in der Wüste Paran sterben, weil sie dieses Land als Heilsgabe Jahwes verworfen haben. Mit der Ordnung, die Jahwe am Sinai gestiftet hat, ist also bei P das Heil noch nicht voll realisiert. Zu ihm gehört, daß Jahwe den Israeliten das Land Kanaan gibt. Deshalb soll Mose in Num 14,31 den murrenden Israeliten ankündigen, daß ihre Kinder das Land kennenlernen werden, das sie verworfen haben. Diese Stelle wird zwar meist P abgesprochen. Wie in der Analyse von Num 13f gezeigt wurde, stammt der Vers aber aus der Priesterschrift[166]. Mit ihm will P unterstreichen, daß Jahwe an seinem Plan für die Israeliten festhält, den ihnen Mose nach Ex 6,8 bekanntgeben sollte, auch wenn die murrenden Israeliten in der Wüste Paran sterben müssen. Für P hat also Jahwe seine Absicht mit Israel erst voll verwirklicht, wenn die Israeliten auch das Land Kanaan als Heilsgut besitzen.

Das geht auch aus Num 20,12 und 27,12 hervor. In Num 20,12 würde es zur Bestrafung von Mose und Aaron genügen, wenn Jahwe ihnen ankündigt, daß sie "diese Versammlung" nicht zu dem Land bringen werden. P erwähnt hier aber ausdrücklich, daß es sich um das Land handelt, "das ich ihnen gegeben habe". Damit macht P deutlich, daß die Strafe für Mose und Aaron nicht verhindern wird, daß die Israeliten das Land Kanaan erhalten. Aus demselben Grund befiehlt Jahwe in Num 27,12 dem Mose: "und sieh das Land, das ich den Israeliten gegeben habe". Auch wenn Mose außerhalb dieses Landes sterben muß, gehört es den Israeliten. Das unterstreicht P in Num 20,12 und 27,12 durch das perf. von נתן. Jahwe hat den Israeliten bereits das Land Kanaan übereignet, obwohl sie noch nicht in diesem Land angekommen sind. Bei P ist somit das Land Kanaan als Heilsgut Bestandteil des Heils, das Jahwe für Israel vorgesehen hat. Dann kann der Verzicht auf eine Darstellung der Landnahme nicht darauf beruhen, daß das Thema Land für P von untergeordneter Bedeutung gewesen wäre.

---

166 Vgl. oben S. 102.

Andererseits geht aber daraus, daß P nicht von der Landnahme berichtet hat, m.E. nicht hervor, daß für den Verfasser das Land Kanaan Gegenstand seiner Hoffnung war. Die Vertreter dieser Auffassung nehmen in der Regel an, daß die Priesterschrift in der Exilszeit entstanden ist. Aus der damaligen Situation ließe sich in der Tat eine Hoffnung auf Heimkehr am ehesten erklären. Sie würde auch verständlich, wenn P gegen Ende des Exils, als die Möglichkeit zur Rückkehr bestand, seine Leser dazu ermutigen wollte, diese Chance wahrzunehmen[167]. Nun gibt es aber m.E. gewichtige Argumente dafür, daß die Priesterschrift erst in frühnachexilischer Zeit entstanden ist. In seiner Sinaiperikope schreibt P eine Ätiologie Israels als Kultgemeinde. Sie hat ihr Zentrum in dem Zelt der Begegnung. Zu dieser Kultgemeinde ist Israel bereits am Sinai geworden. Das spricht dafür, daß P hier kein Programm für die Zukunft entwirft, sondern Bestehendes begründet. Auch in ihrer Schöpfungsgeschichte (Gen 1,1-2,4a) und in dem Bericht von der Stiftung der ברית Gottes mit Noah (Gen 9,1-17) stellt die Priesterschrift dar, wie es zu den Ordnungen gekommen ist, die zur Zeit des Verfassers bestehen. Es ist also für die Priesterschrift charakteristisch, daß in ihr berichtet wird, wie die Ordnungen, die jetzt existieren, entstanden sind. Dann setzt P aber in seiner Sinaiperikope den zweiten Tempel voraus. So wie einst Israel am Sinai zu einer Kultgemeinde wurde, die im Zelt der Begegnung ihr Zentrum hatte, ist Israel jetzt eine Kultgemeinde, deren Mitte der zweite Tempel ist[168]. Auch die Bedeutung, die bei P dem Sabbat zukommt, spricht m.E. dagegen, daß die Priesterschrift noch in der Exilszeit entstanden ist. Damals wurde zwar der Sabbat für die Israeliten zu einem Bekenntniszeichen. Er erhält jedoch bei P eine einzigartige Würde, weil er hier in der Schöpfungsgeschichte verankert wird (Gen 2,1-3). Das setzt doch wohl eine längere Entwicklung voraus, die schwerlich noch in der Exilszeit abgeschlossen war.

Für eine frühnachexilische Datierung der Priesterschrift spricht auch, daß P in Num 16* mit dem Aufstand der 250 Männer zu einer Auseinandersetzung

---

167 Nach P. Weimar, Struktur, 86f, ist die Priesterschrift im ausgehenden 6. Jh. entstanden, "als sich für die Exilsgemeinde die (voller Reserve angesehene) Möglichkeit einer Rückkehr auftat".

168 Auch die Beobachtung, daß in Ex 28f und Lev 8 auf den Hohepriester die Salbung des Königs und Teile des königlichen Ornats übertragen werden (vgl. M. Noth, Exodus, 179ff), spricht für eine frühnachexilische Entstehung der Priesterschrift. Damit tritt der Hohepriester an die Stelle des Königs. Das wird m.E. am ehesten aus einer Zeit verständlich, als sich die messianischen Erwartungen der Propheten Haggai und Sacharja nicht erfüllt hatten und Israel als Gemeinde von dem Hohepriester geleitet wurde.

Stellung nimmt, ob allen Gliedern der Gemeinde oder nur den Priestern das Prädikat heilig zukommt[169]. Es ist schwer denkbar, daß diese Frage in der Exilszeit eine Rolle spielte. Dagegen ist es gut vorstellbar, daß es über diesen Punkt nach der Errichtung des zweiten Tempels zu Auseinandersetzungen gekommen ist. Für die Ansetzung der Priesterschrift ist auch ihr Bericht über die Einsetzung Josuas in Num 27,15ff* zu beachten. Bei P hatte Israel in der Epoche, die auf den Tod des Mose folgte, eine doppelte Spitze, die aus dem "weltlichen" Führer Josua und dem Hohepriester Eleasar bestand. Das entspricht, wie in dieser Untersuchung schon mehrfach betont wurde, der Ankündigung des Propheten Sacharja, daß Israel in der bevorstehenden Heilszeit von dem messianischen Herrscher und dem Hohepriester geleitet werden wird. Sacharja und P haben aber kaum unabhängig voneinander die Auffassung von der doppelten Spitze Israels vertreten, da diese Konzeption im Alten Testament sonst so nicht nachweisbar ist. Daß in diesem Punkt eine Beziehung zwischen Sacharja und P besteht, legt sich auch dadurch nahe, daß P entgegen seiner Überlieferung auf Josua königliche Elemente übertragen hat[170]. Dann kommt aber Sacharja für diese Auffassung die Priorität zu. Er sah in Serubbabel den messianischen Herrscher und in Josua den Hohepriester der Heilszeit[171]. Mit dieser Erwartung knüpfte Sacharja an die bestehenden Verhältnisse an. Serubbabel leitete damals als persischer Beamter Juda, und Josua war schon der oberste Priester. Dann hat P doch wohl die Erwartung Sacharjas, daß Israel von zwei Ämtern geleitet werden wird, gekannt und auf die Verfassung Israels in der Zeit unmittelbar nach dem Tod des Mose zurückprojiziert. Damit wird hier aus

---

169 Vgl. oben S. 163f.

170 Vgl. S. 232ff.

171 Vgl. z.B. K. Seybold, Königserwartung, 75; A. Deissler, 281. Das hat allerdings A.S. van der Woude, 150ff, bestritten. Nach ihm geht aus Sach 3,8 hervor, daß Sacharja in Serubbabel nicht den künftigen messianischen Herrscher gesehen hat. Aber K. Seybold, Königserwartung, 76, stellt mit Recht fest: "Dass 6,12f. sich auf Serubbabel bezieht, ist nach dem betonten Hinweis auf den Tempelbau nicht zu bestreiten". In den später in die Vision von dem Leuchter und den beiden Ölbäumen eingefügten Worten (4,6aβ-10a) ist der Tempelbau die Aufgabe Serubbabels. A.S. van der Woude, 151f, meint zwar, daß es in 6,12f um den Bau des messianischen Tempels gehe, der sich von dem zweiten Tempel unterscheide. Es läßt sich jedoch m.E. nicht nachweisen, daß Sacharja einen weiteren Tempelbau erwartet hat. Daß in Sach 6,12f Serubbabel als messianischer Herrscher angekündigt wird, ergibt sich außerdem daraus, daß hier sein babylonischer Name "Babelsproß" in den Worten "unter ihm wird es sprossen" aufgenommen wird und daß Haggai in Hag 2,20-23 Serubbabel als messianischen Herrscher ankündigte, vgl. K. Seybold, Königserwartung, 76.

Zukunft ferne Vergangenheit, denn P macht bei der Bestellung Josuas deutlich, daß es sich bei ihr um einen einmaligen Vorgang handelt, der sich nicht wiederholen wird. Ist die Überlegung richtig, daß P in dem Bild, das er von Josua und Eleasar zeichnet, Vorstellungen Sacharjas aufgreift, dann geht auch daraus hervor, daß die Priesterschrift erst in frühnachexilischer Zeit entstanden ist.

Für diese Ansetzung spricht aber vor allem, daß P in dem letzten Abschnitt seines Werkes, der in Num 20,22b beginnt, die deuteronomistische Darstellung von der Einsetzung Josuas und dem Tod des Mose als literarische Vorlage benutzt und neu gestaltet hat[172]. Das deuteronomistische Geschichtswerk ist in seinem ursprünglichen Bestand um 550 entstanden[173]. Es stammt nicht aus priesterlichen Kreisen. Dann setzt aber seine Benutzung durch P voraus, daß es bereits längere Zeit im Umlauf war und weithin anerkannt wurde. Aus verschiedenen Gründen kann somit die Priesterschrift erst in der ersten Hälfte des 5. Jh.s entstanden sein[174].

Wenn P aber in seiner Sinaiperikope eine Ätiologie für die frühnachexilische Gemeinde bietet, ist das Land für ihn nicht Gegenstand der Hoffnung, sondern das Heilsgut, das Jahwe bereits den Israeliten geschenkt hat. Die Auffassung, daß die Gabe des Landes noch ausstehe, kann sich lediglich darauf berufen, daß P die Landnahme nicht berichtet. Sie wird jedoch von der Darstellung der Priesterschrift nicht gedeckt. Wenn P tatsächlich seine Leser in einer analogen Situation zu der Lage der Israeliten bei dem Tod des Mose gesehen hätte, wäre doch wohl zu erwarten, daß Mose den Israeliten bei der Einsetzung Josuas zusagt, daß sie Jahwe in das Land Kanaan bringen wird. Das ist jedoch in Num 27,15ff* nicht der Fall. Es wurde oben bereits erwähnt, daß P mit den Hinweisen in Num 20,12 und 27,12, daß Jahwe den Israeliten das Land gegeben hat, verdeutlichen will, daß die Israeliten das Heilsgut des Landes Kanaan erhalten, obwohl die beiden Männer, die die Israeliten in dieses Land bringen sollten, diese Aufgabe nicht erfüllen dürfen. Mehr besagen diese Hinweise nicht.

Die Haltung der Israeliten zu dem Land wird von P lediglich in der Kundschaftergeschichte thematisiert. In den Worten der Kundschafter: "ein Land, das seine Bewohner frißt, ist es" (Num 13,32) hat P eine Beurteilung des Landes

---

172 Auch in der Kundschaftergeschichte (Num 13f*) hat P die Darstellung von DtrH in Dtn 1,19ff berücksichtigt, vgl. oben S. 107 Anm. 206.

173 Vgl. z.B. R. Smend, Entstehung, 124.

174 Später wird man die Priesterschrift nicht ansetzen dürfen, da sie noch als selbständiges Werk vor der Endredaktion im 4. Jh. erweitert wurde.

aufgenommen, die damals von einem Teil der Israeliten vertreten wurde[175]. Sie ist für P eine Verleumdung des Landes. Damit warnt P seine Leser, sich dieser negativen Bewertung des Landes anzuschließen. Das setzt jedoch nicht voraus, daß P eine neue Landnahme erwartet hat. Angesichts der Katastrophe von 587 und wegen der schwierigen wirtschaftlichen Verhältnisse in der frühnachexilischen Zeit ist es durchaus möglich, daß damals Menschen, die in Juda lebten, das Land verachtet haben. Ihnen macht P in der Kundschaftergeschichte deutlich, daß eine Geringschätzung des von Jahwe geschenkten Heilsguts des Landes gefährlich ist. Es gibt aber keine Anzeichen dafür, daß P in dieser Erzählung eine Analogie zwischen der damaligen Situation der Israeliten und der jetzigen Lage seiner Leser herstellen wollte. So sind z.B. die Worte von Josua und Kaleb in Num 14,9aα^2.β.b "Ihr aber, fürchtet nicht das Volk des Landes, denn sie sind unser Brot..." nur als Aufforderung an die Israeliten in der Wüste Paran, nicht aber als Ermutigung der Leser von P sinnvoll.

Auch aus der priesterlichen Darstellung der Patriarchen geht nicht hervor, daß P eine neue Landnahme erhoffte. Ihr Aufenthalt in Kanaan unterscheidet sich für P wesentlich von der Existenz Israels in diesem Land. Abraham wanderte friedlich in Kanaan ein (Gen 12,4b.5). Er und die anderen Erzväter lebten dort als Fremdlinge unter den Bewohnern des Landes. Ihnen gehörte nur die Stätte ihres Grabes. Deshalb war für sie Kanaan "das Land ihrer Fremdlingsschaft". Das wird für die Israeliten anders sein. Wie aus der priesterlichen Kundschaftergeschichte hervorgeht, werden sie auch bei P das Land Kanaan erobern. Damit werden aber die Israeliten nicht mehr Fremdlinge unter der einheimischen Bevölkerung sein, sondern ihnen wird das ganze Land gehören. Diesen Unterschied zwischen den Erzvätern und den Israeliten in Kanaan macht P mit der Formulierung "das Land ihrer Fremdlingsschaft" bei den Patriarchen deutlich. Mit ihr beschreibt P somit nicht das Land als Gegenstand der Hoffnung für seine Leser.

Die Epoche der Erzväter ist für P vergangen. Zwischen ihr und der Geschichte des Volkes besteht bei P auch keine Analogie. Das wird daran besonders deutlich, daß sich nach P Gott den Patriarchen als אל שדי offenbart hat. Seit der Berufung des Mose kennen dagegen die Israeliten den Gottesnamen Jahwe (vgl. Ex 6,2ff). Dadurch unterscheidet sich ihre Lage grundlegend von der Situation der Erzväter. Bei P ist also die Zeit der Patriarchen mit der Zeit der Israeliten nicht vergleichbar. Wie für die Offenbarung Gottes darin ein Unterschied besteht, daß sich Gott den Vätern als אל שדי, den Israeliten jedoch mit

---

175 Vgl. oben S. 110.

seinem Namen Jahwe bekanntgemacht hat, so war das Land Kanaan für die Patriarchen lediglich das Land ihrer Fremdlingsschaft, während es den Israeliten ganz gehören wird. Der Ausdruck "das Land ihrer Fremdlingsschaft" hat also bei P dieselbe Funktion wie die Offenbarung Gottes als אל שדי. Mit beiden charakterisiert P die Zeit der Patriarchen als eigene Epoche, die sich von der Geschichte der Israeliten markant abhebt. Die bleibende Bedeutung der Väterzeit besteht für P darin, daß Gott damals dem Abraham seine ברית gestiftet hat, an der er für alle Zeit festhalten wird (Gen 17,1-22). P hat somit auf eine Darstellung der Landnahme nicht verzichtet, weil das Land für ihn Gegenstand der Hoffnung gewesen wäre.

Aus der priesterlichen Darstellung der Patriarchen läßt sich auch nicht entnehmen, daß P für Israel wieder einen eigenen Staat erwartete. Für eine solche Hoffnung wird allerdings verschiedentlich auf die Ankündigung von Königen in Gen 17,6 und 35,11 verwiesen. So nimmt z.B. W. Groß an, daß Israel für P ein גוי unter einem König sein sollte[176]. F.-L. Hossfeld stellt bei P ein "Nebeneinander der restaurativen, staatsorientierten Völker-Könige-Verheißung aus der Patriarchengeschichte und der Gemeindetheologie der Volksgeschichte" fest. Die Patriarchenverheißung beziehe sich auf die noch ausstehende Zukunft. Mit der Gemeindetheologie spreche P dagegen das in der Diaspora lebende Israel seiner Zeit an. "Wer die diachrone Lösung ablehnt, muß mit 'zwei Seelen in der Brust' von P^g rechnen"[177]. Nach E. Blum sprechen die Begriffe גוים und מלכים in Gen 17,6; 35,11 dagegen, daß die priesterliche Schicht "die Ideologie einer theokratisch verfaßten 'Kultgemeinde'" vertrete. "Denn selbst wenn es hier 'nur' um eine Steigerung der Mehrungsverheißung mit dem Hinweis auf vergangene Größe Israels ginge, implizierte dies nicht auch schon ein Defizit der Gegenwart?"[178].

Nun ist zunächst zu betonen, daß für P Israel entgegen der Auffassung von W. Groß nicht nur *ein* גוי sein sollte. Das zeigt Gen 35,11. Hier heißt es: "Ein גוי und eine Versammlung von גוים soll von dir sein". Mit der Formulierung "eine Versammlung von גוים" wird hier die Ankündigung "ein גוי" gesteigert. Die Nachkommen Jakobs werden eben nicht nur ein גוי, sondern eine Versammlung von גוים bilden. Das bestätigt die Aufnahme von Gen 35,11 in Gen 48,4. Danach hat Gott Jakob zugesagt, daß er ihn zu einer Versammlung von עמים setzen wird. Israel ist somit bei P eine Versammlung von גוים bzw. עמים (vgl. auch Gen 28,3). Das ergibt nur einen Sinn, wenn P an diesen Stellen der Auffassung ist, daß jeder einzelne israelitische Stamm ein גוי bzw. עם bildet. Dagegen hat E. Blum eingewandt, "daß zumindest die Verwendung von גוי als Bezeichnung eines Stammes nicht dem alttestamentlichen Sprachgebrauch entspricht"[179]. Von ihm weicht jedoch auch Gen 48,19 ab. Hier kündigt Jakob Josef an, daß Manasse zu einem עם werden wird. Der Same Efraims aber soll "מלא הגוים" werden. Hier wird גוי für die

---

176 W. Groß, 98; vgl. oben S. 235 Anm. 95.

177 F.-L. Hossfeld, 141f.

178 E. Blum, Vätergeschichte, 458.

179 E. Blum, Vätergeschichte, 456.

Untergliederungen des Stammes Efraim gebraucht. Sie sind offenbar für den Verfasser so groß, daß er sie als גוים bezeichnet. Gen 48,19 ist gerade wegen der auffälligen Verwendung von גוי wohl jünger als die Priesterschrift[180]. Wenn P die israelitischen Stämme als גוים bezeichnen konnte, hätte das der Verfasser von Gen 48,19 so weiterentwickelt, daß bereits die Untergruppen des Stammes Efraim גוים sind. Dann wäre P die Brücke zwischen dem üblichen Gebrauch von גוי für Volk/Nation und seiner Verwendung für die Untergruppen des Stammes Efraim in Gen 48,19.

Daß bei P in Gen 35,11 mit גוים tatsächlich die israelitischen Stämme gemeint sind, geht aus dem priesterlichen Kontext von Gen 48,4 hervor. In dem Abschnitt 48,3-6 beansprucht Jakob Efraim und Manasse als seine Söhne. Dabei verweist er zunächst auf die Zusagen, die er in Gen 35,11f erhalten hat. Daß sie P in diesem Zusammenhang erwähnt, kann nur auf der Mehrungsverheißung beruhen. Efraim und Manasse sollen als Söhne Jakobs gelten, weil ihm Gott zugesagt hat, daß er zu einer Versammlung von עמים werden soll. Dann zielt P hier auf Efraim und Manasse als Ahnherrn dieser beiden Stämme. Da in Gen 48,4 mit עמים der Begriff גוים aus 35,11 aufgenommen wird, sind dort dann mit גוים die israelitischen Stämme gemeint. Nun sind nach Ex 1,7 die Israeliten in Ägypten überaus zahlreich geworden. Hier beschreibt P, daß sich die Mehrungsverheißung erfüllt hat. Deshalb spielt sie im folgenden bei P keine Rolle mehr. Dann ist aber für P Jakob bereits in Ägypten zu einer Versammlung von גוים bzw. עמים geworden. Diese Formulierung wird zwar von P in seiner Darstellung der Volksgeschichte nicht gebraucht. In ihr wird aber Israel mehrfach als קהל bezeichnet (Ex 16,3; Num 16,3; 17,12; 20,6.10.12). Jakob ist für P also schon in Ägypten zu einer "Versammlung" geworden[181].

Mit der Mehrungsverheißung ist in Gen 17,6; 35,11 die Ankündigung von Königen verbunden. Dann soll sie hier verdeutlichen, daß die Nachkommen des Ahnherrn überaus zahlreich sein werden. Das bestätigt ein Vergleich von Gen 17,6.16 mit 17,20. In 17,6 sagt Gott Abraham zu, daß er ihn überaus fruchtbar machen wird. Er wird ihn zu Völkern setzen und Könige werden von ihm ausgehen. In Gen 17,16 sagt Gott über Sara, daß er sie segnen wird. Sie wird zu גוים werden und Könige von עמים werden von ihr sein. Nach 17,20 wird Gott auch Ismael segnen und ihn überaus fruchtbar machen. Er wird jedoch zwölf נשיאים zeugen und ihn wird Gott zu einem großen גוי setzen. Damit macht Gott deutlich, daß zwischen den Nachkommen Abrahams, denen die ברית Gottes gilt, und Ismael ein erheblicher Unterschied bestehen wird. Aus Ismael werden zwölf נשיאים und *ein* großes Volk entstehen. Von Abraham und Sara werden jedoch Völker und Könige abstammen. Mit der Ankündigung der Könige wird hier also die Größe der Nachkommenschaft unterstrichen.

Nun hat sich bei P aber die Mehrungsverheißung schon in Ägypten erfüllt, obwohl die Israeliten damals noch keinen König hatten. Das zeigt, daß Israel auch ohne König schon jene Größe erreicht hat, die Gott für dieses Volk vorgesehen hatte. Die Patriarchen, die mit ihren Familien als Fremdlinge in Kanaan lebten, sollten bei P an der Ankündigung der Könige erkennen, daß ihre Nachkommenschaft tatsächlich außerordent-

---

180 Vgl. L. Schmidt, Studien, 259.

181 Auch das spricht gegen die Auffassung von E. Blum, Vätergeschichte, 457, daß sich קהל גוים / עמים in Gen 35,11; 48,4 auf das aus Nord- und Südreich bestehende Israel beziehe.

lich groß sein wird. Diese Ankündigung ist zwar im Blick auf die israelitische Königszeit formuliert. Aber die Mehrungsverheißung war schon erfüllt, als es noch keinen israelitischen König gab. Das wäre nicht möglich, wenn für P Israel erst mit einem König seine Bestimmung erreicht hätte. Tatsächlich ist bei P Israel auch ohne eigenen Staat Kultgemeinde. Wenn diese Gemeinde in Kanaan lebt, hat Gott schon seine Zusagen an die Patriarchen endgültig erfüllt. Das ist für P nicht Zukunft, sondern Gegenwart. Das zeigt auch die Beobachtung, daß die Existenz der Gemeinde für P nur in der Zeit unmittelbar nach dem Tod des Mose davon abhängt, daß sie einen "weltlichen" Führer hat. Aus der Ankündigung von Königen geht also nicht hervor, daß P für Israel wieder einen eigenen König erwartet hat. Mit ihr beschreibt P gegen E. Blum auch kein Defizit seiner Gegenwart, sondern sie soll lediglich den Patriarchen die Mehrungsverheißung verdeutlichen, die sich für P bereits in Ägypten erfüllt hat.

Warum endet dann aber die Priesterschrift mit Dtn 34,9? Das ist m.E. so zu erklären, daß P von der Landnahme nicht berichtete, weil für ihn nur die Zeit des Mose von seiner Berufung bis zu seinem Tod für Israel von fundamentaler Bedeutung war. Daß dieser Epoche besonderes Gewicht zukommt, geht aus der Darstellung von P deutlich hervor. Als Mose berufen wird, gibt ihm Gott zunächst seinen Namen Jahwe bekannt (Ex 6,2). Die Botschaft, die Mose den Israeliten ausrichten soll, beginnt und endet mit "ich bin Jahwe" (Ex 6,6-8). Damit sind nun die Israeliten die einzigen Menschen, die den Namen des einen Gottes kennen. In der Errettung am Meer erfahren sie Jahwe als ihren Gott, der sie von dem Frondienst Ägyptens herausführt, wie es ihnen Mose nach Ex 6,7 ankündigen sollte. Am Sinai stiftet Jahwe dann Israel den Kult. In der Zeit des Mose erfüllt Gott somit die Zusage, daß er den Nachkommen Abrahams zum Gott sein will, die er einst Abraham gegeben hatte (Gen 17,7f)[182]. Damit ist die Epoche des Mose bei P die gleichsam kanonische Zeit, in der Jahwe die Grundlagen für die Existenz Israels als Gemeinde geschaffen hat.

Zu diesen Grundlagen gehörte freilich als Heilsgut ebenfalls das Land Kanaan, denn Gott hatte Abraham auch verheißen, daß er seinen Nachkommen das ganze Land Kanaan als Besitz auf Dauer geben wird (Gen 17,8). Die Erfüllung dieser Zusage steht noch aus, als Mose stirbt. Das entspricht aber nicht dem ursprünglichen Plan Jahwes. Er hatte vorgesehen, daß die Israeliten noch in den Tagen des Mose nach Kanaan kommen. Jahwe kündigt in Ex 6,8 an, daß er die Israeliten zu dem Land bringen und es ihnen zum Besitz geben wird. Wie die priesterliche Kundschaftergeschichte zeigt, sollte die Generation des Auszugs das Land Kanaan erhalten. Da sie jedoch die Heilsgabe des Landes verwirft, muß sie in der Wüste Paran sterben. Erst ihre Kinder werden das Land

---

182 Vgl. z.B. W. Zimmerli, 212ff; B. Janowski, 320ff.

kennenlernen (Num 14,31). Diese Strafe trifft aber nicht Mose und Aaron. Auch am Ende der Kundschaftergeschichte werden die Israeliten bei P noch zu Lebzeiten des Mose in das Land Kanaan kommen. In der Geschichte von dem Wasser aus dem Felsen (Num 20,1ff*) versagen dann aber Mose und Aaron als Führer der Israeliten. Sie werden nun von Jahwe damit bestraft, daß sie die Israeliten nicht in das Land bringen dürfen. Bei P kommen also die Israeliten nicht in der Zeit des Mose in das Land Kanaan, weil sich Mose und Aaron verfehlt haben. Daß Mose in der Lage gewesen wäre, die Israeliten in dieses Land zu führen, obwohl er bei seinem Tod bereits 120 Jahre alt war, unterstreicht P in Dtn 34,7. Danach war Mose noch im Vollbesitz seiner Kräfte, als er starb.

Jahwe wollte also in der Mosezeit seinen Heilsplan mit Israel realisieren, zu dem als Heilsgut auch das Land Kanaan gehört. Deshalb ist diese Epoche bei P von fundamentaler Bedeutung für Israel. Wegen der Schuld des Mose kam es jedoch in seinen Tagen nicht mehr zu der Landnahme, sondern sie erfolgte erst nach der "kanonischen" Zeit. Aus diesem Grund verzichtete P auf eine Darstellung der Landnahme. Weil aber die Gemeinde nach dem Tod des Mose noch unterwegs war, brauchte sie damals auch für P unbedingt einen "weltlichen" Führer. Deshalb berichtet P von der Einsetzung Josuas. Damit ist für den weiteren Weg der Gemeinde gesorgt. Josua erhält aber in der Priesterschrift nicht den Auftrag, die Israeliten in das Land Kanaan zu bringen. Anscheinend war der Verfasser der Meinung, daß er dann auch von der Landnahme berichten müßte. Das wollte er jedoch offenbar nicht. Ihm genügte es, daß die Israeliten nach dem Tod des Mose mit Josua den notwendigen Führer hatten. Deshalb endet die Priesterschrift in Dtn 34,9 damit, daß Josua mit dem Geist der Weisheit begabt war und daß die Israeliten auf ihn hörten und damit taten, "wie Jahwe Mose geboten hatte". Aus dem Verzicht auf die Darstellung der Landnahme ergibt sich somit, daß für P die Mosezeit jene Epoche ist, die für Israel grundlegende Bedeutung hat.

Die Auffassung, daß die Zeit und die Gestalt des Mose für Israel besonders wichtig sind, findet sich nicht erst in der Priesterschrift. Bereits im deuteronomistischen Geschichtswerk endet mit dem Tod des Mose eine besondere Epoche. Auch hier beginnt mit Josua eine neue Zeit. Das macht DtrH mit den Reden in Jos 1 deutlich. Die Epoche Josuas ist hier zwar für Israel wesentlich, weil Jahwe damals mit der Landnahme im Westjordanland die Verheißung erfüllt, die er den Erzvätern gegeben hatte. Aber auch bei DtrH überragt Mose Josua. Mose hat den Israeliten das deuteronomische Gesetz bekanntgegeben, nach dem sie sich im Land richten sollten. Erst dadurch wurde es möglich, daß Israel im Land als Gottesvolk lebt. Damit ist für DtrH die Zeit des Mose die für Israel normati-

ve Epoche. Schon hier wird somit jene Wertung der Gestalt und der Zeit des
Mose greifbar, die die Darstellung der Priesterschrift bestimmt.

Diese Wertung ist m.E. auch der Grund, warum das Deuteronomium von
seiner ursprünglichen Fortsetzung in den Büchern Josua bis II Regum getrennt
und mit jenem literarischen Komplex verbunden wurde, der durch die Verknüpfung des jehowistischen Werkes mit der Priesterschrift entstanden war[183]. Der
Pentateuch beginnt mit der Schöpfung und endet mit dem Tod des Mose. Damit
hat die letzte Redaktion den Aufriß der Priesterschrift übernommen. Daß diese
Redaktion auf die Darstellung der Landnahme verzichtet hat, kann nicht nur
darin begründet sein, daß ihr durch die Priesterschrift der Tod des Mose als
Abschluß vorgegeben war. Sie hätte ohne weiteres an Dtn 34,9 den Bericht über
die Inbesitznahme des Westjordanlandes und seine Verteilung im Buch Josua
anschließen können. Erst hier kommt ja die Geschichte, die Gott mit den
Patriarchen begann, zu ihrem Ziel, weil die Israeliten nun das Land besitzen, das
Gott den Erzvätern verheißen hatte. Deshalb ist die Entstehung des Pentateuch
als eigener Größe nicht schon durch den Hinweis hinreichend erklärt, daß nach
dem Maßstab der Priesterschrift "der Schnitt zwischen dem Gesetz und den
Propheten vollzogen worden" ist[184]. Wenn die letzte Redaktion diesem Maßstab
gefolgt ist, so will sie damit zugleich eine bestimmte Auffassung zur Geltung
bringen.

In der Forschung besteht freilich keine Übereinstimmung, warum der
Pentateuch zu einer eigenen Größe wurde. H. Seebass meint z.B. unter Verweis
auf Dtn 34,4: "R^{dtr} hat... den Pentateuch durch Dtn 34 von Jos und den übrigen
Büchern der früheren Propheten abgesetzt, weil der Pentateuch mit einer
Zukunftsperspektive, mit Jahwes Eid schließen sollte"[185]. In dem Abschluß des
Pentateuch käme also die Erwartung zum Ausdruck, daß Israel das nach Dtn
34,4 von Jahwe zugeschworene Land, das inzwischen weitgehend verlorengegan-
gen war, wieder erhalten würde. Auch F. Crüsemann betont, daß für das Juden-
tum der Perserzeit die Landverheißungen des Pentateuch nur zu einem kleinen
Teil erfüllt waren, und man auf ihre volle Einlösung warten mußte. Daß der
Pentateuch zu einer eigenen Größe wurde, ist jedoch nach ihm damit zu erklären, daß der Pentateuch als Tora Israels "die Anerkennung als persisches
Reichsrecht erfuhr. Als Teil eines derartig gültigen Rechtsdokuments konnte

---

183 Dtn 32,48-52 legt es nahe, daß zunächst das jehowistische Werk mit der Priester-
    schrift zusammengearbeitet wurde, vgl. oben S. 220.

184 So R. Smend, Entstehung, 46.

185 H. Seebass, 64.

unter keinen Umständen ein Bericht von der gewaltsamen Eroberung der wichtigsten Nachbarprovinzen und ihrer Verteilung an Israel Platz finden"[186].

Nun endet der Pentateuch in Dtn 34,10-12 mit einer abschließenden Würdigung des Mose. An diesem Abschnitt wird m.E. deutlich, warum der Pentateuch als eigene Größe entstanden ist. Dtn 34,10-12 stammt nicht aus dem deuteronomistischen Geschichtswerk. L. Perlitt hat mit Recht betont, daß Dtn 34,10 durch den Begriff "Prophet" für Mose hart neben dem deuteronomistischen Kontext steht, in dem Mose als "der Knecht Jahwes" bezeichnet wird (Dtn 34,5)[187]. Daß Jahwe Mose von Angesicht zu Angesicht kannte (v. 10), findet sich sonst nirgends im Deuteronomium. Die nächste Parallele dazu steht in Ex 33,11, wonach Jahwe zu Mose von Angesicht zu Angesicht redete[188]. Auch die Aussage in Dtn 34,11 unterscheidet sich erheblich von vergleichbaren Stellen im Deuteronomium. Nach ihnen wurden z.B. die Zeichen und Wunderzeichen in Ägypten von Jahwe, aber nicht von Mose bewirkt[189]. Ganz ungewöhnlich ist die Feststellung in v. 12 über die starke Hand (Machttat) und die ganze große Schreckenstat (מורא), die Mose vor den Augen des ganzen Israel tat. Mit solchen Formulierungen wird sonst im Alten Testament nie das Handeln des Mose beschrieben. Freilich kommen die Ausdrücke, die in v. 11f für die Taten des Mose gebraucht werden, im Deuteronomium in Reihen vor, in denen aufgeführt wird, was Jahwe alles in Ägypten getan hat[190]. Dann waren dem Verfasser von Dtn 34,10-12 solche Aufzählungen vorgegeben[191]. Das wird dadurch bestätigt, daß der Begriff מורא im Pentateuch außerhalb des Deuteronomiums nur in Gen 9,2 vorkommt. Dort hat er aber nicht die Bedeutung "Schreckenstat". In diesem Sinn wird er im Pentateuch außer in Dtn 34,12 auch in Dtn 4,34 und 26,8 gebraucht. Die Begriffe, die in 34,11f für die Taten des Mose verwandt werden, stimmen am engsten mit Dtn 26,8 überein. Dort heißt es: "Da führte uns Jahwe aus Ägypten durch starke Hand und durch ausgestreckten Arm und durch große Schreckenstat und durch Zeichen und Wunderzeichen". Hier werden, wie auch in den anderen

---

186 F. Crüsemann, Pentateuch, 267.

187 L. Perlitt, Mose, 591 Anm. 15.

188 Zu vergleichen ist auch Num 12,8. Danach redete Jahwe von Mund zu Mund mit Mose. Das unterscheidet hier Mose von einem Propheten, dem sich Jahwe im Gesicht kundtut oder mit dem er im Traum redet (Num 12,6).

189 Dtn 4,34; 6,22; 7,19; 26,8; 29,2.

190 Dtn 4,34; 7,19; 26,8; 29,2.

191 So weist z.B. auch L. Perlitt, Mose, 591 Anm. 14, darauf hin, daß Dtn 34,11f von der deuteronomistischen Geschichtsdarstellung abhängig ist.

Reihen, die Taten Jahwes in Ägypten aufgezählt. Dann geht es aber nicht nur in Dtn 34,11, sondern auch in v. 12 um die Taten bei der Befreiung Israels aus Ägypten. Sie werden von dem Verfasser in zwei Abschnitte gegliedert. Mit v. 11, wonach Mose im Land Ägypten an dem Pharao, an seinen Knechten und an seinem Land Zeichen und Wunderzeichen tat, verweist er auf die ägyptischen Plagen[192]. Dann bezieht er sich in v. 12 mit der starken Hand und der ganzen großen Schreckenstat, die Mose vor den Augen des ganzen Israel tat, auf die Errettung am Meer[193]. Von den Begriffen, mit denen in Dtn 26,8 das Wirken Jahwes beschrieben wird, fehlt in Dtn 34,11f nur der ausgestreckte Arm. Das ist dadurch bedingt, daß der Verfasser v. 11 und v. 12 parallel gestalten wollte. Da die ägyptischen Plagen in v. 11 mit zwei Worten beschrieben werden, gebraucht er auch in v. 12 für die Errettung am Meer nur zwei Begriffe. Aus den Formulierungen, mit denen in Dtn 34,11f die Taten des Mose beschrieben werden, geht also hervor, daß der Verfasser das Deuteronomium kennt.

Er setzt aber sachlich zumindest auch die Priesterschrift voraus. Erst bei P waren die Plagen, die der Tötung der ägyptischen Erstgeburt vorangingen, Wunderzeichen, die Mose und Aaron vor dem Pharao taten (Ex 11,10). Aufgrund der priesterlichen Darstellung hat dann nach dem Endredaktor der Plagenerzählung Mose auch die Plagen des Hagels, der Heuschrecken und der Finsternis herbeigeführt[194]. Mose war zwar nach Ex 12 nicht an der Tötung der ägyptischen Erstgeburt beteiligt. Aber in Ps 105 wird die Aufzählung der Plagen damit eingeleitet, daß Jahwe Mose und Aaron sandte. Sie taten also seine Zeichen und Wunderzeichen (Ps 105,26f). Das zeigt, daß man später alle Plagen so verstehen konnte, daß sie von Mose und Aaron bzw. von Mose im Auftrag Jahwes bewirkt worden waren. In Dtn 34,12 wird eindeutig die priesterliche Darstellung von der Errettung am Meer in Ex 14* vorausgesetzt. Nach ihr streckte Mose seine Hand über das Meer aus. Darauf spalteten sich die Wasser (Ex 14,21aα¹.b). Als das Heer des Pharao den Israeliten in das Meer nachzog, streckte Mose auf den Befehl Jahwes hin seine Hand über das Meer aus. Danach kehrten die Wasser des Meers zurück und bedeckten die Verfolger (14,26.27aα¹.28). Nur bei P ist Mose an dem Meerwunder im Auftrag Jahwes aktiv beteiligt. Die Darstellung in Dtn 34,11f ist also ohne die Priesterschrift nicht denkbar. Wenn aber in Dtn 34,10-12 sowohl das Deuteronomium als auch

---

192 Sie waren z.B. auch nach Ps 78,43 und 105,27 Zeichen und Wunderzeichen.

193 Vgl. Ex 14,31. Danach sah Israel damals "die große Hand (Machttat)", die Jahwe an Ägypten getan hatte.

194 Vgl. oben S. 18f.

zumindest noch die Priesterschrift vorausgesetzt werden, ist dieser Abschnitt von dem letzten Redaktor gebildet worden, der das Deuteronomium von seiner ursprünglichen Fortsetzung abtrennte[195].

Allerdings ist mit dem Argument, daß v. 11f nur locker an v. 10 anschließt, angezweifelt worden, daß diese Verse von einer Hand stammen[196]. Es ist jedoch m.E. unwahrscheinlich, daß v. 10 jemals ohne v. 11f existierte. Daß Jahwe Mose von Angesicht zu Angesicht kannte, wird, wie oben erwähnt wurde, im Deuteronomium nicht vorbereitet. Deshalb verlangt v. 10b nach einer Explikation, und sie erfolgt in v. 11f. Außerdem wird in v. 10-12 ein in sich geschlossener Gedankengang entfaltet. Nach v. 10a stand in Israel künftig kein Prophet wie Mose auf. Diese Sonderstellung des Mose wird zunächst in v. 10b beschrieben: Jahwe kannte Mose von Angesicht zu Angesicht. Mit dem Verb יֹדַע unterstreicht hier der Verfasser, daß zwischen Jahwe und Mose ein besonderes Vertrauensverhältnis bestand[197]. Nun wird aber im Alten Testament auch von anderen Personen berichtet, daß Jahwe sie kannte bzw. erkannte[198]. Deshalb heißt es in Dtn 34,10b zusätzlich "von Angesicht zu Angesicht". Diese Wendung verdirbt zwar nach L. Perlitt "den schönen, in sich abgerundeten Ausdruck", daß Jahwe Mose kannte[199]. Sie wurde aber anscheinend von dem Verfasser gewählt, weil nur durch sie aus dem besonderen Vertrauensverhältnis zwischen Jahwe und Mose, das יֹדַע beschreibt, eine einzigartige Beziehung wird. Daß Jahwe jemand *von Angesicht zu Angesicht* kannte, das gilt eben nur von Mose. Diese einzigartige Beziehung fand aber darin ihren Ausdruck, daß Mose die Taten tun durfte, die in v. 11f genannt werden. Eben dadurch unterscheidet sich Mose von den anderen Propheten, denn - so wird man den Verfasser doch wohl verstehen müssen - geredet haben auch sie. Doch die großartigen Taten, von denen in v. 11f berichtet wird, konnte nur Mose vollbringen.

Der Abschnitt Dtn 34,10-12 zeigt somit, daß für die letzte Redaktion Gestalt und Zeit des Mose für Israel einzigartig waren. Dann hat sie aus diesem Grund das Deuteronomium von seiner Fortsetzung abgetrennt und mit dem

---

195 Nach M. Noth, Studien, 209 Anm. 3, ist Dtn 34,10-12 ein Zusatz, durch den Dtn 18,15 korrigiert werden sollte. Dabei berücksichtigt M. Noth jedoch nicht die Aussagen in Dtn 34,11f.

196 Vgl. z.B. C. Steuernagel, 183; L. Perlitt, Mose, 591 Anm. 14.

197 L. Perlitt, Mose, 592.

198 Vgl. die von L. Perlitt, Mose, 592, genannten Belege Gen 18,19; II Sam 7,20; Jer 1,5.

199 L. Perlitt, Mose, 592.

literarischen Komplex aus Priesterschrift und jehowistischem Werk verbunden[200].
Die letzte Redaktion ist also nicht nur formal dem Aufriß der Priesterschrift
gefolgt, sondern sie war ebenfalls der Meinung, daß mit dem Tod des Mose die
für Israel "kanonische" Zeit endete. Diese Auffassung der letzten Redaktion ist
ein weiteres Argument für die hier vertretene These, daß P nicht von der
Landnahme der Israeliten erzählte, weil sie erst erfolgte, als Mose tot war.

Damit kann als Ergebnis festgehalten werden: In der Priesterschrift, die aus
frühnachexilischer Zeit stammt, folgten auf die Geschichte von dem Wasser aus
dem Felsen in Num 20,1ff*, die ursprünglich mit Num 20,12 endete, zwei Erzählungen, die ein Paar bildeten. In der einen berichtete P von dem Tod Aarons
und der Investitur Eleasars. Sie besteht aus Num 20,22b.23aα.25-28.29* (ohne
"das ganze Haus Israel"). In der anderen wurde von der Einsetzung Josuas und
dem Tod des Mose erzählt. Zu ihr gehören Num 22,1; 27,12.13.15-18.20.22.23a;
Dtn 34,1aα.γ...7-9. Für diese Erzählung war die deuteronomistische Darstellung
von der Einsetzung Josuas und dem Tod des Mose die literarische Vorlage von
P. Mit Dtn 34,9 hat P sein Werk abgeschlossen. Die Priesterschrift enthielt
somit keine Darstellung der Landnahme der Israeliten. Das ist nicht dadurch
bedingt, daß für P das Land unwichtig oder Gegenstand der Hoffnung gewesen
wäre. Vielmehr hat P von der Landnahme nicht berichtet, weil es zu ihr wegen
der Verfehlung, die Mose und Aaron in der Geschichte von dem Wasser aus
dem Felsen begangen hatten, erst nach dem Tod des Mose kam. Die Epoche
des Mose ist aber für P die Zeit, die für Israel von grundlegender Bedeutung ist.
Deshalb endete die Priesterschrift mit Dtn 34,9.

---

200 Damit soll nicht bestritten werden, daß die Landverheißungen im Pentateuch die
   Erwartung wachhielten, daß Jahwe wieder das ganze von ihm zugesagte Land geben
   würde. Aber der Pentateuch ist nicht wegen solcher Erwartungen entstanden.

Literaturverzeichnis

Im folgenden werden nur Titel aufgeführt, auf die in der Arbeit Bezug genommen wird.
Die Abkürzungen folgen entweder TRE oder sind allgemein üblich.

F. Ahuis, Autorität im Umbruch, 1983 (CThM.A 13).

G. André, Art. פָּקַד, ThWAT VI, 1989, 708-723.

A. Angerstorfer, Der Schöpfergott des Alten Testaments, 1979 (Regensburger Studien zur Theologie 20).

A.G. Auld, Joshua, Moses and the Land, Edinburgh 1980.

E. Aurelius, Der Fürbitter Israels, 1988 (CB.OT 27).

B. Baentsch, Exodus-Leviticus-Numeri, 1903 (HK I/2).

W. Beltz, Die Kaleb-Traditionen im Alten Testament, 1974 (BWANT 98).

K.-M. Beyse, Serubbabel und die Königserwartungen der Propheten Haggai und Sacharja, 1972 (AzTh I/48).

J. Blenkinsopp, The Structure of P, CBQ 38 (1976) 275-292.

E. Blum, Die Komposition der Vätergeschichte, 1984 (WMANT 57).

Ders., Studien zur Komposition des Pentateuch, 1990 (BZAW 189).

H.J. Boecker, Redeformen des Rechtslebens im Alten Testament, [2]1970 (WMANT 14).

W. Brueggemann, The Kerygma of the Priestly Writers, ZAW 84 (1972) 397-414.

Ph.J. Budd, Numbers, 1984 (Word Biblical Commentary 5).

B.S. Childs, The book of Exodus, 1974 (OTL).

G.W. Coats, Rebellion in the Wilderness, Nashville 1968.

F.M. Cross, Canaanite Myth and Hebrew Epic, Cambridge/Mass. 1973.

F. Crüsemann, Der Pentateuch als Tora, EvTh 49 (1989) 250-267.

Ders., Der Widerstand gegen das Königtum, 1978 (WMANT 49).

A. Deissler, Zwölf Propheten III. Zefanja, Haggai, Sacharja, Maleachi, 1988 (NEB 21).

A. Dillmann, Die Bücher Numeri, Deuteronomium und Josua, [2]1886 (KEH 13).

H. Donner, Der Redaktor. Überlegungen zum vorkritischen Umgang mit der Heiligen Schrift, Henoch 2 (1980) 1-30.

O. Eißfeldt, Hexateuch-Synopse, Leipzig 1922.

K. Elliger, Sinn und Ursprung der priesterlichen Geschichtserzählung (1952), in: Ders., Kleine Schriften zum Alten Testament, 1966 (TB 32), 174-198.

K. Elliger/W. Rudolph (Hg.), Biblia Hebraica Stuttgartensia, Stuttgart 1967/77.

R. Friebe, Form und Entstehungsgeschichte des Plagenzyklus Exodus 7,8-13,16, Diss. theol. Halle-Wittenberg 1967.

V. Fritz, Israel in der Wüste, 1970 (MThSt 7).

W. Gesenius/E. Kautzsch, Hebräische Grammatik, Leipzig [28]1909.

H. Greßmann, Mose und seine Zeit, 1913 (FRLANT 18).

W. Groß, Israels Hoffnung auf die Erneuerung des Staates, in: J. Schreiner (Hg.), Unterwegs zur Kirche. Alttestamentliche Konzeptionen, 1987 (QD 110), 87-122.

A.H.J. Gunneweg, Leviten und Priester, 1965 (FRLANT 89).

H.E. Hanson, Num. XVI 30 and the meaning of $b\bar{a}r\bar{a}'$, VT 22 (1972) 353-359.

H.W. Hertzberg, Art. Abarim, BHH I, 1962, 3.

G. Hölscher, Zu Num 20,1-13, ZAW 45 (1927) 239-240.

H. Holzinger, Einleitung in den Hexateuch, Freiburg/Leipzig 1893.

Ders., Numeri, 1903 (KHC IV).

F.-L. Hossfeld, Volk Gottes als "Versammlung", in: J. Schreiner (Hg.), Unterwegs zur Kirche. Alttestamentliche Konzeptionen, 1987 (QD 110), 123-142.

B. Janowski, Sühne als Heilsgeschehen, 1982 (WMANT 55).

E. Jenni, Art. אָב Vater, THAT I, [4]1984, 1-17.

R.W. Klein, The Message of P, in: Die Botschaft und die Boten (FS H.W. Wolff), Neukirchen-Vluyn 1981, 57-66.

R. Kilian, Die Priesterschrift. Hoffnung auf Heimkehr, in: J. Schreiner (Hg.), Wort und Botschaft, Würzburg 1967, 226-243.

R. Knierim, Art. לוּן rebellieren, THAT I, [4]1984, 870-872.

K. Koch, P - kein Redaktor! Erinnerung an zwei Eckdaten der Quellenscheidung, VT 37 (1987) 446-467.

F. Kohata, Die Endredaktion (R^P) der Meerwundererzählung, AJBI 14 (1988) 10-37.

Dies., Jahwist und Priesterschrift in Exodus 3-14, 1986 (BZAW 166).

Dies., Die priesterschriftliche Überlieferungsgeschichte von Numeri 20,1-13, AJBI 3 (1977) 3-34.

H.-J. Kraus, Psalmen 2. Psalmen 60-150, [5]1978 (BK XV/2).

A. Kuenen, Beiträge zur Hexateuchkritik. VII. Manna und Wachteln (Ex. 16.) (1880), in: Ders., Gesammelte Abhandlungen zur biblischen Wissenschaft, Freiburg/Leipzig 1894, 276-294.

P. Laaf, Die Pascha-Feier Israels, 1970 (BBB 36).

J. Liver, Korah, Dathan and Abiram, ScrHie 8 (1961) 189-217.

N. Lohfink, Die Priesterschrift und die Geschichte (1978), in: Ders., Studien zum Pentateuch, 1988 (SBAB 4), 213-253.

Ders., Die Schichten des Pentateuch und der Krieg (1983), ebd., 255-315.

Ders., Die Ursünden in der priesterlichen Geschichtserzählung (1970), ebd., 169-189.

R. Lux, Der Tod des Mose als "besprochene und erzählte Welt", ZThK 84 (1987) 395-425.

G.Chr. Macholz, Israel und das Land, Habil.schrift (masch.) Heidelberg 1969.

P. Maiberger, Das Manna, 1983 (Ägypten und Altes Testament 6).

M. Margaliot, The Transgression of Moses and Aaron - Num. 20:1-13, JQR 74 (1983/84) 196-228.

S.E. McEvenue, A Source-Critical Problem in Nm 14,26-38, Bib. 50 (1969) 453-465.

Ders., The Narrative Style of the Priestly Writer, 1971 (AnBib 50).

J. Milgrom, Korah's Rebellion: A Study in Redaction, in: De la Tôrah au Messie (Mélanges H. Cazelles), Paris 1981, 135-146.

Ders., Magic, Monotheism and the Sin of Moses, in: The Quest for the Kingdom of God (Studies in Honor of G.E. Mendenhall), Winona Lake, Indiana 1983, 251-265.

Ders., The Rebellion of Korah, Numbers 16-18: A Study in Tradition History, SBL 1988 Seminar Papers, 570-573.

Ders., The Structures of Numbers: Chapters 11-12 and 13-14 and their Redaction, in: J. Neusner u.a., Judaic Perspectives on Ancient Israel, Philadelphia 1987, 49-61.

S. Mittmann, Deuteronomium 1,1-6,3, 1975 (BZAW 139).

M. Noth, Das zweite Buch Mose. Exodus, ^{6}1978 (ATD 5).

Ders., Das vierte Buch Mose. Numeri, ^{4}1982 (ATD 7).

Ders., Das Buch Josua, ^{2}1953 (HAT I/7).

Ders., Israelitische Stämme zwischen Ammon und Moab (1944), in: Ders., Aufsätze zur biblischen Landes- und Altertumskunde I, München 1971, 391-433.

Ders., Überlieferungsgeschichtliche Studien, 1943 (VSKG.G 18,2).

Ders., Überlieferungsgeschichte des Pentateuch, Stuttgart 1948.

L. Perlitt, Deuteronomium, 1990ff (BK V).

Ders., Wovon der Mensch lebt (Dtn 8,3b), in: Die Botschaft und die Boten (FS H.W. Wolff), Neukirchen-Vluyn 1981, 403-426.

Ders., Mose als Prophet, EvTh 31 (1971) 588-608.

Ders., Priesterschrift im Deuteronomium?, ZAW 100 Suppl. (1988) 65-88.

H.D. Preuss, Art. יצא, ThWAT III, 1982, 795-822.

Ders., Deuteronomium, 1982 (EdF 164).

W.H. Propp, The Rod of Aaron and the Sin of Moses, JBL 107 (1988) 19-26.

A. Rahlfs (Hg.), Septuaginta I, Stuttgart 1935.

J. Reindl, Der Finger Gottes und die Macht der Götter, in: Dienst der Vermittlung (FS Priesterseminar Erfurt), 1977 (EThSt 37) 49-60.

R. Rendtorff, Das überlieferungsgeschichtliche Problem des Pentateuch, 1977 (BZAW 147).

M. Rose, Deuteronomist und Jahwist, 1981 (AThANT 67).

Ders., Empoigner le Pentateuque par sa fin! L'investiture de Josué et la mort de Moïse, in: A. de Pury (Hg.), Le Pentateuque en question, Genf 1989, 129-147.

W. Rudolph, Der "Elohist" von Exodus bis Josua, 1938 (BZAW 68).

E. Ruprecht, Stellung und Bedeutung der Erzählung vom Mannawunder (Ex 16) im Aufbau der Priesterschrift, ZAW 86 (1974) 269-307.

K.D. Sakenfeld, The problem of divine forgiveness in Numbers 14, CBQ 37 (1975) 317-330.

Dies., Theological and Redactional Problems in Numbers 20,2-13, in: Understanding the Word (Essays in Honor of B.W. Anderson), 1985 (JSOT.S 37), 133-154.

A. Schart, Mose und Israel im Konflikt, 1990 (OBO 98).

H.H. Schmid, Der sogenannte Jahwist, Zürich 1976.

L. Schmidt, Beobachtungen zu der Plagenerzählung in Exodus 7,14-11,10, 1990 (Studia Biblica 4).

Ders., Jakob erschleicht sich den väterlichen Segen. Literarkritik und Redaktion von Genesis 27,1-45, ZAW 100 (1988) 159-183.

Ders., Deuteronomistisches Geschichtswerk, in: H.J. Boecker u.a., Altes Testament, Neukirchen-Vluyn [3]1989, 101-114.

Ders., Pentateuch, ebd., 80-101.

Ders., Literarische Studien zur Josephsgeschichte, BZAW 167 (1986) 121-297.

Ders., Überlegungen zum Jahwisten, EvTh 37 (1977) 230-247.

W.H. Schmidt, Art. ברא schaffen, THAT I, [4]1984, 336-339.

Ders., Einführung in das Alte Testament, Berlin/New York [4]1989.

Ders., Exodus 1. Exodus 1-6, 1988 (BK II/1).

Ders., Plädoyer für die Quellenscheidung, BZ NF 32 (1988) 1-14.

H.-C. Schmitt, "Priesterliches" und "prophetisches" Geschichtsverständnis in der Meerwundererzählung Ex 13,17-14,31, in: Textgemäß (FS E. Würthwein), Göttingen 1979, 139-155.

Ders., Redaktion des Pentateuch im Geiste der Prophetie, VT 32 (1982) 170-189.

Ders., Tradition der Prophetenbücher in den Schichten der Plagenerzählung Ex 7,1-11,10, in: Prophet und Prophetenbuch (FS O. Kaiser), 1989 (BZAW 185), 196-216.

R. Schmitt, Exodus und Passa, [2]1982 (OBO 7).

H.-G. Schöttler, Gott inmitten seines Volkes, 1987 (TThSt 43).

J. Schreiner, Exodus 12,21-23 und das israelitische Pascha (1977), in: Ders., Segen für die Völker, Würzburg 1987, 38-64.

K.-D. Schunck, Art. לוז, ThWAT IV, 1984, 527-530.

H. Seebass, Josua, BN 28 (1985) 53-65.

K. Seybold, Bilder zum Tempelbau, 1974 (SBS 70).

Ders., Die Königserwartung bei den Propheten Haggai und Sacharja, Jud. 28 (1972) 69-78.

J.-L. Ska, La place d'Ex 6,2-8 dans la narration de l'exode, ZAW 94 (1982) 530-548.

Ders., Les plaies d'Égypte dans le récit sacerdotal (P[g]), Bib. 60 (1979) 23-35.

Ders., Quelques remarques sur Pg et la dernière rédaction du Pentateuque, in: A. de Pury (Hg.), Le Pentateuque en question, Genf 1989, 95-125.

R. Smend, Die Erzählung des Hexateuch, Berlin 1912.

R. Smend, Die Entstehung des Alten Testaments, [4]1989 (ThW 1).

J.A. Soggin, Art. רעה weiden, THAT II, [3]1984, 791-794.

C. Steuernagel, Das Deuteronomium, [2]1923 (HK I/3.1).

U. Struppe, Die Herrlichkeit Jahwes in der Priesterschrift, 1988 (ÖBS 9).

J. Van Seters, The Plagues of Egypt: Ancient Tradition or Literary Invention?, ZAW 98 (1986) 31-39.

T. Veijola, Principal Observations on the Basic Story in Deuteronomy 1-3, in: M. Augustin/K.-D. Schunck (Hg.), "Wünschet Jerusalem Frieden", 1988 (Beiträge zur Erforschung des Alten Testaments und des Antiken Judentums 13), 249-259.

M. Vervenne, The 'P' Tradition in the Pentateuch: Document and/or Redaction?, in: C. Brekelmans/J. Lust (Hg.), Pentateuchal and Deuteronomistic Studies, 1990 (BETL 94), 67-90.

D. Vetter, Art. הוד Hoheit, THAT I, [4]1984, 472-474.

G. Warmuth, Art. הוד, ThWAT II, 1977, 375-379.

P. Weimar, Die Meerwundererzählung, 1985 (Ägypten und Altes Testament 9).

Ders., Sinai und Schöpfung. Komposition und Theologie der priesterschriftlichen Sinaige-schichte, RB 95 (1988) 337-385.

Ders., Struktur und Komposition der priesterschriftlichen Geschichtsdarstellung, BN 23 (1984) 81-134; BN 24 (1984) 138-162.

J. Wellhausen, Die Composition des Hexateuchs und der historischen Bücher des Alten Testaments, Berlin [3]1899.

G.J. Wenham, Aaron's Rod (Numbers 17,16-28), ZAW 93 (1981) 280-281.

C. Westermann, Die Herrlichkeit Gottes in der Priesterschrift (1970), in: Ders., For-schung am Alten Testament. Gesammelte Studien II, 1974 (TB 55), 115-137.

H.W. Wolff, Anthropologie des Alten Testaments, München [3]1977.

A.S. van der Woude, Serubbabel und die messianischen Erwartungen des Propheten Sacharja, ZAW 100 Suppl. (1988) 138-156.

E. Zenger, Gottes Bogen in den Wolken. Untersuchungen zu Komposition und Theologie der priesterschriftlichen Urgeschichte, 1983 (SBS 112).

Ders., Israel am Sinai, Altenberge [2]1985.

W. Zimmerli, Sinaibund und Abrahambund (1960), in: Ders., Gottes Offenbarung, 1963 (TB 19), 205-216.

W. Zwickel, Räucherkult und Räuchergeräte, 1990 (OBO 97).

Stellenregister

(In Auswahl und unter Berücksichtigung des Inhaltsverzeichnisses)

Walter de Gruyter
Berlin • New York

GUSTAV HÖLSCHER

Die Ursprünge der jüdischen Eschatologie

23,5 x 15,0 cm. 16 S. 1925. Br. DM 15.- Best.-Nr. 3-10-390825-2

JOHANNES MEINHOLD

Der Dekalog

Rektoratsrede gehalten zu Bonn am Rhein am 7. November 1926
23,5 x 15,5 cm. 32 S. 1927. Br. DM 15.- Best.-Nr. 3-10-373927-1

KARL BUDDE

Karl Budde's Schrifttum bis zu seinem 80. Geburtstage am 13. April 1930

Eine Festgabe, dargebracht von der Stadt Essen und der ZAW (Mit einem Bildnis von Karl Budde)
24,5 x 16,5 cm. 28 S. 1930. Br. DM 25.-. Best.-Nr. 3-10-282225-2

JOHANN FISCHER

In welcher Schrift lag das Buch Isaias den LXX vor?

Eine textkritische Studie
24,5 x 16,0 cm. IV, 98 S. 1930. Br. DM 15.- Best.-Nr. 3-10-382230-3

CURT KUHL

Die drei Männer im Feuer (Daniel Kap. 3 und seine Zusätze)

Ein Beitrag zur israelitisch-jüdischen Literaturgeschichte
VII, 171 S. 1930. Br. DM 35.- Best.-Nr. 3-10-382230-2

JOHANNES MEINHOLD

Das Alte Testament und evangelisches Christentum

21,5 x 14,5 cm. VIII, 147 S. 1931. Br. DM 25.- Best.-Nr. 3-10-373831-2

JOHANNES HEMPEL

Worte der Profeten in neuer Übertragung und mit Erläuterungen

19,5 x 12,0 cm. VIII, 324 S. 1949. Geb. DM 35.- Best.-Nr. 3-10-372349-1

Preisänderung vorbehalten

Walter de Gruyter
Berlin • New York

HUGO GRESSMANN
Die Aufgaben der Wissenschaft des nachbiblischen Judentums
24,0 x 16,0 cm. 32 S. 1925. Br. DM 15.- Best.-Nr. 3-10-371825-1

OSKAR HOLTZMANN
Das Neue Testament nach dem Stuttgarter griechischen Text übersetzt und erklärt
25,0 x 17,5 cm. XXXV, 1059 S. 1926. 3 Bde. Br. DM 72.- Best.-Nr. 3-10-372826-0

JAN L. KOOLE
Studien zum koptischen Bibeltext
Kollationen und Untersuchungen zum Text der Paulusbriefe in der unter- und oberäpyptischen Überlieferung
24,5 x 16,0 cm. VI, 101 S. 1936. DM 25.- Best.-Nr. 3-10-382536-1
(Beihefte zur Zeitschrift für die neutestamentliche Wissenschaft, Heft 17)

HANS LIETZMANN
Paulus
22,5 x 14,5 cm. 32 S. 1934. Br. DM 15.- Best.-Nr. 3-10-320134-5
(Weg der Kirche, Heft 5)

HERBERT PREISKER
Neutestamentliche Zeitgeschichte
22,0 x 15,5 cm. VIII, 306 S. 3 Karten. 1937. Ln. DM 35.- Best.-Nr. 3-10-390437-1
(Sammlung Töpelmann, Hilfsbücher zum theologischen Studium, Bd.2)

W.H. RANEY
The Relation of the fourth Gospel to the Christian Cultus
23,0 x 15,5 cm. 95 S. 1933. Br. DM 15.- Best.-Nr. 3-10-374633-1

RUDOLF THIEL
Drei Markus-Evangelien
22,0 x 14,5 cm. 237 S. 1938. Ln. DM 38.- Best.-Nr. 3-10-320238-1
(Arbeiten zur Kirchengeschichte, Bd. 26)

J. WAGENMANN
Die Stellung des Apostel Paulus neben den Zwölf in den ersten zwei Jahrhunderten
24,0 x 16,5 cm. XV, 224 S. 1926. Br. DM 28.- Best.-Nr. 3-10-382526-1
(Beihefte zur Zeitschrift für die neutestamentliche Wissenschaft, Heft 3)

Preisänderungen vorbehalten